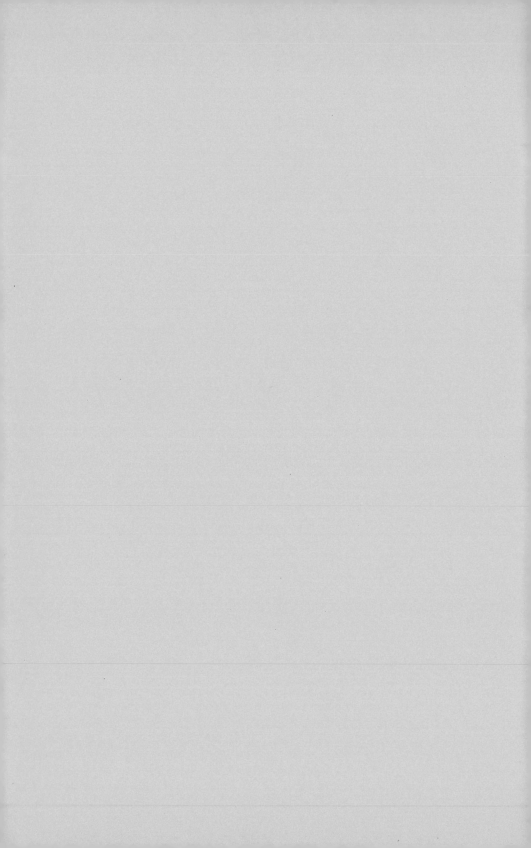

나의 삶 나의 현대사

My Life and Korean Contemporary History

Written by Kwon Young Bin.
Published by Sallim Publishing Co., 2019.

나의 삶 나의 현대사

권영빈

우리에게 내일이 있는가

살림

1976년 12월 12일 문학과지성사 창립 1주년 기념행사

편집자 시절, 문인들과 깊이 교유하기 시작했다. 왼쪽부터 시계방향으로 조선작(소설가), 김광규(시인), 김승옥(소설가), 고 최인호(소설가), 고 오규원(시인), 김화영(시인·고려대 교수), 고 김현(문학평론가·서울대 교수), 김주연(평론가·숙명여대 교수), 정현종(시인), 오생근(평론가·서울대 교수), 권영빈(필자), 황동규(시인·서울대 교수), 고 김치수(문학평론가·이화여대 교수), 고 황인철(변호사), 김원일(소설가), 고 홍성원(소설가), 이기웅(열화당 대표), 김병익(문학과지성사 대표), 조해일(소설가). → 40, 81, 265~266쪽

2003년 1월 1일 김수환 추기경과의 인터뷰

추기경과의 인터뷰는 2003년 새해를 맞아 희망의 메시지를 전하기 위한 신년 특집이었다. 그때도 남북관계와 북미관계는 경색 중이었다.

"교황 바오로 6세께서 여러분이 형제가 되고자 한다면 손에서 무기를 버려야 한다고 말씀하셨다. 북한도 미국도 세계 어느 나라도 이 말씀이 주는 평화와 화해의 정신을 구현하기를 진심으로 기원한다"고 추기경은 말씀하셨다. 이 말씀은 지금도 유효하지 않은가. →236~241쪽

북한의 국보 제4호 대동문(大同門) 답사, 1997년 11월

6·25 전쟁 중 폭격으로 인해 평양시내 건축물 대부분이 유실되었지만, 대동문만은 유일하게 온전한 형태로 남아 있다. 왼쪽부터 백 참사, 최창조(전 서울대 지리학과 교수), 이정남(평양박물관 학예실장), 고 황창배(한국화가), 권영빈(필자), 조 참사(아시아태평양 평화위원, 용강 선생), 유영구(통일문화연구소 차장), 김형수(중앙일보 사진기자). → 57, 274~276쪽

제3차 방북단, 백두산 천지에 오르다

1998년 7월 30일부터 보름간 제3차 북한문화유산답사팀이 방북했다. 평양에서 무산비행
장까지 전세기를 동원했다. 케이블카를 타고 백두산 천지에 내려갔을 때 노랑 들꽃이 흐
드러지게 피어 있었다. 왼쪽부터 유영구(통일문화연구소 차장), 유홍준(전 명지대 교수), 고은(시
인), 권영빈(필자), 김주영(소설가), 김형수(중앙일보 사진기자). → 49쪽, 60~62쪽

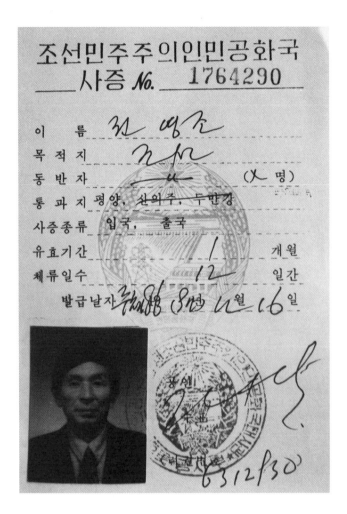

조선인민민주주의인민공화국 사증

해방 후 남북이 인정한 최초의 공식방북은 1997년에야 이루어졌다. 이때 권영빈(필자. 본명 권영조)도 첫 방북을 수행하게 된다. 지금까지 평양에 총 네 번 다녀왔으나, 출발하는 날까지도 확실히 떠날 수 있을지 없을지 여부를 알 수 없었다. 이 사증으로 베이징을 경유, 평양 순안비행장에 무사히 도착할 수 있었다. → 50~51, 57쪽

왜 이 글을 쓰는가

나는 평생 글을 읽고 쓰는 일에 종사했다. 남의 글을 읽는 일도 마냥 쉽지만은 않지만, 나의 글을 언론이라는 매체를 통해 일상적으로 쓴다는 일은 참으로 어려운 작업이었다. 그것이 남을 평가하고 비판하며 내 생각을 내놓는 시사 칼럼이라면 그 위험도는 더욱 높아진다. 무엇을 어떻게 쓸 것인가, 밤잠을 설치며 고민할 때도 있었고 때로는 마감 시간에 쫓기며 가슴 졸여했고 때로는 욕질하는 댓글에 분노를 참아야 했다.

가슴 졸이며 고민하고 애태우면서도 그나마 스스로 위로했던 것은 이 작은 노력이 촛불이 되어 이 사회 어두운 구석 어딘가를 밝히거나 이 척박한 땅에 한 줌의 거름이 될 수 있으리라고 믿었기 때문이다.

그러나 이제 뒷방의 늙은이가 되어 지난 글들을 정리하며 세상 돌아가는 사정을 보니 그때 그 주장이 한갓 물거품이었고 도로(徒勞)였으며 도로아미타불이었다는 절망과 비감에 빠져들지 않을 수 없다.

내가 「중앙일보」 논설위원으로서 첫 칼럼을 쓴 게 1988년이었다. 30년의 세월이 흘렀다. 그때 쓴 글 중 한 편을 골라보겠다.

어느 좀팽이의 작은 소망

폭력의 사자가 어느 날 느닷없이 '코이너' 씨 집에 쳐들어와 마음대로 먹고 나서 "자네 나의 시중 좀 들어주겠나" 하고 물었다. '코이너' 씨는 폭력의 사자에 이불을 덮어주고 파리를 쫓아주며 그의 잠자리를 보살펴주었다. '코이너' 씨는 그렇게 7년을 복종했다. 그러나 그는 무슨 일이고 다 했지만 꼭 그 한 가지 물음에 대해서는 답하지 않았다. 7년이 지나자 폭력의 사자는 너무 많이 먹고 자고 명령만 하다가 뚱뚱해져 죽어버리고 말았다. 그러자 그는 시체를 이불에 싸서 집 밖으로 끌어내고 침상을 닦아내고 벽에 석회로 흰 칠을 하고 안도의 숨을 내쉬면서 마침내 사자의 물음에 대답했다. "싫다."

나치의 폭력을 피해 미국과 오스트리아를 전전했던 불우한 시인, 「서푼짜리 오페라」의 극작가인 브레히트의 「코이너 씨 이야기」라는 이 산문은 오랜 세월 절대 권력자의 발길질에 나뒹굴어지고 깔아뭉개지면서 그래도 용케나마 살아온 오늘의 우리 보통사람들의 삶을 절절히 대변해주고 있다. 온종일 바둥거리며 일해서 푼돈을 벌고 좀팽이처럼 아껴가며 용케나마 집 한 칸도 마련했다. 김광규의 시 「좀팽이처럼」 살아온 우리는 그 어렵고도 캄캄한 긴 터널을 빠져나와 뭔가 빛이 보이는 터널의 끝에 다다랐다고 생각했다.

그러나 폭력의 사자가 떠나버린 지금, 7년의 굴욕에서 벗어날 듯한 지금도 좀팽이의 가슴은 답답하고 그의 어깨는 다른 힘에 짓눌려 오그라들고 있음은 웬일인가.

일본군 입대식 때나 동여매었던 그 옛날의 '하치마키'와 붉은 머리띠가 시청 앞에서, 여의도 광장에서 되살아나고 「그날이 올 때까지」「흔들리지 않게」를 외치는 합창소리와 일사불란하게 움직이는 흰 장갑의 손놀림을 보면서 좀팽이의 목은 다시 움츠러든다. 시골장터에서, 여의도 광장에서, 일터에서 캠퍼스에서 날이면 날마다 이어지는 하치마키와 흰 장갑의 대열을 보면서 좀팽이의 가슴은 다시 죄어든다. 민중의 것은 민중에게로, 기업의 몫은 노동자 몫으로, 농협의 몫은 농민에게로, 학교의 몫은 학생에게로 이어진다. 야당 당사엔 민원이 산더미처럼 쌓이고 수십 명이 떼 지어 목청 돋워 소리치고 며칠 밤을 꼬박 샌다. 농성 중인 캠퍼스에 들어온 경찰관이 학생들에 의해 감금되고 복역 중인 죄수가 교도관을 가둬버리는 상식 밖의 일이 날마다 벌어지고 있다.

달리던 자동차가 갑자기 오른쪽으로 급회전하면 승객의 몸은 반동으로 갑자기 왼쪽으로 쏠린다고 했다. 그것이 바로 좌경이라고 누구에게나 존경받는 추기경까지 그렇게 말씀하셨다.

우리의 꿈과 소망은 그렇게 큰 것이 아님을 안다. 왼쪽 오른쪽으로 급선회하지 않고 잘 닦여진 길을 따라 경제속도로 달려가는 게 우리의 갈 길이라고 믿는다. 난폭과 과속을 즐기는 운전기사를 바라는 승객은 없다. 좌경으로 우경으로 뒤죽박죽 뒤흔드는 운전을 바라는 승객은 없다. 길이 아닌 길을 폭력의 사자에 끌려 지금껏 달려왔다면 길다운 길을 골라 안전하게 운전해 목적지에 이르기를 우리는 기대하고 있지 않은가. 폭력의 사자에 기죽고 숨 죽여 그나마 선량하게 살아온 우리 좀팽이들을, 말 없는 다수를 겁나게 하지 말라. 사자의 폭력도 싫고 들쥐의 폭력도 싫다. 섣부른 좌경을 흉내 내지 말고 섣불리 우경을 충동질하지 말라.

"우리는 모든 잘못된 것을 파괴해야 한다. 그러나 이를 위해서는 한 꺼번에 파괴할 수 없다. 한 건물을 파괴해야 할 때, 그 건물의 각 부분이 어떻게 결합되었는가를 알기 때문에 그 건물이 위태롭게 주저앉지 않는 방법으로 철거하는 조심스런 건축가를 본떠야 한다."

프랑스 진보주의 역사가 콩도르세의 간곡한 부탁이다. 온갖 망신, 온갖 수모를 겪으며 겨우 마련한 집 한 칸 부수려들면 금방이다. 살고 있는 집 하나 건사하지 못하는 주제에 새집 지으려고 덤벼서는 안 된다. 잘못된 부분을 오순도순 의논해서 머리 짜내고 알뜰살뜰 고쳐가며 살아보자는 게 온 세상 좀팽이들의 한결같은 소망임을 제발 잊지 말아다오.

(1988-12-07)

1988년이면 올림픽이 열린 해고 단군 이래 최대 호황이라는 경제발전을 이룬 해다. 그러나 그 한 해를 리뷰하며 쓴 윗글은 폭력과 갈등, 분열이 하늘을 찌른다. 그 후 강산이 세 번 바뀐다는 30년이 흐른 지금까지도 우리 사회의 갈등과 분열이 형태를 조금씩 달리할 뿐 여전히 현재진행형이다. 남북, 남녀, 동서, 보혁, 노사, 갑을 이 모두가 극단적 대척점에 맞서 서로가 으르렁거리며 갈등과 분열을 조성하고 있다. 이젠 대통령마저 전면에 나서 사상전을 부추기고 있지 않은가.

3·1운동 1백 주년이라면 한 세기의 역사 나이테를 긋는 획기적 전환점이다. 이런 중요한 시점에서 대통령이라면 그동안의 보혁 갈등, 좌우 분열을 중단하고 화합과 관용으로 대통합의 길을 나가자고 외쳤어야 했다. 그러나 대통령은 기념사에서 뜻밖에도 신 '빨갱이론'을 들고 나왔다.

"좌우의 적대, 이념의 낙인은 일제가 민족 사이를 갈라놓기 위해 사용한 수단이었습니다. 해방 후에도 친일 청산을 가로막는 도구가 되었습니다. 양민학살과 간첩 조작, 학생들의 민주화 운동에도 국민을 적으로 모는 낙인으로 사용했습니다. (…) 많은 사람들이 '빨갱이'로 규정되어 희생되었고 가족과 유족들은 사회적 낙인 속에서 불행한 삶을 살아야 했습니다. 지금도 우리 사회에서 정치적 경쟁세력을 비방하고 공격하는 도구로 빨갱이란 말이 사용되고 있고 변형된 색깔론이 기승을 부리고 있습니다."

이 연설문은 은연중 이 사회를 '빨갱이로 모는 세력'과 '빨갱이로 몰리는 세력'으로 양분하고 있다. 빨갱이로 모는 세력은 친일파, 일제 경찰출신, 정치적 경쟁 세력이다. 빨갱이로 몰리는 세력은 독립군, 독립운동가, 사상범, 양민, 민주화 운동 학생이다. 이 이분법은 곧 친일잔재가 보수 세력이고 이들이 양민을 학살하고 민주학생들을 억압한 세력이 된다. 나만이 이런 해석을 내리고 있는가.

중도 노선을 견지하는 고려대 최장집 교수는 "3·1절 기념사에서 문 대통령은 친일잔재와 보수 세력을 은연중 결부시켜 이를 청산의 대상으로 보고 있다"면서, 이는 이념 대립을 부추기는 '관제 민족주의(official nationalism) 발상이라고 비판했다. 문재인 정부는 관제 민족주의를 여러 이벤트를 통해 의식화하고 있는데 이는 문화투쟁과 이념투쟁의 한 형태라고 보았다. 이어서 최 교수는 "정부가 주관해 친일잔재 청산을 내걸고 문화투쟁의 형태로 의식화 과정을 추진한다고 할 때 그것이 가져올 부정적 결과는 측량하기 어려울 정도로 크다"고 우려했다.

여기서 그치지 않았다. 대통령은 며칠 뒤 해군사관학교 졸업식에서

"해군의 역사가 대한민국 국군의 역사입니다. 해군의 발자취가 국민군대의 발자취입니다"라면서 "해군은 일본군 출신이 아닌 온전히 우리 힘으로 3군 중 최초로 창군(創軍)했습니다"고 했다. 물론 틀린 말은 아니겠다. 그러나 대통령은 국군 최고통수권자다. 육군·공군은 친일 장교들이 창설한 군대니 나의 군대, 우리의 군대가 아니고 해군만이 국군이 된다는 말이 성립할 수 있겠는가. 이처럼 해괴한 편 가르기 발상은 어디서 나오는 것일까.

해방공간의 혼란기에서 창군 과정이 쉬울 수가 없었을 것이다. 일본 육사 출신도 참여하고 만주군관학교 출신도 가세해 새 국군을 꾸렸다. 광복군 출신이며 고려대 총장을 역임한 김준엽 선생은 생전에 나와 한 인터뷰에서 이렇게 말한 적이 있다. 나라를 세우고 군대를 조직하는 과정에서 친일세력을 완전히 청산하지 못한 것은 사실이다. 그러나 전문성과 경험이 있는 사람들을 모두 제외할 수는 없었다. "완전히 썩은 사과는 버려야 하지만 먹을 수 있는 덜 썩은 사과는 남겨둬야 되지 않는가"라고 역설했다.

나는 도올 김용옥 교수를 좋게 평가해왔다. 그의 기행과 돌출행위에도 불구하고 동양학의 대중화에 크게 기여했다는 점에서 그를 높게 평가해왔다. 특히 그의 노자 강의는 너무나 매력적이기도 했다. 그 김용옥이 최근 『우린 너무 몰랐다』라는 단행본을 펴냈다. '해방, 제주 4·3과 여순 민중항쟁'이라는 부제에서 눈치챌 수 있듯 해방공간에 관한 현대사 연구서다. 4백 쪽에 이르는 두꺼운 책자의 핵심은 신탁통치에 관한 그의 주장, '신탁통치는 좋은 것이다'로 요약된다.

1945년 12월 16일부터 27일까지 모스크바에서 미국·영국·소련 3국외상이 무여 조선의 독립 문제를 논의한 결과, 임시조선민주정부를 수립하기 위해 미국과 소련이 5년간 신탁통치를 한다는 합의를 내놓았다.

김 교수에 의하면, 신탁통치란 남북이 하나 된 임시조선민주정부를 세우기 위한 방안이기 때문에 찬성하면 '좋은 놈', 반대하면 '나쁜 놈'이 된다. 찬탁은 합리적 사유 인간이고 반탁은 변통을 모르는 꼴통의 인간이다. 전 국민이 일치단결하여 신탁통치를 했다면 분단도 발생하지 않았을 것이다. 그리고 세주 4·3 사건도 여순 민중항쟁노 발생하지 않았을 것이라는 게 그의 핵심논지다. 그 좋다는 신탁통치가 소련의 제안이라는 「동아일보」의 오보로 인해 반탁의 기세가 살아나면서 유야무야 사라지게 됐다는 것이다.

과연 그런가. 신탁통치에 대한 좌우 극렬 투쟁이 끝내는 강산을 허물고 백성을 도륙하는 생지옥으로 만든 단초(端初)였음은 사실이다. 그러나 「동아일보」 보도에 뒤이어 곧 타스 통신이 미소공동 제안이라는 사실을 확인했으니 한 신문의 오보로 신탁통치가 무산된 것은 아니라고 본다.

신탁통치에 대해 상하이 임정 인사들과 백범 김구는, 일찌감치 어떻게 얻은 광복인데 다시 남의 통치를 받느냐며 반탁의 기치를 높이 세웠다. 조선공산당과 북한 분국의 김일성이 찬탁으로 돌면서 보수 민족세력은 자연스레 반탁의 흐름을 탔을 것이다. 만약 찬탁이 좋은 것이라고 국민 모두 찬탁의 대열에 섰다면 우리는 어떻게 되었을까. 분단은 없었을지 모르지만 우린 지금 3대 세습의 공산체제 속에서 끼니를 걱정하며 살고 있지 않겠는가. 검증 안 된 한 개인의 주장을 이른바 공영방송이라는 매체를 통해 거침없이 내뱉고, 한국의 초대 대통령을 미국의 괴뢰로 몰고 국립묘지에서 파헤쳐내야 한다고 외쳐댄다.

오늘의 시점에서 신탁통치를 내세워 국민을 선과 악으로 분류하고 반탁 보수 세력을 수구 꼴통 반통일 세력으로 몰아가는 이유가 무엇일까. 반탁으로 나라 반쪽이나마 공산화를 막았고 보수 민족세력이 뭉쳐 자유민주주의와 시장경제 자본주의를 도입하면서 선진국 반열에 올라섰다. 누가 좋은 놈이고 누가 나쁜 놈인가. 누가 합리적 인간이고 누가 꼴통 인간인가.

험난한 과정을 거쳐 오늘의 성취에 이르렀다면 이젠 서로 화합하고 상생하며 내일의 새길을 찾아나서야 한다. 좌우익 논쟁과 빨갱이 시비로 세월을 허송하고 앞길을 어둡게 할 만큼 우리는 한가롭지 않다.

그래서 나는 희수(喜壽)를 맞는 나의 지난날을 돌아보면서 그동안 썼던 글들을 모아 반성의 자료로 삼고자 했다. 첫 번째 메시지는 이념보다는 실제다. 공리공담보다는 실사구시다. 1920년대 마오쩌둥의 스승이었던 리다자오(李大釗)는 베이징대 교수 시절 미국에서 프래그머티즘을 연구하고 돌아온 후스(胡適)와 잡지 「신청년」에서 '문제와 주의'라는 주제로 치열한 논쟁을 벌인다. 중국사회를 개혁하는 방법은 사회주의밖에 없다는 리다자오의 주장에 후스는 문제를 이념으로 풀 수 없다고 맞선다. 교통을 원활히 하자면 자동차 산업을 어떻게 발전시킬 것인가에 주력해야지 인력거꾼의 임금문제를 잡고 늘어져서는 문제가 해결되지 않는다고 했다. 문제를 이념으로 풀 수 없다는 게 후스의 지론이다. 나는 이 이론에 적극 동의한다. 경제를 살리고 일자리를 늘리자면 기업을 격려 지원하고 수출을 장려하며 투자를 늘려 기업이 활발하게 움직이도록 해야한다. 기업이 살아야 일자리가 살아나는데 기업을 적대시하고 모두가 잘사는 포용 세상을 만든다며 빈곤층을 향해 예산을 마구마구 뿌려댄다. 최저임금으로 노동자 소득이 오르면 경제도 살아난다는 해괴한 소득주

16

도성장이론으로 접근하니 문제가 더욱 꼬이고 풀리지 않는다.

두 번째는 분열과 갈등보다는 통합과 공생의 키워드로 삼고자 했다. 남북의 분열과 갈등, 남남 갈등, 동서 갈등, 민주화 세력과 산업화 세력 간의 갈등, 노사 갈등 등 우리 사회는 분열과 갈등의 사회다. 이런 갈등은 이미 해방공간에서 출발하여 6·25, 4·19, 5·16, 5·18을 거치면서 더욱 증폭되고 반목하며 되풀이해왔다. 이를 어떻게 접근할 것인가. 우리 시대, 우리 모두의 숙제고 과제다.

세 번째는 폭력은 어떤 명분으로도 미화될 수 없다는 점이다. 평화·화해·협상이 세상의 난제를 푸는 열쇠라고 봤다. 권력의 폭력, 갑의 폭력, 집단의 폭력이 우리 사회에 넘쳐난다. 이들의 폭력을 과감히 비판하고 폭로하면서 보통사람들이 미력이나마 항거하고 뭉치기를 나는 호소한다. 워낙 오래전 쓴 글이라서 현 시점과 맞지 않는 대목이 나올 수도 있다. 그러나 그 과거가 아직도 살아 있는 현재이기 때문에 의미를 지닌다고 봤다.

글쓰기 30년, 예나 지금이나 공허한 사회주의 이념이 판을 치고 갈등과 분열, 폭력의 질주가 넘쳐나고 적폐청산이라는 권력의 폭력 앞에 우리 좀팽이들은 아직도 기 죽어 살고 있다. 박근혜의 허망한 안방정치에 좌절했고 문재인의 독선적 사회주의에 입을 다물지 못한다. 지난 칼럼을 여기 다시 정리한 것은 30여 년의 그 숱한 시행착오를 되돌아보면서 이젠 더 이상 되풀이하지 말자는 반성의 자료로 삼자는 취지다.

우리에게 진정 내일은 없는가.

2019년 3월 새봄을 기다리며 이 글을 쓴다.

목차

제2부 · 우리에게 내일이 있는가

나의 삶 나의 현대사

나의 삶 나의 현대사 그 하나
─모래톱 위의 사형장

　내 고향은 경북 예천군 호명면(虎鳴面) 담암리(淡岩里)다. 호랑이가 우는 깨끗한 바위가 있는 동네라는 뜻이지만 심산유곡이 아닌 비산비야의 그저 그런 평범한 시골이다. 예천 읍내에서 내 고향 '담바우'로 가자면 내성천을 건너 십 리를 걸어야 했다. 강은 폭이 넓고 백사장이 길게 뻗어 있다. 영주에서 흘러온 강은 용궁 회령천을 지나 낙동강 본류와 만난다. 장마철이 되면 수심이 깊어지지만 평상시엔 긴 모래톱을 지나 몇 개의 징검다리를 딛고서 쉽게 건너다닐 수 있었다. 여름이면 노루가 강가에 내려와 한가하게 물을 마시기도 했다. 물론 지금이야 강둑을 이어 만든 신작로를 통해 자동차로 10여 분 거리지만 어린 소년에겐 멀고도 먼 길이었다.

　그해도 무더운 여름, 하늘은 무겁게 내려앉아 흐렸다. 앞장선 또래 소년이 모래사장으로 가자고 외쳤다. 모두가 몰려간 백사장 위에는 말뚝이 줄지어 십여 개 박혀 있었고 눈을 헝겊으로 동여맨 장정들이 그 말뚝에 묶여 있었다. 수십 ᄇ 앞에는 총을 든 군인들이 줄지어 엎드려 있었다. 누군가 외쳤다. "쏴!" 총소리가 울리며 말뚝에 묶인 장정들의 목이 앞으로 푹푹 꺾였다. 곧이어 인솔자인 듯한 장교가 권총을 빼들어 목 꺾인 장정들 앞으로 다가가 머리를 향해 한 명씩 확인 사살을 했다. 그날 저녁 담바우 뒷산 우리 집 선산에선 여우의 슬픈 울음처럼 내 숙모의 한 맺힌 소리가 길게 길게 울려 퍼졌다.

나의 막냇삼촌 권태주는 젊은 나이에 그렇게 샀다. 1950년 6월 하순의 이 장면은 내가 마주한 첫 번째 '나의 현대사'였다. 이름하여 국민보도연맹사건의 한 자락이다. 보도연맹(保導聯盟)이란, 사회주의에 물든 좌익들을 전향시켜 이들을 보호하고 선도하겠다는 뜻으로 1949년 4월 오제도를 중심으로 한 우익 성향 검경 주요 인사들이 조직한 임의단체다. 조직원 숫자가 30만 명에 이르렀다고 한다.

해방과 함께 경북 북부 지역, 특히 안동을 중심으로 한 지역엔 남로당(남조선 노동당) 당원 또는 그 프락치 세력이 상당히 깊게 자리 잡은 듯했다. 남로당 기관지인 「해방일보」 사장을 지낸 안동 출신의 권오직을 중심으로 남로당 세력이 은밀히 세력을 넓혀나갔을 무렵이다. 막냇삼촌은 그의 형이자 나의 큰삼촌인 권태두의 영향을 받아 좌익이 되었고 경찰의 감시가 좁혀지자 자수해 보도연맹에 가입했을 것이다. 6·25가 터진 직후 전국의 보도연맹 가입자를 총살하라는 상부 지시가 내려오면서 그해 6월 말부터 10월까지 살해된 숫자는 전국적으로 적게는 수만 명, 많게는 20만 명에 이르렀다 한다.

거대한 인간 학살극이었다. 나의 막냇삼촌도 그 숫자 중 하나였을 뿐이다. 이 사건은 정부가 국민을 상대로 사상 전향을 유도해 보호하고 계도하겠다는 목적으로 조직을 만든 다음, 전쟁이 일어나자 부화뇌동 세력으로 돌변할까 두려운 나머지 즉결처분, 총살을 내려버린 국민 기망(欺罔) 정책의 대표적 사례다. 희생자 중엔 보도연맹이 무엇인지도 모르고 들어간 사람도 있고 비료를 주겠다는 식의 유인책을 씀으로써 뭔가 혜택을 받을까 해서 가입한 무지한 농민도 있었다니, 이야말로 옥석구분(玉石俱焚), 옥과 석을 구별하지 않은 채 모두 불태워버린 꼴이다. 생각의 방향이 다르다고 해서 이들을 집단 구획화하고 아무런 법적 절차도 거치지 않은 채 쓸어버리는 폭력, 이런 원시적 '사상의 즉결처분'이 전쟁이라는 미명하에 전국적으로 자행되었다.

백사장의 총살 사건을 목격한 직후였다. 할아버지는 늦은 저녁 무렵 우리 형제를 앞세우고 담바우로 향했다. 도중 해가 지고 어두워지면서 집까지 못 가고 '못 뒤' 제실에서 밤을 지내기로 했다. 툇마루에서 자던 내가 땅바닥으로 떨어져 허둥지둥했던 기억이 지금도 생생하다. 그날부터 가을까지 우리는 마냥 즐겁게 놀았다. 학교에 갈 일도 없었고 책을 펼칠 일은 더욱 없었다.

그러던 어느 날이었다. 동네 어귀 느티나무 밑에서부터 왁자지껄한 소리가 들려왔다. 덩치가 장대한 군인이 탄 백마를 앳된 인민군이 끌며 할아버지 집을 향해 오고 있었다. 그 뒤를 아이들과 동네 사람들이 웅성거리며 따라오고 있었다. 나의 삼촌 권태두의 화려한 귀향이었다.

조부 권종일은 태성·태림·태두·태주 네 아들과 두 딸을 두었다. 조부는 안동 인근에선 알아주는 선비였고, 학문이 깊어 도산서원 교장을 오랫동안 지냈다. 그러나 물려받은 전답이 넉넉지 못해 자식들 모두에게 신학문을 시킬 만큼 여유는 없었던 모양이다.

이에 비해 종조부 권종원은 소학교를 마치고 당시로선 신기술이라 할 측량술을 배워 측량기사가 되었다. 그러다 제천, 단양 등 군청의 판임관을 거쳐 증평 군수가 되었다. 해서 나의 종조부는 『친일인명사전』에 등재된 친일파고 우리 집안도 친일파의 범주에서 크게 벗어나지 못한다. 일제 강점기 지방군수의 월급이 얼마인지 파악하기는 어렵지만 농사만 짓는 시골 양반집보다는 수입이 좋았을 것이다. 더구나 월급으로 받는 현금 수입이 있으니 조카들 학비도 도와줄 형편은 되었을 것이다.

나의 아버지 권태림은 원래 대구상업학교에 입학했으나 청주고보를 졸업했다. 학비를 감당키 어려워 청주로 전학을 한 탓이다. 그 밑의 동생 태두도 청주농업학교를 졸업했으니 군수인 작은아버지 신세를 지면서 증평에서 기거하고 청주까지 통학하며 학업을 마쳤다고 한다. 아버지는 청주고보 졸업 후 충주 금융조합에서 일하다가 예천군청으로 자리를 옮겨 전쟁이 나던 그해 군청 행정계장을 맡고 있었다. 삼촌 권태두는 학교 졸업 후 사회주의에 심취해 남로당에 가입한 뒤 종적을 감췄다. 들려오는 소문으로는 북으로 갔다고 했다.

할아버지를 따라 어머니와 우리 형제는 고향집으로 피난을 왔지만 며칠 후 아버지는 군청 직원들을 데리고 고향집 문 앞까지 와서 인사를 하는 둥 마는 둥 신발 끈을 풀지도 않은 채 서둘러 '서울나들이'를 거쳐 대구로 피난을 떠났다. 당시 어린 소년은 그 후 오랫동안 아버지가 식구를 남겨두고 그렇게 서둘러 먼 곳으로 떠났는지 이해할 수 없었다. 왜 함께 떠나질 않았을까. 어떻게 가족을 버려두고 남들과 피난을 떠날 수 있었을까 하는 의문을 풀 수가 없었다.

이런 난리 속에서도 여름은 더욱 깊어져갔다. 아버지가 대구로 피난을 떠난 다음부터 담바우 고향집 동네에는 흉흉한 소문이 나돌았다. 인민군이 군인 가족, 공무원 가족을 차례로 죽창으로 찔러 죽인다는 소문이 입에서 입으로 전해졌다. 어머니도 그 소문을 들었다. 또 읍내엔 자신의 시동생, 태두 삼촌이 높은 자리를 차지하고 있다는 소식도 들었을 것이다. 어머니는 피난처 어려운 생활에도 불구하고 떡을 한 시루 쪄서 머리에 이고 읍내로 시동생을 찾아 나섰다. 그리고 어려운 사정을 얘기했으리라 짐작된다.

삼촌의 화려한 귀향은 그 며칠 후 이뤄진 것이다. 동네 사람들에게 과시하듯 백마를 타고 군인을 경마잡이해서 등장했다. 내 집안 사람들을 건드리지 말라는 말없는 위세였고 또 그 위세는 인민군 후퇴가 있을 때까지 효력을 유감없이 발휘했다.

그날 삼촌은 나를 사랑채로 불러 이런저런 얘기를 묻곤 하다가 손을 내밀어 손톱을 깎아주기 시작했다. 우악스런 손이었다고 기억된다. 큰손에 가위를 잡고 고사리 같은 조카의 땟국이 낀 새카만 손톱을 참으로 솜씨도 좋게 다듬어주었다. 세월이 흐른 다음 당시 상황을 비교적 소상히 알고 있던 사촌형한테 태두 삼촌의 직위가 무엇이었는지 물었다. 경북 북부지역 정치보위부 책임자였다고 답했지만 그 진위는 확인할 길 없었다.

아버지는 남쪽의 공무원, 그의 동생은 북쪽의 점령군 간부, 그 틈 사이에서 우리 어머니는 자식들을 위한 생존의 지혜를 발휘했고 그 질곡의 현대사 속에서 나는 말이 없는 소년으로 자라가고 있었다.

누가 누구에게 돌 던지나

전쟁이 난 그해 여름은 유난히도 더웠다. 동네 아이들은 여느 때처럼 읍내 앞 강변으로 몰려갔다. 때로는 산속 노루가 내려와 어슬렁거리는 강변 모래톱은 길고도 넓게 펴져 있었고 강물은 맑고 깊었다. 아이들이 강변에 이르렀을 때 한 발의 총성이 울렸다. 모래톱엔 10여 명의 민간인들이 눈을 가리고 기둥에 묶인 채 널브러져 있었고 그들을 향해 군인들이 엎드려쏴 자세로 총을 겨누고 있었다. 책임자로 보이는 군인이 근접 확인사살을 하는 권총에서 연이어 총성이 나고 있었다. 전쟁 영화의 낡은 필름처럼 남아 있는 소년기의 이 충격적인 기억 속엔 내 막냇삼촌이 들어 있다.

전쟁 전 보도연맹이란 게 있었다. 좌익 활동자 중 개전의 빛이 있다고 판단되는 좌익들에게 전향서를 쓰게 하고 관할 경찰서가 관리하는 좌익 전향자 단체였다. 전쟁이 나자 이들 전향자가 적과 내통할 수 있다는 우려 탓인지 집단처형을 한 게 이른바 보도연맹사건이다. 내 나이 절반도 살지 못한 채 비명에 간 막냇삼촌도 그중 한 사람이었다.

지금도 고향 선산자락엔 비석조차 없는 초라한 무덤이 있다. 흉사한 자식을 선영에 묻을 수 없다는 할아버지 뜻에 따라 지금껏 그 무덤은 방치돼 있다. 큰아들은 시골 지주로, 둘째는 군청 간부로, 셋째는 월북하고, 막내는 전향자로 일찌감치 생을 마감한 아들을 둔 할아버지 흉중은 어떠했을까. 이데올로기의 갈등과 전쟁이 낳은 이 슬픈 가족사에 누가 돌을 던질 것인가.

노무현(盧武鉉) 후보의 '빨갱이 장인'이 대통령 후보 경선 중 입길에 오르더니 「월간조선」 6월호는 아예 특집을 마련했다. 장인의 '좌익사건 실록'. 장인이 학살을 주도했다는 피해자 유족들의 한 서린 증언과 기자 취재기를 27쪽에 걸쳐 싣고 있다. 노 후보의 장인은 소극적 좌익이 아니라 적극적 빨갱이였고 양민의 생사를 가르는 재판장이었으며, 그의 딸인 노 후보 부인이 몰랐을 리 없다는 증언이 요지다. 한 나라의 대통령이 되겠다고 나선 사람이 양민학살 문제를 모른 채 피해 가족들에게 사과 한마디 없이 금의환향해 학살자의 묘지에 참배할 수 있느냐는 분노가 서려 있다. 내가 막냇삼촌의 얼굴을 기억조차 할 수 없듯, 노 후보도 생전에 만난 적조차 없는 장인에 대해 '사랑하는 아내의 아버지일 뿐 그 이상도 그 이하도 깊이 생각해본 적 없다'고 말할 만하다.

그러나 그냥 서민도 아닌 서민을 대변했고 대변하겠다는 대통령 후보로서, 그것도 이미 장인의 전력이 공개된 마당에 대선 후보 확정 직후 묘소까지 찾아간 그가 어째서 마을 피해자 유족들에게 위로의 말 한마디 던지지 못했을까. 유족들의 증언이 맞고 틀리고를 떠나 그가 말하는 역사의 희생자라는 점에서도 그들을 위로하고 사과하는 모습을 보였어야 했다.

보도연맹으로 죽은 사람의 유족이든, 인민재판의 희생자 유족이든 전쟁이 남긴 이들의 한과 설움의 무게는 크게 다를 바가 없다. 용서와 관용으로 서로의 아픔을 감싸고 달랠 줄 아는 사람이어야 이 갈등과 대립의 시대를 이끌고 갈 참된 지도자가 될 수 있다.

노 후보는 그 점에서 천려일실(天慮一失), 기회를 놓쳤지만 지금이라도 당장 장인의 마을을 찾아가 그들 피해 유족을 위로해야 할 것이다. 경선과정에 나타난 노 후보의 발언과 토론을 종합해볼 때, 특히 경제정책이나 언론관 등에서 보이는 그의 포퓰리즘적 여러 요소들이 매우 불안해 보인다. 나는 그의 정책이 앞으로 잘 다듬어지고 개혁과 보수가 고르게 조화를 이룬 성숙한 지도자로 거듭날지를 지켜보는 사람 중 하나다.

그럼에도 불구하고 그의 정치적 성공 여부가 장인의 빨갱이 경력에 따라 좌우된다거나 그의 정책이나 생각에 장인의 빨갱이 색깔을 덧칠해 그를 추락시키는 어떤 정략적 시도나 음모가 있다면 이는 단연 배격하고 물리쳐야 할 일이라고 생각한다.

「월간조선」처럼 한 후보의 모든 것을 발가벗기려는 검증적 취재는 돋보인다. 그러나 그 검증 자체가 특정 정치인에 색깔을 입히기 위한 목적으로 동원된 것이라면 이런 시도는 처음부터 잘못된 검증이다. 인공시절 만난 석도 없는 장인의 전력(前歷)을 문제 삼아 그의 정치사상과 활동을 옥죄려는 여러 시도가 앞으로도 나올 수 있다. 이런 식 빨갱이 사냥을 멈추지 않는 한 우리는 1950년대의 저 낡은 이데올로기의 족쇄에서 조금도 벗어날 수 없다.

(2002-05-24)

나의 삶 나의 현대사 그 둘
– 연좌제, 젊은 꿈의 좌절

9·28 수복이 되었다. 대구로 피난 갔던 아버지는 이웃 읍인 영주로 전임되었다. 산업과장으로 승진도 했다. 어머니와 우리 형제는 소달구지에 피난민 보따리를 싣고 담바우를 떠나 외가인 감천을 거쳐 영주로 이사를 갔다.

전쟁 전에 예천 서부국민학교에 입학했고 이번엔 영주 서부국민학교로 전학을 했다. 말이 학교지 교사(校舍)는 불타버렸고 학생들은 뿔뿔이 흩어져 분산 수용되었다. 우리 반 교실은 읍내에서 떨어진 한 마을의 제실을 빌려 교실로 사용했다. 물론 책상 걸상도 없었다.

그다음 해 전학 간 김천 중앙국민학교도 사정은 비슷했다. 교사는 있었지만 책걸상은 없었다. 아버지가 집에서 대충 사과 궤짝을 짜서 맞춘 앉은뱅이책상을 들고 학교를 다녔다. 4학년 때 전학 간 점촌 호서남국민학교는 일제 때 지은 목조 건물이 그대로 남아 있었고 책걸상도 갖춰져 있었다.

초등학교 6년간 네 번 학교를 옮겨 다녔다. 언젠가는 구구단을 외우더니 다른 학교엘 가니 나누기 곱하기를 하고 또 학교를 옮기니 분수가 나왔다. 나는 그 후 상당 기간 2분의 1 더하기 3분의 1은 5분의 2로 알고 있었다. 공부라곤 한 적이 없고 누가 공부하라고 성화를 부린 사람도 없었다. 교과서가 제대로 배급이나 되었는지 숙제라는 게 있었는지 통 나의 소년기 기억 속엔 그런 것이 들어 있지 않다.

점촌, 예천, 영주는 줄지어 연결되는 경북 북부지역이나. 김천은 그 노선에서 조금 벗어나지만 지금 공간 개념으로는 모두 지근 거리다. 그런데 이 고장의 말씨가 조금씩 다르다. 점촌 상주는 이웃 보은처럼 "그래여 안 그래여" 하며 충청도 말씨를 닮는다. 이에 비해 예천, 영주는 안동을 닮아 "그렁껴 안 그렁껴" 하며 "껴 껴"가 접미사로 붙는다. 그러면서도 억양과 말투가 그 속에서도 다르게 느껴진다.

이사를 가는 날이 곧 아버지의 직장 전출이고 이것이 곧 소년이 학교를 옮겨 가는 날이다. 병약한 소년은 자동차 멀미를 했다. 쿨럭거리는 낡은 트럭 뒤칸에 이불 보따리와 장작 등이 쌓인 그 위에 널빤지를 깔고 소년은 누워서 이사를 간다. 새파란 하늘을 보며 다음 학교는 어떤 학교일까를 걱정한다. 새 학교 아이들은 어떤 말을 할까. '예'라고 대답해야 하나 '네'라고 대답해야 하나. 걱정이 한둘이 아니다. '예'라는 짧은 말 속에서 아이들은 키득거리거나 와 하며 웃어버리기 일쑤였다. 그 짧은 말 속에서 아이들은 저 아이는 우리와 다른 말을 쓰는 외지인이라는 걸 금방 알아차린다. 소년은 말 없는 아이가 되었다. 말하지 않으면서 새로운 말을 배우기 위해 노심초사했다. 그 노심초사가 끝날 무렵이면 또 새 학교로 옮겨 가고 새 언어를 배워야 했다. 언제나 외지인이고 국외자였으며 주류 아닌 비주류였다.

중학교는 점촌의 문경중학교에 입학했고 그 이듬해 대구 전시학교인 삼중(三中, 나중 경상중학교로 개명)으로 옮겼다. 대구 말씨는 경북 북부지역과는 너무도 달랐다. '쌀'을 '살'이라 했고, '그렇게 말하면서'를 '케싸면서'라고 후려쳐 말해버린다. 중학교를 마치고 경북고등학교에 입학했다. 경북중학 출신이 주류를 이루는 학교였다. 온전하게 고등학교 3년을 다 마쳤지만 그 학교는 나의 학교가 아니었다. 지금까지 그랬듯 그냥 지나쳐 가는 학교였을 뿐이었다.

그러나 서울대학교 문리과대학 사학과는 바로 나의 학교였다. 관악구로 옮겨 가기 전 동숭동 지금의 대학로에 캠퍼스가 있었다. 서울 출신 학생도 많았지만 지방 학생이 더 많은 듯했다. 적어도 언어 때문에 구속받는 일은 없었다. 서울 사람이라 해서 텃세도 없었고 지방이라 해서 밀려날 일도 없었다. 대학이란 게 이토록 자유로운 곳인지 미처 몰랐다. 더구나 서울 문리대는 리버럴 아트 앤드 사이언스라 해서 그런지 더 자유분방했다. 이 자유로운 공기 속에서 나도 주류로 살아보자고 마음먹었다.

사학과는 동부연구실동에 3개의 연구실을 가지고 있었다. 국사와 동양사·서양사 연구실로 나뉘어 있었다. 5~6평 되는 연구실 양면 서가에는 원서가 가득 차 있었다. 서양사 연구실을 처음 들어가본 나는 여기가 내가 머물 곳이구나 하는 푸근함을 느꼈다. 『옥스퍼드 케임브리지 역사서 전집』이 결본 없이 꽂혀 있고 미국 역사학회가 발간하는 「어메리칸 히스토리컬 리뷰」가 빠짐없이 제본되어 있었다. 각국의 역사서와 당시로선 이름도 모를 저자의 책들이 줄지어 있음에 경탄했고 저 책을 누가 어떻게 다 읽을까 하는 공포도 느꼈다. 이 모두에 경성제국대학 소장본이라는 관인이 찍혀 있었다.

연구실마다 조교가 한 사람씩 있었다. 당시 조교는 국립 서울대 직원이면서도 무급이었다. 중고교 교사를 하면서 또는 대학 강사를 하면서 벌이를 해야 했기에 연구실에 붙어 있을 수가 없었다. 그래서 학부 학생 중 한 명을 골라 '새끼 조교'를 두었다. 아침 일찍 나가 무거운 쇠난로를 낑낑대며 들고 나가 타버린 무연탄 재를 쏟아내고 다시 연탄을 개어 불을 피우며 바닥 청소를 하고 연구실을 지키는 게 중요 일과였다. 나는 대학 2학년부터 새끼 조교로 연구실을 지켰다. 이른 아침 집을 나설 때 큰 책가방 속에는 노시락이 두 개 들어 있었다. 아마도 매일 도시락을 챙겨주셨던 어머니는 둘째 아들이 철들어 저렇게 열심히 공부를 하니 장차 무슨 큰 벼슬이나 할 줄 아셨을 것이다.

졸업 후 친구들은 신문사 입사 시험 준비에 바빴지만 나는 금란여고 역사 교사를 하던 중 조교 발령이 나서 다시 대학 연구실로 돌아왔다. 1년도 채 안 된 교사 생활이었지만 별로 오래 하고 싶은 생각이 들지 않았다. 똑같은 얘기를 되풀이해서 반마다 돌아다니며 약장사처럼 떠드는 게 싫었고 새파란 총각 선생이 왔다고 편지질하며 과잉 반응을 보이는 여학생들 성화에 질리기도 했다.

당시 서양사 쪽 책임교수는 민석홍 교수였다. 민 교수는 프랑스 혁명사를 전공했고 그의 근세사 강의는 문리대 안에서 손꼽히는 명강의였다. 대학 조교 임용에 필요한 구비 서류를 제출하고 여러 장의 신원진술서도 작성해 냈다. 봄철에 그 서류를 제출했는데 가을이 지난 초겨울 민 교수가 나를 불렀다. 차마 입을 떼기 어려운 듯 머뭇거리다가 운을 떼셨다.

"자네 삼촌이 북에 계신가. 그 양반이 북에 높은 지위에 있는가보네. 비록 무급 조교지만 문교부 발령 사안이니 이럴 경우 인사를 소급 취소하는 게 관례라고 하네. 내가 중학교 어디 자리를 알아볼 테니까 그쪽으로 자리를 옮기는 게 어떨까 하네."

돌아보면 짧지 않은 내 인생살이에서 험한 일도 많이 겪었지만 당시 충격보다 더 큰 충격은 없었다. 오로지 대학만이 나의 삶터라고 생각했던 사람에게 대학을 떠나라는 소리는 일종의 파문이고 탄핵이었다. 나는 한참 동안 말문을 열지 못하다가 학교 교사는 사양하겠다고 답을 하고는 학교를 떠났다. 어릴 적 내 손톱을 깎아주던 그 삼촌이 내 인생의 중대고비에서 나의 뒷덜미를 잡았다고 생각했다. 이 연좌제는 결혼 후 나의 아내가 프랑스 국비장학생으로 유학을 떠날 때도 발목을 잡아 결국 장관급 이상 2명의 신원보증을 받고서야 출발할 수 있었다.

고은의 대서사시 『만인보』에 실린 「권영빈」은 내가 잘나 수록된 것이 아니라 현대사의 굴곡을 살아온 수많은 민초들의 삶을 옮기는 과정에서 연좌제로 젊은 꿈을 접어야 했던 한 먹물 인생의 고달픔을 짧은 시로 옮긴 것이라 생각한다.

대학을 떠난 지 7년 후 아직도 그 미련을 버리지 못한 나는 이번에는 중국사를 하겠다고 대학원 동양사 전공을 선택했다. 주경야독 잡지사 일을 하면서 혜화동 대학로에서 관악으로 옮겨 간 서울대를 열심히 다녔다. 그리고 마침내 대학 교수가 되겠다는 욕심을 버렸다. 그것은 꿈이 아닌 욕심이었음을 확인했다. 이미 사회에 나와 바람이 들었고 연구실에 푹 파묻혀 연구에 열중하기엔 너무나 속된 것을 많이 알게 되었다. 그 무렵 겨울 대학선배 이종복(당시 중앙일보 「월간중앙」 주간) 선생이 자주 다니던 내설악 민가에 고병익 교수(당시 서울대 문리대 학장)와 고은 시인을 모시고 사진작가 강운구 등과 며칠을 함께 묵은 적이 있었다. 그 오랜 추억이 시인의 작품 속에 녹아 있어 나로서는 소중한 한 편의 시다.

한국에서는 중국사를 동양사라 한다

동양 즉 중국이었다

권영빈

눈은 암벽의 조용한 구멍처럼 서늘하고

광대뼈는 먼 곳과 교류한다

고대 중국의 난세나

중세 이래

송 원 명 청을 지나면서

강유위 진독수로

현대 중국사 미로에 들어선다

그러다가 대학이 아닌 잡지사로 나와야 했다

해괴망측한 연좌제였던가

교수 대신

잡지 편집자가 되어

언제나 시끌덤벙한 판에서

한번도 난폭해보지 않은

마음속의 정장(正裝)

새벽안개 속

결투판의 심판처럼

어느 쪽도 편들지 않고 공정했다

경북 안동 출신의 사학도가

전북 군산의 불문학도를 아내로 맞고

스승 고병익과 함께

내설악 오르내리는 겨울이 좋았다

그의 정신 속에는

그런 산이 먼 바다 파도 소리 들으며 솟아오른다

　　　　　　　　　　　　　　　－고은, 『만인보』 중에서

남은 자의 부끄러움

시인 보들레르는 말했다. 거울에 언제나 나 자신의 내면을 비추면서 부단한 자기 성찰을 통해 엄격함을 유지할 줄 아는 멋쟁이가 진정한 댄디라고. 환란과 격변의 시절에 좋은 스승과 똑똑한 제자들과 함께 역사학 연구에 뜻을 두어 여한 없이 연구에 몰두할 수 있었다고 자부했던 '범부(凡夫)' 민두기 교수는 댄디였다. 그는 자신에게 엄격했다. 중학시절 그의 선배가 남긴 '내 몫까지 공부해달라'는 부탁을 가슴에 새기고 평생을 공부로 일관한 공부벌레였다.

　그는 광주에서 중학을 마친 뒤 부산에 피난 온 서울대에 입학한다. 책 보따리를 지고 유학의 길을 떠난, 그가 말하는 '부급(負笈)'의 시절이다. 전후 어수선한 피난 대학에서도 그는 나루터를 찾는 사공마냥 책 속에 파묻혀 '문진(問津)' 시절의 대학생활을 보낸다. 이어 어렵사리 강사를 거쳐 대학 전임으로 자리 잡으면서 혀로써 벌이를 하는 '설경(舌耕)' 40년 일생일업의 철저한 교육자와 연구자로서 길을 걷는다.

　'숨 돌릴 틈도 없이 달려온 예순 고비/영마루 걸터앉아 고개 돌려 바라보니/회한(悔恨)이 안개 되어 눈물 땀을 가렸다'고 그 자신 술회할 만큼 교육과 연구에 전념했다.

나는 대학을 졸업한 지 10년 만에 중국사를 배우러 대학원에 진학했다. 어영부영 대학원 학력이나 채우려 했던 직장 다니는 늙은 학생이었다. 첫날 수업이 민 선생 시간이었다. 5, 6명의 학생이 앉은 강의실에서 선생은 느닷없이 권 아무개를 호명했다. 이미 잡지 편집자와 필자와의 관계로 친숙한 사인데 뻔히 보면서 출석을 부르다니! 곧이어 강의 텍스트였던 청말(淸末) 지식인 풍계분(馮桂芬)의 문집 번역을 시시했다. 아무런 준비 없이 등교했던 늙은 학생은 그날부터 '민 총통'의 밥이 되어 혹독한 시련을 겪게 된다. 강의실에서 후배들과 밤을 새워 강독시간 준비를 하고 리포트를 써야 했다. 강의실의 그는 정말 총통이었다. 안면몰수였고 한 치의 실수나 잘못이 있으면 그 자리에서 몰아세우고 무안을 주었다.

그는 평생을 무서운 훈장으로 일관했다. 교실 강의로만 끝나지 않았다. 학문적 열정이 있는 학생이라면 유학을 주선했고 전공분야까지 선정해 후학을 키웠다. 전두환 정권 초기, 민청학련사건으로 복역했던 제자가 대학원 진학을 희망했다. 그러나 당시 서울대 학칙으로는 입학불가였다. 민 선생은 한 사립대에 그를 진학시키고 선생 스스로 그 학생의 '독선생'이 되어 박사과정까지 지도했다.

이런 노력들의 결과가 짧은 기간에 한국의 동양사 연구 수준을 오늘의 자리에 오르게 한 공헌으로 빛나고 있다. 그는 중국사 연구에서 세계가 알아주는 독보적 존재다. 서양연구자들이 중국의 전통과 근대화를 단절로 보는 데 비해 그는 정상적 역사 발전의 단계로 보았다. 구체적 사료와 엄격한 고증을 거쳐 이를 입증하려는 노력의 결실이 그를 세계적 학자 반열에 오르게 했다.

그는 방학이면 해외순방길에 올랐다. 그의 연구 업적을 알리고 해외 학자들의 연구를 수용하기 위한 기회로 삼았다. 그때면 으레 후학 교수들을 대동했다. 학문의 세계화에 동참시키려는 해외 전지훈련이기도 했다. 그는 중국어는 물론이고 독일인 교수를 만나면 독일어로, 일본학자와는 유창한 일본어로 대화를 하면서 후학들의 기를 죽이고 외국어의 필요성을 실증적으로 보여주었다.

1995년 10월 그의 자작 연보는 단지 이렇게 적고 있다. '5일부터 11일까지 고대 구로병원에 입원하여 체크하였다.' 그 사흘 뒤 민 선생을 따라 나는 '21세기 한중일 관계전망'이라는 베이징 세미나에 참석했다. 그때 이미 백혈병이라는 진단을 받은 직후였지만 내게 어떤 낌새도 비추지 않았다. 그 후 백혈병 관련 자료를 읽고 나름대로의 처방을 하며 스스로 항암제 주사를 놓으며 학문과 연구의 열정을 늦추지 않았다. 부음을 듣기 전까지 그가 난치의 중병에 걸려 있다는 사실을 아는 사람은 가족 이외는 별로 없었다.

그는 지독한 댄디였다. 철학자 미셸 푸코는 댄디 보들레르를 이렇게 요약했다. '자신의 육체, 자신의 행동, 자신의 감정과 정열, 요컨대 자신의 존재를 하나의 예술로 만들기 위해 끊임없이 거울에 비추는 힘들고 엄격한 금욕주의자였다'고. 이 시대의 흔치 않은 댄디 민두기 교수는 갔다. '내려앉은 꽃잎모양/상장(喪章)과도 같이/나 이제/네 앞에 곱게 드리워지나니/오-내 임종(臨終)의 날은 언제라냐'며 그가 애송했던 노천명(盧天命)의 시구처럼 그는 떠났다. 그를 아는 후학들에게 부끄러움을 남기며-."

(2000-05-12)

나의 삶 나의 현대사 그 셋
-두 개의 폭력

⁝ 잡지, 내 젊음의 이력서

나는 잡지를 싫어한다. 잡지라는 말 자체를 싫어한다. 잡동사니라는 뜻이니 글자부터 잘못됐다. 그러나 나는 잡지를 미워할 수 없다. 잡지는 나의 청춘이었고 내 젊은 삶을 고스란히 바친, 미워할 수 없는 젊은 날의 초상화 같은 존재다. 잡지를 미워하면서도 잡지 속에서 살았고 잡지를 싫어하면서도 잡지에 묶여 20대와 30대의 젊음을 그 속에서 살았던 데는 남다른 이유가 있다.

60년대 중반 문리과 대학을 졸업한 뒤 취업의 선택은 두 가지 길밖에 없었다. 하나는 신문사 입사시험을 치는 일이고 또 하나는 중고 교사를 하면서 연구실에 남는 길이다. 나는 후자를 선택했다. 아니 선택이 아니라 그 길을 걸을 수밖에 없다는 유일한 진로였다고 생각하고 살았다. 국외자였고 비주류였던 삶에서 진정으로 주류로 행세하며 대학 연구실을 지키고 싶었다. 그러나 그 꿈은 어느 날 갑작스레 무너졌다. 북으로 간 삼촌이 연좌제라는 형벌이 되어 대학 조교 발령이 취소되면서 연구실을 못 나가게 되었다. 그래서 찾은 곳이 월간 잡지 「세대」였다.

그 당시 종합지라면 「사상계」가 문을 닫은 다음 「신동아」와 「세대」가 있었고 뒤이어 「월간중앙」이 창간되던 무렵이었다. 「신동아」가 야당적이었다면 「세대」는 친여 잡지였고 「월간중앙」은 중간 위치에 있었다. 그러나 3공 시절의 종합지가 할 수 있는 역할과 기능에는 분명 한계와 벽이 있었다. 더구나 친여 잡지 「세대」지가 할 수 있는 정론지 역할에는 더더욱 한계가 있었다.

돌이켜 생각해보면 「세대」지가 문학과 예술분야에선 나름대로의 기여를 했다고 자부할 수 있다. 「문학사상」이 창간되고 여러 문학계간지가 나오기 전까진 문학 관련 지면이 별로 없었다. 특히 초대 편집장이었던 문학평론가 이광훈(작고, 「경향신문」 편집국장 주필 역임)의 폭넓은 문단교류에 힘입어 「세대」지는 문학에 상당한 지면을 할애했고, 「세대」 신인문학상이라는 신인 등용문을 통해 많은 문인들을 배출하기도 했다. 최인훈의 「회색인」, 이호철의 「소시민」이 「세대」의 연재소설이었고, 홍성원의 「육이오」, 이병주의 「지리산」 등이 그 뒤를 이었다. 박태순, 신상웅, 조선작, 이외수, 김남, 유시춘 등이 「세대」 출신 작가다.

70년대 중반 서울 중학동 전 「한국일보」 사옥 부근에 「세대」지가 있었다. 여기서 청진동 쪽으로 내려오는 길목에 갓 출발한 「문학과지성(문지)」 「창작과비평(창비)」, 출판사 민음사와 「한국문학」이 자리 잡고 있었다. 저녁 무렵 청진동 몇몇 맥주 집을 돌면 장안의 내로라하는 문인들은 거의 만날 수 있었다. 저녁 무렵이 아닌 대낮에는 문인들의 약속 장소 또는 한담 장소로서 「세대」사가 이용되기도 했다.

암울했던 시절 종합지가 문학지 역할도 하면서 나 역시 많은 문인들과 교유할 수 있는 좋은 기회를 얻기도 했다. 「세대」지를 떠나 새 일터로 자리 잡은 곳이 「중앙일보」사의 「여성중앙」이었고, 곧이어 「월간중앙」 「문예중앙」에서 일했다. 잡지를 만드는 사람은 리포터가 아닌 에디터다. 보도 기능보다는 남의 글을 잘 받아 편집을 하는 게 본연의 업무다. 누가 해당 분야에서 가장 정통한가, 그의 논리와 그의 문장이 어떠하며 어떤 입장에 서 있느냐 등을 훤히 꿰뚫고 있어야 한다. 이 경험이 「중앙일보」 주필을 할 때 많은 도움이 되었다. 누구에게 시평을 쓰게 하고 칼럼을 맡길 것인가를 결정하는 데 잡지 에디터로서의 오랜 노하우가 십분 활용됐다.

그때의 잡지엔 분위기가 있었고 낭만이 있었다. 잡지엔 딜레탕트적 호기심이 만발할 수 있고 나 개인의 취향과 성격이 남과 공유할 수 있는 여유가 있어서 좋았다. 큰 비용을 들이지 않으면서 뭔가를 창조해낼 수 있는 작은 기쁨이 가능하기에 잡지는 아름답게 느껴진다. 그러나 10년이 넘어가면서 잡지와 출판에 대한 나의 열정과 재미도 점차 식어가고 있었다. 그 무렵, 전두환의 군사독재 시대가 막을 열고 있었다.

두 개의 고문, 서빙고와 남영동 대공 분실

정말 되살리기조차 싫은 기억이다. 전두환 정권이 광주항쟁을 잠재우고 불평불만 세력을 솎아내는 80년 말과 81년 5월. 나는 그 악명 높은 남영동 대공 분실과 서빙고 보안사 분실에 '끌려간' 적이 있다. '남영동'은 5·18 이후 도피 중인 친구를 숨겨준 죄로, '서빙고'는 이른바 한수산 필화사건 탓이다.

남영동은 비교적 쉽게 넘어갔다. 정작 괴로운 고문은 서빙고 때였다. 발가벗긴 채 두 평 남짓한 방에서 주먹이 솥뚜껑만 한 청년의 주먹세례를 받았다. 한 대 맞아서 머리가 뒷벽에 부딪혀 튕겨 나오면 주먹, 또 주먹. 다시 꿇어앉으란다. 다리 사이에 각목을 끼우고 넓적다리를 낡아빠진 고무신짝으로 때리기 시작한다. 실핏줄이 터지고 부풀어 오른다. 그 위를 군화로 짓이긴다. 다음 방으로 옮겨진다. 의자에 앉힌다. 얼굴에 수건을 덮는다. 얼굴을 젖힌 채 주전자의 물을 콧구멍에 들이붓는다. 참나무 몽둥이가 어깻죽지에 내리꽂힌다.

"너 전두환이 이주일 닮았다고 했지?" 내가 그런 말을 했던가. 에라 모르겠다. "네." "너 김일성 동생이지?" 아! 이건 아니다. 여기에 넘어가면 정말 간첩이 된다. "아니오." 물과 방망이가 거듭된다. 손가락에 전선을 감고 무전기 같은 것을 돌린다. 손발이 저려온다. 눈망울이 튀어나오는 통증, 다시 물과 참나무 방망이…, 결국 나는 김일성의 동생이 될 수밖에 없었다."

(1999-11-26)

남영동은 별일 없이 넘어갔다고 적었지만 그 또한 쉽지는 않았다. 몇 년 뒤 박종철 사건으로 악명을 떨친 이근안 경감 앞에서 거저 넘어갈 리는 없었다. 그는 방에 들어서자마자 내 뺨을 후려갈기면서 말했다. "이 새끼 빨갱이 아냐" 하며 서류를 홱 던지고는 "도주 경로를 대!"라고 윽박질렀다.

1975년부터 이미 「동아일보」와 「조선일보」에는 자유언론실천투쟁위원회가 결성되어 있었다. 조선투위(조선일보자유언론수호투쟁위원회) 위원장이던 정태기(후일 「한겨레」신문 사장)가 도피 중 평창동에 있는 우리 집을 찾았다. 아침 출근길 대문 앞에서 그와 마주쳤다. 이미 한 달여 숨어 살았으니 마땅히 갈 곳이 없었을 터였다.

한 달쯤 우리 집에 머물렀다. 시절이 하 수상하던 때이니만큼 나의 어머니의 걱정이 늘어났다. 친구가 사업하다 부도가 나서 잠시 숨어 있다고 둘러댔지만 별로 믿지 않으셨다. 해서 그는 청와대 앞 체부동에 살던 작가 김성동의 집에서, 홍은동 시인 김광규 집을 거쳐 작가 구중관과 함께 통일로 부근 한 민가에서 자취생활을 하고 있었다. 그러다가 인근 사찰을 조사하던 경찰의 검문에 걸려 잡혀갔다. 그 도주로를 밝히라는 것이다. 머뭇거리고 더듬거리면 한쪽 어깨를 탁 쳤다. 그러면 팔과 어깨가 분리되어 덜렁거렸다. 놀라지 않을 수 없다. 곧이어 어깨를 탁 치면 다시 원상으로 돌아갔다.

숨길 이유도 없었고 그럴 필요도 없었다. 소상히 털어났다. 조사는 쉽게 끝났다. 내 책임 아래 내가 솔선해서 한 일이기 때문에 숨기고 회피할 이유가 없었다. 그러나 한수산 사건은 이와 달랐다. 영문 모르고 고문을 당한 것이다. 물고문 전기고문을 당하면서 간첩죄에 잘못 연루된 것이 아닌가 의심할 수밖에 없었다.

어느 시인이 남긴 한恨

"하늘을 바라고 하늘을 바라고/울지 말아라 벙어리야/미친 오월의 돌개바람이/자지러지게 자지러지게 네 울음을 울어도/말하지 말아라 벙어리야/… 물먹은 하루 해의 봉분 위에/풀잎처럼 쓰러져간 우리네 목숨/벙어리야 벙어리야/하늘을 바라고 하늘을 바라고…"(박정만, 「오월의 유서(遺書)」에서)

시인 박정만은 10년 전 5월 29일 아침 출근길에 2명의 기관원에 의해 연행되어 2박 3일간의 모진 고문을 받게 된다. 왜 맞는지 영문도 모른 채 발가벗겨 매 맞고 물고문 전기고문을 받으며 그는 말하지 않는 벙어리가 된다. 5월의 돌개바람이 시인의 말과 직장과 가정을 빼앗고 그의 육체와 영혼을 병들게 한다. 그 후 7년 그는 실의 좌절 방황을 거치면서 때로는 폭음과 때로는 미친 듯 시 작업에 몰두하다가 끝내 화려한 올림픽 폐막식이 있던 날 한 많은 세상을 하직했다.

최근 그의 시 「작은 연가(戀歌)」가 지용(芝溶)문학상을 받았다. 시인 박정만이 영문 모르고 당했던 세칭 한수산 필화사건의 문제 대목은 정말 별것이 아닌 이런 것이었다. "어쩌다 텔레비전 뉴스에서 만나게 되는 얼굴, 고위관리가 이상스레 촌스런 모자를 쓰고 탄광촌 같은 델 찾아가서 그 지방 아낙네들과 악수를 하는 경우, 그 관리는 돌아가는 차 속에서 잊을 게 뻔한데도…" "하여튼 세상에 남자치고 시원치 않은 게 몇 종류가 있지. 그 첫째가 제복 좋아하는 자들이라니까. 그런 자들 중에는 군대 갔다 온 얘기 빼놓으면 할 얘기가 없는 자들이 있게 마련이지(「중앙일보」 연재소설 한수산, 「욕망의 거리」, 81년 5월 2일자)." 앞의 대목은 국가 원수에 대한 모독이고, 뒤의 것은 군에 대한 혐오감을 보였다는 것이 작가의 죄명이라면 죄명이었다.

다만 작가 한수산을 잘 안다는 이유만으로 또는 몇 차례 만났다는 이유만으로 박정만을 포함한 5명의 들러리가 마치 굴비처럼 엮여 가서 발가벗겨 두들겨 맞고 전기의자에 앉아 고문을 당했던 것이다. 이 사건은 언론 통폐합이라는 5공의 폭압조처 직후 언론의 불만을 잠재우기 위한 끝내기 수단으로, 윗분의 비위를 거슬리거나 깐죽거리며 비판하는 언론에 일벌백계의 파급 효과를 노린 폭력정치의 전형이었다. 그 엑스트라로 몇몇 문인과 언론인을 징발한 사건이었다고 나는 생각한다.

"나를 죽인 것은 5월의 그날이다. 왜 고십(가십) 난에도 못 오르는 뭇매가 나를 때리는가. 적어도 나는 건강하게 살려고 했던 이 땅의 보통 사람에 불과했다"고 시인은 외쳤다. 권력이 장난처럼 스쳐간 손길에 시인은 시름시름 숨져간 것이다.

이렇게 인생을 망친 사람이 어디 박정만뿐이겠는가. 권력이 억압과 폭압의 장치로 군림하던 시절, 수많은 시인·작가·예술가·언론인이 많게는 몇 년씩의 옥고를, 적게는 며칠 몇 시간씩을 죄명도 없이 영문도 모른 채 끌려가 뭇매를 맞고 입을 봉한 채 육체와 영혼이 병든 채 시름시름 살아야 했다.

10년 전 박정만과 동행했던 들러리의 한 사람으로서 당시의 상황을 이처럼 까발리고 그의 죽음을 애도하는 그만큼 세상이 좋아졌고 민주화되었다고 말할 수 있다. 그러나 강경대(姜慶大) 군의 참사사건과 함께 또다시 거론된 공안통치의 징후와 흔적을 보면서 아직도 박정만의 고통이 재현될 수 있다는 두려움을 느끼지 않을 수 없다.

(…) 그러나 아직도 권위주의 통치의 향수에 젖어 있는 세력이 권력의 핵심에 자리 잡고 있다는 짐작 때문에 권력의 폭력화를 경고하는 것이다. 그 수법이 아무리 간접적이고 우회적이라 한들 권력이 폭력의 결과에 맛들이기 시작하면 그 권력은 다시 권위주의 폭압정치으로의 길을 걷고 싶은 유혹에 빠져들게 된다. 바로 그 때문에 공안 통치를 규탄하고 권위주의 회귀 징후에 경고를 보내는 것이다. 더 이상 박정만처럼, 강경대처럼 영문 모르고 억울하게 죽는 죽음이 이 땅에 다시는 없게끔 하라는 것이 구천을 헤매고 있는 두 억울한 영혼의 간곡한 소망

일 것이다.”

(1991-05-22)

1980년 11월과 81년 5월, 6개월 간격으로 두 사건을 겪은 뒤 나는 잡지를 떠나 신문사 논설위원이 됐다. 남의 글을 받는 입장에서 자신의 글을 써야 하는 쪽으로 바뀌었다. 새로운 생활이 시작된 것이다. 앉아서 당할 수만은 없다. 몸으로 저항할 수 없다면 글로써 권력의 비리와 폭력을 고발하고 맞서보자는 나 나름대로의 다짐도 있었다.

1988년 논설위원으로서 이른바 칼럼이라는 형식의 글을 시작으로 2007년 신문사를 떠나기 전까지 무려 20년간 글을 썼다. 권력의 폭력과 횡포에 대해서 감시견으로 나름대로 용감한 발언을 했다고 자부했지만, 진보 권력이든 보수 권력이든 그 어떤 권력도 집권만 하면 똑같은 폭력과 횡포를 되풀이했다. 보수가 잡으면 좌익을 빨갱이로 몰았고 좌익이 집권하면 보수를 적폐청산으로 때려잡았다. 그 어떤 개선도 변화도 보인 적이 없었다. 세월이 갈수록 오히려 더 잔혹하고 간교하게 기술적으로 생사람을 잡고 있다.

돌이켜보면 20여 년을 공염불만 되뇐 도로(徒勞)의 세월을 보낸 것 아닌가. 아 부질없는 세월이여! 이탈리아 역사가 베네데토 크로체는 말했다. “모든 역사는 당대 역사(contemporary history)”라고. 당시대 그가 산 삶이 곧 그의 현대사인 것이다. 내가 산 현대사는 권력의 폭력에 기죽어 살아야 했던 암울한 세월이었고 그것은 과거형이 아닌 현재진행형이다.

나의 삶 나의 현대사 그 넷
─북한문화유산답사기

⁞ 나에게 있어 북한은 무엇인가

소년기에 각인된 보도연맹 막냇삼촌의 총살 장면 그리고 북으로 간 태두 삼촌이 연좌제가 되어 한 사학도의 삶의 진로를 바꾼 청년기 좌절, 이 모두가 북과 연결된 내 삶의 결정적 고리였다. 중년을 넘어 50대 초반 「중앙일보」 통일문화연구소장이 되었다. 논설위원도 겸하고 있었다. 이 또한 나의 삶, 나의 현대사에 있어서 북과의 연결고리가 되었다.

「중앙일보」는 오래전부터 북한연구에 많은 관심을 쏟고 있었다. 그 전신인 동서문제연구소엔 중국의 「인민일보」와 북한의 「로동신문」과 관련 자료도 상당수 갖춰 있었고 전문연구원도 상주했다. 지금도 그러하겠지만 당시 북한 연구는 「로동신문」 읽기에서 출발했다. 기사의 문맥을 읽고 그 배경이 무엇인지, 글자와 글자 사이의 의미를 파악해 진의를 찾아내기 등이 연구의 주류를 이루고 있었다. 물론 이 연구도 중요하고 필요했다.

1995년 광복 50주년을 맞으면서 「중앙일보」는 현대사연구소를 신설하고 내게 소장을 맡겼다. 50년의 한국경제와 국제관계 등을 조명하는 대대적인 심포지엄을 미국 하버드대와 러시아 극동연구소 그리고 서울에서 열었다. 그다음 한 일이 미국 국립문서기록관리보관소(NARA)에 소장(所藏)된 한국 관련 문서를 복사하고 러시아 극동연구소 자료발굴에 상당한 돈과 인력을 쓴 것이다. 이 연구팀의 발굴자료 중엔 6·25 직전 러시아 극동지역 부사령관이며 평양주둔사령관이 쓴 『스티코프의 비망록』이 있었다. 전쟁준비를 위해 소련 군수물자를 조달하고 무기체계를 점검하는 기록들이 그 『비망록』에 낱낱이 적혀 있었다. 일부 진보학자들이 주장하는 북침론을 잠재우고 소련과 북한의 확실한 남침 준비 문서를 찾아 공개한 것이다.

그 무렵 이승만 초대 대통령의 서한과 외교 문서 등이 이화장에서 발견되었다. 30여만 쪽에 달하는 방대한 문서를 복사하고 정리해 이후 그 자료를 연세대에 넘겨 이승만 연구의 초석이 되게끔 하기도 했다. 이후 동서문제연구소와 현대사연구소를 통합해 통일문화연구소로 재편했다. 연구소 책임을 맡은 나는 북한을 어떻게 접근하고 이해할 것인가에 초점을 맞췄다.

북한의 자료와 신문을 통해 마치 암호해독 작업을 하듯 북한을 더듬는 우회로를 택할 것인가. 아니면 광복 이후 최초로 북한을 방문해 눈으로 직접 보고 느끼는 직행로를 택할 것인가. 많은 토론과 자문을 통해 직행로를 택하기로 했다. 그러면 어떤 경로를 통해 직행할 것인가. 고양이에 방울을 달아줄 사람은 누구인가. 여러 시행착오를 거쳐 한 가닥 경로를 잡았다. 일본 총국장을 지내고 편집국장이 된 전육이 이런 제안을 했다. 재인교포 사업가이면서 베이징에서 북한과의 사업을 하고 있는 삼전리 박경륜 회장을 만나보면 길을 열 수 있으리라 했다. 당시로선 가능성이 조금이라도 있는 경로라면 무조건 만나 허와 실을 진단하는 게 일상사였다.

1996년 여름 베이징에서 박 회장을 만났다. 「중앙일보」의 방북 취지와 방식에 대해 설명했다. 취지는 남북이 단절된 상태로 50년이 지났다, 이젠 서로 만나고 서를 이해할 시점이 되지 않았는가, 역사 문화의 동질성을 확인하고 제3의 길을 모색해야 하지 않는가, 이를 위해 정치 경제적 접근 방식이 아닌 역사 문화적 접근 방식을 택하겠다, 였다.

이래서 북한 문화유산 답사단이 구성된다. 이 방식은 당시 「중앙일보」 홍석현 사장이 오래전부터 구상해왔던 대북 구상의 일부이기도 했다. 박경륜 회장은 당시 60대 후반의 온화한 인상을 지닌 여성 사업가였다. 본인의 말로는 김일성 주석 때부터 관계를 형성하면서 금강산 개발에 대한 여러 사업구상을 자문하고 기획하기도 했다고 한다. 1994년 갑작스런 김일성의 사망으로 금강산 개발 사업은 출발도 못 했지만 유훈으로 김정일에게 넘겨졌다고 했다. 그녀는 말수가 적고 자기 과시를 크게 하지 않는 성격이어서 신뢰할 만하다고 생각했다. 함께 만났던 북한 간부들도 박 회장을 존중하고 어려워하는 듯한 인상을 주었다. 나중 방북이 이뤄지면서 평양 보통강 부근에 있는 그녀의 오리농장에서 오리 알을 한 바구니 가져와 우리에게 주며 먹으라 했던 기억도 있다.

베이징 회의에는 박 회장과 나 그리고 연구소 유영구 차장이 초기에 주로 만났지만 한 달여 지나면서 북한 측 조선아시아태평양평화위원회 소속의 참사 두 명이 동석했다. 조 참사, 김 참사라 불렸던 그 두 사람은 베이징에서 대외사업, 흔히 말하는 외화벌이를 위한 첨병이었다. 40대

초반의 두 사람 중 조 참사는 곱상한 얼굴의 평양외국어대 출신의 일본 통이었고 김 참사는 포커페이스의 기획통이라고 했다. 우리는 자주 만났다. 두 사람이 라면으로 끼니를 때운다고 유영구가 전해 와서 함께 자주 식사를 했다. 한 달에 두 번 정도 베이징을 방문할 때도 있었다.

3~4개월이 지났을 무렵 드디어 아시아태평양위원회 부위원장을 맡고 있던 전금철이 등장했다. 김용순 위원장 밑에 전금철과 송호경이 부위원장을 맡고 있었다. 시간이 지나면서 알게 된 일이지만 전금철은 「중앙일보」와 삼성을, 송호경은 현대를 맡아 뒷날 정주영 회장이 소 떼를 몰고 가는 획기적 이벤트를 성사시킨 당사자가 되었다. 전금철은 중후하면서도 점잖은 모습이었다. 그의 등장으로 방북 사업은 아연 활기를 띠었다. 보다 구체적인 사안들이 오갔다. 방북 취재의 일정과 행선지, 참가인 명단 등이 오갔다. 행선지의 밑그림은 당시 『나의 문화유산답사기』로 장안의 지가를 올리던 유홍준 명지대 교수에 의뢰했다.

해를 넘긴 1997년 초 일은 예상외로 빨리 진행되고 있었다. 매달 하순 화요일에 입북해서 다음 주 금요일에 돌아오는 12일 일정과 최소 3회 방북을 할 수 있다는 결론도 받았다.

그러나 그해 2월 황장엽 로동당 비서가 일본 중국을 거쳐 남한으로 망명했다. 모든 약속이 도로아미타불이 되었다. 북측과는 연락두절, 마냥 기다리는 수밖에 없었다. 어디다 하소연할 데도 없었다. 겨울과 봄이 가고 여름이 시작된 6월 드디어 「중앙일보」 통일문화연구소는 방북 초청장을 받게 된다. 1차 방북 팀은 권영빈 단장, 유영구 팀장, 사진부 김형수 차장 그리고 유홍준 교수로 짜였다. 7월 8일 드디어 분단 최초로 남북한 당국의 정식 허가를 받아 방북을 하게 된 우리는 베이징에서 비자를 기다렸지만 아무런 설명 없이 불가 통지만 받았다. 허탕을 치고 돌아온 뒤

두 달이 지나서 다시 연락이 왔다.

　1차 방북은 9월 23일 평양행 고려항공을 타고서야 시작된다. 나는 네 차례 방북을 했지만 매번 입국하기 전엔 어떤 확신도 할 수 없었다. 유홍준 교수가 그의『나의 북한문화유산답사기』에 썼듯 떠나야 떠나는 것이고 도착해야 도착했다는 확인을 하듯 베이징 호텔에서 가슴 졸이며 비자를 기다리는 심정은 피를 말리는 과정이었다.

　왜 이토록 무리를 감행하며 나는 방북 사업을 성사시키려 했던가. 1996년부터 2006년 6월 북한의 핵실험이 있기 전까지 나는 북을 연민과 뜨거운 가슴으로 접근했다. 햇볕론자였고 '퍼주기' 주창자였다. 북을 동족의 가슴으로 보듬고 개혁 개방 노선으로 유도한다면 서로의 적대관계는 개선되고 그것이 통일로 가는 멀고도 바른길이라고 생각했다. 북한이 식량난으로 수십만이 죽어간다는 소식이 들려오던 96년 6월 나는「중앙일보」칼럼에 북에 식량을 보내자는 글을 썼다. 조중동 이른바 보수언론으로선 최초의 퍼주기 글이었다.

범주汎舟의 역役

진(晉)나라에 큰 흉년이 들었다. 이웃나라 진(秦)에 사신을 보내 쌀 지원을 요청했다. 진(秦) 왕 목공(穆公)은 중신을 모아 대책회의를 열었다. 인도적 차원에서 한 번 쌀을 주면 계속 달라 할 것이고 국경을 맞댄 적에게 식량을 제공하는 것은 명백한 이적행위라는 게 지배적 중론이었다. 이때 자상(子桑)이라는 신하가 나섰다. "우리가 쌀을 보내는 은혜를 베풀면 그 나라 왕과 백성이 감격할 것이고 만약 왕이 우리 은혜를 배신하는 망덕(亡德)한 군주라면 그 나라 백성이 미워하게 돼 자멸할 것이니 두 개의 이익이 있다"고 역설했다.

왕은 그의 주장을 받아들여 곡식을 수송했다. 이를 중국역사에선 배를 띄워 쌀을 보냈다 해서 '범주의 역'이라고 했다.

지난달 말 79세의 이인모(李仁模, 북송한 미전향 장기수) 노인이 심장병을 고치기 위해 미국으로 떠났다. 도중 기착한 일본 공항에서 휠체어에 중절모를 쓴 이 노인을 TV로 보는 우리는 착잡한 심정이었다. 노구를 이끌고 미국을 찾는 이유가 단순히 인도적 차원의 심장병 치료일까. 북미 간 외교적 현안이 중첩된 시점에서 이 노인을 등장시킨 북쪽의 전술은 무엇일까 등의 의문이 일어났다. 결과적으로 본다면 이 노인의 방미 치료는 북측의 인도적 배려라는 선전효과를 십분 거두면서 화해와 인도적 배려라는 순진한 대북정책을 추진했던 김영삼 정부에 대한 남쪽의 갈등을 다시 한 번 증폭시키는 계기가 됐다고 볼 수 있다. 우리가 인도적 배려를 해봤자 밤낮 뒤통수를 때리는 게 북의 전술이라는 보수적 논리의 타당성을 다시 확인하는 계기가 되기도 했다.

대북 쌀 지원도 같은 맥락에서 중단됐다. 인도적 차원에서 굶주린 동족에게 쌀 지원을 해봤자 좋은 소리도 듣지 못하고 결국엔 군량미로 둔갑해 우리를 치러 내려오는 데 일조를 할 것인데 무슨 인도적 차원이냐는 게 반대논리다. 진나라 중신들의 논리와 다를 바 없고, 이 논리가 설득력을 갖게끔 북쪽도 우리에게 성의를 보이지 않았다. 그러나 자상의 주장을 대입해본다면 굶주린 동포에게 인도적 배려를 하는 것은 지극히 당연한 처사고, 그게 후방미든 군량미든 이 모두가 북의 소프트랜딩을 돕는 일이라고 보면 쌀 지원은 인도적 배려와 통일의 기본노선에 부합되는 조처다. 북이 계속해 우리의 인도적 배려에 등을 돌린다면 북한 정권 스스로 무덤을 파는 계기가 될 터이니 '일타삼매(一打三枚)'

제1부 나의 삶 나의 현대사

의 효과까지 있다.

그런데 정부는 종교단체가 제3국을 거쳐 보내는 쌀 지원마저 수사대상으로 삼고 조만간 수사에 착수한다고 했다. 이는 통일 기본정책에도 위반되고 진행 중인 소프트 랜딩 전략에도 맞지 않는다. 뿐인가. 정부는 월드컵 공동개최가 확정된 후 남북한 분산개최 의도를 밝힌 바 있다. 한일 간 화해보다 더욱 급하고 요긴한 게 남북 간 화해라는 점에서 분산개최는 매우 값진 결과를 가져올 수 있다.

그러나 수해와 기근으로 힘들게 살아가는 북한 주민임을 뻔히 알면서 쌀 한 톨 보내지 않고 평양에서 월드컵을 열자고 제안할 수 있을 것인가. 곧 유엔이 북한 쌀 지원 대책을 발표할 예정이다. 유엔이 쌀 지원을 공식화하고 있는 형편에 종교인, 기업인의 쌀 지원까지 막고서 우리가 대북정책에서 우위를 차지할 수 있을 것인가. 설령 쌀 지원이라는 동족애적 배려가 북한의 또 다른 전술 전략에 악용되는 일이 있다 하더라도 긴 안목에서 볼 때, 이 길만이 북한을 대화와 협상으로 이끄는 멀고도 가까운 길이라고 생각한다.

5월 3일자 북한 「로동신문」에 실린 "조미기본합의에 따라 우리나라에 제공되는 중유가 일정대로 납입되고 있다"는 3단 기사가 눈에 띈다. 한반도에너지개발기구(KEDO)가 보내는 중유의 납입일자와 사용처를 기사로 자세히 알리고 있다. 쌀 지원을 우리의 형편껏 지속적으로 한다면 남북 간에도 이런 신뢰가 쌓일 수 있다.

이(李) 노인을 보내자마자 핵확산금지조약(NPT) 탈퇴로 배신하는 북에 맞서 당장 우회전해버리는 단속적(斷續的)이고 감정적인 대북전략으로는 우리의 지속적 신뢰가 전달될 수 없을 것이다. 기업이 남북경협을 내걸고 북에 진출하는 마당에 쌀 지원을 말라는 것도 이치에 맞지 않는다. 정부는 몰라도 기업과 종교단체가 스스로 벌이는 대북 쌀 지원을 하라 말라 하거나 수사로 삼는 일은 결코 있어선 안 된다. 인도적 배려가 설령 전술적 차원으로 악용되는 한이 있더라도 '망덕한 군주는 백성이 미워한다'는 거시적이고 어른스러운 입장에서 식량을 지원하는 게 우리의 원대한 통일전략에 부합한다.

(1996-06-05)

"바람과 햇빛"

초겨울 한 사내가 외투를 껴입고 걸어가고 있다. 심심하던 참에 바람은 해에게 내기를 건다. 저 사내 외투를 누가 먼저 벗길 것인가. 자신에 찬 바람은 냅다 강풍을 불어제치기 시작했다. 쌀쌀한 날씨에 바람까지 불어오니 사내는 더욱 외투를 부여잡고 종종걸음을 재촉한다. 다음 차례, 해는 느긋하게 미소 지으며 햇볕을 내려 쬐기 시작했다. 강풍이 불다 때아닌 햇볕이 쏟아지니 사내의 등줄기엔 땀이 솟는다. 마침내 사내는 외투를 벗고 이마에 흐른 땀을 닦기 시작했다. 이게 한반도 통일을 둘러싼 강풍론과 햇볕론의 근거가 되는 우화 한 토막이다. 적화야욕에 혈안이 된 북한에는 강풍밖에 약이 없다는 주장과 얼어붙은 동토에 햇볕을 쬐여 대화와 협상으로 유도해야 한다는 햇볕론이 지난 10여 년간 맞서왔다. 어느 사회 어느 국가든 모순되는 두 주장이 대립할 수 있다. 이 대립과 갈등이 정반합의 과정을 거쳐 통합에 이르는 것이 건전한 민주시민사회의 갈등 해소방안이다.

　그러나 우리는 어떤가. 한때는 엄동설한이고 한때는 불볕 더위뿐이다. 최근 「중앙일보」 통일문화연구소는 세계적 전략 문제연구 기관인

랜드연구소와 국민 통일의식 구조 조사를 했다. 이 조사 결과에서도 우리의 기묘한 대립 갈등 구조가 국민 개개인에 고루 퍼져 있음을 확인했다. 바람과 햇빛이 조화를 이루지 못하고 여기에서는 바람이고 저기에서는 해가 되는 모순되는 두 논리가 국민의식 속에 깊이 도사리고 있음을 본다.

예컨대 이렇다. 1차 여론조사를 한 9월엔 반드시 통일해야 한다는 주장이 44%였는데 잠수함사건이 있은 뒤 2차 조사에선 37%로 격감했다. 강풍론이 7% 높아졌다. 통일과정에서 미국의 역할은 95%의 지지를 얻고 있지만 지나친 대미 의존도는 대외정책의 가장 큰 걸림돌로 꼽히고 있다. 북한과 일본의 핵무기는 막아야 하지만 우리는 통일 후에도 핵을 보유해야 한다는 목소리가 80% 이상으로 높다. 군사비용 절감으로 통일비용을 조달해야 한다면서(32%) 통일 후에도 국방예산을 늘려야 한다(30%)고 답하고 있다. 바람과 햇빛이 사안에 따라, 시기에 따라 엇갈리고 마찰을 일으키고 있다.

왜 우리는 통일에 관한 견해가 한 사람 마음속에서도 이처럼 갈피를 잡지 못하는 모순과 2중 잣대를 지니고 있는가.

두 가지 측면에서 살펴볼 수 있다. 하나는 국민적 신념이나 태도가 국가 정책과 비교할 때 생겨나는 이중성일 수 있다. 개개인의 2중성이 통일이라는 국가적 문제와 마주칠 때 일어나는 심리적 반응의 결과일 수 있다. 그러나 그 반응 자체가 상호 모순을 일으키는 것은 개개인의 의식이 단편화돼 있거나 상호연계성을 가질 수 없을 만큼 성숙되지 못했다는 비판이 가능하다. 통일 열망은 높지만 현실적 대처 능력에선 일관된 대안을 갖고 있지 못하다는 현실 반영일 수 있다.

이런 결과가 나온 데는 정부의 통일정책이나 통일교육이 제대로 되지 않았다는 두 번째 이유와 깊은 관련성을 갖는다. 특히 문민정부 들어 기존의 강풍 통일론을 대폭 수정하면서 남북 간 영수회담 추진에 사서라도 쌀을 보내겠다는 햇볕론으로의 강한 선회 그리고 뒤이은 응징 강풍론으로의 번복으로 말미암아 바람과 햇빛을 오가는 극단적 2중성이 국민의 안보의식에서도 나타난 것이라고 볼 수 있다.

6공화국 때 한반도 비핵화를 공식적으로 선언했지만 국민들 마음속에 핵 주권의식이 아직도 이처럼 강하게 자리 잡고 있는 걸 보면 이 또한 국민적 합의를 도출하는 과정이 정밀하지 못했고 정책 결과에 대한 대국민 홍보도 취약했음을 말해주는 방증이 된다.

통일에 관한 한 획일적 단순논리란 불가능하다. 햇빛만으로도, 바람만으로도 통일이 되는 게 아니다. 바람과 햇빛을 어떻게 조화롭게 구사해서 통합으로의 길을 가느냐가 중요한 것이다. 랜드연구소 제임스 톰슨 소장의 쌍둥이 작전은 그래서 현실성을 지닌다. 군비증강, 국방예산 증액, 무제한 군비 경쟁을 외치면서 은밀히 타진했던 미국 레이건 정부의 이른바 양면작전(Two track approach)이 그것이다. 바람과 햇빛 두 트랙을 동시에 구사해야 한다.

어느 때는 바람이고 어느 때는 햇빛이어서는 국민들의 통일의식을 헷갈리게 할 뿐이다. 어제부터 한미안보회의가 워싱턴에서 열리고 있다. 간첩선이 내려오면 강공이고 물러나면 태평세월인 그런 안보회의가 아니라 소프트 하드 랜딩을 동시에 구사할 바람과 햇빛 동시작전을 도출하는 자리가 돼야 한다.

(1996-11-01)

두 편의 칼럼은 김영삼 정부 시절에 쓴 글이다. 북한엔 수십만 명의 아사자가 생겨났고 고난의 행군이 계속되며 남한에서도 구호의 손길을 뻗치기도 했지만 간첩선이 내려오면서 금방 회수해버리는 온탕 냉탕의 대북 정책이 헷갈리며 요동치는 시절이었다. 김영삼 정부 후반부에 시작된 대북 사업은 결국 IMF 사태를 거친 김대중 정부에서 완성되었다. 북도 어려웠지만 남도 고달픈 시절이었다.

1차 방북이 1997년 9월 하순이었고 그 두 달 뒤 2차 방북이 이뤄졌다. 1차가 평양 인근과 묘향산에 집중되있다면, 2차는 안악 3호 고분이 있는 사리원, 성불사, 월정사 그리고 개성 시내와 인근의 박연폭포, 왕건 무덤, 만월대 등으로 이뤄졌다. 답사팀은 풍수지리 전문의 최창조 전 서울대 교수, 화가 황창배 이화여대 교수 그리고 나와 유영구 차장, 김형수 사진부 차장이었다.

안악고분과 월정사 답사를 끝내고 평양으로 귀환하자 조 참사(유홍준의 『나의 북한문화유산답사기』에 나오는 '용강 선생')가 한턱을 내겠다며 이른바 민속 주점으로 우리를 안내했다. 윤이상 음악연구소 부근이었다고 기억한다. 한복 차림의 무희들이 장고춤을 추며 흥을 돋우고 있지만 우리 일행은 모두 심드렁할 뿐이었다. 물론 주점 내 손님은 달랑 우리 일행뿐이었다. 조 참사가 안달을 부리며 왜 분위기 좋은데 흥을 내 춤도 추지 않고 무얼 하냐며 윽박지르기 시작했다. 어깨를 잡고 무대 쪽으로 밀어내면서 '어디서 이런 촌닭들만 모아 왔나'라며 짜증을 부렸다. 어색하고 불편한 자리였지만 모두 잘 참고 있었다.

이튿날 잠자리에서 일어난 나는 조 참사를 고려호텔 1층 커피숍으로 내려오라 했다. 둘이서 마주 앉았다. 나는 조용히 말했다. 당신들은 고난의 행군 중이다. 수많은 사람들이 굶어죽고 있지 않느냐, 남한 또한 IMF 사태로 극심한 혼란과 고난을 겪고 있다. 그 어려움을 뚫고 우리가 여기에 와 있다. 무슨 흥이 날 것이고 무슨 진수성찬이 필요하냐. 이런 와중에 온 손님을 촌닭이라고 조롱하고 멸시하는 게 공화국의 손님 맞이냐고 준열히 나무랐다. 부지도원이었던 백 참사도 중간에 들어온 듯 동석해 새파랗게 질려 있었다. 조 참사는 땅바닥에 무릎을 꿇고 손을 싹싹 비비며 잘못했다고 용서를 빌었다.

그 후 두 차례 더 북한을 방문했지만 조 참사는 보이지 않았다. 어딜 갔냐고 물으면 산속에 가서 교육을 받고 있다고 했다. 순안 공항에서 평양 시내로 들어가는 40여 분 동안 창밖의 풍경은 언제나 나에겐 잿빛으로 느껴졌다. 하늘이 흐려서가 아니라 길 가는 사람들의 옷차림이 잿빛이고 그들마다 등에 진 보따리가 잿빛 덩어리로 느껴졌다. 길을 따라 약간의 식량을 지고 서서히 걸어가는 평양시민들의 모습에서 고난의 행군을 저절로 읽을 수 있었다. 묘향산 김일성 기념관 앞에선 가녀린 모습의 위병이 신고 있는 군화는 낡아빠져 발톱이 나올 지경이었고 길 가다 간혹 눈에 띄는 젊은 사병들이 웃통을 벗고 일하는 모습은 마치 소년병들처럼 병약해 보였다.

북한의 식량 사정은 이토록 어려워 보였다. 식량뿐만 아니라 전기 사정은 더욱 심했다. 고려호텔의 승강기마저 멈칫멈칫할 때가 있는가 하면 일반 고층 아파트의 엘리베이트는 숫제 멈춰 서 있는 게 보통이었다. 하루는 이정남 미술관 학예사가 집에 두고 온 책자를 찾으러 아파트 앞에 차를 멈춰달라고 했다. 30여 분이 되어서야 땀에 흠뻑 젖어 내려오는 걸 보면서 우리는 왜 이리 늦었냐고 물을 수가 없었다. 20여 층을 걸어 올라갔다가 내려온 것임을 우리는 짐작하고 있었기 때문에 침묵했던 것이다. 금강산 호텔의 승강기는 더욱 심했다. 덜컹거리면서 갑자기 멈추는 바람에 통 속에 갇혀 문을 두드려서야 빠져나온 경우도 있었다. 97~98년 상

제1부 나의 삶 나의 현대사

황이 이러했지만 지금이라고 그 사정이 얼마나 개선되었을까.

식량난과 고난의 행군이 계속되고 있는 1996년 겨울, 베이징에서 만난 전금철 부위원장은 매우 어려운 부탁을 하는 듯 조심스레 말을 꺼냈다. 쌀 보내기 성금을 내줄 수 없냐는 것이었다. 나는 그대로 홍석현 사장에게 보고했고 결론은 성의를 보이자는 쪽으로 모였다. 사실 북측 인사들은 우리에게 허세를 보이며 큰소리쳤지만 식량난은 참으로 바닥 사정이었다. 우리를 수행했던 북측 인사들은 식사 때마다 우리와 겸상하기를 매우 꺼렸다. 묘향산 호텔 식당에서 나는 못 볼 것을 보고 말았다. 우리가 먹다 남은 식탁에서 북측 수행원들이 모여 게걸스레 먹는 장면을 목격한 뒤 나는 더욱 몸을 낮추고 그들에게 겸손한 자세를 보여야만 했다. 사정이 이러니 쌀 보내기 성금은 참 잘한 결정으로 보였다. 그러나 전달 과정에서 배달 사고가 생겼다. 삼천리 박경륜 회장은 재미교포라는 이창희를 사무장으로 데리고 다녔다. 당시 50대 초반의 그는 별로 말이 없고 가끔 음험한 웃음을 흘리기도 했다.

성금의 1차 전달은 마카오에서 이뤄졌다. 유영구 차장이 동행해 골프채 통 속에 현금 달러를 넣고 배를 타고 마카오로 떠났다. 무슨 밀수꾼처럼 도박의 천국이라는 마카오 시내 호텔을 들어갈 때는 등골이 좀 오싹했다. 박경륜, 이창희, 전금철 그리고 우리 일행이 마주 앉아 약간의 담소를 마치고 성금 전달을 끝냈다. 영수증을 받을 일도 아니고 골프채 통을 넘기면서 일은 끝났다.

한 달쯤 되었을까. 성금 전달이 되지 않았다, 다시 보내라는 통지가 왔다. 이게 무슨 날벼락인가. 서둘러 베이징으로 가 두 참사를 만났다. 이창희가 골프채 통을 들고 떠났는데 중간에 미국으로 가면서 성금을 가지고 튀었다는 얘기다. 무슨 얘기냐. 우린 박 회장과 전 부위원장 앞에서 돈을 건넸으니 이것으로 끝난 것 아니냐. 이창희가 먹고 튀었는지, 당신들이 먹고 또 요구하는 것인지 우리가 어떻게 아느냐, 서로 거친 말이 오갔다. 그러나 그쪽이 아니라고 우기면 아닌 것이고 답답한 쪽은 우리일 뿐이다. 다시 성금을 보낼 수밖에 없었다. 「중앙일보」 홍석현 사장은 이런 불가측성 사고가 빈발할 때마다 나를 신임했고 더 이상 캐묻지 않고 다음 일에 힘을 몰아주었다.

방북 사업이 끝난 1년 뒤쯤 이창희가 서울에 와 면담을 요청했다. 이창희 명의로 성금을 받았기 때문에 미국 국세청에서 엄청난 세금을 부과하리라 예측하고 미리 성금을 챙겼지만 세금은 그보다 훨씬 많이 나왔으니 「중앙일보」가 이를 보전해달라는 요청이었다. 적반하장. 세상엔 이런 낯 두꺼운 자들이 널려 있음을 언론보도를 통해 늘 보아왔음에도 내가 이런 자와 상종을 했다는 사실 자체가 부끄러웠다. 이후 그의 면담을 거절했고 상종치 않았다. 그는 전화로 협박해왔다. 방북 성금 관련 사실을 국정원에 고발하겠다고 했다. 좋다 고발해라, 나와 당신 모두 법정에 서서 이 문제를 낱낱이 따져보자고 응수했다. 그 후 그의 출입이 잦아들었지만 나중 취재해본 결과로는 그가 성금 관련 사실을 국정원에 알린 것으로 드러났다. 다만 당국이 문제를 키워 사안을 복잡하게 만들 생각이 없었기 때문에 덮어왔다고 나는 짐작한다.

3차 방북은 1998년 초여름이었다. 고은 시인, 김주영 작가, 유홍준 교수, 김형수, 유영구 차장 그리고 나. 1, 2차 때보다는 단원이 늘었다. 이때도 베이징 호텔에서 1주일쯤 빈둥거리며 언제 비자가 나올지 전전긍긍하며 기다리다 떠났다. 나의 서재 벽면에는 백두산 천지에서 찍은 20년 전 사진이 걸려 있다. 유영구, 유홍준, 고은, 나, 김주영, 김형수가 차례로 서 있다. 지난 9월(2018) 문재인 대통령 내외와 김정은 위원장 내외가 천지에 내려가 기념 촬영한 바로 그 지리에 우리는 20년 전 모여 함께 사진을 찍었다.

이때 우리를 안내했던 지도원은 조 참사였다. 베이징에서 근무하던 일본통 젊은 조 참사가 용강 선생을 대신해 참여했다. 그는 내가 평양에서 만난 가장 합리적이고 유능한 '북한인'이었다. 그는 자동차 속에서 한가할 때는 내게 말을 걸었다. "소장 선생, 가장 합리적인 정치체제가 무엇입니까?" "자유민주주의 체제죠." "그보다는 평양의 사회주의와 서울의 자본주의가 합쳐진 상태가 가장 이상적이지 않소?" 몇 년째 그를 만나온 사이인데 지금 와서 내 속셈을 떠보려고 한 질문은 아니었을 것이다. 그도 오랫동안 베이징에서 외화벌이를 하면서 중국식 개혁 개방이 북을 살리는 길이라고 믿었기에 그의 깊은 속을 내게 비친 것이라고 본다. 조 참사는 유홍준 교수가 그토록 오매불망했던 내금강 답사를 윗선과 접촉해 허가를 받아낸 인물이다. 외금강도 좋지만 특히 내금강은 따스한 느낌이 드는 절경을 안고 있었고, 당시로는 북한군 미사일 부대를 뚫고 내금강으로 들어간다는 것은 상상하기 어려운 상황이었다. 그러나 그는 이를 관철했다. 평양으로 돌아온 뒤 다른 일정은 접고 백두산으로 바로 가는 방안을 찾아달라 했다. 이 또한 사전 논의가 없었던 일정이다.

당초 3회 방북을 약속했기에 이번에 돌아가면 백두산도 보지 못하고 무슨 방북을 했냐는 핀잔을 받을 것이니 체면을 세워달라고 부탁했다. 하루가 지난 뒤 그는 백두산을 가자고 했다. 육로는 안 되니 비행기를 전세 내야 하고 비용으로 1만 달러를 내야 한다고 했다. 해서 '가격 투쟁'을 할 수밖에 없었다. 깎고 깎아서 5천 달러에 떠나기로 했다. 우리 일행 6명에 두 참사 그리고 비행사, 정비사, 안내원 등 10여 명이 동승했다. 일행 모두 감격했다. 내 평생 비행기 전세 내어 백두산 구경 가는 호강을 언제 누릴 것인가. 조 참사에게 지금도 감사한 마음이다.

우린 마치 록펠러처럼 자가용 비행기를 타고 무산 삼지연 비행장에 내렸다. 자세한 백두산 기행은 유홍준 교수의 『답사기』에 나와 있지만 감동적인 것은 천지로 내려갔을 때 만난 노랑 야생화가 땅바닥에 낮게 깔려 즐비하게 늘어진 모습이었다. 김형수 차장이 찍은 야생화가 깔린 백두산 천지 사진은 「중앙일보」 정기독자를 위해 그해 전국에 배포되었다. 또 기이하게도 천지 속에는 뱀장어만큼 큰 산천어가 살고 있었다. 어류학자들이 뭍에서 옮겨 와 이들의 성장을 지켜보기 위해 천지 옆에 텐트를 치고 여름 한 철 살고 있다고 했다. 넉살 좋은 유 교수가 그들의 노고를 치하하며 접근해 두세 마리 산천어를 선물로 받아왔다. 내려오는 길목에서 좌판을 차리고 회를 쳐서 한 조각씩 나눠 먹었다. 특히 고은 시인이 입맛을 다시며 아쉬워했다. 그 바람에 나는 한 조각도 손을 대보지 못했다.

삼지연 베개봉 호텔은 오래 기억에 남는 장소다. 단층의 작은 호텔이지만 그 집의 감자 요리는 잊을 수 없는 맛의 보관소다. 추운 지방이고 곡식은 워낙 귀하니 감자가 주식이 되었다. 그냥 쪄서 먹는 감자가 아니다. 맛만 보면 쌀인지 밀인지 알아낼 수가 없다. 감자 요리 레시피가 무려 수십 종, 하도 신기해 주방에 들어가 요리방법을 적고 있었더니 김형수 차장이 카메라를 들이댄다. 내가 감자를 워낙 좋아해서인지, 삼지연 베개봉 호텔 감자 요리는 해외 수출을 해도 크게 환영받을 것이다. 옥류관 냉면은 저리 가라다.

4차 방북은 3차에 곧이어 98년 8월에 출발했다. 방문단은 홍석현 「중앙일보」 사장, 홍라희 삼성 리움 미술관장 그리고 나를 포함해 연구소 이영종 기자, 유영구 차장, 사진부 이 부장, 삼성 베이징 지사 고 부장 등이

침여했다. 방북 사업 협의 시작부터 따지면 3년차가 된다. 그사이 전금철 부위원장은 사망했고 김철 부위원장이 그 뒤를 이었다. 「중앙일보」 대표와 남한 최고 갑부 부인이 동행한 이번 방북단에 대한 북측의 배려는 각별했다. 우선 북측 영접이 통전부(통일전선부) 부장과 조국평화통일위원회 부위원장을 겸한 이종혁이었다. 그는 월북한 작가 이기영의 아들이다. 김일성이 생전에 이기영을 가까이 두고 아꼈기에 이종혁도 상당한 배려를 받고 있었다. 6·25 패전 후 김일성은 전후 복구사업을 위해 인재를 길러야 한다고 자신을 포함해 수십 명의 유학생을 동유럽에 파견했다고 이종혁은 말했다. 세계식량기구가 있는 로마에 북측 대표로 오랫동안 근무하면서 서방 외교의 한 축을 담당하는 외교관이기도 했다. 그 당시 이미 그는 60대 후반의 나이였지만 자세는 꼿꼿했고 힘이 가득 차 보였다. 묘향산, 금강산 산행을 하면서 그는 한번도 마다않고 완주했다. 그동안 만난 수많은 북한인 중에서 이종혁은 가장 신사였다. 그리고 겸손했다. 이른 아침 답사를 시작하기 전 그는 고려 호텔 로비에 나와 서 있다가 홍 사장 일행을 마주했다. 그는 두 손을 모으고 홍 사장을 향해 전날 있었던 남한 뉴스를 요점별로 보고했다. "어젠 야당 반대로 산업합리화 법안이 통과하질 못했습니다…." 이런 식이었다. 우리는 북한의 대남 총책의 입을 통해 남한의 소식을 매일 들으면서 묘한 감정에 사로잡히기도 했다.

올해 문재인 대통령과 기업 총수들이 방북해 옥류관에서 냉면을 먹을 때 조평통 위원장 이선권이라는 자가 기업인들과 동석해 경제협력이 이뤄지지 않은 상황에서 "냉면이 목구멍으로 넘어가냐"고 윽박질렀다는 후문이 국회 감사현장에서 나왔다. 북에는 이런 후안무치하고 안하무인격인 자들이 대종을 이룬다. 김철이라는 아태 부위원장은 송호경과 맞수로 송이 현대를 담당했다면 김은 삼성을 담당했는데 아무런 실적이 나오지 않자 베이징에서 만난 어느 날 내게 불평을 터뜨렸다. "삼성은 돌다리를 두드리며 올 듯 올 듯하다가는 돌아선다. 삼성은 어찌 그 모양인가."

그래서 삼성과 현대의 분명한 차이를 내가 이렇게 설명했다. "삼성 체제는 바텀 업이고 현대는 톱 다운 형식이오." "그게 무슨 소리야." "삼성은 밑에서 위로 올라가는 단계를 밟고 현대는 위에서 밑으로 바로 내려꽂는 지시체계란 말이오." "아 그런 말인가. 좀 적어둡시다." "현대 정주영 회장은 북한 통천이 고향이니 수구초심이고 삼성 이건희 회장은 경남 의령이오. 누가 북에 더 관심이 있겠소?" "또 하나 현대는 현 정부와 사이가 좋고 삼성은 정부와의 관계가 원활치 못해 새 사업을 추진할 형편이 못 될 것이소." 삼성의 대북사업 3대불가론을 내 생각대로 읊었더니 김철은 상부에 보고할 좋은 거리가 생겼다며 메모를 하고 있었다.

김철과의 악연은 또 있었다. 98년 8월 하순에 북한답사가 끝난 한 달 뒤 북한이 광명성 1호 미사일을 발사했다. 돌이켜보면 이게 모두 오늘의 북핵과 ICBM이 연결되는 시발점이었다. 이때 나는 다음과 같은 칼럼을 「중앙일보」에 썼다.

광명성이 가야 할 길

광명성(光明星)이란 밝은 빛을 비추는 별이란 뜻이다. 북한의 김일성 주석이 아들 김정일 총비서에게 붙여준 별호다. 94년께부터 '광명성 총국'이란 단체가 외부 세계에 알려지면서 광명성은 대남 경제창구의 대명사가 됐다. 정무원 대외경제위에 속하면서 베이징에 사무실을 두고 종합무역상사처럼 잡화점식 무역거래를 통해 외화를 벌어들이는 기구였다. 이 광명성이 올해 초에 사라졌다. 외화벌이 사업과정에서 비리가 생겨났고 남한의 정보기관 돈에 놀아난 '매국노'가 있어 이들을 처형 했다는 소문이 들린 뒤 광명성 총국은 해체됐다. 잡다한 대외무역창구 를 통합해 민족경제협력연합회가 새롭게 생겨났다. 경협의 창구로 보 였던 광명성은 이렇게 사라졌다.

북한 중앙텔레비전이 위성발사 장면을 방영한 뒤 나온 공식 성명에 따르면 위성의 공식 명칭이 '광명성 1호'라고 했다. 나는 여기서 착잡 한 생각에 빠졌다. 광명성 총국이 닫힌 경제에서 열린 경제로 틈을 여 는 전초기지였다면, 그것이 실패로 끝난 뒤 등장한 광명성 1호는 군사 강성대국으로의 포문을 여는 신호탄인가. 개혁 개방을 통한 경제입국 을 포기하고 미사일 인공위성을 통한 군수무역의 길을 택한 것인가. 나 는 지난 1년 동안 네 차례 북한을 드나들며 북한 전역을 돌아보는 흔치 않은 경험을 했다. 그러면서도 북한이 미사일 또는 인공위성 발사를 준 비한다는 어떤 조짐도 눈치 채지 못했다. 북한을 안다고 큰소리칠 게 하나도 없다.

그러나 한 가지 사실은 장담할 수 있다. 비록 북한이 주체의 자존심 을 앞세우는 명분 중시의 체제이긴 하지만 그들의 외교나 협상은 철저 히 계산된 현실주의 노선을 걷는다는 사실이다. 실익이 없는 무익의 자 존망대를 외치는 법이 없다. 그렇다면 한 발의 미사일 또는 인공위성 의 의미는 무엇인가. 국방위원장 취임을 앞둔 축포고 강성대국의 이미 지를 세계만방에 알리는 명분을 담고 있지만, 실익은 북미 간 협상카드 와 위성발사 비즈니스 참여 그리고 미사일 판매량 확대를 노린 다목적 계산이 깔려 있다고 본다. 이 계산이 과연 성공할 것인가. 지금까지 나 온 보도만으로도 북의 로켓 발사능력은 세계 10개국 대열에 낄 만하다.

군사적 위력 과시 측면에서는 일단 성공을 거뒀다. '한민족 우수성을 살린 자랑스러운 일'이라는 남한 10대들의 긍정적 평가가 PC 통신의 화제로 등장했다. 누가 봐도 괄목상대의 북한이다. 그러나 이는 단기적 성공일 뿐이다. 우리는 뭐했냐는 반성이 금방 일고 1천km 로켓 발사능력을 확보해야 한다는 목소리가 설득력을 가지면서 한·미·일 안보 공조 체제 강화가 곧이어 등장한다. 틈만 있으면 재무장을 들고 나오는 일본에 물실호기(勿失好機)의 군비 확장 구실을 주면서 오키나와 미군사령부엔 최첨단 장비가 몰려들고 한반도를 겨냥한 미·일·중의 미사일 숫자는 크게 늘어날 것이다. 단기적 위세과시에 장기적 포위망 압축이다.

군수무역 측면은 어떤가. 위성발사 쏘아 올리는 비용이 대충 1억 달러다. 향후 5년간 2백여 기의 위성발사 수요를 예상한다면 2백억 달러 시장 규모다. 러시아의 덤핑과 강대국 입김을 감안할 때 북한의 참여 액수는 5억 달러를 넘기기 힘들다. 중동지역 수출은 베일에 가려 있지만 많아야 5억 달러 수준이다. 미사일이나 인공위성 발사로 벌어들이는 외화가 다 합쳐야 10억 달러다. 삼성전자 올해 수출목표가 1백억 달러다. 어려운 경제여건을 감안해도 95억 달러는 달성하리라 본다. 남한 한 해 수출액 10분의 1에 해당하는 외화를 벌기 위해 군사적 포위망을 자초한 게 광명성 1호의 발사 효과라고 평가할 수 있다.

남북이 처한 위기상황을 극복하는 길은 군사적 강성대국이 아니다. 수출을 통한 경제입국이 강성대국의 길이다. 개혁 개방의 첫 시도라 할 광명성 총국의 실패는 일회성 단기이익을 노린 외화벌이에 치중한 탓이다. 경영 설비 자본 기술의 참여와 이전을 목적으로 한 장기적 경제 기반의 구축이 아니라 남포공단에서 보듯 약간의 노임을 챙기는 단기적 외화벌이에 자족했기 때문에 광명성 사업은 실패로 끝났다. 정부 수립 50주년을 지낸 지금, 남북 서로가 머리를 맞대고 숙의해야 할 긴급 과제는 상생적(相生的) 경제기반을 어떻게 구축하느냐에 있다. 광명성이 가야 할 길은 여기에 있다.

(1998-09-11)

북한이 가야 할 길은 개혁 개방을 통한 경제입국이어야 하는데 당초 그 방향을 잡았던 광명성 총국은 시라지고 무기사업과 군사 강성대국으로 갈려는 전환점으로 광명성 1호 미사일이 발사된 것 아닌가 하는 우려를 쓴 글이다. 이 칼럼이 발표된 지 한 보름이 되었을까. 북에서 연락이 왔다. 홍석현 사장과 권영빈 소장을 상하이 한 호텔에서 만나자는 통지였다. 만나서 무엇을 논의하자는 것인지 어떤 언질도 남겨주지 않고 만나자고만 했다. 홍 사장을 모시고 상하이로 갔다. 이종혁 부위원장은 홍 사장과 만나고 나를 보자는 것은 김철 부위원장이었다. 그는 대뜸 내게 대들었다. 공화국이 통일연구소에 얼마나 큰 혜택을 안겨주었는데 소장이라는 자가 우리를 비판하는 글을 버젓이 발표할 수 있냐는 것이 요점이었다. 그것도 다른 사람이 아닌 광명성 별명을 지닌 최고 지도자를 향해 직격탄을 날렸으니 이게 말이 되는 소리냐는 것이다. 나는 답했다. 민주사회의 언론은 그 대상이 누구든 자유롭게 비판한다. 내가 비판한 글에 잘못된 점이 있으면 지적해라, 사실이 잘못되었다든지, 허위 사실을 적었다면 내가 사과하고 정정 기사라도 신겠다. 그게 아니라면 이를 가지고 왈가왈부하지 말라고 대들었다.

이 만남 이후 「중앙일보」도 대북 사업을 당장 할 일도 없었고 시간이 흘러가면서 북한과의 관계는 잊혀갔다. 그 후 나는 주필과 편집인을 거쳐 사장, 발행인을 동시에 맡으면서 새로운 일에 골몰하게 되었다. 다만

네 차례 방북과정에서 내 개인사로선 잊을 수 없는 사건이 있었다. 김철 부위원장이 말한 '공화국의 특혜'라고도 할 수 있는 이산가족상봉을 그가 주선했기 때문이다.

방북사업이 시작되면서 북으로 간 태두 삼촌의 존재를 어떻게 정리하느냐가 나 혼자의 숙제였다. 북에 갔을 때 갑작스레 가족 상봉을 시켜 빨갱이 가족으로 모는 게 아닐까, 남한의 국정원은 이를 어떻게 볼 것인가. 혼자서 끙끙댈 일이 아니라 정면 돌파하기로 했다. 국정원에 권태두의 신원 파악을 요청하고 북에 가서 어떻게 대처할지도 자문을 구했다. 상당한 수준의 고위급 인사이며 현재 위치는 불분명하다고 했다. 북에 가서 삼촌의 행방을 물어봐도 좋고 가족을 만나도 좋지만 의연히 대처해달라는 부탁을 해왔다.

세 번째 방북을 했을 때도 북측은 삼촌에 대해 아무런 언질을 주지 않아 나 스스로 이런 삼촌이 북에 있는데 그 생사를 알아야 제사라도 지낼 수 있지 않겠느냐고 말했다. 북측에선 아무런 답이 없었다. 4차 방북의 마지막 날이었다. 홍 사장과 홍라희 관장을 위한 대연회가 보통강 호텔 식장에서 열렸다. 만찬이 한창 진행 중일 때 조 참사가 내게 다가와 귀엣말로 전했다. "소장 선생, 만나볼 사람이 있습네다." 나는 직감했다. 삼촌일까 사촌일까. 4차 방북단에 참여했던 이영종 기자(현 「중앙일보」 통일연구소장)에게 눈짓해 동행을 요청했다.

다시 고려호텔 식당으로 갔다. 한 청년이 앉았다가 벌떡 자리에서 일어났다. "권영일입니다"고 했다. 생면부지 나의 사촌동생을 만난 것이다. 한눈에 그가 내 동생임을 알 수 있을 정도로 그는 나를 빼닮아 있었다. 동생이 전하는 바로는 삼촌은 이미 70년대에 돌아가셨다. 삼촌은 전후 평양 농장 지배인을 거쳐(그는 청주 농업학교를 졸업했다) 강원도 당위원장, 심게원 부위원장 등 요직을 거쳤다 한다. 김일성 주석이 삼촌 십을 다녀간 적이 있다고 동생은 자랑스레 말했다. 동생은 물론 전후 평양에서 태어났고 지금은 평성 과학기술대학교 자동학과(컴퓨터학과) 교수로 있다고 했다. 강의 중 당에서 불러 갑작스레 여기까지 왔다고 했다. 누이도 평성사범대 교수로 있다니 모두 잘 자라고 잘 대우받고 있다는 생각이 들었다.

사촌동생을 만나고 삼촌의 생사를 확인하면서 나는 오랜 족쇄에서 풀려나는 느낌이 들었다. 소년기 고향 모래톱에서 본 보도연맹 처형장의 그 잔인함, 청년기 연좌제에 의한 대학 생활의 좌절, 이 모든 것으로부터 자유스러워졌다는 해방감이라고 할까. 북에 대한 연민 또는 부채감에서 벗어났다고 할까. 나에게 북한은 이제 미지의 세계가 아닌 확실한 현실로 다가선 것이다.

그 10년 뒤 2006년 10월 말 일본 고베시 인근 이와지에서 한일포럼이 열렸다. 고베 지진으로 희생된 사람들을 추모하기 위해 건축가 안도 다다오가 심혈을 기울여 지은 유명 건축물에서 포럼이 열렸다. 한일포럼은 한일 양국의 정치인 언론인이 참여하는 회의체였다. 한국과 일본을 오가며 열렸다. 몇 해째 나는 한국 측 정세보고를 해왔다. 그해 일어난 사건에 대한 요약 보고인 셈이다. 여기서 나는 노무현 정부의 대북 자세에 대해 신랄한 비판을 했다. 그해 10월 9일에 북한은 1차 핵실험을 했다. 여러 차례 동해안에서 미사일 발사도 있었다. 특히 핵실험이라는 경천동지할 사태가 발생했는데도 군 당국이 청와대 대통령에 보고한 시간은 사건 발생 몇 시간 뒤였다. 예컨대 일본 총리는 아침 7시 반에 보고를 받고 즉각 내각을 소집했다. 그에 비해 한국 대통령은 9시가 넘어서 보고받고도 아무런 말이 없었다. 노무현 대통령의 방북이 논의되는 시점이기도 했지만 북의 눈치를 너무나 보는 것 아니냐 등등의 예시를 통해 비판했다.

이 자리엔 현재 대통령 안보특보인 연세대 문정인 교수가 있었다. 문 교수가 이를 받아 시시콜콜 마치 정부 대변인처럼 나의 지적이 부당하다고 주장했다. 해서 한일 포럼이 아닌 '한한 포럼'처럼 그와 내가 주고받는 논쟁장으로 변해버렸다. 이 논쟁을 기점으로 나는 북에 퍼주기 주장을 했던 햇볕론자에서 보수 반동으로 진보진영에 각인되었을 것이다.

그러나 예나 지금이나 나는 전쟁보다는 평화를, 분단보다는 통합을 지향한다. 통합의 과정은 북을 개혁 개방으로 유도해 경제발전을 통한 점진적 접근 방식이다. 덩샤오핑 방식이든 베트남 방식이든 북한이 이 길로 나설 때 남과 북은 통합의 문을 함께 열 수 있다고 나는 믿는다. 북핵 제거를 위해 남북 간 화해 협력은 바람직하다. 그러나 목표를 정해놓고 가는 길이 잘못되면 지적하고 비판해야 마땅하다. 북핵은 그대로인데 평화협정 군사합의는 빠르게 진행 중이다. 주사파 중심의 현재 청와대 진용은 북에 대해 이성적 접근이 아닌 감성적 접근이 앞선다. 핵과 생화학무기로 우리를 위협하는 북을 우리 민족끼리로만 접근한다. 김정일의 광명성 1호 발사에서 시작해 여섯 차례 핵실험과 대륙 간 탄도미사일 개발을 통해 확실한 핵무기사업을 벌이는 것이 김정은의 전략이다. 김정일이 미사일로 인공위성을 쏘아 올려 미국의 클린턴 정부와 군수사업을 벌였듯, 김정은은 한 단계 높은 핵무기와 대륙 간 탄도유도탄(ICBM)으로 트럼프와 군수사업을 벌이는 게 오늘의 북미회담 진상이다.

미국은 오히려 북을 바로 보고 '완전 검증 가능한 불가역적 핵 제거' (CVID)를 주장하는 데 비해 피해 당사자인 우리 정부는 검증보다는 종전 선언이 먼저라고 외치고 있다. 이게 어느 나라 정부인지 종잡을 수 없다. 남은 주고 싶어 안달하는데 북은 핵보유국으로 그대로 남아 있는 상황, 이것이 앞으로 전개될 가장 위험한 눈앞의 미래다.

나의 삶 나의 현대사 그 다섯
-문화예술위원장 시절과 블랙리스트

나는 2007년 7월 말 「중앙일보」를 떠났다. 1970년 월간 「세대」지에서 「월간중앙」으로 옮겨 3년쯤 근무하다가 다시 「세대」로 옮겼다가 1978년 다시 「중앙일보」 출판부장으로 돌아왔다. 10년 가까이 출판국에서 잡지와 출판일을 맡다가 올림픽이 열린 1988년 논설위원실로 자리를 옮겼다. 그 후 논설주간, 주필, 부사장, 편집인, 사장, 발행인을 겸하다가 32년 동안 몸담았던 「중앙일보」를 떠난 것이다. 지금도 신문사 후배들은 말한다. 「중앙일보」 역사상 사장·발행인·편집인을 동시에 차지한 '사발편'은 전에도 없었고 후에도 없을 것이라고. '사발편'은 홍석현 회장이 주미대사로 부임하면서 그 공백기를 메우는 벼락감투긴 했지만, 신문사를 떠난다는 사실에 실로 감회가 깊지 않을 수 없었다.

대학 연구실에서 쫓겨난 이후 나는 정처(定處)가 없었다. 어디를 가도 임시 거처였고 마음을 붙이지 못했다. 대학에 발을 못 붙인 상처가 아물지 않아 정신은 허공을 떠돌았다. 앞에서도 언급했지만 초중등학교를 전학 다니며 마음을 붙이지 못했던 부초 같은 비주류 변두리 소외 의식이 대학을 떠난 후 더욱 증폭되었다.

　그런 점에서 「중앙일보」는 나에게 새로운 고향이었고 정처였다. 역사가 깊지 않은 탓인지 외지인에 대한 배타성이 별로 없었다. 텃세가 없었다는 얘기다. 물론 「중앙일보」도 견습 출신 기자들의 위계질서나 우월의식도 강했다. 그러나 역사가 길지 않으니 그들의 층이 두텁지 못했고 타지 출신들도 많아서 비교적 자유롭고 이성적인 분위기였다. 서울대 문리대의 자유분방한 분위기가 가장 오래 남아 있던 곳이라고 기억한다.

　1994년 홍석현 사장이 부임하면서 「중앙일보」는 새로운 전기를 맞는다. 그동안 「중앙일보」는 조중동 메이저 언론에서 4등 가까운 3등을 하면서 사기도 꺾였고 신문의 영향력도 줄어 있었다. 이 무렵 홍 사장 출현은 새로운 중흥의 도약을 예고하는 것이었다. 석간에서 조간으로 바뀌고 가로 쓰기에 오피니언 페이지 활성화, 전문기자제 도입 등 획기적 변화가 순식간에 일어났다. 막대한 자본이 투입되면서 신문사는 하루가 다르게 변모일신했다. 이런 쇄신 분위기 속에서 철저하게 비주류였던 나는 점차 나도 모르게 주류로 편입되어가고 있었다.

　돌이켜 보면 홍석현 사장 자신이 비주류였기 때문에 동병상련 비주류인 나를 주류로 편입시킨 게 아닐까 혼자서 짐작할 뿐이다. 홍 사장 배려 덕분에 대북 사업에서부터 지면개혁 등에 박차를 가할 수 있었고 변두리 비주류로 살아야 했던 내가 「중앙일보」의 주류로 행세할 수 있었다. 홍 사장과의 만남으로 나는 정처를 정했고 주류다운 생활을 할 수 있었다.

　「중앙일보」를 떠나 내가 간 곳이 경기문화재단 대표라는 자리였다. 경기도 산하 기관이었다. 경기도 도지사가 된 김문수는 나의 고등학교 후배지만 그렇게 잘 아는 사이는 아니었다. 홍석현 회장이 주미대사로 나갔다가 돌아온 뒤 나는 사장직을 내려놓고 논설고문으로 있었다. 이런 소식을 접했던지 하루는 김 지사가 고문실로 느닷없이 찾아와 함께 일을 하자고 했다. "아니 내가 그곳에서 무슨 일을 합니까?" "문화 담당 지사 죠." 싫지 않은 제안이었다. 나는 신문사 문화부장을 하고 싶었지만 그런 인연은 닿지 않았다. 차제에 문화 현장에서 기획하고 실현해보고 싶었다.

「중앙일보」사에 사직서를 내고 그다음 날 수원에 있는 경기문화재단으로 출근했다. 이 문화재단은 전국 지자체 중 가장 먼저 설립되었고 기금도 1천억 원을 비축해놓은 알짜 문화예술 후원기구였다. 여기에 김 지사가 의욕을 보여 경기도가 직접 운영해온 박물관·미술관을 모두 경기문화재단으로 일원화한다는 방침을 정했다. 소속 직원들이 공무원 신분에서 민간인으로 바뀌는 상황이니 반대 움직임은 당연했다. 관청이 주도하는 관급 문화예술 정책에서 민간 자율로 바뀌어야 하지 않겠느냐, 신분상 어떤 불이익도 없도록 하겠다 등등 김 지사가 직접 나서 설득을 했지만 반대 여론은 수그러들지 않았다.

부임 초 경기도는 경기도박물관, 경기도미술관, 경기도자박물관을 직영하고 있었고 전임 손학규, 임창열 지사 때부터 백남준 미술관과 실학박물관 건립을 계획해왔다. 내가 문화재단으로 자리를 옮기자마자 박물관·미술관 통합운영을 위한 설득과 향후 대책에 빠져들 수밖에 없었다. 1년이 지나면서 결국 세 박물관이 재단 산하로 옮겨 오고 백남준 미술관과 실학박물관 건립까지 내가 맡게 되었다. 여기에 더해 구석기시대 유물이 발견된 경기도 연천에 선사박물관을 세우고 경기도박물관 옆에 경기도어린이박물관을 새롭게 짓는 공사까지 맡으면서 나는 아연! 박물관·미술관 건설업자로 자리바꿈하게 되었다. 경기문화재단 대표시절 나는 박물관·미술관 3개를 운영하면서 4개의 박물관을 새롭게 짓고 운영 중인 박물관은 리모델링을 하고 갓 지은 미술관은 직원들을 새로 뽑고 새 전시를 위해 골몰하고 새로 지을 박물관을 위해 유럽과 일본의 유명 박물관 견학을 하면서 동분서주했다. 여기에 남한산성 행궁 설립과 운영, 세계문화유산 등재까지 떠맡으면서 나는 참으로 바쁘게, 그러나 보람 있고 재미있는 박물관 건설업자 생활을 했다. 이러면서 4년 반의 세월이 흘렀다.

이때 한국문화예술위원회 위원장 공모가 나왔다. 기왕 문화예술계 지원 사업에 뛰어들었으니 전국 단위 규모로 해보고 싶은 욕심이 생겨났다. 지원서를 쓰고 경영계획서도 냈다. 1차 관문을 통과하고 면접도 보았다. 그러나 소문만 무성했지 인선 발표가 나오질 않는다. 2011년 가을에 서류를 접수했는데 해가 바뀌고도 아무런 결과가 나오지 않았다. 기왕 응모했으니 합격해야 했다. 낙방하면 소문은 날 터이고 경기문화재단과 경기도 인사들에게도 체면이 서질 않고 신문사 후배들한테도 얼굴이 깎이는 낭패를 겪을 것이다. 괜히 응모했다는 후회가 일었다. 어딘가에 부탁을 해야 할 것인가, 누구에게 뭐라고 말해야 하나. 여러 생각을 하지 않은 게 아니었다. 그러나 막상 부탁하고 싶어도 딱 부러지게 누구에게 할 것인지 떠오르지 않았다. 언론사 주필 사장을 했어도 이렇게 위급할 시 의논할 사람이 없다니, 세상을 헛산 게 아닌가 하는 자괴감이 솟기도 했다.

조마조마한 마음으로 결과를 기다리고 있을 때, 이명박 대통령 비서실의 하금열 실장이 만나자는 연락이 왔다. SBS TV 사장 출신의 하 실장과는 한두 번 면식이 있을 뿐이니 사적인 일은 아닐 터이고 문화예술위원장 인선과 관련된 일이라 직감했다. 청와대 실장 방으로 찾아갔다. "선배

님은 예술위원회 위원장 공모에 응했으면서도 왜 움직이지 않습니까?" 하 실장이 느닷없이 이렇게 물었다. "움직이긴 어디로 움직입니까?"라고 오히려 내가 물었다. "하도 가만히 계시니 그 일을 하고 싶은지 VIP께서 직접 물어보라 하셨습니다"라고 하 실장이 말했다. 적지 않은 나이에 응모를 한 만큼 나는 그 일을 하고 싶고 지금껏 해온 일과 관련지어 더 잘할 수 있는 여러 경험을 축적했다고 답했다. 2012년 3월 한국문화예술위원회로 자리를 옮겼다. 물론 김문수 지사에겐 저간의 사정을 설명했고 양해를 받은 뒤였다.

한국문화예술위원회는 원래 박정희 대통령이 민족문화 중흥이라는 기치를 내걸고 1973년 한국문화예술진흥원으로 출범한 공공기관이다. 당시 문예진흥원은 동숭동 서울대 문리대 자리에 미술관과 공연장을 지었고 서울대 본부 건물을 진흥원 사무실로 사용했다. 그러나 첫날 출근한 문예위 사무실은 예술과는 거리가 먼 영등포 신도림역 부근의 을씨년스런 2층 건물이었다. 문예진흥원이 노무현 시절 위원회로 바뀌고 이명박 시절 연극배우 출신 문화부 장관이 서울대 본부 건물에서 문예위를 몰아내고 그 건물을 예술가의 집으로 이름마저 바꿔버렸다.

노무현 시절 임명된 위원장을 고발하고 새 위원장을 임명하면서 한 위원회 2명의 위원장이 있는 꼴불견 기관으로 만들어놓았다. 공공기관 지방 이전으로 곧 나주로 내려갈 형편에 있었지만 그동안을 못 참고 문예위를 몰아냈고 공연장인 아르코 극장은 예술위에서 잘라내 한국공연예술센터라는 새로운 법인으로 만들어버렸다. 이런 외형적인 문제뿐만 아니라 핵심적인 사안인 문예진흥기금이 바닥날 형편에 처했지만 그 누구도 이를 책임지고 해결할 사람이 없었다. 그래서 다음의 칼럼을 써 여론을 형성하고자 했다.

문예진흥기금이 절박하다

『해리포터』의 작가 조앤 롤링도 한때 절망적인 시절이 있었다. 원고 뭉치를 들고 출판사 문을 두드렸지만 반기는 곳은 없었다. 결국 스코틀랜드 예술위원회의 창작지원금을 받고서야 『해리포터』는 세상의 빛을 보게 되었다. 한 해 1조 원의 수익을 올리는 작가 뒤엔 영국 예술위원회(Art Council England)의 문예진흥기금이 있었기에 가능했다.

먹고사는 문제가 무엇보다 시급했던 1970년대 초반, 박정희 대통령이 미국의 국립예술기금(National Endowment for America)을 모델로 한 국문화예술진흥원을 설립하고 순수 문화예술 지원을 위한 문예진흥기금을 설치키로 한 것은 당시의 어려운 현실에서도 미래 문화강국을 꿈꾼 탁월한 포석이었다. 당시 발표된 문예 중흥 선언에는 이러한 소망이 구구절절 읽힌다. "한 겨레의 운명을 결정짓는 근원적 힘은 그 민족의 예술적 문화적 창의력이다"고 밝히면서 문화의 활발한 국제교류를 통하여 인류문화에 이바지하겠다는 다짐을 하고 "이에 모든 문화인들은 온 국민과 동참하는 대열에 서서 예술과 문화를 아끼고 사랑하는 풍토를 조성하고 정성을 다해 문예중흥을 이룩할 것을 선언"하고 있다. 공교롭게도 문예중흥이 선언된 지 40년이 지난 지금, 새롭게 출범한 정부는 문화융성을 국정기조로 삼고 있다. 물론 당시 물가를 감안해야겠지만 출범 초기 8억 6천만 원의 사업비에 불과했던 문예기금은 문예중흥 시대를 맞아 2백 배 이상 커진 1천8백억 원 대의 예산규모로 기초예술진흥의 버팀목 역할을 하고 있다. 문화융성의 기조에 화답하여 올해는 문예기금으로 운영해온 베니스비엔날레 한국관이 건축전에서 최고상인 황금사자상을 수상하는 쾌거를 이룬 것을 비롯해 세계무대에서 우리의 젊은 예술가들이 연이어 빛을 발하고 있다. 비로소 한국문화는 40년 전 문예중흥 선언에서 소망한 대로 '인류문화'에 이바지하는 문화융성의 시대로 한 발씩 다가서고 있다.

그런데 문제가 생겼다. 한국문화예술진흥의 유일한 재원인 문예진흥기금이 곧 고갈될 위기에 처했다. 지난 40여 년간 문학·미술·공연·전통예술 등 순수 기초 문화예술의 젖줄로 자양분을 공급해온 기금이 2017년도에는 전액 고갈되어 예산편성이 불가능한 지경에 이르게 된 것이다. 원래 영화관과 극장 등 입장권 수익의 6% 내외를 문예진흥기금으로 조성했던 모금제도가 2003년 폐지되면서 기금 고갈은 이미 예견된 것이나 다름없었다.

매년 기금 고갈에 대한 국회와 문화예술계의 우려가 되풀이되었지만 적립기금을 헐어 모자란 사업비를 충당하는 데 급급했을 뿐 이미 산소호흡기를 달기 시작한 문예기금의 안정화 대책에는 눈감아버렸다. 물론 그동안 노력이 전혀 없었던 것은 아니다. 모금 폐지 이후 복권기금 수익금 일부를 문화예술 분야에 사용할 수 있게 되었고 경륜·경정 수익금의 일부가 기금으로 전입되면서 고사 직전의 문예기금에 단비와도 같은 역할을 했다. 그러나 복권기금은 그 용도가 소외계층 문화 나눔 사업에 제한돼 있고 경륜·경정 수익금은 늘어나는 문화예술 수요에 비해 턱없이 부족하여 기금 고갈의 시기를 다소 지연시켰을 뿐이다.

문예기금을 관리하는 예술위원회는 문화예술계와 더불어 척박한 예술 기부 풍토를 개선하기 위해 "예술이 세상을 바꾼다"는 기치를 내걸고 1인 1예술나무 키우기 운동을 벌였다. 또 문화예술 후원센터를 설치하여 기업과 개인의 예술 후원 확대를 위해 노력한 결과 민간 기부금의 증가 등 소기의 성과를 거두었지만 문화강국의 내일을 준비하는 근본적 대안으론 부족하다.

　문예기금의 영세성은 국내 타 기관과 비교하면 분명하게 드러난다. 문예기금의 올해 예산은 관광기금 체육기금의 20% 수준에 그치고 있고 우리나라와 비슷한 지원체계를 갖고 있는 영국 예술위원회의 15% 수준에 불과하다. 한정된 예산으로 연간 6천여 건의 문화예술 활동을 지원하다보니 불가피하게 소액다건식(少額多件式) 지원이 많은 현실은 실로 참담하기까지 하다.

　"예술은 우리 인간성의 바탕을 이룬다. 예술은 창의성과 선량함, 아름다움에 대한 배양을 통해 우리에게 품격을 부여하고 감동을 준다. 예술은 우리의 가치를 표현할 수 있게 도와주고 문화들 사이에 다리를 놓아주며 인종, 종교, 나이에 대한 차별 없이 우리를 하나로 만들어준다. 삶이 힘들 때 예술은 아픔을 치유해준다." 미국의 예술후원기구인 AFTA(Americans For The Arts)가 발표한 예술을 지원해야 할 10가지 이유 중 첫 번째 이유다.

　문화예술은 단순한 소비 대상이 아니라 삶의 높낮이를 결정하는 척도이며 문화예술의 향유는 이제 국민의 기본권이 되었다. 국민의 문화적 권리를 신장하고 한 나라의 경제력을 견인하는 창의력과 창조성의 뿌리가 문화예술로부터 나온다. 그럼에도 우리의 문화예술 토양은 국가 발전 수준에 비하면 너무나 척박하고 초라하다. 문예진흥기금의 안정적 확보는 그래서 더욱 절박한 것이다.

(2013-11-18)

　문예진흥기금의 필요성과 현재 상황 그리고 3년 후면 기금 자체가 고갈된다는 절박한 실정을 호소한 글이다. 남에게 손만 벌이는 게 아니라 문화예술인들이 앞장서 기금을 모으는 예술나무 운동도 벌였다. 소기의 성과는 있었지만 그것만으로는 역부족이었다. 내가 예술위원회를 떠난 지 3년이 지난 지금까지도 기금조성 방안은 확정되지 않은 채 하루하루 연명하는 형식을 취하고 있을 것이다. 우리가 선진국인 양 으스대지만 문화예술에 대한 자세로만 보면 아직도 3류 국가를 넘어서지 못하고 있다. 문화융성을 국정 과제로 내건 박근혜 정부마저 어떤 대책도 세울 생각을 하지 않았다.

동숭동 대학로의 사무실 복귀와 공연예술센터의 원상회복 그리고 나주 이전 등 외형적 모습이 안정을 갖추어가면서 공공기관 평가에서 밤낮 하위 점수만 맞던 문예위가 드디어 B등급으로 상승했다. 베니스 비엔날레의 건축 미술 분야에서 참여 이래 처음으로 각기 황금사자상과 은상을 수상하면서 대내외적으로 크게 성가가 올라가고 직원들의 사기도 높아졌다.

이럴 무렵 문화예술계에 수상한 그림자가 드리우기 시작했다. 연극 「개구리」가 국립극단에서 공연된 후 뒷말이 무성했다. 나는 보질 못했지만 작고한 두 전직 대통령, 박정희와 노무현이 하늘나라에서 만나 대화를 나누는 방식인데 박 대통령은 악인으로 노 대통령은 선인으로 분류되는 연극이라고 했다. 그 얼마 뒤 극단대표가 경질되었다는 소식이 전해졌다. 2년마다 9~11월이면 광주 비엔날레가 열린다. 2014년엔 비엔날레 주제관과 광주시립미술관에서 분산 개최되었는데 그중 광주시립미술관에 박근혜 대통령을 닭으로 희화화한 걸개그림이 크게 걸렸다. 주최 측과 전시감독 그리고 작가 사이에 철거 여부를 두고 치열한 공방이 벌어졌다. 결국 작품은 철거되었고 작가는 그 자리를 빈자리로 남겨 무언의 항의를 한다고 했다. 광주 비엔날레 대표도 사표를 냈다.

그해 가을, 문예위로 합병된 아르코 극장의 대관 심사에서 서울연극협회 작품 다수가 의도적으로 탈락되었다는 문제 제기가 터져 나왔다. 합병 후 업무파악도 제대로 되지 않은 상태였다. 대관도 심사를 하는지 처음 알았다. 담당 본부장에게 물었다. 상부의 지시에 따른 것인가, 아니면 독립된 공정한 심사 결과인가를 따졌다. 공정한 심사 결과라고 했다. 그러면 심사위원장이 심사결과를 언론에 확실하게 공포하라고 지시했다.

서울연극협회장도 만나 과정을 설명하고 원로 연출가였던 김의경 협회 고문과도 만나 연극계 여러 현황에 대해서 대화를 나누었다. 원로 연극인들을 위한 연극제 구상도 그때 나왔고 지금껏 그 약속은 이행되고 있다. 사태가 마무리되는 듯했는데 극장 무대 꼭대기의 조명 구동부가 떨어질 위험이 있어 극장 휴관이 불가피하다는 보고가 들어왔다. 현장에서 조명부 직원들과 대책을 상의했지만 제품 생산지인 영국까지 가서 고쳐올 수밖에 없다고 했다. 담당 본부장은 병가를 내고 보름째 출근치 않았다. 나로선 전문가 의견을 따르지 않을 수 없었다. 휴관을 했다. 다행히 공연장을 대학로에 2개 더 임대해두었기 때문에 대체 사용이 가능했다.

당시 사정을 이렇듯 자세히 설명하는 데는 이유가 있다. 민간인으로 구성된 블랙리스트 진상조사위원회는 서울연극협회의 아르코 극장 대관 배제를 블랙리스트 작동의 시작으로 보고 있고 내가 의도적으로 개입했다고 보기 때문이다. 그러나 이는 상부의 지시에 의한 것이 아니라 직원들의 의견을 믿고 책임자로서 나 스스로 결정한 것임을 그때나 지금이나 나는 확신하고 있다. 3년간 나를 믿고 따랐던 직원들이 위원장을 기망하고 거짓 보고와 위장 휴업을 했다고는 생각조차 해본 적이 없다. 위원장 임기는 2015년 3월이었지만 후임자 선정이 늦어지면서 5월 초에 퇴임했다. 15년 초봄이 되면서 사정은 매우 심각해졌다. 각 분야에서 압박이 내려왔다. '내려왔다'는 표현은 문예위의 주무국인 문체부(문화체육관광부) 예술국이 아니라 그 윗선인 청와대라고 판단했기 때문이다.

물론 청와대 누군가가 내게 직접 지시를 한 적은 단 한 번도 없었다. 그러나 이미 심사가 끝난 문예창작기금 지원자 1백 명 중 10여 명을 제외하라는 지시가 왔다는 것이다. 제외자 대부분이 세월호 추모제에 서명한 사람이라고 했다. 참으로 기막힌 정부의 지시였다. 당시 대한민국 국민이라면 누구나 아리따운 생명들을 너무 허망하게 떠나보낸 당국의 허당 같은 대처에 분노하고 추모하지 않았던가. 또 이미 심사가 끝나 발표 직전에 있는 명단을 어떤 명분으로 제외할 수 있겠는가.

우리의 호소와 항의 출구는 문체부 예술국뿐이었다. 담당 계장·과장·국장에 호소한들, 항의한들 이들도 우리와 같은 생각인데 무슨 소용이 있겠는가. 뒤이어 몇몇 계간지 지원을 중단하라는 지시가 또 내려왔다. 「문학과지성」 「실천문학」 「작가회의」 등으로 기억된다. 계간지 지원은 10년여 동안 지속된 지원이었다. 창작지원금 문제와 계간지 지원 중단이 합쳐질 때 미증유의 문화예술계 대분란이 발생되리라 예견했다. 이는 국장과 의논해 될 일도 아니어서 장관과의 면담을 신청했다. 광고업계 출신의 문화부 장관은 사태의 위중함을 아는 듯 모르는 듯 내 설명을 묵묵부답 듣기만 했다. 이대로 갈 경우 '문화 대폭동'이 일어날 것이라는 자극적 발언도 했다. 나는 퇴임 직후에도 인사차라는 명목으로 그를 찾아 한 번 더 '문화 대폭동'을 강조했다. 그 영향인지는 몰라도 이들 문예지에 대한 지원은 중단되지 않았다.

블랙리스트 사태가 진행 중인 5월 초 후임자가 임명되면서 나의 위원장 직은 끝났다. 문제를 요로(要路)에 제기하고 부분적으로 중지 또는 지연시키는 역할은 했지만 정면으로 맞서 문화예술을 탄압하는 이런 작태는 끝내야 한다는 용기 있는 목소리를 내지는 못했다. 블랙리스트 초기 단계에서 나는 도중하차했지만 그 파동은 지금도 진행형이다. 또 앞으로도 블랙리스트 같은 사태는 반복될 수 있다는 점에서 이를 재점검할 필요가 있다.

첫째, 예술 창작 표현의 자유는 무한대인가. 미국에서 '피스 크라이스트(Piss Christ)'라는 사건이 있었다. 아버지 부시 대통령 시절이니 1980년대였을 것이다. 한 전위 예술가가 오줌통에 그리스도 사진을 넣어 누렇게 변색한 사진을 전시했다. '오줌 묻은(piss) 예수'가 탄생한 것이다. 그것도 미국의 문예위원회인 NEA의 지원금을 받고서 제작된 작품이었다.

미국 사회가 들끓었다. 정부 지원금으로 기독교 국가를 모독했다고 대통령을 비난했다. 결국 작품은 전시에서 철거되었고 화가 난 대통령은 문예위원회의 지원금 제도 자체를 철폐해버렸다.

앞서 말한 박근혜 대통령을 희화화한 걸개그림이 정부 지원금을 주고서 제작했을 경우, 정부 지원금을 주면서 대통령을 조롱하는 그림을 그리느냐는 문제는 정부 내에서 제기될 수 있다. 동일한 민중화가가 미국 대사를 면도날로 그은 김 아무개라는 사람을 안중근 의사 다음의 열사라고 치켜세운 걸개그림을 그렸고 서울미술관에 버젓이 전시되었다. 언론이 집중 비판하자 그 그림도 철거되었다.

예술이란 반체제적이다. 기성체제에 도전하고 거부하는 속성을 지닌다. 그래서 예술창작 표현의 자유는 보호돼야 마땅하다. 그러나 그 자유가 오용·남용될 경우는 어떻게 해야 할 것인가. 치열한 논의를 통해 합의점을 도출할 필요가 있음에도 이런 건전한 논의구조는 사라지고 무조건 탄압이냐 아니냐로 몰아갈 뿐이다. 기록이 바르게 기술되면 역사가 되지만 남용되면 신화가 되는 법이다.

둘째, 한국의 문화예술계는 지나치게 정치 계열화, 정치 붕당화되어 있다고 본다. 보수든 진보든, 좌든 우든, 여든 야든 집권을 하면 문화예술계 리스트가 작동한다. 그것이 블랙이든 화이트든 리스트가 공공연히 작동하면서 문화예술계 수장부터 자리바꿈을 한다. 수장이 바뀌면 그 기관의 활동과 관계 인사들도 저절로 바뀌게 된다. 물갈이가 자연스레 이뤄진다.

DJ 정부와 노무현 정부 때가 그랬고 이명박 박근혜 정부가 그러했다. 그리고 문재인 정부에서 새로운 물갈이가 이뤄졌다. 인쇄된 블랙리스트가 없을 뿐 현실은 알아서 잘 작동하고 있다. 제각각 문화예술계 리스트를 마음속에 안고 있기 때문에 가능한 것이다. 대통령을 조롱하는 걸개그림을 그렸다 해서 천 명에 가까운 불온 문화예술가 명단을 그것도 엉성하게 만들고 감추지도 못해 들통난 게 박근혜 정부의 블랙리스트 사건이다.

더욱 한심한 것은 블랙리스트 사건이 진행되는 중에도 대통령이나 비서실장이 그 사실을 일관되게 모른다고 주장했다는 사실이다. 그렇다면 문화부 장관이 이를 주도했는가, 아니면 문화예술위원장이 추진했는가. 한국의 보수는 비겁하다. 정권의 핵심세력이라면 자신이 행한 일에 대해 확신을 가져야 한다. 문화예술계는 좌파가 장악하고 있지 않나, 대통령을 희화화한 그림에 정부가 지원을 한다는 것은 있을 수 없는 일이다, 차제에 좌파 민중예술계에 경각심을 주기 위해 내가 주도한 일이라고 떳떳이 주장했다면 나름대로 체면은 섰을 것이다.

셋째, 한국의 문화예술계는 민중예술과 비민중예술, 이른바 순수예술로 나눌 수 있다. 많은 문화예술인이 독재 권력에 항거해 걸개그림을 그려 독재의 진상을 알렸고 몸으로 저항해 시위를 하고 투옥되기도 했다.

원래 집체적 성격이 강한 민중예술이 반독재 저항의 과정에서 동지가 되고 우정을 나누면서 집단화되었다. 민주화 정착과정에서 민중예술집단은 정치세력화하고 선거 캠프에 합류하기도 했다. 박근혜 정부의 수뇌부가 블랙리스트를 작성한 동기는 두 가지라고 본다. 하나는 이들 정치세력화한 민중예술 집단을 어떻게 해체할 것인가 하는 시각에서 출발하지 않았을까. 또 하나는 수뇌부 스스로가 군사독재 시스템에 익숙한 사람들이어서 좌익척결 곧 지원배제 리스트 작성으로 쉽게 이어질 수 있었다는 추론을 할 수 있다. 수뇌부는 독재 시스템에 익숙하지만 하부조직은 처음 하는 일이라 리스트 작성이 엉성했고 관리도 부실해서 중간에 들통나 버린 것 아닌가.

예술이란 홀로 하는 외로운 작업이다. 물론 협업도 하고 경우에 따라선 공동 작업도 하지만 기본은 홀로 서는 작업이다. 이 작업이 집단화하고 정치화하고 세력화하고 정치 캠프화한 것은 우리의 민주화 역사에서 생겨난 특이한 현상이고 형식이다. 문화예술가들이 이러한 진영 논리에서 벗어나지 않는 한 형태를 달리한 블랙리스트는 언제나 존재할 수 있다. 진보정권에서 보수정권으로, 좌익정권에서 우익정권으로 권력이 교체되었을 때, 진보 좌익 정권에 '부역한' 문화예술인은 적폐의 대상 또는 부역죄로 줄줄이 고초를 겪을 것이다. 또 반대의 정권이 들어섰을 때 같은 현상이 되풀이될 것이다.

나는 블랙리스트사건을 가까이 지켜보면서 문화예술인이 탈정치를 선언하지 않는 한 이런 적폐는 일소되지 않는다고 본다. 보수든 진보든 문화예술인이 탈정치 탈진영논리에서 벗어나는 뼈아픈 각성이 없는 한 블랙리스트는 우리의 마음속에서 사라지지 않을 것이라고 생각한다.

제2부

우리에게 내일이 있는가

1 문제를 주의로 푸나

김우중의 꿈과 박노해의 꿈

우리나라 여대생들에게 가장 인기 있는 기업가로 최근 뽑힌 대우그룹의 김우중 회장은 『세계는 넓고 할 일은 많다』라는 자전적 에세이를 펴낸 바 있다. 이 책 또한 장안의 종잇값을 올릴 만큼 인기가 높아서 수십만 권이 팔렸다고 한다. "자본금 5백만 원과 직원 5명으로 맨 처음 대우실업이라는 회사를 설립했을 때 나에게는 큰 꿈이 있었다." 김 회장의 그 꿈은 10년 만에 국내최대의 빌딩을 갖게 했고 그다음엔 그 큰 빌딩 속에 대우 직원을 가득 채울 만큼 회사를 키우는 일이었으며 그 꿈 또한 5년 안에 이뤄졌다. 이제 그에게 남은 꿈이 있다면 존경받는 기업인으로서 '김우중'이라는 이름이 기억되는 것이라고 했다.

김 회장의 크고 작은 꿈을 현실로 이룩하는 데는 그의 탁월한 경영철학과 비상한 두뇌가 전제되겠지만, 그의 성공의 비결은 지칠 줄 모르는 정력과 근면성 그리고 이를 뒷받침한 용의주도한 시간 절약임을 그 책은 시사한다. "나는 항상 시간이 모자란다. 하루가 30시간이나 40시간쯤 되었으면 좋겠다"는 김 회장 자신의 말대로 그는 정녕 가장 바쁘게 일하는 기업가임이 분명하다.

김 회장의 꿈과 시간철학을 담은 에세이가 출간된 다음, 얼굴 없는 시인이며 노동이론가로 이미 익히 알려진 박노해 씨의 「김우중 회장의 자본철학에 대한 전면비판」이라는 글이 「노동해방문학」 9월호에 실렸다. 이 글은 기업총수와 노동이론가 간의 첨예한 시각대립을 한눈에 볼 수 있다는 점에서 매우 흥미롭다.

사뭇 도전적인 어투로 시작된 박노해 씨의 비판은 먼저 '김 회장의 꿈'부터 짓밟기 시작한다. 젊은 노동자의 꿈이란 게 고작 기숙사생활 벗어나 월세 방 한 칸 얻는 꿈, 5년 동안 뼈 빠지게 모아 월세에서 전세로 옮기는 꿈, 피땀 흘려 일해 20년 후면 구멍가게 하나 얻거나 손바닥만 한 내 집 장만이 화려한 꿈일 수밖에 없다.

그러나 노동자의 이 꿈은 날이 갈수록 쪼그라들 뿐인데 어째서 김 회장의 꿈은 승승장구만 했던가. 노동자는 잠만 퍼자고 노력을 안 했는가. 철야와 특근을 밥 먹듯이 하고 보너스 한 푼에 비지땀을 흘렸지만 노동자의 꿈은 피어나질 못했다. 한때 대우에서 근무한 적이 있다고 밝힌 박노해 씨의 비판은 여기서 한 발 더 나아가 "당신에게 노동을 착취당하고 청춘과 영혼과 생명과 인간성을 파괴당한 대우 노동자들의 존재이자 생명인 시간을 앗아감으로써 오늘의 대우 왕국을 확대했다"고 주장한다. 박 정권의 특별배려와 파격적인 금융지원, 특권과 특혜 그리고 노동착취가 한데 어우러져 오늘의 거대기업을 이룩했다고 그는 공박한다.

개발독재라 불릴 권위주의 체제 아래서 시작된 몇몇 대기업의 부침과 성쇠과정을 지켜보았던 우리로서는 이 상반된 시각에 대해 어떤 입장을 취할 수 있을 것인가. 대기업가의 꿈과 노동자의 꿈은 이토록 어긋나야만 하는가. 오늘의 경제발전을 이룩한 리더로서 기업가에게 보내는 찬사와 함께 5명의 직원에서 50만 명의 식구로 늘어난 비약적 발전에 경탄을 금치 못하면서도, 특혜와 특권으로 태어난 기업이 부실기업을 낳고 그 부실을 메우기 위한 특혜와 특권이 또다시 동원되고 있는 얼룩진 기업의 성장 비사에 대해 누구나 거부감을 지니고 있을 것이다.

　우리 경제의 비약적 성공 뒷면에는 풍부한 노동력, 값싼 임금, 근면한 노동정신이 절대적 요인으로 작용했음을 모두가 인정하면서도 민주화 시기 2년 동안 1조 몇백억 원의 빚더미에 눌려 파산 직전에 놓여 있는 기업체 안에서 50여%의 월급과 상여금의 인상을 요구하며 증오와 핏발 선 눈으로 노동해방만을 외쳐대는 일부 노동자들의 구호에 모두가 차가운 시선을 보냈음도 또한 엄연한 우리의 현실이었다.

　이미 역사의 지평선 위에서 황혼녘으로 넘어가는 노동의 해방, 프롤레타리아 독재의 시대적 종언을 나날이 신문과 방송을 통해 눈앞의 현실로 확인하는 판에 노동해방이 역사발전의 필연적 법칙이라는 시대착오적 노동이론가의 목소리에 어느 누가 귀를 기울이겠는가. 기업가와 노동자에 대한 이처럼 엇갈린 시각이 어떤 경로, 어떤 과정을 거쳐 정리되고 화합되어야 할 것인가.

　자본주의의 원조라 할 애덤 스미스는 이럴 때를 예비해서 『도덕감정론』이라는 철학을 일찍이 개진해놓았다. 자본주의 발달과정에서 일어날 가해자와 피해자의 판단을 어떤 도덕, 어떤 정의에 따라 판단할 것인가. 그의 철학은 동감의 이론 위에서 출발한다. 부정이라고 판단하고 처벌하는 근거를 공정한 관찰자(Impatial Spectator)의 가해자에 대한 반감과 피해자에 대한 동감에서 구하고 있다. 다시 말해 피해자의 분개가 이해관계 없는 제3자에 의해 동감으로 느껴질 때 가해자에 대한 처벌은 정의로운 것이 된다.

여기서 피해자라고 주장하는 노동자의 분개를 제3의 관찰자인 국민이 얼마나 큰 동감으로 받아들일 것인지, 또는 기업가의 화려한 꿈에 대해 어떤 반감을 보일 것인지 누구도 장담할 수는 없다.

다만 확신할 수 있는 일은 건실한 자본의 정당한 몫을 인정할 줄 알고 노동의 질에 따른 정의로운 대가를 요구하고 챙기는 지극히 상식적인 풍토가 제자리를 잡아간다면 노동자의 꿈이나 자본가의 꿈은 크게 어긋나지 않으리란 점이다.

이 논쟁 가운데서 노출되고 있는 반감의 요인들을 서로가 증폭시키는 쪽으로 나가기보다 반감의 요인을 겸허한 자세로 받아들이고 해소하는 쪽으로 서로 노력한다면, 동감의 일체화 또한 그렇게 어려운 일은 아닐 것이다.

그때에야 비로소 사업가와 노동자에 대한 동감과 반감의 엇갈린 교우는 동감의 일체감으로 제3의 관찰자들에게까지 파급될 수 있으리라 생각해본다.

(1989-10-17)

미제 군화와 총독부의 건물

60년대 대학가를 풍미했던 패션이라면 검게 물들인 군복 한 벌에 미제 군화를 발목까지 잘라 검게 물들인 신발이었다. 사시장철 비가 오나 눈이 내리나, 춥거나 덥거나 당시 남자 대학생들에게 이 염색 군복과 군화는 의관인 동시에 재산목록 1호이기도 했다. 더우면 양 소매를 걷어붙이면 되었고 군이 세탁을 하지 않아도 더러운 줄 몰랐다. 6·3 사태를 지나고 대학가에 반미 구호가 조금씩 나올 무렵부터 미제 군화 축출론이 대두했다. 미제의 분할 강점이 조국분단을 낳았고 분단된 조국에 미제의 식민지적 예속경제라는 올가미를 씌웠다는 논리가 세워지면서 나라의 장래를 짊어진 우리 백만 학도가 어찌 미제의 상징물인 군화를 날마다 발목에 끼워 차고 희희낙락할 수 있느냐는 반성론이 일기 시작했다. 이어 우리 모두 미제 군화를 벗어 이 자리에서 화형식을 치르자는 쪽으로 발전했다.

그러나 화형식에 동참하는 숫자는 의외로 적었다. 명분은 좋다 해도 아직 몇 해를 더 신을 군화가 아까웠고 그 군화를 벗어던진 다음 새로 신발을 사야 할 돈이 주머니에 없었기 때문이다.

비록 소수였지만 화형식의 명분론에 맞선 현실론자의 논리도 있었다. 어떤 경로로 들어왔든 이 땅에 들어온 재화라면 아끼고 유용하게 쓰는 것이 국가를 위한 길이다. 설령 백만 학도가 군화를 불태운다 해서 미제가 축출되고 자주국가가 세워지는 것이냐. 그보다는 미제 군화를 유용하게 쓰면서 그에 맞설 우리의 힘을 키우는 일이 더욱 시급하다는 현실론이다. 그 후 10년, 대학생의 주머니 사정이 나아지고 양질의 신발이 값싸게 보급되면서 이런 유의 논쟁은 저절로 사라졌다.

최근 들어 일제의 상징물인 구 조선총독부 건물을 철거, 이전함으로써 민족정기를 바로잡자는 움직임이 정부에 의해 구체적으로 추진되고 있다. 그 내용인즉 ①민족정기를 끊기 위해 경복궁 터에 일본을 뜻하는 일자 모형으로 건축한 총독부 건물은 식민지를 상징하는 건축물이기 때문에 철거하고 ②철거한 건축자재를 원형대로 조립해 다른 장소에 이전, 복원하고 ③현재의 국립중앙박물관은 신축을 한다는 것이다. 일제 잔재를 청산하고 민족정기를 바로 세운다는 명분으로 추진될 이 계획에는 총독부 건물 철거비용이 5백억 원, 다른 장소에 이전, 복원하면 1천억 원이 소요된다는 계산이다. 여기에 경복궁 중건과 박물관 신축비용이 얼마가 될지 가위 천문학적 숫자로 치솟을 것이고 현재의 토목기술과 자재로 중건 자체가 불가능하다는 전문가들의 현실적 분석이 문제점으로 제기되고 있다.

뿐더러 총독부 건물을 헌다고 해서 일제의 잔재가 깨끗이 청산되고 풍수지리설에 따른 민족정기가 저절로 살아날 것인가. 정보·지식·문화가 이미 일본의 영향권 아래 깊숙히 들어선 지 오래고 경제와 사업 기술이 일본의 예속 아래 들어가고 있는 오늘인데도 그 현실을 개선하고 시정하려는 노력은 보이지 않은 채 총독부 건물 하나를 헐어버린다고 만사가 청산되고 개선되는 것인가.

반미와 자주국가를 위해 미제 군화를 불태우고 일제청산과 민족정기를 위한다는 명분론에 묶여 수천억 원의 재화를 날려버리는 꼴이다. 명분과 현실, 보편과 실재는 상호조화를 유지할 때에야만 효용성을 획득한다. 명분론은 이상이고 현실론은 그 이상을 추구하는 방법이어야 한다. 명분과 보편성만을 고집하고 집착할 때 그것은 신앙이 되어버린다. 신과 교회는 회의와 이성적 비판의 대상이 될 수 없기 때문에 '이해하기 위해 먼저 믿는다'는 신앙 우선 논리와 왜 신이 존재하고 교회가 있어야 되는가를 '믿기 위해서는 먼저 이해해야 한다'는 이성우위 논리가 맞선 적이 있었다. 이 논쟁이 중세철학사에 기록되는 안셀무스와 아벨라르의 그 유명한 보편논쟁이다. 관념과 실재의 대립이었다.

자주 민족, 나아가 통일이라는 보편적 개념이 이성과 현실을 무시하고 신앙적 절대가치로 군림하게 되면 말짱한 군화가 화형식에 처해지고 수천억 원에 달하는 건물이 하루아침에 허물어져버린다. 뿐만 아니라 통일을 위해선 모든 현실적 문제는 치지도외되고 방법론에 대한 이성적 비판은 반통일적·반민족적·반자주적 분열주의자로 몰리는 형국이 되어버린다. 자주·민족·통일이 국가공동체의 이상이고 목표라면 그 방향을 좇아가는 구체적이고 실천적인 현실방안이 모색되어야 할 터인데도 자주를 위해 군화를 불태우고 민족을 위해 총독부 건물을 허물어버리며 '주석과 함께 평양 거리와 서울 거리를 활보할 수 있는 날'이 오기를 비는 통일 신앙으로 바뀌어버린다.

자주·민족·통일을 신·아름다움·선이라는 보편적 관념으로 혼동해 오로지 먼저 믿기만을 강요하는 신앙으로 떠받든다. 그러나 군화를 불태워 자주를 얻을 수 없듯, 총독부 건물을 헌다 해서 민족정신을 찾을 수 없듯, 통일을 신앙으로 믿고 맹목적으로 추종한다 해서 통일이 저절로 이뤄지는 게 아니다. 군화를 불태우기보다는 UR(우루과이라운드) 협상에 치밀한 작전과 머리를 짜내는 일이 자주로 가는 더 빠른 길이고, 총독부 건물을 헐기보다는 한 건의 기술이전이라도 일본으로부터 얻어내고 경제력을 강화하는 쪽이 민족을 살리는 길이며, 주석님을 얼싸안고 평양·서울 거리를 활보하는 꿈을 꾸기보다는 단계적 군축협상과 남북 간의 상호신뢰를 회복하는 쪽이 통일을 앞당기는 빠르고도 확실한 길일 것이다.

자주·민족·통일을 구호처럼 앞세우고 신앙처럼 떠받들기만 한다면 자주·민족·통일로 가는 길은 현실로부터 더욱 멀어지면서 도덕과 관

념의 유희로 떨어진다는 사실을 우리 모두의 경각심으로 받아들여야
할 것이다.

(1990-12-18)

기업인과 청지기 의식

'내가 이루지 못한 꿈을 이 사람이 이뤄냈구나' 하는 대리 체험적 감동
과 '내 지금의 형편은 이렇지만 언젠가 나도 한 번'이라는 살아 있는 희
망을 확인시켜주는 게 있기 때문에 자수성가한 재벌 총수들의 자서전
은 공전의 베스트셀러가 된다. 89년에 발간되어 장안의 종잇값을 올렸
던 대우 김우중 회장의 『세계는 넓고 할 일은 많다』나 최근 선보인 현
대 정주영 회장의 『시련은 있어도 실패는 없다』는 자서전을 읽노라면
그런 감회는 더욱 솟구친다. 비슷한 시대상황 속에서 맨손으로 세계적
기업을 창출한 탓인지 두 자서전 속에는 비슷한 대목이 많이 눈에 뜨
인다. 이 중 특히 흥미롭게도 두 재벌 총수는 개인적 돈벌이에 대해서
는 이구동성으로 반대하고 있고 기업은 재벌 개인의 소유물이 결코 아
니라 국가와 국민을 위해 잠시 지키고 있는 '청지기'에 불과함을 역설
하는 데 주목하게 된다. "경영자는 국가·사회로부터 기업을 수탁해서
관리하는 청지기일 뿐이다."(『정주영 회고록』 261쪽)

"내가 가진 재산의 소유자가 아니라 그저 청지기라는 의식, 나의 재
산은 내가 이 땅에 살고 있는 동안 잘 관리하고 잘 선용해야 할 의무와
책임이 있다고 하는 의식, 나는 이 청지기 의식을 좋아한다"(『김우중 경
영철학』, 177쪽). 우리들이 선망해 마지않는 재벌총수들이 어째서 다투어
창고지기 관리인이 되기를 바라고 있는지 그 이유를 들어보자.

김 회장은 "나는 소유에는 별 관심이 없다. 기업인이 소유욕 때문에 기업을 경영한다고 생각하는 사람들은 사업을 크게 일으킨 대가로 얻는 성취의 기쁨을 전혀 이해하지 못한다"고 했다. 소유의 기쁨이 아니라 성취의 기쁨 때문에 기업을 경영한다는 것이고 자신은 기업의 소유주가 아니라 전문 경영인일 뿐이라는 것이다.

정 회장의 청지기 의식도 대차가 없다. "쌀가게를 하는 동안에는 내 재산이라는 생각이 들었지만 기업이 성장하면서는 일이 좋아 끊임없이 일을 만들어나갔을 뿐이지 재산을 늘리기 위해서나 첫째 부자가 되기 위해서라는 의식은 티끌만큼도 없었다." 때문에 그는 가장 큰 기업보다는 가장 깨끗한 기업의 깨끗한 기업가로 기억되기를 바라고 있다. 두 재벌의 청지기 의식에서 우리가 중시해야 할 대목은 과연 이분들의 소망이 얼마만큼 현실적으로 나타나고 있느냐에 쏠리지 않을 수 없다.

더욱이 정 회장의 자서전이 발간된 시점에서 현대 그룹의 주식이 변칙 거래되고 증여·탈세의 의혹이 있어 국세청의 세무사찰로 확대된 지금, 과연 정주영 회장은 소유보다 성취를 위해 기업을 하는 깨끗한 청지기이고 깨끗한 기업인인가에 관심을 쏟지 않을 수 없다. 현대 그룹의 재무구조로 보면 분명 현대는 국민의 기업이고 국가소유며 그룹 총수는 청지기이고 관리인일 수밖에 없다는 생각이 든다. 회사 돈 1백 원 중 자기 돈은 18원이고 82원은 은행대출·외상대금·해외차입금으로 남의 돈이라는 것이다. 그 액수가 무려 10조 원을 넘고 있고 그 부채의 90%를 11개 계열사가 빌려 쓰고 있다면 이는 분명 국민이 피땀 흘려 저축한 돈으로 기업을 하고 있는 셈이다. 이대로라면 정 회장 주장대로 자신은 국민을 대신한 위탁기업인일 뿐이다.

그러나 정 회장 일가가 전체 42개 계열사의 주식을 68%가량 점유하고 있고 최근 현대의 주식 이동이 가족 중심의 상속과 증여를 위한 수단으로 이용되었다는 보도를 믿는다면, 관리인에 불과한 청지기가 주인 모르게 재산을 빼돌린다는 이야기밖에 되지 않는다.

5·16을 기점으로 유신정권과 5공을 거치면서 이룩된 재벌기업의 성장과정이 깨끗한 기업경영과 맑은 돈만으로 이룩된 것이 아님을 많은 사람들은 짐작하고 있고 또 용인하고 있다. 개발독재·고도 경제성장정책의 경과조치로써 정경유착과 부의 편재는 어쩔 수 없었던 시대 상황이었다고 용납하는 것이다. 이런 용인·용납에도 불구하고 시대가 바뀌었으면 경영의 방식과 소유의 형태는 이젠 좀 바뀌어야 한다는 게 보통사람들의 소망인 것이다.

왜 우리에겐 존경할 만한 기업가가 없고 누구나 주저하지 않고 손꼽을 깨끗한 경영자를 갖고 있지 못하는가. 정 회장 자신이 '재벌이라면 누구나 비리의 친구'라고 보는 사회풍토는 불식되어야 한다고 역설했다. 정말 옳은 말씀이다. 보통사람들 또한 존경받는 기업가 한 사람쯤 갖고 싶어한다. 왜 밤낮 우리들은 일제의 잔재를 청산해야 한다면서 존경하는 기업가라면 마쓰시타·도요타·혼다라는 일본 기업가들을 꼽아야 하는지 부끄럽게 생각한다. 적어도 그들은 말만으로가 아니라 실천적으로 기업을 소유하지 않았고, 세습하지 않았기 때문에 존경받는 것이다. 도요타는 전체 주식의 1%, 마쓰시타는 2.8%를 소유했을 뿐이고 혼다는 직계가족을 입사조차 시키지 않았기 때문에 그의 죽음을 맞아 일본의 언론은 대대적으로 그를 추모하는 것이다.

보통사람들이 아들·딸을 앞에 두고 누구누구를 본받으라고 할 그런 기업가가 있기를 우리는 진심으로 바라고 있다. 이런 희망이 성취되려면 진정으로 청지기 의식에 실천적으로 투철한 재벌회장이 있어야 한다. 재벌을 보는 사랑과 미움의 엇갈린 시각에서 미움과 증오의 측면을 제거하려면 두 재벌 총수의 희망대로 소유보다는 성취에 도취하는 기업가가 되어야 할 것이고 부의 독점과 세습보다 깨끗한 청지기가 되는 일일 것이다.

자서전을 쓰기 위한 수식어나 미화용으로서가 아니라 보통사람 모두가 존경해 마지않는 기업가로 영원히 기억되기 위해서도 두 재벌 총수의 희망사항이 실천적으로 성취되기를 기대하는 마음 간절하다.

(1991-10-02)

'옛날의 금잔디'가 아니다

공산주의 체제의 해체와 새 질서의 정립이라는 시대적 갈림길에서 최근 소련 사회의 한 단면을 보여주는 두 편의 짧은 외신이 눈길을 끈다. 볼셰비키혁명 74주년 기념일인 지난 7일, 모스크바의 붉은 광장에 수천 명이 모여 고르바초프와 옐친을 비난하고 레닌을 찬양하는 시위를 벌였다 한다. "그대는 나라를 망쳤다. 지옥이 그대를 기다린다"는 비난 문구가 적힌 고르바초프의 너덜거리는 초상화와 반듯한 모양의 레닌 초상화가 대비를 이루며 군중들의 피켓에 담겨 있었다.

엊그제까지만 해도 광장과 공원 모퉁이에서 나뒹굴던 레닌의 동상이었는데 세상인심이란 정말 조변석개임을 확인시킨다. 같은 날, 우크라이나 하리코프에서는 소련 전역의 매춘부들이 총회를 열어 인플레를 억제하기 위해 화대를 동결키로 하자는 결정을 내렸다. 이유인즉 국가가 인플레로 인한 심각한 경제위기를 겪고 있는 형편이기 때문에 자신들의 봉사료를 현재 수준에서 동결하자는 것이다. "비록 국가가 인민을 착취하더라도 우리는 그럴 수 없다"는 갸륵한 주장을 담고 있나. 낡은 질서가 무너지고 새 질서가 자리 잡지 못하고 있는 오늘의 소련 사회에서 다시 옛날의 그 시대로 돌아가자는 복고풍의 세력이 일고 있음과, 새 질서 확립을 위해 그래도 뭔가 이룩해보자는 아가휘의 편린을 엿볼 수 있다.

바야흐로 세계가 낡은 질서의 해체와 새 질서의 구축을 위해 요동치고 있고 소련과 농구뿐 아니라 기실 우리 사회도 낡은 질서가 무너지고 새 질서의 확립이라는 격동의 소용돌이 한가운데 서 있는 것이다. 30년의 권위주의 체계가 남겨놓은 부정과 비리의 관행, 이 낡은 질서가 하나씩 벗겨지고 무너지는 해체의 과정이 지난 한 해 동안 연이어 터져 나오고 있다. 총체적 부패라고 일컬어지는 정치인·기업인의 비리와 부정체계, 대학 교수와 언론인들이 보여준 후안무치한 지식인 범죄 등 마치 부정과 비리의 퍼레이드를 보는 듯하다.

그러나 이 모두가 어제오늘에 일어난 신종 범죄가 아니라 30년 이래 차곡차곡 쌓인 부정의 관행이라는 사실을 우리는 간과하고 있다. 신악의 시작이 아니라 구악이 들통나고 까발려지면서 이젠 관행이 아니라 용서할 수 없는 범죄라는 사실이 입증된 구악·구질서의 해체현상인 것이다.

현 정권이 구질서의 해체에도 과감하지 못하고 신질서의 창출에도 무력함은 물론 통탄스런 일이다. 그러나 더욱 안타까운 일은 이 뿌리 깊은 악의 행진을 보면서 많은 사람들은 사회가 불안해 못살겠다, 장사가 안 돼 큰일이다, 세 마리 용 중에서 한 마리 지렁이가 되었다고 좌절하고 개탄한 나머지, 다시 그 옛날의 금잔디 시절로 되돌아가자는 향수의 피리소리에 정신이 팔리고 있다는 사실이다.

아직도 정계·재계·사회 일각에서 높은 아성을 쌓고 있는 금잔디 시절의 '잔당들'은 사회가 혼란하고 경제가 어려워지기만 하면 틈을 비집고 나와 '그분의 공적을 누가 흐릴 것인가' '옛날의 경제성과를 잠식하고 있다' '사회혼란이 민주의 대가냐'고 약 올리며 활개를 펴고 있다. 뿌리와 줄기가 병들어 나뭇잎이 시들고 떨어지는데도 뿌리의 깊은 병은 고칠 생각하지 않고 시들고 떨어지는 나뭇잎만 안타까워하며 그 옛날의 푸른 나무를 그리워한다. 그 옛날의 무성했던 나뭇잎은 독한 비료를 한꺼번에 쏟아부은 탓에 일시적으로는 푸르렀겠지만 당시의 비료 독성 때문에 오늘의 나무가 뿌리째 병들었다는 사실을 애써 숨기고 있다.

여건이 바뀌고 환경이 달라졌으며 목표와 지향점이 그 시대와 전혀 다른 시대에 우리는 살고 있다. 고르바초프 이전의 시대로 돌아가자는 쿠데타가 성공할 수 없듯이 소련은 이제 다시 그 옛날의 소련으로 되돌아갈 수도, 가서도 안 되는 역사의 흐름을 타고 있다.

우리 또한 그 옛날의 금잔디 시절이 설령 아무리 좋았다 한들 되돌아갈 수도 없고 되돌아가기에는 너무나 가혹했던 가시밭길이 아니었던가. 오늘 우리가 당면하고 있는 총체적 혼란은 새 질서 정립을 위한 해체의 진통이고 시련이라는 관점에서 우리의 아픔으로 받아들이고 새질서의 정립을 위해 중지를 모으고 힘을 합쳐야 할 때인 것이다. 갈 길이 험하다고 되돌아갈 것인가. 새 질서 정립이란 옛날의 금잔디 시절로 되돌아가자는 운동이 아니다.

새 질서·새 모양의 틀을 각기 서 있는 자리에서 만들어내야 하는 시대적 소명작업이다. 때문에 대권과 국회의원 배지를 위해 벌이는 지난 시절의 추악한 금권 정치가 아니라 새 모양·새 기풍의 정치 본보기를 정치인은 제시해야 하고 국민도 반시대적 정치가에겐 돌팔매를 서슴

지 않는 용기를 보여야 한다. 기업이 병들고 경제가 거덜난다고 그 옛날의 값싼 임금과 정부의 무한정 성원에 미련을 둘 일이 아니다. 옛날에는 봐주던 부의 세습이 지금 와선 왜 안 되냐고 발버둥칠 일이 아니다. 새 기업·새 스타일의 기업인 상을 기업인 스스로 창출할 때가 된 것이다.

이제 근로자도 머리끈을 풀어젖히고 내 회사·내 기업을 위해 무엇을 할 것이며 사신의 기술과 노농의 생산성을 어떻게 하면 배가할 수 있을지에 노사가 머리를 맞대고 협의할 때가 되었다. 지식인 그룹 또한 비아냥과 호박씨 까기로 험한 세상 살아온 얕은 지혜만 부릴 것이 아니라 새 질서·새 사회의 정립을 위해 무엇을, 어떻게 할 것인가 깊이 모색하고 당당히 제시해야 할 것이다. 되돌아갈 길 없는 절벽에 서 있다는 절박한 심정으로 우리 모두가 새 목표·새 질서 창출을 위해 떨쳐 일어서야 한다. 우리 모두가 이렇게 주어진 시대적 책무와 역할을 기피하고 등한시한다면 국가를 위해 봉사료를 동결하기로 결정한 소련 매춘부보다 못한 시대적 죄과를 지는 파렴치범으로 후세에 기록될 것이다.

(1991-11-13)

살인마가 의적義賊 되는 세상

엽기적 살인집단인 지존파에 대한 최근 방송 신문보도를 보면서 두세 가지 우려를 하지 않을 수 없다. 하나는 도저히 묵과할 수 없는 살인마를 마치 의적(義賊)인 양 보도하는 측면이 있고 또 하나는 어쭙잖게 그들이 말하는 자본주의 체제에 대한 불만을 언론이 부추기고 있다는 인상마저 들기 때문이다. 여기에 개인정보는 철저히 보장돼야 한다면서 백화점에서 물건 많이 사간 사람이 누구라는 정보를 슬슬 흘리기도 한다.

신문 방송의 이런 보도 경향은 비단 이번 사건에만 국한되질 않는다. 대도(大盜) 조아무개라고 대서특필해서는 부잣집 다이아몬드만 터는 간 큰 도둑이라고 은근히 치켜세우기도 했고, '유전(有錢) 무죄, 무전(無錢) 유죄'라는 유행어로 탈주 흉악범들을 두둔하는 기형적 보도를 한 적도 있다. 여기에 큰 사건 터질 때마다 단골로 등장하는 학자들의 천편일률적 사회병리분석도 한몫을 했다. 툭하면 물질만능주의 사회풍조와 경쟁만을 부추기는 교육이 범죄의 온상이라고 주장했다.

산업사회란 부(富)의 추구를 기본으로 하고 경쟁의 논리란 시장경제에서 미덕(美德)이 돼야 함에도 불구하고 우리 사회를 진단하는 학자들이나 보도 시각은 부의 추구와 경쟁논리가 이 사회의 원죄(原罪)인 양 흠뻑 뒤집어씌운다. 흉악범의 용서할 수 없는 죄도 사회 탓으로 돌려지고 정신이상자들의 흉포한 살인마저 자본주의 탓으로 돌려지면서 흉악범들에게 면죄부가 내려지는 세상이 되어버렸다.

세상에 어떤 사회가 이토록 너그러운가. 살인 공장을 차리고 돈 달라면 돈 주고 몸 달라면 몸까지 바친 사람을 죽이고 불태우고 뼛가루로 만든 살인마에게까지 자본주의가 어떻고, 부의 불평등이 어쩌며 하는 분석이 어째서 가능할 수 있는가. 여기에 야타족을 죽이고 러브호텔을 쳐들어가려 했는데 결행 못 해 분하다는 흉악범의 한탄이 아침저녁으로 방송을 타면서 이들이 무슨 왕년의 무등산 타잔이나 의적 일지매(一枝梅)라도 된 듯 착각마저 불러일으킨다. 며칠 지나서는 한술 더 떠서 범인 중 하나가 썼다는 자본주의와 민주주의에 대한 분석과 비판이 크게 보도까지 되었다.

　자유민주주의와 자본주의는 많은 평가와 비판을 동시에 받을 만한 다양한 얼굴을 지닌 제도고 체제이긴 하지만 적어도 천인공노(天人共怒)할 살인마들이 비판하고 거론할 만큼 우리 사회 체제가 그렇게 잘못되지는 않았다. "배운 것 없고 가진 것 없는 사람은 한평생 소와 말처럼 일만 하고 죽는다"는 그들 식 비판은 분명 잘못되었다. 그들 스스로 석 달 공사장에서 열심히 일해 3천만 원이라는 거금을 모을 만큼 노력하면 얻어지는 게 지금 우리 사회다. 노력하면 대학까지 혼자 손으로 갈 수 있고 설령 대학을 나오지 못해도 기능과 기술만 있다면 떵떵거리며 한세상 살 수 있는 게 지금 우리 사회다.「중앙일보」창간기념 여론조사에서도 나타나듯 자신이 중산층이라고 믿는 사람이 70%를 넘는다. 그런데도 부의 불평등이 심각하다는 사람이 90%를 넘는 기현상을 보인다. 문제는 바로 여기에 있다.

　자본주의가 좋다고 믿으면서도 부자를 보는 눈은 삐딱하고 부의 축적 과정도 잘못되었다고 믿는 것이다. 자본축적 과정에서 청부(淸富)란 그렇게 많지 못한 게 경제 현실이고, 개같이 벌어서 정승처럼 쓰자 해놓고는 남의 재산에 대해선 밤낮 부도덕하다고 보는 게 우리 사회의 잘못된 자본 시각이다. 기회의 나라고 자본주의 경제의 꽃이 핀 나라인 미국마저 C.W. 밀스에 따르면 이미 50년대에 4백대 상류사회 명문이 파워 엘리트 그룹을 형성해 그들끼리 해먹는다는 분석을 했다. 어찌 보면 밀스가 본 미국 사회보다는 더 원활히 신분 상승이 가능하고 노력 여하에 따라서는 출세의 길을 스스로 열 수 있는 기회의 나라가 우리 사회다. 특히 6·25 이후 우리 사회의 신분구조는 철저히 해체되었기 때문에 아직까지는 신분상승과 출세의 통로가 넓게 뚫려 있는 사회다.

상식으로 이해할 수 없는 흉악범은 일단 그들의 정신 상태를 의심해야 한다. 정신 이상자의 예측할 수 없는 흉포한 범죄는 정신분석의에게 맡겨져야 하는데도 이를 사회구조와 자본주의에 비교해대니 자본주의·부자·대기업 하면 부정적으로 치부해버리는 잘못된 풍조를 낳는다. 스스로를 존중할 줄 알아야 남이 존중해준다. 자유민주주의든, 자본주의든 그것이 소중하다고 믿고 떠받드는 사회라야 참다운 민주주의, 진정한 자본주의가 뿌리내리고 꽃피울 수 있는 법이다.

(1994-09-26)

성난 얼굴로 고향을 보게 할 건가

일본 인류학계의 대부로 꼽히는 이즈미 세이치(泉靖一)는 원래 경성제대에서 조선어학을 전공했고 등산을 좋아했다. 친구들과 한라산 겨울등반에 참가했다가 길을 잃고 외톨이가 되면서 1주일가량 한라산 속을 헤매게 된다. 여기서 그는 제주도의 자연과 풍광 그리고 민속과 만나면서 제주를 제2의 고향으로 삼고 인류학을 전공키로 마음을 굳힌다. 이어 몇 차례의 필드워크를 거쳐 그의 졸업논문 「제주도」가 완성된다.

아직도 제주도 연구의 금자탑으로 꼽힐 그의 연구서 중에서 흥미로운 부분은 '말방게' 집단과 용수권에 관한 조사다. 말방게란 말 또는 사람이 끄는 돌절구 방앗간을 뜻한다. 제주도의 촌락이 이 방앗간을 중심으로 해 집성촌으로 이뤄지면서 강한 폐쇄성을 띠게 된다. 방앗간은 이웃 마을에 빌려줄 수도, 빌릴 수도 없는 마을의 상징물이 된다.

이에 비해 제주도에서 가장 귀한 존재인 우물과 물의 사용권에 관해서는 폐쇄성보다는 합리적 개방성을 보인다. 방앗간을 중심으로는 친족 간 폐쇄적 통합성을 강하게 유지하지만 우물을 중심으로 해서는 개방적 유대관계를 형성하는 독특한 2중 체계를 가진다고 그는 분석했다. 그러나 30년이 지난 65년 이즈미가 다시 찾았을 때의 제주도는 이미 그때의 모습이 아니었다. 육지에서 정미기가 도입되면서 말방게 문화권은 흔적 없이 사라졌고 4·3 사건이라는 끔찍한 참사를 겪은 제주도 사람들에겐 육지인에 대한 깊은 적대감과 강한 폐쇄성으로 무장되어 있을 뿐이었다. 육지와 피할 수 없는 접촉으로 제주도는 공동체적 삶의 방식이 파괴되었고 남북 간 정치 이데올로기의 마찰과 갈등으로 우리 현대사의 가장 깊은 상처를 받은 곳이 뜻밖에 제주도가 된 것이다.

4·3 사건에 대한 역사적 해석을 어떻게 내리든 당시 30만 명 도민 중에서 8만 명이 참사했다는 아픈 기억은 김석범·현기영·현길언의 작품 속에서 아직도 생생히 살아 있다. 육지와의 접촉은 제주도의 문화권을 파괴했고 정치적 관계는 참담한 살육으로 끝났으며 바람·돌·여자가 많아 삼다라 했던 제주도가 이젠 술집·호스티스·일본인 관광객이 득실거리는 신삼다로 바뀌면서 육지인에 대한 깊은 피해의식과 분노가 제주인의 가슴속에 자리 잡게 되었을 것이다. 합리적 개방성보다는 적대적 폐쇄성만 깊어진 것이다.

이처럼 '특별한' 현대사를 지난 제주도가 지금 또다시 특별한 상황에 빠져 있다. 제주도를 특별나게 개발하겠다는 법안이 상정되고 상임위에서 날치기 통과로 빠져나간 제주도 개발 특별법이 제주도를 다시금 특별상황으로 몰아가고 있다. 제주도의 역사 문화적 특수성을 이해하지 못하는 입장에서라면, 도민을 위해 3조 7천억 원의 막대한 예산을 정부가 투입해 하와이·홍콩에 버금가는 세계적 관광도시 자유항을 건설하겠다는데 어째서 주민들이 반대하는지를 이해할 수가 없을 것이다.

제주도 개발에 대한 주민들의 반대 이유를 든다면, 제주 전역의 쓸 만한 땅 절반을 이미 육지의 소수 재벌들이 소유하고 있는 형편에서 아무리 개발을 해봤자 개발 이익은 주민의 것이 아닌 육지 재벌의 몫이고 그 중간에 떨어지는 낙전 몇 푼을 주워보았자 제주도 발전에는 아무런 기여가 안 된다는 것이다. 이미 85년 1차 개발이 시작되었을 때 제주 주민들은 자발적으로 토지를 내놓고 즐거운 마음으로 노역에 참여까지 했지만 개발결과는 관광수입금 대부분(90년 3천억 원)이 그날로 서울로 옮겨지는 허망함을 일찍이 체험했다.

또 하나, 주민을 위한다는 지역개발이 어째서 주민의 반대를 무릅쓰고 강행될 수 있느냐는 것이다. 지방화·민주화 시대에서 다수 여론을 이처럼 무시한 개발이 누구를 위한 개발이냐는 게 반대의 또 다른 논리다. 물론 개발을 찬성하는 주민들의 의견도 적지는 않다. 자연훼손의 독소조항이든 14조 1항도 완전 삭제되었고 자연보전을 위한 후속조처도 더욱 강화된 것이 아니냐, 정부의 특별지원에 따른 개발을 굳이 반대를 위한 반대라는 감정싸움으로 몰아가는 것은 제주를 위한 현명한 선택이 아니라는 주장이다.

개발과 보전이란 어느 지역에서나 겪는 마찰이고 갈등이지만 제주도의 경우 그 마찰과 갈등은 남다른 것이다. 개발 자체가 문제될 뿐만 아니라 개발 이전의 문화적 정치사적 관계에서 생겨났던 분노의 앙금이 이를 계기로 주민들 사이에서 되살아나고 확산될 수 있다는 우려를 하지 않을 수 없다. 개발이란 화끈하게 밀어붙여야만 성공한다는 권위주의 방식으로 정부가 이 사안에 접근할 일이 아니다. 기왕 제주도민의 이익과 국익을 같은 범주에서 포괄하려면 이번의 개발이란 종래의 개발방식이 아닌 진정으로 주민을 위한 개발이라는 확신을 도민에게 심어줘야 하고 관광 위주 사업만이 아닌 농어민을 위한 1차 산업의 추진도 병행해야 할 것이다.

단순히 제주도 개발이라는 표피적 문제만이 아니라 육지인에 의한 문화적·정치적 박탈감에 이어 경제적 박탈 또는 종속화라는 시각에서 많은 제주도 사람들은 개발법을 보고 있다는 데 깊이 유의해야 한다. 따라서 개발의 목표와 방향이 제주도민의 강한 적대적 폐쇄성을 자극하고 심화시키는 쪽으로 기능해서는 안 된다. 응어리진 분노의 앙금을 가라앉히고 피해의식을 해소시키는 데 역점을 두는 개발이어야 한다. 무엇이 국익이고 무엇이 주민의 이익인가를 납득하고 이해할 수 있는 기회 부여 없이 강행되는 개발이란 결코 제주도에서 성공할 수 없다는 역사적 문맥에서 정부와 국회가 이 법안을 신중히 처리하기를 당부해 마지않는다. 성난 얼굴로 고향을 돌아보게 하는 개발이어서는 결코 안 되기 때문이다.

(1991-12-04)

6·29와 민주화 가로채기

5공 시절 청와대 공보비서관이면서 '통치사료 담당'이라는 전대미문의 임무를 맡았던 사람이 6·29 선언 자체가 전두환 당시 대통령의 계획된 시나리오에 의해 진행되었다는 사실을 밝히는 기록을 한 잡지에 발표했다. 이 글을 읽으면서 첫째는 통치사료 담당이라는 거창한 직책이 과연 역사의 바른길을 얼마나 어떻게 기록했는가라는 사관으로서의 기능 자체에 첫 번째 의문이 들었고, 둘째는 6·29 선언이 전씨가 기획 감독한 걸작품이었다면 그것이 현실적으로 또는 역사적으로 어떤 평가를 받을 것인가 하는 점을 생각하게 된다.

역사의 인과관계를 따지는 작업이 역사가의 임무 중 하나지만 그 인과관계란 단순한 사실 입증 하나만으로 저절로 풀어지는 단순작업이 아님을 수많은 역사가들은 토로하고 있다. 1차 세계대전이 일어난 원인을 오스트리아 황태자를 암살한 한 저격범에 돌릴 수 없듯이, 역사적 인과관계란 복잡한 정황과 여러 사건들이 얽히고설켜 일어나는 다중 구조로 짜여진다. 이런 구조를 파헤치고 종합적 판단을 내리는 일이 역사가의 작업이다.

진(晉)나라에 영공(靈公)이라는 폭군이 있었다. 그 밑에 조순(趙盾)이라는 곧은 재상이 있어 바른말을 가리지 않고 하다 자신의 목숨이 위태로움을 알고 다른 나라로 도망치던 중 그의 사촌 조천(趙穿)이 영공을 시살했다는 소식을 듣고 돌아왔다. 그러나 당시 진의 사관이었던 동호(董狐)는 '조순이 그의 임금을 죽였다'고 기록했다. 사촌 조천이 폭군을 죽였는데 어찌 내가 죽였다고 쓰느냐고 항의하자, 동호는 "그대는 재상으로 있으면서 도망쳤고 돌아와서도 적을 치지 않았으니 군주를 죽인 자가 그대 아니고 누구인가"라고 되물었다.

사관이란 이처럼 사실의 기록뿐만 아니라 자신의 판단과 평가를 함께 함으로써 역사가의 지위를 획득한다. 그래서 우리 왕조시대의 사관도 사료의 엄정성과 판단의 객관성을 확보하게끔 춘추관의 역사기록은 왕도 열람할 수 없을 뿐만 아니라 사관의 판단을 강요할 수도 없게끔 되어 있었다. 왕조시대도 아닌 대통령제하에서 후세의 기록보전을 위해 통치사료 담당관을 두었다는 사실 자체가 황당한 일일 뿐만 아니라 왕조시대의 폭군보다도 더 역사 기록을 좌지우지하려 했던 당시의 횡포에 새삼 공포를 느낀다.

만약 사료 담당이란 직책으로 쓰인 기록이었다면 그 기록은 마땅히 정부기록문서 보관소에 보관되어 정해진 기일이 지난 다음 빛을 보는 게 순서였을 것이다. 또 이 기록이 한 개인의 회고록 집필을 위한 자료였다면 『황경에서 북악까지』라는 회고록이 그렇듯, 자신에게 유리한 일은 침소봉대하고 불리한 일은 일언반구도 적지 않는 법이다. 10년이 넘게 의혹으로 남아 있는 광주항쟁의 책임에 대해서는 한 줄 기록도 없다면서 민주화의 기점이라 할 6·29 선언은 좋은 줄 알아서 "그게 사실은 내가 시켜 한 거야"라고 고개를 내미는 꼴이라면 그 기록의 신빙성 자체가 빛을 잃을 것이다.

1년여 후면 우리는 3명의 전임 대통령을 갖게 된다. 유사 이래 없는 전임 대통령의 대거 출현 속에서 제각기 자기 자랑을 떠벌리고 남의 행적을 헐뜯기 시작한다면 이 또한 얼마나 가관이겠는가. 레이건 기념도서관 개관식에 참석한 전·현임 미국 대통령들의 화목한 모습을 사진으로 본 우리들로서는 화목까지는 못 가더라도 쪽박 깨는 싸움질이라도 없기를 바라는 마음이 벌써부터 생겨난다.

그렇다면 민주화의 기점이라 할 6·29 선언은 현실적으로 어떤 의미를 지니는 것일까. 분명하게도 6·29 선언은 당시 전 대통령이 했든 노 후보가 했든, 민주화를 위한 그들 자의의 선택이 아니라 민중항쟁으로 퇴로가 막힌 5공 정권이 살아남기 위한 마지막 생존방식이었고 민주시민에 대한 항복문서이기도 한 것이었다. 4·13 호헌선언을 발표했던 전 씨가 두 달이 못 돼 직선제 개헌을 약속하고 김대중 씨 등 시국사범을 석방하겠다는 선언을 해봤자 믿을 사람이 없으니 노 후보를 시켜 마지막 돌파구를 찾자는, 국민을 상대로 한 정치공작이었음을 많은 사람들은 이미 짐작해온 터수였다. 그러나 이런 짐작에도 불구하고 6·29 선언이 기록자의 비망록대로라면 정권의 마지막 순간까지 국민을 기만하고 또 다른 탈출로를 획책했던 5공 당시의 음모정치가 더욱 소름끼치는 일로 되살아난다.

6·29 선언이 있던 날, 거리는 환호로 뒤덮였고 우리 모두 기쁜 날이라면서 어느 찻집은 찻값마저 받지 않았다. 국내외 언론은 민족의 저력을 과시한 한 국민의 역사적 승리라 했고 노 후보는 정치생명을 건 열흘 간의 고독한 선택이었다면서 현충사 참배를 향해 유유히 떠났다. 이런 정치 드라마에 속아서 일희하고 그것이 이제 와서 내가 벌인 쇼였다는 자랑에 일비를 넘어선 깊은 슬픔과 분노를 함께 느끼지 않을 수 없다.

6·29 선언이 전씨의 기획 작품이었다는 주장은 곧 5공의 종언을 자신의 자의적 선택으로 돌리고 그만큼 민주화에 기여했음을 입증함과 동시에 6공 출발의 부도덕성을 까발리는 데 숨은 의도가 있었을 것이다. 그러나 분명한 사실은 광주참사가 5공 폭압정치의 기점이었다면 6·29는 5공의 종언이었고 민주시민의 승리였다는 것이다. 새삼 6·29 선언이 자신의 몫이라고 주장해본들 그것이 5공의 폭거와 폭압을 미화하거나 상쇄시킬 수는 없는 것이다. 오히려 다시 한 번 더 국민을 기만하고 우롱했다는 또 다른 범죄로 기록될 뿐이다.

동호 같은 역사가가 후세에 살아 있다면 "5공은 광주사건으로 수많은 백성의 목숨을 앗아갔고 6·29 공작으로 백성의 민주화 정신을 훔치려 했다"고 기록하지 않겠는가. 역사란 과거에 의한 현재의 이해가 아니라 현재에 의한 과거의 이해라는 관점에서 파악된다. 과거 6·29 선언을 누가 했느냐가 중요한 게 아니라 현재 민주화를 위해 누가 어떻게 추진하고 기여했는가를 역사는 평가할 뿐이다.

(1992-01-08)

밝은 미래는 거저 오지 않는다

미래학자 앨빈 토플러는 10년에 한 번씩 세계를 놀라게 하는 역작(力作)을 발표한다. 곧 닥칠 미래의 격렬한 변화에 어떻게 대응할 것인가를 다룬 그의 제1작 『미래의 충격』은 70년에 발표됐다. 농경사회와 산업사회를 거쳐 제3의 물결인 정보화 사회 진입을 예고한 제2작 『제3의 물결』은 80년에 나왔다. 정보화 시대의 권력구조는 폭력과 돈에서 지식으로 이동한다는 제3작 『권력이동』은 90년에 발간됐다. 10년 단위로 미래 사회를 내다본 그의 예측력은 뛰어났고 사실 세상은 그의 예측대로 바뀌고 있다.

그런데 93년에 『전쟁과 평화(War and Peace in the Post-Modern Age)』라는 또 한 권의 이례적인 책이 나왔다. 책이다. 이 한 권의 책이 나오기까지 과정을 살펴보면 미국이 어떻게 제국으로서의 힘을 축적하고 있는지 단적으로 알 수 있다. 82년 4월12일 토플러 부부는 낯모르는 한 장군의 저녁 초대를 받는다. 육군대장 돈 모레리는 제3의 물결인 정보화시대에 군 조직과 병기체제를 어떻게 갖춰야 할지를 연구하는 팀이 국방부에 편성되었다고 말하면서 자신은 정보화시대에 적합한 군사이론을 개발하는 것이 임무라고 자기소개를 했다.

육군대장과 미래학자는 늦은 밤까지 미래사회의 전쟁과 평화에 대해 진지한 토론을 벌였다. '미군의 최대 문제점은 무엇인가' '전략이 기술을 움직이는 게 아니고 기술이 전략을 움직이고 있다' '베트남 전쟁 이후 최대의 변화는 무엇인가' '정밀유도 병기의 탄생이다' '핵전쟁은 피할 수 없는가' '피할 수 있지만 현재 방식으로는 안 된다' '당신은 왜 나의 시간철학에 관심이 많은가' '앞으로의 군은 공간지향에서 시간지향으로 전환하지 않으면 안 되기 때문이다' 등의 대화가 이어졌다. 82년이면 미국이 베트남 패전의 깊은 상처에서 헤어나지 못하던 시절이고 불치의 암을 앓고 있다는 49세 장군의 열정적 호소에 토플러는 깊은 감동을 받으면서 『전쟁과 평화』의 저술을 승낙하게 된다.

한 장군의 강한 문제의식과 미래학자의 예측력 그리고 펜타곤의 풍부한 자료가 합쳐져 정보화시대의 전쟁 억지와 평화구축이라는 전술서가 10년 뒤 공개된다. 91년 걸프전 당시의 전쟁 형태는 바로 공간적 전투가 아닌 시간적 개념의 하이테크 과학 전쟁이었음은 이런 군사전략가의 오랜 공적을 바탕으로 하고 있다.

하버드대 정치학 교수 새뮤얼 헌팅턴의 역저 『문명의 충돌』도 비슷한 과정을 거쳐 93년 「포린 어페어스」지에 발표되었다. 향후 세계의 분쟁은 이데올로기나 경제적 문제 때문이 아니라 문화 또는 문명 간 대결구도가 될 것이라는 헌팅턴의 예측은 미국 국무부 연구 용역의 결과였고 세계 분쟁은 보스니아와 중동에서 바야흐로 그의 예측대로 인종 간 종교 간 대결로 치닫고 있다. 한 편의 논문이 발표되기까지 정부와 군인과 학자가 공동으로 미래를 연구하고 실제로 그 결과를 현실에 적용하는 미래 준비를 하고 있는 것이다. 미국의 전략연구기관인 랜드연구소는 컴퓨터를 병사의 휴대용 기본 장비로 바꾸는 연구까지 마쳤다고 한다.

그러나 우리는 지금 무얼 하고 있는가. 미래를 위해 무엇을 투자했고 어떤 합의를 도출했는가. 21세기를 준비하는 각종 위원회가 있었지만 우리 앞날을 비춰줄 구체적 청사진이 아직껏 없다. 누구나 바라는 통일이지만 통일의 방식이 어떠해야 할지 구체적 정보에 입각한 현실적 프로그램이 제시된 바도 없고 그저 주먹구구식 희망사항으로 남아 있다. 이러니 여론에 밀려 쌀을 주었다 말았다 하는 시행착오가 거듭된다.

앞날을 위해 착수했던 고속철도는 3년이 넘게 노선 선정으로 허송세월하고 있고, 신공항 건설은 기본계획이 수없이 바뀌면서 언제 완공될지 예측조차 어렵다. 지하 가스관이 언제 터질지, 겉으로 멀쩡한 다리가 언제 무너질지 두려운 나날을 보내는 도시 생활이다. 분뇨를 상수원으로 흘려보내고 오존이 하늘을 덮으며 전국 교통이 꽉 막혀 있지만 서울시의 2000년대 청사진은 언제나 살기 좋은 쾌적한 분홍빛 서울이다. 잘못된 예측, 예측을 실현시킬 구체적 노력 없이 밝은 미래가 공짜로 오지는 않는다. 국회는 여야 간 힘겨루기로 개원도 못 한 휴업상태고, 국민건강을 책임진 약사와 한의사는 3년여 밥그릇 싸움에 열중이지만 정부의 조정능력은 바닥이 났다. 일부 산업현장은 여전히 노조 내부의 힘겨루기로 검은 전운(戰雲)이 시시각각 몰려오고 있다.

누가 내일을 위한 준비를 과연 하고 있는가.

(1996-06-14)

봄날은 간다

어째서 청와대 측근의 축재비리가 이번 총선에선 큰 영향을 미치지 못했을까. 북한에서 불어제친 북풍이 워낙 센 탓이었을까, 아니면 액수 큰 비리에만 익숙해져 몇억 원 정도 축재엔 국민 모두가 둔감해진 탓이었을까.

나는 장학로(張學魯) 씨 비리를 한 측근의 부정축재라는 미시적 관점이 아니라 우리 정치사회 전반에 걸친 새로운 행태의 정치 스타일, '의협 정치'의 폐단이라는 포괄적 입장에서 깊이 생각해야 할 문제라고 본다. 처음 장씨 축재비리가 터지자 청와대 쪽에서 "고생만 하다가 먹고살 만큼 되었는데…" 하는 장탄식이 나왔다. 20대 젊은 나이에 한 야당지도자를 만나면서 그의 인생은 오로지 한 분만을 모시며 살아왔다. 때로는 가택연금이고, 때로는 단식으로 군사독재의 탄압 대상 1호였던 지도자를 모시자면 그에게도 많은 어려움이 따랐을 것이다. 정식 결혼도 못 했고 축재란 더더욱 어려웠을 것이다. 자그마치 20여 년을 그렇게 살다가 꿈인지 생시인지 지도자가 집권을 했다. '야! 학로야!'에서 '장 실장님'으로 호칭도 바뀌고 알아주는 사람도 생겨 으스대고도 싶었을 것이다. 이러니 떡값도 받고 청탁도 해 거금을 모았지만 집안단속 잘못으로 들통났으니 그의 죄는 밉지만 인간적 연민은 남는다는 게 측근들의 비슷한 공감대일 것이다.

어디 장씨뿐이겠는가. 오로지 의리와 의협심만으로 지도자 한 분을 따른 사람이 좁게는 수십 명, 넓게는 수천 명에 이를 것이다. 이런 의협 집단을 중국역사에서는 유협(遊俠)·임협(任俠)이라 불렀다. 이들 집단의 대표적 성공 사례가 중국 최대의 국가를 세운 한(漢)고조 유방(劉邦)이다. 나쁘게 보면 거리의 건달이었고, 좋게 보면 의협심과 리더십을 갖춘 지도자였다. 이들 실업자들을 모아 유방이 집권을 했다. 실세들끼리 만나 파티도 하고 지난 역경을 토로하며 술에 취하면 상하 가릴 것 없이 왕년의 건달로 돌아갔다. 유방의 어깨를 잡고 '형님' 하며 외치질 않나, 툭하면 싸움이고 기둥에 칼을 날려 꽂기도 예사였다.

보다 못한 유생 숙손통(淑孫通)이 황제에게 간곡히 진언한다. 사적인 관계를 공적 관계로 바꿔야 하고 이를 위해선 법적·제도적 장치를 갖춰야 한다고 주장한다. 이를 경청한 유방은 차례로 한신(韓信)과 소하(蕭何) 같은 가신들을 제거해나간다. 군사정권 30년 세월에 우리 사회에는 너무나 많은 임협 집단을 양산했다. 운동권, 대학생, 재야인사, 통일세력에 각종 단체 그리고 사경(死境)을 넘나들며 험난한 역경을 헤쳐온 또 다른 야당 지도자와 그분을 모시는 막강한 사단급 임협 집단이 다음 집권을 위해 포진하고 있다. 앞으로 우리 정치는 한 맺힌 임협 집단 간의 피나는 정권투쟁밖에 볼 것이 없다는 암담한 심정이 든다.

우리가 경계하고 두려워하는 바는 한 가신의 부정축재에 국한되지 않는다. 2천 년 전 유방 집단에서 본 임협 집단 간의 투쟁과 갈등이 21세기 정보화 사회에서도 계속될 것이라는 정치현실이 우리를 절망케 한다. 이미 여야 가릴 것 없이 권력핵심에는 가신들이 자리 잡고 있고, 이번 총선에서 보았듯 전국 각지에서 임협 집단 간·운동권 간·재야인사 간 대결이 벌어졌다. 차이가 있다면 어느 지도자를 모셨느냐, 집권 임협이냐 미집권 임협이냐일 뿐이다.

유방 집단의 임협은 수백 년 통치로 가능한 개국공신이지만 지역 중심의 우리 현대판 임협은 5년 단위로 끝나는 단명의 가신세력이다. 따라서 국민은 5년 단위로 구 임협과 새 임협 간의 투쟁을 보면서 살아야 한다. 새 임협 집단이 집권하면 그중 누가 지도자와 가장 가까우며 그에게 어떻게 접근해 얼마의 돈을 은밀히 건네줘야 5년을 무사히 넘길까를 걱정하며 살아야 한다. 나는 평소 3김씨의 경륜과 지도력에 대해 외경에 가까운 존경을 보내는 사람이다. 그러나 이 3김씨가 정계에서 물러나야 할 가장 큰 이유는 한풀이 임협 집단 정치를 이번 한 번으로 끝내자는 데 있다.

현 정부는 30년 군사독재를 마감하는 민주화 이행기의 문민정부다. 독재와 투쟁했던 의협 집단의 역할은 이젠 끝났다. 군사독재에 항거했던 수많은 의협 집단의 정권 참여는 이번 한 회로 끝을 내고 정상적인 민주적 정권교체로 가자면 왕년의 임협들은 이젠 제각기 생업으로 돌아가 제 할 일을 해야 한다. 이 정권이 물러나면 투쟁의 전리품으로 우리 차례라고 믿는 구시대 임협 집단이 상존하는 한 우리의 민주정치는 영원히 오지 않을 것이다. 연분홍 치마가 봄바람에 휘날리지만 우리의 봄날은 속절없이 가고만 있지 않은가.

(1996-04-24)

세계화의 덫, 3김金의 덫

지금 우리는 두 개의 덫에 걸려 옴짝달싹 못 하고 있다. 국제통화기금 (IMF)이라는 '세계화의 덫'이 목을 누르고 '3김의 덫'이 발목을 잡고 있다. 나는 어젯밤 늦게까지 독일 「슈피겔지」 편집위원이었던 마르틴과 슈만이 쓴 『세계화의 덫』(강수돌 역)이라는 책을 읽고 이른 아침 조간신문에서 'JP 총리 인준 무산'이라는 3김시대의 족쇄를 확인하고 있다. 한 권의 책이 주는 정보량과 충격이 이토록 클 수 있나 할 만큼 『세계화의 덫』은 우리가 어떤 덫에 걸려 있나를 설득력 있게 알려준다.

지금 세계는 '20대 80의 사회'를 향해 질주하고 있다. 20%에 해당하는 나라들이 세계 전체 부와 무역량, 저축액의 80% 이상을 차지하고 있다. 20%의 지력(知力)이 80%의 일자리를 없애버린다. 노동의 종말이 현실화되고 있다.

20%의 부와 지력을 움직이는 세력이 누구인가. 국적도 없고 실체도 보이지 않으며 빛과 같이 움직이는 이윤사냥꾼이다. 전자장비로 무장된 군대처럼 24시간 내내 수익성 높은 곳을 찾아 온 지구를 몇 바퀴씩 찾아 헤매는 직업적 금융 투기꾼들이다. 스티브 트렌트, 헤지펀드를 이끄는 대표적 금융 사업가. 그는 백악관 건물을 장난감처럼 낮게 내려다보는 거대한 건물의 오벌 오피스에 앉아 한마디 지시로 수초 사이에 수십억 달러의 돈을 효율적으로 움직인다. 카리브해 연안의 케이맨 제도(諸島)에 무국적 금융기지가 5백 개 자리 잡고 세계의 돈을 요리한다.

범지구적 연결망을 통해 빛처럼 움직이며 단 1분 만에 1억 달러를 챙기는 무정부 금융꾼들에 의해 세계경제는 춤을 춘다는 사실을 이미 이 책은 1년 전 멕시코 사례를 들어 경고했다.

지금 세계는 이렇게 돌아가고 있고 이들 사냥꾼들이 쳐놓은 덫에 걸려 생살여탈권을 고스란히 내놓고 있으면서도 우리는 그것이 누구의 덫인지조차 모른 채 '네 탓' 타령만 하고 있다. IMF는 이들 사냥꾼들이 짓밟고 간 폐허를 정리하는 소방수일 뿐이다. IMF 체제가 주적(主敵)이 아니라 보이지 않는 국제금융전쟁이 우리의 전선이다. 재벌이 주적이 아니라 급변하는 국제경제 환경에 둔감했던 지도자 전문가들의 무지가 극복의 대상이다.

또 하나의 덫, '3김의 덫'이 무엇인가. 독주·독선·독재로 대표되는 구시대적 정치풍토를 청산하기 위해선 3김시대를 청산해야 한다고 주장한 게 한나라당이다. 나 자신도 그런 주장을 한 적이 있다. 기왕 3김 청산을 내세운 한나라당으로선 1김도 아닌 양김 정권을 내 발로 국회에 들어가 내 손으로 인정하기 어려운 딜레마에 빠진 것이다.

명분과 논리 면에서 총리인준 거부는 일관성이 있다고 볼 수 있다. 그러나 명분과 구호 때문에 헤어나지 못하는 진퇴양난의 덫이기도 하다. 국난위기 한가운데서 노동자가 불법파업하듯 국회등원을 거부하고 국정공백을 불렀으니 이 또한 구시대적 정치행태다. 3김시대 청산을 외치면서 두 달 만에 3김시대와 똑같이 무작정 반대를 밀고나갔으니 구시대와 다를 바 없다는 비난을 면키도 어렵다. 두 개의 덫에 걸린 우리는 무엇을 해야 할 것인가.

'세계화의 덫'을 벗어나자면 참여와 협력이 유일한 대안이라고 두 필자는 제시한다. 민주적이고 행동력 있는 새로운 유럽연합이 경제전쟁에서 살아남는 길이라고 주장한다. 우리에게 절실한 것도 참여와 협력이다. 자중지란(自中之亂)을 일으켜선 안 된다. 세계가 20대 80의 분할 구도로 치닫고 있고 금융사냥꾼들이 호시탐탐 먹이를 찾아 헤매는 판에 노사가 따로 없고 여야가 구별되지 않으며 재벌과 중소기업이 별도로 움직일 수 없다.

대기업·소기업으로 갈라 위협할 게 아니라 기업 모두를 전사로 무장하는 비상체제로 돌입해야 한다. 공리공담(空理空談)으로 세월을 허송할 여유가 우리에겐 없다. 3김의 덫에서 벗어나려면 '구호의 덫'에서 먼저 벗어나야 한다. 청산의 주적은 사람이 아니라 그 인물들이 만들어 낸 구시대적 행태임을 한나라당 대선후보가 일찍이 설파했다. 구시대 정치행태를 답습하면서 구시대 청산을 요구할 것이 아니라 참여와 협력으로 난국을 타개하는 새 풍토를 일궈내야 한다.

3김의 덫에서 벗어나야 세계화의 덫을 벗어나는 방안에 우리 모두가 몰두할 수 있다.

(1998-02-27)

빛바랜 두 편의 글

이름 석 자를 내걸고 신문에 정기적으로 글을 쓰는 일은 신문기자라는 직업에선 영광에 속한다. 영광만큼 고통이 따른다. 남을 비판할 때, 특히 정부나 정권책임자를 비판할 때 오는 부담감은 크다. 비판의 공정성·형평성을 생각해야 하고 사실 확인에 철저해야 한다. 이런 일련의 작업이 어렵다. 보다 솔직하게 고백한다면, 정치 상황과 연결돼 개인적으로 어떤 불이익을 받을지 모른다는 공포가 권위주의 정권시절을 살아온 나 같은 좀팽이 언론인에게는 언제나 도사리고 있다는 게 글쓰기의 더 큰 고통이다. 이런 고통을 극복하면서 그래도 뭔가 할 말을 해야 한다는 각오로 10년째 이 칼럼을 써오고 있지만, 능력, 자질, 용기 부족으로 글 쓰는 어려움과 고통에서 벗어난 적이 없다. 어렵사리 써놓고도 신문에 발표하지 못한 때도 더러 있다.

내 칼럼 스크랩에는 두 편의 미발표 글이 있다. 「대도무문(大道無門)」과 「김 이사의 사퇴」라는 제목의 글이 빛바랜 종이로 남아 있다. 두 편 모두 YS 정권 시절 쓴 글이다. 큰 길을 바르게 걷겠다는 김영삼 전 대통령의 상표가 '대도무문'이다. 그런 대통령이 어째서 자신의 대선 비자금 문제가 터지자 5·18 정국을 급조해 역사단죄의 죄인마저 골목길 선언을 하는 진풍경을 낳게 했는가를 힐난하는 글이었다. 역사적 심판은 단호해야지만 처벌은 법의 이성적 판단에 맡겨야 한다는 내용이었다. 「김 이사의 사퇴」는 96년 문화방송 사장 선임권을 지닌 방송문화진흥회의 한 이사가 사퇴한 경위를 적은 내용이다. 그해 3월 임기가 끝나는 문화방송 사장직은 총선을 앞둔 시점에서 방송사 역할이 매우 크다는 점을 인식해 청와대 쪽에서 현직 사장의 연임을 밀고 있다는 소문이 쫙 갈려 있을 때였다.

방송노조는 연임의 경우 파업을 경고했다. 사장 선임은 우여곡절을 겪으면서 소문의 방향대로 가고 있었다. 2차 투표 날 두 명의 김 이사는 문화방송 파국을 눈앞에 보면서 사장 연임을 위한 투표를 할 수 없다고 퇴장해버렸다. 투표 결과는 소문대로 한 표의 오차 없이 끝나버렸다. 그리고 문화방송의 장기파업은 시작됐다. 문민정부의 방송 언론 정책이 이럴 수 있는가를 묻는 글이었다.

대통령 스스로 지시를 내려 방송사 사장 선임에 개입하거나 정부에 비판적인 글을 쓰는 언론인의 자리를 바꾸게 하는 짓을 결코 하지는 않았을 것이다. 윗분의 뜻을 거슬리지 않게 하기 위해 밑에서 용의주도하게 알아서 처리한 결과 언론 스스로 통제하게끔 언론을 길들이는 것이다. 이런 글은 싣고 저런 글은 싣지 못하게 하는 군사정권 시절의 언론검열이 아니라 언론 스스로 통제하게끔 유·무형 압박을 요로에 가하는 행태였다고 생각한다. 엊그제 김 전 대통령이 성묫길에서 이런 발언을 했다. "가장 소중한 것은 언론자유다. 독재 시절 23일간 단식할 때 6개 항의 요구사항 중 첫째가 언론자유였다. 그러나 오늘날은 정부가 언론을 통제하고 있다. 인권이 공공연하게 탄압되고 있다. 고문이 자행되고 있다. 전화가 도청돼 전화로 얘기할 자유도 없다. 이것이 김대중 정권, 즉 독재자가 하는 일이다." DJ 정부의 언론·인권·고문·도청의 실상을 YS 시절과 대비할 명백한 자료는 없다.

그러나 확실한 점은, 적어도 YS가 DJ를 겨냥해 인권과 언론자유를 내걸고 그를 독재자로 몰 자격은 없다는 것이다. 지난 한 해 IMF 관리체제라는 국난을 겪으면서 대통령은 1년간 언론의 협조를 요구한 적이 있다. 또 취임 1년간은 봐준다는 언론계 관행 탓으로 정부 비판을 자제

해온 게 일반적 추세다. 그럼에도 비판의 날을 감추지 않은 언론과 논객도 있었다. '문민독재'라는 말이 돌 정도의 당시 언론 상황과 비교하면 아직은 양호한 형편이랄까. 그러나 들리는 소문으로는 정권 쪽에서 누구를 방송사 사장으로 밀고 누구를 현직에서 바꿨다는 소문도 들리고 있다. 여기에 장차 국정홍보처가 신설되고 총선을 앞둔 시점에 다가서면 어떤 형태로 언론을 통제하려들지 예측하기 어렵다.

권력을 잡았을 때는 방송사 사상 선임에노 개입하고 갖은 외압을 넣다가도 권력을 놓고 세 불리하면 언론자유를 외쳐서는 어린이 교육에도 정말 나쁜 영향을 미친다. 언론자유란 쟁취하는 것이지 공으로 받는 게 아니다. 교묘한 외압을 통해 언론의 힘을 빼온 문민정부 이래의 언론 통제수법은 이제 사라져야 한다. YS 정권을 반면교사(反面敎師)로 삼아 언론인의 글이 빛바랜 종이로 남지 않도록 DJ 정권도 깊이 유의해야 할 대목이다.

(1999-04-09)

좀 떳떳하게 살자

우리는 너무 잘 잊고 산다. 여권이 작성했다는 언론장악 문건이 폭로되고 언론사 일제 세무조사가 진행 중인 지금의 상황이 불과 1년 반 전과 크게 다를 바 없는데도 우리는 당시 상황을 까맣게 잊고 산다.

1999년 9월 27일이었다. 오후 7시 30분쯤, 「중앙일보」 편집국에는 3백여 명의 기자들이 모여 결의를 했다. 「중앙일보」 홍석현 사장 수사를 현 정권의 일부세력이 주도한 언론장악 음모라고 보고 '언론장악 음모 분쇄 비상대책위원회'를 출범했다. 정권의 모든 압력 분쇄 선언, 엄정한 검찰수사 촉구, 정권의 인사 지면간섭 중단 요구, 과거의 일부 편파보도에 대한 자체 반성 등을 하고 국세청 조사가 인신비방과 부풀리기에 주력한 사실에 주목하면서 언론과 시민단체가 사태의 본질을 직시하기를 호소했다.

뒤이어 다음 달 이른바 「문일현 보고서」라는 언론장악 문건이 드러났다. 정권 장악을 위해서는 언론개혁을 해야 하고 그중 「중앙일보」 세무조사를 통해 다른 언론사를 압박하라는 요지의 건의서를 문일현 전 기자가 여권 실세에 전한 내용이었다. 당시 세무조사와 언론문건의 연관성을 밝히기 위해 국정조사까지 실시했지만 그 결과는 흐지부지됐고 지금껏 실상은 밝혀지지 않고 있다.

중앙사태 발생 후 나는 순망치한(脣亡齒寒)의 언론연대를 제안했었다. 입술이 망가지면 잇몸이 시리다, 중앙사태는 한 신문사만이 아닌 언론사 전체의 탄압일 수 있으니 연대해 맞서야 한다고 했다. 그러나 타 언론사들의 반응은 너무나 차가웠다. 탄압은 무슨 탄압, 너희가 무슨 탄압을 받았다고 자유언론을 외치느냐는 냉소적 대응이었다. 그때 순망치한론을 압도한 것이 양호유환론(養虎遺患論)이었다. 호랑이를 길러 화를 남기기보다는 나의 적이 호랑이에 먹혀 가기를 바란다는 수수방관 자세였다. 언론사 간 죽기 살기 식 경쟁풍토의 한 단면이었다.

1년 반이 지난 지금 상황은 어떤가. 어느 신문사는 크게 당할 것이고 어느 신문사는 지난번에 당했으니 피해가 적을 것이라느니, 어느 사주(社主)는 손볼 것이고 어느 사주는 무사할 것이라느니 뒷소문이 무성하다. 아직도 양호유환론에서 크게 벗어나지 못한 채 누가 먹고 먹히는 싸움이냐는 치졸한 수준의 뒷공론밖에 나오질 않고 있다. 그때나 지금이나 언론개혁과 세무조사를 정치적 음모라고 단정할 어떤 확실한 증거도 없다. 다만 돌아가는 정황이 당시와 흡사하니 그런 시각에서 사태 추이를 예의 주시할 필요가 있다. 그러나 중요한 사실은 언론개혁이라는 원론적인 입장에서 개혁의 당위성을 정면으로 반대할 자격과 명분을 갖추고 있느냐는 여론의 항변에 언론사 스스로 경청할 대목이 분명 있다는 점이다. 당시와 차이가 있다면 바로 이 점이다. 언론장악을 위한 정치적 음모라는 아직은 불분명한 시각과 그래도 언론개혁은 해야 한다는 당위성 앞에서 언론사들은 '언론개혁＝정치탄압'이라고 주장할 만큼 떳떳한지를 깊이 되새겨볼 필요가 있는 것이다.

「중앙일보」 간부들은 추석 때면 일선 신문보급소를 찾아 배달원들의 노고를 위로하고 일선 판매현장의 실태를 살펴보는 기회를 갖는다. 비가 오나 눈이 오나 새벽 4시만 되면 신문을 돌리기 시작하는 그들에 대한 고마움과 함께 열악한 근무환경, 경쟁사 간의 피나는 판매전쟁 등을 보고 들으면서 그때마다 나는 부끄러움을 안은 채 돌아서곤 했다. 고담준론(高談峻論)으로 천하대세를 논하는 기자들의 세상과 그들이 제작한 신문판매의 현장과는 너무나 엄청난 괴리감을 느꼈다. 발은 진흙탕에 담은 채 머리와 입만 살아 있다는 공허감이 들기도 했다.

국민과 독자들이 요구하는 언론개혁은 바로 여기서부터 시작될 것이다. 과당 판매경쟁, 무한정 무가지 돌리기 그리고 불투명한 경영… 이런 것들이 거부할 수 없는 언론개혁의 당면과제일 것이다. 순망치한론이 별게 아니다. 신문이 연대해서 개혁을 선도하자는 것이다. 양호유환론으로 누가 득 보고 손해 볼 것이냐는 잔머리를 굴리기 전에, 언론사끼리 연대해 무엇을 고치고 무엇을 하지 말 것인지를 공동으로 선언하고 개혁하는 것이 정치적 음모 자체를 분쇄하는 길이라고 본다.

먼저 스스로 흙탕물에 담긴 발을 빼고 맑고 밝은 언론환경에서 신문을 제작하고 판매한다면 정권의 언론장악 음모가 설령 있다 한들 한 치의 틈새도 찾을 수가 없을 것이다. 어느 한 신문만의 노력으로는 불가능하다. 순망치한의 연대가 필요하다. 좀 솔직하게, 좀 더 떳떳하게 살기 위해 언론 스스로 개혁에 앞장서자. 그게 권력의 언론장악 유혹을 근원적으로 차단하는 길 아니겠는가.

(2001-03-02)

치세治世를 배우자

"1795년 윤2월 9일 묘정(卯正) 3각(6시 45분경), 세 번째 북이 울리자 왕은 융복을 입고 모자에 깃을 꽂고 가마를 타고 돈화문까지 나와서 자궁(慈宮, 어머니)을 기다렸다. 자궁은 영춘문, 천오문, 진선문을 거쳐 돈화문으로 나왔다. 왕은 자궁과 인사를 나누는 의식을 치른 뒤 말을 타고 출발했다." 서울대 한영우(韓永愚) 교수가 쓴 『정조의 화성행차 그 8일』은 이렇게 시작한다. 화성(華城, 지금의 수원)이라는 신도시를 건설한 정조는 어머니 혜경궁과 아버지 사도세자의 회갑을 맞이해 화성과 현릉원에 다녀온 뒤 「원행을묘정리의궤」(園幸乙卯整理儀軌)라는 행차 보고서를 만든다.

이를 한 교수가 현대식으로 재구성한 것이 이 책자다. 의궤(儀軌)란 요즘 식 일종의 애니메이션이다. 왕을 수행했던 인원 1천7백79명의 인물과 7백79필의 말까지 생동감 있게 빠짐없이 그림으로 그리고 중요 인물의 이름까지 기록하고 있다. 매끼 제공된 식사 내용과 그릇 숫자까지 적혀 있다. 나는 이 책을 읽으면서 참으로 오랜만에 행복한 역사의 상상력 여행을 즐기는 기회를 가졌다. 저자는 행차 길목마다 오늘의 시가지와 대비시켜 과거와 현재를 오가는 상상력을 자극한다. 한 편의 소설 같은 이 역사기록은 역사의 대중화와 아울러 우리에게도 이처럼 편안했던 치세의 역사가 있었음을 일깨우는 또 다른 감회를 준다.

일치일난(一治一亂)이라 했다. 평화로운 치세(治世)와 환란의 난세(亂世)가 순환하는 것이 역사라고 보는 관점이다. 개인사든 가족사든 국가사든 일치일난은 주기적으로 반복된다. 그러나 각박하고 고달픈 현대사를 허겁지겁 달려온 우리에게 평화의 시대, 행복한 나날이 언제 있었던가. 고달픈 지난해를 보내고 새해를 맞는 오늘, 난세의 시대가 가고 치세의 평화로운 시대가 열리기를 기대하는 마음은 나 혼자만의 바람은 아닐 것이다.

무엇이 치세의 역사인가. 화합과 사랑이 충만한 정치다. 정치지도자에게 있어 화합과 사랑의 정신은 한 시대를 치세와 난세 중 어디로 이끌지를 판가름하는 중요한 덕목이 된다. 정조를 보자. 아버지 사도세자는 당시 정치의 고질적 화근이었던 당쟁에 휘말려 뒤주 속에서 생죽음을 당한 대표적 정치 희생물이었다. 억장이 무너질 천륜의 한을 그는 결코 정치보복으로 대응하지 않았다. 천하의 인재를 규장각에 모아 지혜의 보고로 삼았고 학맥·인맥·지맥을 떠난 고른 인재등용으로 당파를 멀리했다. 원한보다 애민(愛民)의 정치를 택했고 보복보다는 화합을 중시했다.

그러나 우리의 현대사는 어떠했는가. 일난(一亂)에 일난을 거듭한 나날이었다. 권위주의 시대가 지나면 또 다른 폭압정권, 보통사람의 시대에 문민시대가 열린다 했지만 5년 단위 혁명과 압박으로 지낸 난세의 연속이었다. 역사는 계속될 뿐이다. 어제의 역사가 오늘의 역사고 오늘의 치세가 내일의 발전을 낳는다는 평범한 진리를 외면한 채 우리 정치지도자는 치세의 화합보다는 난세의 영웅이 되기를 얼마나 갈망했던가. 난세의 지도자는 정치의 투명성과 공개성을 거부한다. 기록을 남기지 않는다. 자신의 족적을 지우기에 급급하다. 치적의 역사가 아니고 난세의 족적밖에 없기 때문이다.

정조를 보라. 그는 기록을 통해 정치의 투명성과 공개성을 확보하려 했다. 음모의 정치를 배제하고 토론의 정치와 투명한 정치경영을 폈다. 기업의 공개성과 투명성이 정확한 재무제표에 있듯 정치의 투명성도 기록문화의 정확성에 달려 있다. 치세의 정치는 정치의 투명성과 직결된다. 내각제를 위한 이면합의나 이를 둘러싼 선문답식의 음모성 정치 대화, 총풍·세풍·사정풍으로 점철되는 돌개바람식 정치는 결코 치세의 정치가 아니다. 국민은 이젠 난세의 영웅을 기대하지 않는다. 치세의 화합과 사랑의 정치를 갈망한다. 조잡하기 짝이 없는 TV 연속사극이 난세의 역사를 충동질하고 난세의 영웅을 미화시킨다. 마치 우리 역사엔 치세의 정치가 없고 난세의 정치만 존재한 듯 착각케 한다. 이 때문인가. 오늘의 정치에는 치세의 화합 정치지도자는 사라지고 난세의 영웅들만이 살아남아 음모의 정치판을 벌이고 있다. 혼란과 갈등을 조장할지 모를 내각제를 거론하고 약속 준수를 외쳐댄다. 정권 교체 때마다 5년 단위 혁명을 내걸고 국민을 불안케 한다.

우리의 정치가들은 치세의 정치보다는 난세의 정치에 너무 익숙해 있다. 이제 일난의 시대를 거두고 일치의 시대로 가야 한다. 이를 위해 정조를 배우고 치세의 정치를 만들어내자. 난세의 시대를 벗어나 치세의 정조 르네상스를 재현하는 희망을 새해에 걸어보자.

(1999-01-01)

문제를 주의로 푸나

1919~20년은 중국 현대사의 분수령이다. 19년에 5·4 운동이 일어나고 이듬해 중국공산당이 결성되는 질풍노도의 시대다. 당시 5·4 운동을 주도했던 사상적 주역이 후스(胡適)였고 공산당 결성을 주도한 게 리다자오(李大釗)다. 둘 다 베이징대 교수였고 당시 중국 지식인 사회를 주도했던 거물들이다.

이들 간에 중국 공산당 역사에 남을 '문제와 주의(主義)' 논쟁이 벌어진다. 진보와 보수, 민주주의와 공산주의로 갈등과 반목을 빚던 이념과잉의 지식풍토에서 먼저 문제를 제기한 게 후스였다. 후스는 "더 많은 문제를 제기하고 더 적게 주의를 말하자(多研究些問題 少談些主義)"는 슬로건을 내건다. 지식인의 정력을 비현실적이고 귀에만 즐거운 주의 논쟁에 쏟을 게 아니라 실제적 사회문제 연구에 써야 한다는 주장이다. 자동차와 인력거는 수송수단으로써 비교가 되질 않는다. 그런데도 자동차 연구보다 인력거꾼의 노임 문제에만 매달려 있다는 게 그의 비유다. 이에 리다자오는, 사회문제 해결은 다수민중의 공동운동에 달려 있어 문제와 주의를 분리할 수 없다고 반격했다. 민중 개인의 문제를 사회 전체의 문제로 연관 짓기 위해선 그들의 자각심을 일깨울 필요성이 시급하다. 주의란 민중에게 사회문제를 이해하고 해결해주기 위한 이상과 방향을 제공하는 틀이라는 주장이다.

이 논쟁은 중국 지식인 사회를 양분하면서 한 해가 가도록 계속됐지만 결론은 나지 않은 채 서로 제 갈 길을 가고 만다. 지금 우리 사회는 어떤가. 개혁과 반개혁, 진보와 보수라는 패싸움이 시작된 지 꽤 오래고 각계 원로와 지성인은 줄이어 적과 동지의 이분법적 대결과 반목이

나라를 혼란에 빠뜨린다고 경고하고 있다. 21세기 초입에서 어떻게 우리 사회는 1세기 전 중국사회의 '문제와 주의' 논쟁을 닮아가면서 반세기 전 좌우대립의 양상을 띠는 낡은 지식 풍토에서 벗어나지 못하는가. 나는 여기에 '함정'과 '오해'라는 두 요인이 있다고 본다. 모두 자신도 모르게 '문제와 주의'라는 함정에 빠져 있으면서 그것이 함정인 줄 모르고 있다는 점이다. '오해'란 평등주의를 주장하면 진보고 이를 반대하면 보수로 모는 잘못된 지적 풍토를 말한다.

우리 시대에서 진보와 보수를 가름하는 가장 중요한 기준은 미래지향적이냐 과거회귀적이냐에 있다고 생각한다. 그런데도 낡은 좌우 이념논쟁의 틀 속에서 평등주의만 주장하면 진보라 생각하고 또 이를 용인하는 오해가 이념갈등과 혼란을 부추기는 구체적 요인이라고 본다. 진보든 보수든, 좌든 우든, 여든 야든 후스의 주장처럼 문제 해결의 접근이 아니라 이념과잉의 접근 때문에 문제는 풀리지 않고 갈등만 조성된다고 본다. 또 미래지향적이질 않고 과거회귀적 잣대로 문제를 재단하기 때문에 갈등 반목이 증폭된다.

사립학교 재단의 전횡이 문제라면 이를 막을 제도적 장치를 마련해야 하는데, 학교란 공적 존재이니 교사가 장악해야 한다는 인민주의로 접근한다. 약화(藥禍)가 문제라면 약의 오남용을 막을 장치를 강구하기 앞서 의약분업과 국민개(皆)보험이란 평등주의로 접근한다. 소유와 경영, 경영과 편집의 제도적 분리장치를 모색하고 또 그런 방향으로 가는데도 불구하고 보수언론의 개혁을 위해선 소유상한제 도입을 들고 나온다.

문제로 접근하지 않고 주의로 바람을 일으킨다. 자본주의사회에서도 저소득층 보호를 위한 사회안전망 정책은 불가피하다. 그러나 이런 정책만 나오면 야당은 '사회주의적'이라고 반대하며 색깔논쟁을 벌인다. 남북 간 군사대결을 완화하고 화해협력의 남북시대를 열자면 햇볕정책 이외의 해법이 별로 없다. 이 정책을 지지하면 통일·진보세력이고 반대하면 반통일·보수반동이다. 대북정책의 공론화와 제도화에 문제제기를 하면 왜 왔다갔다 하는 회색분자냐고 질타한다. 서로가 낡은 장부를 뒤적이며 적과 동지를 양분할 뿐이지 문제해결은 뒷전이다. 교육 경쟁력이 국가 경쟁력이라면 미래지향적 제도를 다양하게 도입해야 한다. 의료재정이 수십조 원씩 펑크가 나면 최소한은 의료재정으로, 나머지는 사보험 도입으로 해결하는 방안도 모색해야 한다.

미래지향적 문제해결 아닌 과거회귀적 평등주의만 외치다간 언제 침몰할지 모를 위기의 나날을 우리가 보내고 있지 않는가. 그런데도 어찌하여 과거회귀적 평등주의를 스스로 진보라 자처하고 이를 반대하는 미래지향적 접근방식을 수구반동으로 몰 수 있는가. 사회문제를 과거회귀적 이념과 주의로는 결코 풀 수 없다.

(2001-08-17)

위기는 기회다

로마의 폭군 네로가 사망했을 때 역사가 타키투스는 열 살이었다. 그는 두 권의 로마사를 후세에 남겼다. 한 권은 그가 태어나기 40년 전부터 10대까지의 역사를 다룬 『연대기(*Annales*)』고 또 한 권은 네로의 죽음 이후 혼돈기 30년의 로마 목격기를 적은 『역사(*Historiae*)』다. '연대기'가 그의 가까운 과거를 재생한 기록이라면 '역사'는 동시대의 증언이다.

누구나 그렇듯 역사가 타키투스도 과거에는 비교적 너그럽고 현재에는 지나치게 가혹한 평가를 내리고 있다. 그는 그의 시대를 이렇게 혹평하고 있다. "내가 이제부터 서술하고자 하는 것은 고뇌와 비탄으로 가득 찬 시대의 이야기다. 적과의 참혹한 전쟁, 동포 사이의 불화와 반목, 황제가 넷이나 비명에 죽고 로마 시민끼리 전투를 벌인 것도 세 차례나 된다… 신들의 뜻이 로마인에 대한 징벌에 있다는 사실이 조짐을 통해 그처럼 명확히 드러난 시대도 없었다."(시오노 나나미, 『로마인 이야기』 제8권 『위기와 극복』에서)

그러나 시오노 나나미는 타키투스의 이런 평가에 대해 '노'라고 강하게 부정한다. 타키투스 시대는 분명 혼란기였지만 그 혼란 속에서도 위기 극복에 노력한 황제가 있었고 융성기라 할 5현제(賢帝)시대도 숱한 전란과 혼란이 있었다. 중요한 것은 혼란과 위기 자체가 아니라 혼란과 위기를 기회로 삼아 극복하는 지도자와 시민의 능력이 국가와 제국을 더 강건히 떠받드는 힘이 된다는 것이다. 로마인의 역사는 '위기와 극복의 역사'라는 게 시오노 나나미의 주장이다.

우리의 지난 반세기 역사 또한 혼란과 위기의 역사였다. 4·19, 5·16, 12·12, 5·18, 6·29, 마치 난수표처럼 얽힌 갈등과 혼란의 연속이었다. 한 대통령이 망명길에 오르고 한 대통령이 암살당하고 두 명의 대통령이 감옥에 가는, 타키투스의 표현대로 '고뇌와 비탄'의 시대였다. 군사독재가 사라졌나 하면 문민독재, 개혁독재가 준동하고 임기 말만 되면 온갖 비리가 터져 나오면서 새로운 권력 암투가 또 다른 독재를 향해 꿈틀대는 혼란과 격동의 시대를 살았다.

그렇다면 우리의 지난 30년, 40년은 고뇌와 비탄으로 가득 찬 징벌의 역사인가. 그렇지 않다. 나는 타키투스식 비관보다는 시오노 나나미시 낙관론이 더 좋다. 지난날의 과거, 우리의 과거를 고뇌와 비탄으로 만 보는 비관론보다는 위기와 극복의 역사로 보는 낙관론이 국민건강 을 위해서나 국가발전을 위해 더 바람직하다.

역사란 일치일란(一治一亂)의 순환이다. 혼란을 안정으로 되돌리는 역사의 힘, 국민의 힘이 우리에게 있다고 믿기에 낙관은 막연한 희망 사항 아닌 우리의 실체라고 본다. 독재를 민주로 바꾼 6월항쟁의 시민 저력, 환란 위기를 극복할 줄 아는 국민적 힘이 왕성하게 살아 있기에 낙관할 수 있다.

지금도 위기다. DJ의 남은 임기 1년을 어떻게 보내느냐에 따라 위기 와 기회의 갈림길이 된다. 그러나 나는 위기가 기회로 이어질 징후를 예감하고 있다. 기왕 로마사를 말한 김에 한 발 더 나아가면 로마제국 황제에는 두 유형이 있다. 하나는 제왕적 통치자로 군림하는 '황제'(임 페라토르)가 있고 또 하나는 시민 중 No.1으로 행정에 몰두하는 '제1인 자'(프린켑스)다. 성공한 황제는 프린켑스형이고 실패한 황제는 대체로 임페라토르형이다. 우리의 제왕적 대통령이 당 총재직을 버렸다는 것 은 시민 중 1인자로 스스로 변신한 본보기로 꼽고 싶다.

위기를 기회로 볼 징후는 또 있다. 막강 야당 한나라당이 교원 정년 연장을 스스로 포기한 일이다. 다수당의 힘을 스스로 자제하며 힘의 횡 포를 거둬들인 일이다. 체면이 구겨지고 무안한 면도 없지 않았겠지만 여론에 귀 기울이고 미래지향적 교육을 위해 합리적 결정을 내린 이 또한 1인자적 선택이다.

정부가 최근 국무회의에서 결정한 두 가지 사안 또한 위기를 기회로 볼 중대한 근거다. 쌀 수매가를 동결하고 적자가 눈덩이처럼 쌓인 철도 청을 민영화하기 위한 전 단계로 공사를 설립한다는 결정이다. 임기 말

정권치고 말썽 많고 골치 아픈 문제를 해결하려들지 않는 게 역대 정권의 관행이었다. 농민과 노조 측의 반대가 불 보듯 뻔하고 다음 선거에서 크게 표를 잃을 텐데도 해야 할 일이라면 한다는 이 두 결정은 위기를 기회로 삼겠다는 강한 의지의 표현이라고 믿고 싶다.

앞으로 남은 1년, 이 한 해가 우리의 10년, 1백 년 장래를 좌우한다는 비장한 각오가 필요하다. 대통령, 정치인, 관료, 우리 모두 애국심을 갖고 위기를 기회로 만들어내자.

(2001-12-07)

대통령의 아들들

월간 종합지인 「신동아」와 「월간조선」이 최근호에서 전·현직 대통령 아들과 관련된 흥미로운 기사를 싣고 있다. 「신동아」는 '문민정부의 황태자'라는 김현철 씨를 직접 인터뷰했고, 「월간조선」은 박정훈 전 민주당 의원의 부인인 김재옥 씨를 통해 "김우중 회장이 보낸 돈을 보관했다가 김홍일 의원에게 전달했다"는 충격적인 폭로를 하고 있다. 이 두 편의 글을 읽으면서 참으로 착잡하고 부끄러운 심정을 함께 느껴야만 했다.

21세기의 세계화시대에 우리는 어째서 대통령도 아닌 대통령의 아들 문제로 한 세상을 보내야만 하는가. 이미 5년 전 나라가 떠들썩할 만큼 황태자 몸살을 겪었으면 그것으로 족할 일인데, 언필칭 문민, 민주정부시대라면서 대통령의 아들들 때문에 대를 이어 이 나라가 어지럽고 혼란스러워야 하는가. 생각할수록 한심하다는 자괴감(自愧感)이 든다. 군사정권도 아닌 민주정권하에서 어떻게 대통령의 아들이 정치

쟁점의 초점이 되는지는 우리의 지난 슬픈 정치사가 말해준다. 막강한 군사정권과 대항해 싸우려면 국민적 지지를 받는 카리스마적 민주투사가 필요했다. 엄혹한 군사정권의 탄압 아래서 이들 지도자의 행동반경은 좁았고 아들들이 핵심 동지와 더불어 비밀요원처럼 아버지 지도자를 도왔을 것이다.

현철 씨가 인정하듯 아들 아닌 동지로서, 홍일 씨가 부인하지 않듯 늦은 밤 사과상자의 돈을 은밀히 옮기는 일을 거들었을 것이다. 카리스마적 민주투사들이 번갈아 제왕적 대통령이 되면서 동지들은 가신으로, 아들들은 가장 가까운 막료 또는 어드바이저로서 정권에 참여했을 것이다. 평범한 대통령과 아들의 관계가 아닌 투사와 동지로서의 특수한 관계였다는 점에서 이해하고 넘어가야 할 대목이 있다.

그러나 이런 형편을 감안하고서도 이해 못 할 대목이 있다. "1997년 5월 15일 검찰조사를 받으러 가던 날 아침 아버님이 전화로 '미안하다. 내가 아무런 힘이 없다'고 하셨습니다. 아버지의 심정이 사도세자를 뒤주에 넣어 죽이는 영조와 비슷하지 않았겠습니까." 현철 씨의 회고다.

영조와 사도세자, YS와 현철을 동일선상에 보는 이런 전근대적 발상이 아직도 젊은 정치 지망생에게 남아 있다는 사실이 우리를 슬프게 한다. 현철 씨가 곳곳에서 강조하고 있듯 그는 아무런 죄가 없었는데 모함에 빠져 정치적 희생양이 돼 사도세자처럼 희생됐다는 이 대목을 어떻게 봐야 할 것인가. 여러 사정을 감안하고라도 '권력의 가족화' 현상이 이미 생겨나 있음을 뜻한다. 아버지 대통령의 권력이 아들에게, 가족에게 흘러들어가고 있다는 권력 사유화현상의 일단이 엿보인다. 그는 97년 당시 한보사건에서는 무혐의 처분을 받았지만 정치자금 수수와 관련해 특가법상 알선수재와 조세포탈이라는 죄로 구속·복역·

사면·복권을 거쳤다. 그는 이런 죄를 모두 부인하고 검찰의 위상 제고를 위한 희생양이었다고 강변하고 있다. 그렇다면 당시 인사 개입과 권력 농단으로 그를 매도했던 언론이나 재판부 그리고 국민들은 모두 허깨비에 씌어 그를 사도세자처럼 뒤주에 가둔 것인가. 아니면 권력 농단 자체를 그는 민주시대의 범죄로 보지 못한 탓인가.

'돈 냄새 진동'을 폭로한 아내에 뒤이어 남편이 나서서 사과 박스는 3개뿐이었고 액수는 많아야 8억 정도라고 축소 수정 발표를 했다. 액수가 작아지고 자진 납부라 해서 행위 자체가 정당화되진 않을 것이다. 정치자금에 자유롭지 못한 시대의 공소시효가 지난 일을 왜 다시 들추느냐고 할 수도 있다. 대통령의 아들이라는 이유만으로 그의 지난 행적을 캐자는 것이 아니다. 우리가 우려하고 두려워하는 것은 더 이상 이런 잘못이, 더 이상 권력의 가족화, 사유화 현상이 일어나지 않도록 하기 위해 이를 고발하고 경계하자는 것이다.

대통령 가족의 프라이버시를 보호해야 한다는 현철 씨 주장은 옳다. 그러나 개인적 사생활을 뛰어넘는 국정 개입과 농단의 흔적이 보이기 때문에 이를 경계하는 것이고 권력의 가족화 현상이 정권이 바뀔 때마다 엿보이기 때문에 이를 차단하자는 것이다.

영국 총리 부인이 아들 숙제를 위해 관련 공무원에게 전화했다는 사실 하나만으로 지구의 반 바퀴를 돌아 우리에게까지 화제가 되는 세계화시대다. '대통령학'보다 '대통령 아들학'이 더 절실하게 필요한 우리 시대의 정치풍토를 끝장내기 위해선 대통령 아들들이여, 제발 정치와 이권에서 손 좀 떼도록 해라. 더 이상 국민을 부끄럽게 하지 말라.

(2001-12-21)

역사에 공짜는 없다

왜 한국은 종래의 한·미·일 동맹 체제에서 이탈해 친중·친북 성향으로 가고 있는가. 지난해 여름 일본에서 한·일 포럼이 열렸을 때 일본 측 외교관 출신 교수가 진지한 표정으로 내게 물었다. 나는 그때의 답변과 추후 생각을 종합해 이 질문을 이렇게 정리하고 싶다.

일본의 정치세력 중에도 대륙지향 세력이 있고 해양지향 세력이 있듯 한국에도 비슷한 양상이 있다. 조선조 내내 대륙지향 세력이 주도권을 차지하다가 말기에 오면서 개화파 일부가 친일 해양세력으로 등장하고 이후 친일파가 일본 군국주의의 앞잡이가 되면서 친일 해양세력은 국권을 내놓는 대역죄인이 되어버렸다. 그 후 친일은 금기시되고 사어(死語)가 되다시피 했다.

건국 대통령 우남 이승만에 대한 평가가 여러 갈래겠지만 나는 한국 최초의 해양세력 집권이라는 의미를 부여하고 싶다. 낯선 민주주의와 자본주의라는 미국식 제도와 이데올로기를 어렵사리 도입했기에 우리의 존재가 오늘날 이렇듯 부상할 수 있었다고 보기 때문이다. 우남은 반공·반일을 정치 깃발로 내세웠지만 집권 시스템엔 일본식 교육을 받은 당시 엘리트들을 대거 기용했다. 박정희 집권 이후 일본식 교육을 받은 김정렴 대통령 비서실장이나 미국식 교육을 받은 남덕우 부총리 등 해양세력이 테크노크라트로 중용됨으로써 조국 근대화의 첨병 역할을 했다. 당시엔 미국 박사학위 소지자면 귀국과 동시에 큰 자리를 차지할 만큼 대접이 융숭했다. 한·일협정 후 마산 수출단지가 생기고 포항 울산에 대규모 산업화 시설이 들어서면서 수출 주도의 해양 진출이 국부의 원천이 되었다.

분단과 6·25 전쟁으로 친북·친중 세력은 발을 붙일 수 없을 만큼 철저히 차단되고 범죄시됐다. 대륙지향은 이념적 금기 대상이었고 육체적 이동도 불가능했다. 중국은 반드시 '중공(中共)'으로 표기해야 했고 북한은 '북괴(北傀)'여야 했다. 전두환 정권에선 더더욱 미국 유학파가 득세했다. 이승만에서 전두환까지 친일·친미적 해양 유학파가 관료 시스템의 핵심이었고 견인차였으며 기득권 세력으로 자리 잡았다.

세 정권의 공통 수식어가 독재다. 독재정권의 핵심 기득권 세력이 친일·친미 해양세력이고, 특히 전두환 정권에 항거했던 민주화 세력의 전사(戰士)라 할 386 세대 입장에선 '독재 척결＝기득권 해양 친일·친미세력 박멸'이라는 연상법이 가능했을 것이다. 그러니 과거사 진상규명에 정부가 예산과 인력을 투입해 진력한다고 볼 수 있다.

실제로 1970년 말부터 80년대, 『전환시대의 논리』를 필두로 중국을 알자는 바람이 유행처럼 대학가와 지식인 사회를 풍미했다. 마오이즘과 북한 바로 알기에 이어 급기야 주사파, NL파, PD파 등 친중·친북 바람이 독재정권 타도의 이념적 기제로 변조되기 시작했다. 특히 광주항쟁에서의 미국 역할에 대한 잠재된 의혹이 의정부 여중생 미군 장갑차 사고사를 도화선으로 재점화되면서 대선 국면은 386적 분위기로 기울었다.

민주화 정권 3기 중 DJ 정권과 노무현 정권의 등장은 기득권 해양세력의 몰락이면서 동시에 친중·친북적 대륙지향 세력의 전면 부상이라고 볼 수 있다. 햇볕정책, 6·15 정상회담, 대륙 관통 꿈의 레일로드, 과거사 진상규명, 동북아 균형자론, 자주 국방, 전시작전통제권 환수 같은 움직임은 전형적 대륙지향 사상의 표출이 아니겠는가. 이런 시대적 흐름 속에서 본다면 노무현 정권은 평지돌출도 아니고, 국민의 일시적 잘못된 선택도 아니다. 피해 갈 수 없는 역사의 결과물이다. 역사란 시대의 산물이다. 공짜가 없다. 인과응보다. 그들의 시대엔 그들의 사고와 정책이 정당하다고 확신했고 그들의 시대적 과제가 대륙지향이라고 믿었기에 한·미·일 체제에서 벗어나 친중·친북 성향으로 간 것이 아니겠는가.

동원그룹 김재철 회장 집무실엔 한반도 지도가 거꾸로 걸려 있다. 대륙의 끝자락에 걸려 있는 반도가 아니라 웅대한 해양을 향해 내달리는 형국이다. 대륙엔 과거의 한(恨)과 공산당이 있고 주체사상이 있다. 해상엔 무한한 자원이 있고 세계가 있으며 코리안 드림과 다이너미즘이 있다. 민주화 정권 3기가 끝나가고 있다. 새 시대의 동력을 어디서 찾을 것인가.

(2007-02-02)

해는 저물고 갈 길은 멀어

해방 직후, 목포상고와 송정리공고 학생들 간에 패싸움이 벌어졌다. 주먹 싸움이 학교 무기고를 헐어 총격전 직전 상태로 치닫는 위태로운 순간이었다. 그때 사이렌을 울리며 소방차가 들어오고 소방차 위에 올라선 한 미남 청년이 학생들을 상대로 일장 연설을 시작한다. 나라가 해방된 이 마당에 같은 민족끼리, 그것도 같은 젊은 학생들끼리 학교 문제로 피를 흘린다는 것은 있을 수 없는 일이다. 우리 모두 힘을 합쳐 해방된 조국을 위해 열심히 일해야 한다. 여러분의 선배로서 호소한다. 지금 당장 무기를 버려라. 그리고 화해하라는 요지의 연설이었다. 싸움은 끝났다. 모두가 머리를 숙이고 선배를 우러러봤다.

목상(목포상고) 복싱 선수 권노갑은 선배 김대중을 이렇게 만나 평생을 그의 그림자처럼, 왼팔처럼, 버팀목처럼 의리와 충성심으로 몸 바쳐 헌신하게 된다(권노갑, 『누군가에게 버팀목이 되는 삶이 아름답다』에서). 남녀 간 사랑처럼 의리와 충성으로 뭉친 남아 간 굳은 관계도 아름답다.『삼국지연의』의 「도원결의」편은 젊은이들에겐 어떤 러브 스토리보다 감동적이다. 그러나 지금 그 의리와 충성으로 뭉친 도원결의가 격렬한 도전을 받고 있다. 그것도 적이 아닌 동지들로부터, 날아온 돌이 박힌 돌을 뽑으려는 내분이 민주당 내에서 일고 있다. 어떻게 얻은 정권인데, 키워주었더니 이럴 수가 있느냐 하는 탄식과 공천과 인사를 좌지우지하며 무슨 사건만 터졌다 하면 여권 실세론이 등장하니 후퇴하라는 압박이 계속되고 있다.

왜 이런 사태가 생겨나는가. 언론인으로서 정말 쓰고 싶지 않은 용어가 '가신(家臣)'이다. 일본 봉건제후 시절의 용어를 우리가 21세기에도 쓸 수밖에 없다는 사실이 우리를 부끄럽게 한다. 그만큼 지금 벌어지는 민주당 내분은 조선왕조에도 없던 시대역행적 난장판이다. 그런데 이 가신이라는 용어가 이른바 '문민정부' '국민의 정부'에 거듭 살아나 나라를 어지럽히고 국민을 슬프게 하고 있다.

가신이란 의리와 충성을 서약한 일본 무사집단의 꼬붕(子分)과 오야붕(親分)관계다. 양부·양자 사이다. 공적 관계가 아닌 사적 관계다. 상통관계가 아닌 일방관계다. 협조관계가 아닌 복종관계다.

유사한 형태는 일본만이 아닌 중국 한나라를 세운 유방(劉邦) 집단이나 명나라를 세운 주원장(朱元璋) 집단에도 있었다. 거리의 협객들을 모아 창업을 일군다. 그러나 창업 후에는 예외 없이 이들 가신을 버린다. 사적 관계를 공적 체계로 전환하기 위해선 불가피한 조처다. 외딴

성(城)을 넘겨주고 먹고살 식읍(食邑)을 준다. 뛰어난 가신인수록 빨리 제거한다. 오야붕의 강·약점을 너무 잘 알고 그의 치부까지 낱낱이 알고 있기 때문이다.

우리 조선조 또한 붕당으로 날이 새고 진 왕조였다. 아버지 사도세자(思悼世子)를 권력암투 속에서 잃고 왕위에 오른 정조(正祖)는 시파(時派)·벽파(僻派)로 갈라진 정권 갈등을 해소하기 위해 사회통합론을 역설한다. 그중 하나가 그의 의리론이다. "무릇 의리란 일을 함에 합낭하고 마땅하며 조리가 밝게 있는 것"이라 정의했다. 의리를 무기로 남에게 칼을 씌우고 의리라는 당의(糖衣)를 입혀 당리당략적 파쟁을 일삼는 벽파의 보수 심환지(沈煥之)를 겨냥한 경고였다. 당파 간 갈등을 해소하고서야 정조는 조선 후기 르네상스라 할 진경문화를 창출한다(정옥자, 『정조의 수상록 – 일득론 연구』에서)

의리란 좋은 것이다. 2천 년 전 중국에서도, 2백 년 전 한국에서도 의리를 중시했다. 그러나 그 의리는 종적인 사적 관계가 아닌 횡적인 공적 관계라야 하고 음험한 마피아적 의리가 아닌 이성적 공개적 의리여야 함을 역사가 누누이 가르치고 있다. 그런데 이 역사의 가르침을 지난 정권에서도 무시했고 그 폐해를 너무나 잘 알고 있어야 할 지금 정권에서도 그대로 답습하고 있음은 어인 일인가.

잘못된 의리를 앞세워 국정을 농단하고 잘못된 의리에 묶여 사사로움을 떨치지 못한다면 지도자가 될 수 없다. 가족과 가신에 의해 움직인 나라나 기업이 창업을 할지는 몰라도 수성(守成)을 할 수는 없다. 왕자의 난이나 기업의 후계다툼 모두 지도자가 사적 관계에 연연하기 때문에 일어나는 병폐다. 정조는 이렇게 고백했다. "나는 왕 노릇을 즐기지 않았다. 하루하루를 살얼음 밟듯 하루가 무사히 지나면 안도의 한숨을 쉬면서 20여 년을 살아왔다"고. 그리고 그는 탄식했다. "해는 저무는데 갈 길이 멀다(日暮途遠)." 갈 길은 먼데 우리는 언제까지 가신들의 분쟁이나 보고 있어야 하나. 지도자의 결단이 아쉽다.

(2000-12-08)

노무현식 어젠다의 시작과 끝

노무현 정권 4년을 정리해볼 때 가장 특징적인 게 어젠다(의제) 설정 방식이다. 노무현 대통령은 국민적으로 민감한 의제를 이슈화하고 이를 밀어붙인다는 점에서 역대 대통령 중 발군의 실력을 보이고 있다. 집권 7개월 만에 대통령은 재신임을 묻겠다는 폭탄선언을 한다. 청와대 비서관이 기업 비자금을 받았다는 의혹이 제기되자 도덕성 적신호를 내세워 국민의 심판을 받겠다고 나선 것이다. 2004년 한 해는 재신임 – 탄핵 – 총선 – 헌재 결정으로 나라는 가위 논쟁의 용광로처럼 들끓었다. 탄핵정국이 끝나자 국민은 바랐다. 갈등보다는 통합을 통한 경제 살리기에 대통령이 주력하기를 기대했다.

그러나 곧이어 등장한 게 수도 이전, 과거사 청산, 국가보안법 개폐, 신문법 개정 등이었다. 사안마다 민생과는 거리가 멀고, 사안마다 기성 체제를 무너뜨리는 도전적 의제였다. 일부는 수정되고, 일부는 진행 중이며, 일부는 원안대로 통과됐다. 그렇게 한 해는 갔다. 지난해 새해 대통령의 화두는 양극화 문제였고 연말에는 임기 1년을 앞두고 개헌을 하겠다는 새로운 어젠다를 던진다. 재신임 선언에서 개헌론까지 지난 4년은 대통령이 던진 어젠다에 따라 여론이 들끓고 국민은 조마조마한 심정으로 살아야 했다.

노무현식 어젠다 세팅은 첫째, 명분이 강하고 원론적이며 도덕성이 강한 의제를 택해 끝까지 몰아붙이는 명분 집착형 배수진이라는 특징이 있다. 여론 조사가들이 말하는 사회적 욕구가 강한 의제를 설정해 자신의 지지도를 높이고 정면 승부를 하는 방식이다. '측근이 기업 비자금을 받았다, 나에게 돌을 던져라, 모든 것을 버릴 수 있다'는 벼랑 끝 작전이다. 이 배수진 어젠다로 2004년 총선에서 여당은 압승을 거둔다. '친일 군부 세력이 3대를 떵떵거리며 산다, 유신 산재는 박물관으로 가야 한다'는 게 과거사 청산 논리다. 이 호소가 먹히면서 당시 대통령 지지도 30%의 두 배를 넘는 여론을 확보할 수 있었다.

둘째, 노무현식 어젠다는 그 자체가 갈등 분열적이다. 갈등 봉합, 통합 조정이 아니라 갈등 분열을 첨예하게 부각, 대립시킴으로써 지지세력 결집을 유도하는 방식이다. 탄핵이냐 반대냐, 친일이냐 반일이냐, 수도 이전이냐 고수냐, 보안법 개정이냐 폐지냐로 대립하기 때문에 타협론이 들어설 여지가 없다. 정치란 협상과 타협의 산물이지만 노무현 정부 들어서 협상과 타협의 결과물은 보기 어렵다. 일종의 제로섬 게임이다. 성장과 분배, 민족공조와 국제공조, 과거정리와 미래지향 등 모두가 선택 아닌 병행적 고려 대상임에도 어느 한쪽을 강요하는 쪽으로 이끈다.

셋째, 노무현식 어젠다는 의도했든 안 했든 시간과 공간을 장악하는 특출한 시공작전을 전개한다. 미래는 불확실하고 과거 존재는 분명하다. 독재, 반인권, 정경유착, 보수언론의 치부, 친일 문제 등 과거의 잘못을 밝혀 현 정권의 정당성과 신뢰성을 확보하고 기성체제를 몰아붙이는 과거 장악형 전략이다. 수도 이전 – 국토 균형 발전 – 서남해안 개발 등은 공간 제압을 통한 지역 지지기반 확보라고 풀이할 수 있다.

그렇다면 노 대통령은 왜 임기 말 시점에서 개헌론을 새삼스레 들고 나온 것일까. 명분에 적합한 의제다. 독재 권력의 정권 연장을 막기 위한 장치가 5년 단임제였고 민주화 투쟁의 값진 승리였다. 민주화 20년 시점에서 4년 연임제로 환원하는 게 명분에 부합된다. 그렇다면 왜 여권이 분열된 이 시점에서 지지도가 바닥인 대통령이 이미 한번 접은 어젠다를 새삼 끄집어내는가.

이 질문 속에 답이 있다. 갈등·분열을 통한 자파 세력 결집으로 잘되면 재집권, 못 돼도 야당으로서 '나는 그때 주장했었다'는 정치적 알리바이를 축적하려는 정치 공세라고 볼 수 있다.

이탈한 여당 의원들까지 개헌을 반대하는 시점에서 대통령이 개헌을 진정 밀어붙이겠다면 하나의 전제를 분명히 달아야 한다. 개헌이 부결될 경우 대통령직을 물러나겠다는 입장 천명이다. 그래야 명분 집착형 배수진의 노무현식 승부수에도 맞고 소모적 논쟁을 조금이라도 앞당겨 끝낼 수 있다. 대선을 6개월이라도 앞당기는 게 나라나 대통령직의 표류를 막기 위해서도 나쁠 게 없다. 노무현식 어젠다는 그렇게 시작해서 이렇게 끝날 것인가.

(2007-02-23)

진보는 없다

「경향신문」 기자들이 기획 취재했던 연재물을 보완해 『민주화 20년의 열망과 절망』을 발간했다. 이 책은 진보세력에 대한 반성에서 시작해, 고단픈 서민의 삶이 참여정부 기간 중 더 악화됐음을 구체적 사례로 보여주고 있다. 진보 개혁 위기의 외인(外因)은 신자유주의 세력의 부상이고 내인(內因)은 이에 대처하지 못한 진보·개혁세력의 무능, 문제해결 능력과 대안 제시 부족 등이라 꼽고 있다. 또 참여정부의 한·미 자유무역협정(FTA) 추진을 진보에 대한 배신이라 규정한다. 진보 개혁세력이 "민주주의가 밥 먹여주나"라는 문제에 답하지 못하는 한 한국의 미래, 진보의 살길은 없다는 결론에 이른다.

좌파 진영의 자성과 대안 모색은 노무현 대통령의 지지율 하락과 병행해 백가쟁명(百家爭鳴)식으로 전개되고 있나. 일부 의원이 인기 없는 대통령과 거리를 두기 위해 탈당했듯, 진보진영도 노무현식 진보와의 차별화를 선언하듯 커밍아웃을 쏟아내고 있다. 진보 개혁세력의 위기와 무능의 실체는 무엇인가. 진보진영 스스로 모르거나 외면하는 또 다른 이유가 있다고 나는 본다.

첫째, 역사적 효용성에서 멀어졌다는 점이다. 민주화 20년의 주축이었던 386 세력들의 공감대는 크게 보면 '민주' '민족' '민중'이라는 개념 틀에서 이합집산을 거듭했다. 이들이 통칭 진보 개혁세력으로 민주화를 주도했고 정권도 장악했다. 김영삼 정부의 집권은 '민주'의 달성이라고 본다. 역사 바로 세우기로 전두환·노태우 전 대통령이 줄줄이 감옥행을 하면서 독재 항쟁의 깃발이었던 민주 문제는 일정 부분 해소됐다.

김대중 정권은 남북정상회담으로서 '민족' 문제를 현실화하는 데 기여했다. 노무현 정권은 '민중' 문제 해결사로 등장해 기득권층을 적으로 몰아 경제평등주의를 구현하려는 듯했지만 본인의 표현대로 '유연한 진보'였던 탓인지 크게 성공하지도, 정책의 일관성도 유지하지 못한 채 진보의 배신자로 낙인찍히는 수모를 겪고 있다. 성공 부분도 있고 실패 측면도 있지만 진보세력은 나름대로 역사적 소임을 마쳤다. 역사적 효용성이 끝난 것이다. 그런데도 계속 낡은 틀로 역사의 진보임을 자처하니 괴리 현상이 발생하는 것이다.

이홍구 전 총리의 지적대로, 진보가 보수 이념을 독점하고 보수가 오히려 진보 이념을 채택하는 기형적 정치 이념이 진보의 위기를 부르고 있다. 민족동맹은 보수 우익의 전유물이었는데 통일지상주의 진보진영이 이를 채택해 북을 돕자면 진보고 투명하게 하자면 보수가 되는 기현상이 일고 있다. 기존 체제에서 벗어나 새로운 사회 변화를 유도해 좀 더 나은 사회를 이루자는 이상이 있을 때 그것이 진보고 개혁이다.

평준화 교육이 실시된 지 30여 년이다. 세계의 교육경쟁력과 한참 떨어졌다면 이를 개혁하자는 쪽이 진보다. 자립형 사립고도 더 만들어야 하고 외국으로 떠나는 학생을 잡기 위한 경쟁력 교육을 강화하는 게 진보의 길이다. 그런데 철 지난 평준화 교육을 붙들고 있으면 진보고 이를 고쳐보자면 수구 보수라고 하니 엄청나게 전도(轉倒)된 가치관 아닌가.

세계는 이미 무한경쟁체제의 경제 블록화 시대다. 무역으로 먹고사는 우리 처지로선 한·미 FTA란 불가피한 건널목이다. 어떻게 협상을 풀어갈지 보수·진보가 함께 고뇌해야 할 과제인데 지지하면 민족의 배신자니 이게 무슨 진보 개혁인가.

진보·보수의 이념 혼선을 정리하지 않고선 진보·보수 모두 정체성 위기와 혼란을 면치 못할 것이다. 진보 개혁세력이 무능과 대안 부재를 자탄하고 있지만 민주·민족·민중 논리로는 더 이상 이 복잡계 세계의 문제를 풀 수 없다. 한탄만 할 게 아니라 노선을 바꿔야 한다. 진보가 밥 먹여주나라는 의문을 이념과 사상으로 풀려 하니 무능과 대안 부재에 빠진다. 다시 한 번 '문제와 주의' 논쟁을 거론하겠다. 1920년대 중국 지식인 사회에 치열한 이념논쟁이 있었다. 사회주의자 리다자오와 민주주의자 후스가 대표주자였다. 후스는 이렇게 한탄했다. 교통의 선진화를 위해 자동차를 어떻게 만들 것인지 연구하지 않고 왜 사회주의자들은 인력거꾼의 노임 문제만 물고 늘어지는가. "더 많은 문제를 연구하고 더 적게 주의를 논하자." 이런 과제들을 극복하지 않고선 우리 사회에 진정한 진보는 없다.

(2007-03-16)

아직도 가신정치라니

2월 1일자 「한겨레신문」 '취재파일'에서 정치부 성한용 기자는 「동교동계의 전횡」이라는 제목으로 이렇게 적고 있다.

"현 정권과 민주당의 이른바 실세라인은 '한광옥 청와대 비서실장 - 남궁진 청와대 정무수석 - 김옥두 민주당사무총장 - 최재승 기조실장 - 윤철상 사무부총장'으로 이어져 있다. 이 가운데 한 실장만 동계동 색깔이 옅은 편이고 나머지는 서로를 '형님, 동생'으로 부르는 이른바 '가신' 출신이다." 이들 가신 조직이 당 인사를 밀실에서 주무르고 있고 곧 있을 공천심사에서 결정적인 역할을 할 수 있기 때문에 과연 올바른 공천결과가 나올지를 걱정하는 기자의 우려를 토로하고 있다.

나는 이 기사를 읽으면서 불현듯 한 장의 사진이 뇌리에 스쳤다. 대선 전인 97년 9월 'DJ 위해 백의종군(白衣從軍)'이라는 설명이 붙었던 사진이었다. 한보사건으로 YS의 가신 출신인 홍인길 의원과 아들 김현철 씨가 구속된 후, DJ 비서 출신 7인이 어깨동무를 하고 "집권 시 어떤 공직도 갖지 않겠다"는 비장한 결의를 다짐한 사진이었기에 강한 인상으로 남아 있다. 한두 명의 차이가 있지만 위에 열거한 가신 모두가 '백의종군' 사진 속의 인물들인데 지금껏 이들이 청와대와 당에서 여전한 실세로 군림하고 있다.

그때의 맹세는 다 어디로 갔는가. 가신정치·패거리정치란 민주화투쟁 과정에서 생겨난 불가피한 산물이다. 과(過)도 있지만 공(功)도 있다. 그러나 문민정부를 거쳐 정권교체를 이룩한 지금은 청산의 대상이지 결코 조장해선 안 될 잘못된 풍토다. 4년 전 YS 정권 때 장학로 씨 비리사건이 터지자 나는 중국 한(漢)고조 유방(劉邦)의 고사를 인용해 가신정치의 폐단을 지적한 적이 있다. 한 고조 유방은 좋게 보면 의협심과 리더십을 갖춘 지도자였지만 나쁘게 보면 거리의 건달이었다. 그가 거리의 패거리들을 모아 집권을 했다. 실세들끼리 파티도 열어 지난날 고난의 역정에 눈물을 흘리기도 하고 오늘의 영광에 샴페인을 터뜨리며 술에 취해 상하 없이 왕년의 건달로 돌아갔다.

유방의 어깨를 툭툭 치면서 '형님' 하며 외치질 않나, 청탁을 들어주지 않는다고 툭하면 기둥에 칼을 날려 꽂기도 했다. 보다 못한 유생 숙손통(淑孫通)이 황제에게 간했다. 사적 관계를 공적 관계로 전환해야 하고 이를 위해 법적·제도적 장치에 따라 인재 등용하기를 진언했다. 이후 유방은 한신(韓信)과 소하(蕭何) 같은 가신들을 차례로 제거해나간다.

왜 사적 관계에서 공적 관계로 전환해야 하고 인치 아닌 법치로 나아가야 하는가. 사적 막료로서 가신은 요즘 말로 바텀업식(하의상달) 의사소통을 할 수 없다. 톱업다운식(상의하달) 복종체제에 너무 익숙해 리더의 지시에 따를 뿐 불복이나 이견(異見)개진이 용납 안 되는 조직이다.

더구나 우리네 가신그룹은 민주화투쟁 과정에서 생겨난 일종의 의협단체다. 비슷한 정치경력, 비슷한 사상체계, 비슷한 출신지역에 리더를 향한 강한 충성심으로 뭉친 협객단체다. 조직 속성상 배타적일 수밖에 없다. 여기에 강한 도덕적 우월성에 스스로 빠져든다. 때문에 이런 가신 그룹에 의해 당과 청와대가 장악되면 대통령 스스로 인치의 세계에 함몰되거나 타 정파나 집단의 소리에 귀를 기울이지 않는다.

이 교훈은 이미 지난 정권에서 충분한 학습을 통해 체득한 바 있다. 지금 시민단체가 나서서 선거혁명을 외치고 뭔가 이뤄질 것 같은 바람을 타고 있다. 그러나 새로운 정치질서로 2대째 자리 잡은 가신정치의 잔재를 일소하지 않고는 우리는 후진적 '제후(諸侯)정치'의 그늘에서 벗어날 수 없고 새로운 정치문화의 발전도 기대하기 어렵다. 나는 가신정치의 현대적 전환이 일본식 내각제라고 본다. 3김씨들이 아직도 내심 내각제에 연연하는 이유가 바로 내각제를 통한 가신정치의 영구화에 있지 않을까.

따라서 낙천 낙선운동의 핵심은 가신 그룹 같은 비민주적 정치집단을 어떻게 하면 우리 정치에서 청산할 것인가에 초점을 맞춰야 한다고 생각한다. 그래야 밀실 공천을 통해 패거리정치를 정당정치로 위장하는 구시대 낡은 정치구도를 깨는 진정한 의미의 선거혁명으로 승화될 수 있다.

(2000-02-04)

좀 솔직하게 살자

『국화와 칼』의 저자인 인류학자 루스 베네딕트는 악의와 불신으로 가득 찬 사회의 전형으로 서태평양의 도부군도(群島)를 꼽았다. 이 부족에겐 행복과 웃음이 금기다. 적의와 불신이 미덕이다. 남편 재산이 얼마인지 묻는 아내가 있다면 죽음을 각오해야 한다. 아내마저 믿지 않는 불신의 극치다. 악의와 불신으로 자신의 이득을 채울 경우 이를 '와부와부'라 해서 최고의 미덕으로 기린다. "대부분의 사회는 각자의 제도에 따라 악의와 불신을 최소화하려 하지만 도부에서의 생활은 적의와 악의를 극단적 형태로 키우고 있다. 그들에겐 모든 생활이 격투며 의혹과 잔혹성이 최대의 무기다"라고 베네딕트는 탄식하고 있다.

이 인류학자의 탄식이 지금 우리 사회에서 들리는 듯하다. 악의와 불신의 검은 구름이 이 사회를 덮고 있다는 암담한 느낌이다. 남의 선의를 그대로 받아들이지 않는다. 불신으로 가득 차 매사를 믿지 않고 음모론적 시각으로 볼 수밖에 없게끔 돼간다.

남북 정치지도자가 극적으로 화해협력의 평양선언을 했고 국민 다수가 감격했지만 3개월이 지난 지금 남북협상을 악의와 의혹의 눈초리로 보는 사람이 늘고 있다. 노벨평화상을 타기 위해서, 북에 부모가 있기 때문에 대통령과 협상책임자가 북에 모든 것을 양보한다는 악의에 찬 소문이 돈다. 아니 소문으로 그치지 않고 공공연히 떠들고 활자화까지 된다. 정부의 힘 있는 요직은 특정지역 인사로 다 채워졌다는 게 이미 오래전에 나온 시정의 평가다. 대통령이 나서서 해명하고 책임 있는 정부인사가 그게 아니라고 통계 숫자를 들어 설득하지만 믿는 사람이 별로 없다. 인사편중과 낙하산 인사는 이 정부의 고유 브랜드처럼 붙어 다닌다. 인사에 대한 정부 불신이 정책에 대한 의혹과 불신으로 연결된다. 의혹의 검은 구름은 의혹의 진원지를 캐고 말끔히 씻어내야 할 권력 주변에 더 짙게 몰려 있다. 옷 로비 의혹 사건에 이어 실세장관의 외압대춘 의혹이 불거져 장관직까지 내놓았지만 의혹의 구름은 걷혀질 않는다.

그 밥에 그 나물인 검찰이 수사를 해본들 결과는 뻔할 터이니 아예 특검제로 가는 게 옳다는 검찰수사 무용론까지 제기된다. 악의와 불신이 넘치는 이런 풍조는 어째서 생겨났나. 여러 이유, 여러 해석이 가능하겠지만 나는 그것이 '솔직함의 결여' 때문이라고 본다. 정권 담당자들이 너무 솔직하지 않기 때문에 생겨나는 불신이다. 솔직한 권력? 웃기네 하겠지만 권력의 사악함과 은폐성을 막기 위한 장치가 인치(人治) 아닌 법치, 투명성·공정성을 확보하기 위한 제도적 장치다. 투명하지 않고 공정하지 않고 제도적 장치가 제대로 작동하지 않으니 의혹이 생겨나고 불신이 만연하며 적의가 발동하는 것이다. 대통령도 민심을 제대로 살피라고 당 간부들에게 당부했다. 민심이란 어찌 보면 정체불명의 두루뭉수리다. 한번 생겨난 의혹이 제때 풀리지 않으면 뭉게구름처럼 퍼진다.

진실 자체가 가려지고 선의가 악의로, 신뢰가 불신으로 둔갑하는 괴상한 속성을 지닌다. 이 의혹의 뭉게구름을 걷어내기 위해 권력이 좀 더 솔직할 필요가 있다는 것이다. 권력의 모든 것을 까발리라는 게 아니다. 유리알처럼 투명하라는 주문도 아니다. '어느 정도'의 투명성과 공정성이나마 유지하라는 것이다. 의혹사건이 생겼으면 의혹의 실체를 제대로 밝히라는 것이다.

지금 이 사회를 덮고 있는 의혹의 구름은 대북정책·인사편중·외압 의혹 세 가지로 대별할 수 있다. 국민적 논의와 합의를 거쳐야 할 대북 지원과 협상을 국회를 거쳐 공개적으로 하지 않으니 의혹이 생겨난다. 쌀을 지원하되 국회 동의를 거치자는 것이다. 인사편중 낙하산 인사는

TK·PK 정권 때와 별로 다를 바 없다. 다른 점이 있다면 그전엔 인정하거나 부정하지 않았는데 지금은 이를 극구 부인만 하니 불신이 생겨난다. 30년 야당투쟁에 우리도 봐줄 사람 많고 권력핵심에 제 사람 기용하는 것은 당연하지 않냐는 그 솔직함이 지금 정권엔 없다. 솔직하게 시인하되 인사편중이 정책편중이 아님을 보여줘야 한다. 정권실세의 외압의혹은 그야말로 추상같이 다스려야 한다. 이 의혹을 덮으면 정권 전체에 금이 간다는 각오가 서야 한다. 검찰만 가면 의혹이 더 쌓인다는 불신을 차제에 검찰이 말끔히 걷어내야 한다.

대북정책의혹, 인사불신, 외압의혹이 이 사회를 악의와 의혹으로 가득찬 도부족(族)의 섬마을로 몰아갈 수 있다. 의혹과 불신을 걷어내고 좀 솔직하게 살아가는 풍토를 만들자.

(2000-09-29)

건국 대통령은 없다?

1945년 9월 오키나와 주둔군 존 하지 중장은 남한 군정 책임자로 인천을 통해 서울로 들어온다. 이 무렵 평양엔 이미 소련군이 진주했었다. 로버트 올리버 교수는 아직도 미국에 머물고 있던 우남 이승만을 만난다. 소련 영향권에 위치한 한국은 소련과 협조할 수밖에 없고 공산주의자들과 연합정부 설립이 불가피하다고 보았던 올리버는 이승만 혼자 독자적 독립노선을 주장하는 것은 위험하다는 충고를 한다.

한참 정적이 흐른 뒤 이승만이 말문을 열었다. "내가 독립투쟁에 일생을 바친 것은 당신도 잘 알 것입니다. 그런데 내가 자리에 연연해 나라를 소련에 넘길 궁리나 할 것 같습니까. 수백만 동포가 나를 기다리고 있습니다. 내가 그들을 속이면서 독립 국가를 세우기 위해 귀국한다고 말해야겠습니까. 강대국들은 제멋대로 자신들의 길을 가고 있고 내 말을 귀담아듣지 않습니다. 지금 망하고 있는 것은 한국뿐이 아닙니다. 미국은 어느 나라보다 더 큰 고통을 당할 것입니다. 소련의 정복 야욕을 저지할 나라는 미국뿐입니다. 지금의 사태를 직시하도록 경고하는 것 외에 내가 할 일이 더 무엇이겠습니까?"(로버트 올리버 저, 황정일 역, 『신화에 가린 인물 이승만』).

이때 이미 고희(古稀)를 맞은 외로운 독립운동가 이승만의 의연한 풍모에 올리버는 매료되면서 평생을 우남의 동반자로, 정치고문으로 종생한다. 우여곡절을 거친 이승만의 환국과 함께 해방정국은 격동의 소용돌이에 빠진다. 신탁 반대와 찬성, 하지와 이승만의 불화, 미·소공동위원회의 공전 등 혼미의 과정을 거치면서 1947년 9월 23일 유엔 총회는 단독정부 수립을 위한 유엔 감시하의 자유선거를 결의한다. 48년 5월 10일 비록 남한에 국한되긴 했지만 한반도 역사상 최초로 민주선거가 실시되고 2백 명의 제헌의원이 선출되면서 이승만을 건국 대통령으로 뽑는다.

그 후 12년, 4·19 혁명과 함께 건국 대통령은 역사의 죄인으로 추락했다. 그때 독립운동가 김인서 목사가 유일하게 『망명 노인 이승만 박사』를 발간해 변호론을 펼쳤다. 90 평생을 독립운동에 국궁진력(鞠躬盡力), 대한민국 건국, 6·25 전쟁에서 적군 격퇴, 한·미상호방위조약 체결을 이승만의 4대 공로로, 한국의 민주주의 발전, 교육의 발달, 전재(戰災) 복구 등을 8대 치적으로 꼽았다. 여기에 3·15 부정선거 자행과 시위 대열에 발포해 사상자를 낸 것, 국민방위군 부정사건, 거창 양민 학살사건, 탐관오리와 당파싸움, 반공포로 불법 석방 등을 5대 죄과로, 헌법운영 잘못을 추가죄로 열거했다. 부분적으론 틀린 지적이 있을 수도 있지만 일반론적으론 아직도 유효한 이승만 평가다.

워싱턴 소재 미국 국립문서관(NARA) 현관엔 '과거란 프롤로그다' (What is Past is Prologue)라는 장막이 걸려 있다. 과거 기록 자체가 새로운 역사를 여는 서곡이고 시작이라는 뜻이다. 퇴임 대통령이란 소중한 존재다. 대통령 재임 시의 업적과 과오 모두 미래 국정을 위한 소중한 자산이다. 34년 루스벨트 대통령이 국립문서관을 세운 뒤 12개의 지역 문서관과 12개의 대통령 도서관을 산하에 두고 관리한다. 이와 별도로 운영되는 게 대통령 기념관이다. 대통령 사후 그 업적을 평가해 기념관으로 국가가 건립한다. 미국의 경우 토머스 제퍼슨, 에이브러햄 링컨, 프랭클린 루스벨트 세 대통령만 기념관이 있다.

우리도 내년이면 정부 수립 60주년을 맞는다. 그리고 퇴임 대통령의 기록관이 속속 생겨날 모양이다. 김대중 대통령 도서관에 이어 노무현 대통령과 김영삼 전 대통령도 향리에 도서관 건립을 타진 또는 추진 중이다. 대통령 기념도서관 건립이 새로운 관행으로 자리 잡는 것은 좋은 일이다. 그러나 우리는 민주주의와 시장경제로 오늘의 한국을 있게 한 건국 대통령을 잊고 산다. 또 근대화 대통령이라 할 박정희 기념관 건립도 지지부진하다. 현대 중국을 세운 마오쩌둥은 문화혁명과 인민공사의 실패 등 숱한 실정을 거듭했지만 현대 중국의 건립자로서 마오쩌둥 기념관엔 추모의 발길이 끊이지 않고 있다.

자신의 기념관 짓기에 앞서 건국 대통령 기념관을 짓자는 제안을 왜 현직 대통령은 하지 못하나. 부끄럽지 않은가. 대선 후보들이 나서 공약으로 내걸 일이다.

(2007-04-27)

시계 추는 우로 가고 있다

"열린우리당의 창당정신(지역주의 타파, 국민통합 정치)은 정치인 노무현이 지난 20년 동안 온갖 희생을 무릅쓰고 일관되게 매진해왔던 가장 소중한 가치입니다. 하도 간절하여 정치적 목표를 넘어선 삶의 가치가 되어버렸습니다. 그런데 열린우리당이 무너지려고 합니다. 어떻게 해야 합니까?"

노무현 대통령이 5월 7일 청와대 브리핑에 올린 글이다. 그의 논리는 당당하다. 그는 자신의 말대로 평생 이 가치를 위해 헌신해왔고, 그가 설정한 대의와 원칙에 따라 어려운 길을 걸어 대통령직에까지 올랐다. 그런데 그가 어렵사리 쌓아올린 당이 무너지고 있다. 대통령·국회의원이 되고자 당을 깨고 만들고 지역을 가르고 야합하고 보따리를 싸들고 이 당 저 당 옮겨 다니는 구태정치의 고질병이 도지고 있다.

정치인 노무현의 비분강개는 당연하다. 정치인 노무현은 논리 정연한 글에 절제된 감정과 호소력을 배합해 독자의 심금을 울릴 줄 아는 논객이다. 또 자신은 부인하고 있지만 여전히 전략가다. "대선 주자 한 사람은 당을 해산해야 한다고 주장하고 또 한 사람은 당의 경선을 포기하겠다고 말하고 다닌다"며 김근태·정동영 두 전직 의장을 지목해 이들이 지역주의를 타파하고 국민통합정치를 하겠다고 창당선언문을 낭독한 사람이 맞느냐고 묻는다. 당을 해체할 정도로 잘못됐다면 정치를 깨끗이 그만두는 게 국민에 대한 도리라고 몰아붙인다. 논리는 명쾌하고 주장엔 강한 설득력이 있다.

그러나 다시 한 번 더 생각해보자. 내각책임제도 아닌 막강한 대통령제하의 현직 대통령은 단순한 정치인이 아니다. 그것도 대선을 눈앞에 두고 엄정하고도 중립적으로 선거를 치러야 할 현직 대통령이 탈당까지 한 시점에서 이런 인신적 비판을 가차없이 할 수 있는가. 이미 노 대통령은 여러 대선 후보를 차례차례 비판한 적이 있다. 대통령이 대선 후보 저격수로 명명되는 것도 민망하다. 대통령은 논객이 아니다. 억장 무너지는 아픔이 있더라도 이젠 가슴에 묻어두고 갈 수밖에 없는 외로운 자리에 있음을 알아야 한다. 지역주의 타파와 국민통합은 여전히 유효한 정치적 목표다. 그러나 이젠 기본적 덕목에 그칠 뿐이다. 보다 더 긴요한 시대적 대의와 원칙, 그리고 방향 설정이 절실한 시점임을 노 대통령은 간과하고 있다.

이른바 1987년 체제가 20년이 됐다. 특히 지난 10년의 집권 결과 좌파 진보정당으로선 일류국가가 될 수 없다는 절박한 공감대가 설정되어 있다. 그래서 노무현당으로선 국회의원이 되기 어렵고 대선후보가 될 수 없다는 인식이 확산됐을 것이다. 그들의 이합집산은 지난 10년에 대한 반성이고 새로운 2008년 체제를 나름대로 찾아 헤매는 껍질이 깨지는 진통이라고 본다. 보다 더 처절하게 깨지고 보다 더 맹렬하게 새로운 가치와 체제 방향을 찾아나서야 한다.

삼성경제연구소가 10년 후 세계경제 성장을 예측한 조사를 내놨다. 2006년 세계 국내총생산(GDP)은 47조 6천억 달러고 10년 후면 67조 달러가 된다고 예측한다. 약 20조 달러 늘어난 부를 누가 얼마만큼 차지할 것인가. 현재의 성장률로 전망하면 미국이 24%, NAFTA(미국·캐나다·멕시코)가 28.8%, 유럽연합(EU)이 22.4%, 중국이 16.8%임에 비해 한국은 고작 2.6%의 부를 배분받을 수 있다. 그나마 자동차·반도체·조선 등 경기가 호황일 때 가능한 일이지만 10년 뒤면 이 모두 둔화될 수밖에 없다.

성장동력의 새 수종(樹種)을 찾아야 한다. 이를 위해 정부·기업·노동자 모두 총력체제로 나가야 한다. 규제를 풀고 기업의 활력을 솟구치게 하고 창조적 인재양성 체제를 재구성해야 한다. 그런 자질을 갖춘 후보들이 각자의 2008년 체제 구상을 발표하고 국민의 선택을 기다려야 한다. 막연히 몇% 경제성장 운운하는 구두선(口頭禪)으론 안 된다. 무슨 동력으로 20조 달러 배분을 향해 뛸 것인가, 그 방법을 제시해야 한다.

한·미 자유무역협정(FTA) 체결 이후 노 대통령 지지도가 높아진 것도 2008년 체제를 향한 시도라고 국민은 보기 때문이다. 87년 체제가 깨지는 분열과 혼란을 걱정하기보다는 새 시대를 여는 정비작업을 대통령이 남은 임기 중 추진하기를 기대한다. 시계추는 좌우로 움직인다. 지금 시계 추는 분명 우로 가고 있다.

(2007-05-18)

아! 노무현 대통령

지난 토요일 밤, SBS - TV 「그것이 알고 싶다」는 한 종교집단 교주의 사기·폭력·성폭행 관련 의혹과 진실을 추적하는 내용을 방영했다. 한국과 말레이시아·홍콩·일본 등지에서 성폭행을 당했다는 피해자 신도들의 호소와 증언이 계속된다. 메시아와의 만남이 삶의 목표였는데 막상 만나자 "옷 벗어"라는 교주의 명령, 주저하자 믿음이 부족하다는 질책, 의심을 풀자 학대에 가까운 성추행이 자행됐다는 것이다. 중간중간 교주가 두 손 높이 들어 열광적으로 설교하는 장면, "태산을 넘어 험곡에 가도"라는 찬송가를 지휘하기도 하고 신도들과 산행하고 춤추고 노래하는 괴상한 장면도 삽입된다.

'시대를 구원하는 메시아'를 몇몇 사람의 일방적 증언만 들어 매도할 수 있느냐는 교단 측의 거센 항의도 나온다. 이 단체에 대한 사회적 물의가 거세지면서 총재 교주가 해외로 떠돈 지 8년째, 아직도 신도들은 교주를 감싸고 비호하고 있다. 정말 몇몇 사람의 무고와 일방적 음해에 따라 이 시대 메시아는 태산을 넘어 험곡을 헤매도는 핍박을 받고 있는가. 대체로 유사종교란 기성 사회의 관행과 기성 종교의 핍박 속에서 음습하게 음지에서 자란다. 이성이 지배하는 지식 정보화 시대에 미망(迷妄)과 혼돈의 포로는 여전히 존재하는가.

아! 할레루야! 같은 날 2시간 전, TV 뉴스엔 노무현 대통령이 '참여정부 평가포럼'이라는 열성 지지자들 모임에서 무려 4시간 동안 격정의 특강을 했다는 보도가 있었다. 방청석 곳곳에 알 만한 저명인사들이 눈에 띈다. 대통령이 뭔가 호소할 때, 야릇한 표정을 지으며 언론을 공격할 때, 대선 후보 공약 중 하나인 대운하를 가차 없이 공격할 때, "한국 지도자가 독재자의 딸…"이라고 말했다가 또 이를 교묘하게 둘러댈 때마다 환호했다. 대통령 스스로 "내가 코미디언이냐. 왜 자꾸 웃느냐"고 할 만큼 장내는 웃음 속에서 열광하고 대통령의 속 시원한 발언과 제스처에 아낌없는 박수를 보내고 있었다.

다음 날 일요일 아침 신문 「중앙선데이」는 강연 내용을 소상히 전재했다. "한나라당 집권할 것 생각하니 끔찍하다"며 야당 공격으로 자화자찬 '4시간 원맨쇼'를 했다고 했다. "그놈의 헌법이 토론을 못 하게 해서…"로 박수 환호를 받으며 "참여정부에서 한 일 중 언론정책이 가장 보람 있었다"며 언론을 공격하고 "나 스스로를 세계적인 대통령이라 생각한다"며 참여정부를 자평했다. 그 현장은 종교집회 같기도, 대선 출정식 같기도 했다고 기자는 적고 있다.

지금 쓰는 이 칼럼은 2천 자 정도다. 노 대통령은 이 강연을 위해 6만 4천 자의 글을 썼다고 한다. 무려 32배에 이르는 장문이다. 며칠 밤을 지새우고 강연 전날도 밤잠 설치며 글을 썼다고 했다. 왜 대통령은 분초를 다투는 국정을 미루고 이 특강을 위해 이런 헌신, 이런 모험을 감행했을까. 아무리 '나쁜 대통령'이라 해도 일찍이 현직 대통령이 대놓고 대선 후보들을 이처럼 노골적으로 강하게 공격한 적이 없다. 어떤 군사독재정권이라 해도 기자실 축소를 공개직으로 내걸고 언론과 전면전을 시도한 대통령은 없었다. 이미 노 대통령은 2004년 총선을 앞둔 시점에서 여당 편을 든 발언을 했다 해서 선거관리위원회의 위법 판정을 받았고 이게 빌미가 돼 탄핵 사태까지 간 사례가 있다. 매우 잘 짜인 대본에 따라 기성 정치 관행과 상식을 정면으로 깨부수겠다는 결연한 목적이 없었다면 이런 모험을 감행했을까.

노무현식 어젠다 세팅은 사회적 욕구가 강한 의제를 택해 끝까지 몰아붙이는 명분 집착형 벼랑끝 전술이라고 나는 분석한 적이 있다. 갈등·분열 구도를 첨예하게 부각 대립시켜 지지세력을 결집하는 특이한 방식이다. 기자실 축소라는 턱없는 언론정책을 밀어붙여 대통령이 언론을 탄압하는 게 아니라 언론이 대통령을 압박한다는 인식을 확산시킨다. 대통령은 세계적 수준의 대통령인데 낡은 정치관행에 물든 정치인, 대선 후보가 참여정부를 깔아뭉개고 있다는 핍박의 상황으로 몰아간다.

부유세를 내는 가진 자, 명문대 출신 기득권 세력, 보수 언론이 앞장서 이 시대를 개혁하고 구원하는 불세출의 정치지도자를 공격하고 궁지로 몰고 있다. 우리끼리 뭉치자, 이게 4시간 원맨쇼의 핵심 아닌가.

아! 노무현 대통령!

(2007-06-08)

누가 내일을 준비하는가

150년이 채 안 된 과거다. 동아시아의 한·중·일 3국은 외세 침략 앞에 속수무책으로 지리멸렬의 난맥상을 보이고 있었다. 아편 전쟁 이후 열강의 침략으로 갈기갈기 찢긴 중국의 국운은 풍전등화였다. 일본도 미국 해군제독 페리가 4척의 군함을 끌고 에도 앞바다에 나타난 이른바 구로후네(黑船) 사건으로 존왕파와 막부파 간에 내전 직전의 대치 국면이 전개되었다.

한국은 어떠했나. 안으로는 대원군과 민비 간의 정치적 갈등, 밖으로는 청·일·영·러·미 등 열강의 각축이 벌어지고 있었다. 난세엔 영웅도 많은 법. 그러나 이 위기 상황에서 내일을 준비했던 인물로 나는 중국에서는 리다자오(1888~1927), 일본에서는 사카모토 료마(坂本龍馬, 1835~1867), 한국에선 김옥균(金玉均, 1851~1894)을 꼽겠다. 20, 30년 차이로 동시대를 치열하게 살며 내일을 준비했던 인물들이다. 일본의 막부시대를 끝내고 근대국가로 이끈 견인차 사카모토 료마. 마오쩌둥의 스승이었고 중국형 공산주의를 처음으로 도입하고 창당했던 리다자오. 개국과 신체제를 갈망하며 개화당을 조직하고 갑신정변을 일으켜 사흘간 집권했던 김옥균. 이들 모두가 각기 다른 곳에서, 다른 노선, 다른 방법으로 위기에 처한 나라를 구하고 내일을 준비하기 위해 꽃다운 젊음을 바친 사람들이다. 료마는 32세, 리다자오는 39세, 김옥균은 43세에 자객에게 살해되거나 처형된다.

나는 이 셋 중에서 사카모토 료마가 21세기적 가치에 가장 가까운 인물이라고 본다. 작가 시바 료타로(司馬遼太郎)의 대작 『료마가 간다』(전 10권, 이길진 역, 창해)를 보면, 료마는 19세 때 무술을 배우기 위해 에

도로 향하는 도중 구루후네를 보고 운명적 결단을 한다. 배를 만든다, 바다를 통해 무역을 한다, 해군을 조직한다. 이후 그는 막부의 해운 전문가인 가쓰 가이슈(勝海舟)를 암살하러 갔다가 가쓰의 개국 논리에 감화되어 적극적인 개국만이 부국강병의 길임을 확신하고 이 길로 매진한다. 료마의 매력이다. 국가의 성장동력을 일찌감치 바다에서 찾았다.

료마는 외골수 이론가가 아닌 복합적이고 유연한 개혁론자였다. 그는 존왕파였고 개국파였지만 막부파와 쇄국파를 공박하지 않았고 당시 최대 세력인 사쓰마(薩摩)와 조슈(長州)를 결합해 무혈혁명, 왕정복고로 가는 다이세이봉환(大政奉還)의 길을 연다.

료마는 당대 무술의 고수였지만 자신의 검으로 누굴 죽인 적이 없다. 매사를 평화주의로 풀어갔다. 그는 칼 대신 『만국공법(국제법)』이 세계를 지배한다면서 이 책을 늘 품고 다녔다. 동양인 최초의 글로벌 스탠더드 숭배자였다. 그는 발상의 전환자였다. 당시의 정치인·지식인 모두가 존왕파냐 장군파냐, 개국이냐 쇄국이냐로 양분되어 싸울 때 료마 혼자 일본은 어디로 가야 하며 일본인은 무엇으로 먹고살아야 할까를 제시했다.

사카모토 료마가 일본에서 다시 뜨고 있다. NHK에선 드라마「료마전(傳)」이 인기리에 방영 중이고, 그의 행적을 찾는 여행상품이 잘 팔리고 있다고 한다. 이미 1960년대 시바 료타로의 소설이「요미우리신문」에 연재되면서 료마는 국민적 영웅으로 자리 잡았고, 80년대 고도 성장기 때도 부활한 적이 있다. 도요타자동차가 세계적 수모를 겪고 있고 소니·혼다 등 일본의 세계적 브랜드가 움츠러들면서 국가 조락(凋落) 징후를 보이는 오늘의 시점에 료마가 주목받고 있다. 뭔가 추락하는 듯한 불안한 시점에서 현대 일본의 꿈과 변화를 몰고 왔던 영웅 료마를 기리며 재충전을 도모하자는 게 아닌가.

그렇다면 우리는 어떤가. 정말 국운이 상승 중인가. 겨울올림픽 5위라 해서 나라 수준이 5위가 된 것인가. 그저 손 놓고 있는데 국운이 상승할 리 있나. 지금 돌아가는 모양새로는 또다시 열강의 각축 속에서 언제 우리의 내일이 어두워질지 전전긍긍이다. 중국은 잠재적 1등 제국의 빛을 어둠 속에 감추고 있다. 도광양회(韜光養晦) 수법이다. 일본이 추락한다지만 우리에겐 너무나 앞선 선진국이다. 그들도 스스로를 되돌아보고 있다. 잘나가는 이웃이 있어야 우리도 잘될 것이라는 기대는 이미 지난 역사에서 충분히 학습한 낭설이다.

청이 흥할 때 우리 임금은 남한산성 포로가 되었고 료마의 길을 따라 성공한 일본은 조선을 식민지화했다. 경술국치가 100년째다. 그런데도 우리의 지도자들, 우리의 정치인들은 아직도 갑신정변 수준에 머물고 있는 건 아닌지. 누가 국가 백년대계를 준비하고 있나.

(2010-03-17)

진보가 밥 먹여준다?

진보 지식인 두 사람이 『진보 집권 플랜』이라는 야심 찬 대담집을 내놓았다. 시민기자제를 도입해 인터넷시대 새로운 언론 매체를 창출한 오마이뉴스의 오연호 대표가 묻고 대표적 진보학자라 할 서울대 법학전문대학원 조국 교수가 답하는 형식으로 7개월에 걸쳐 나눈 대화집이다.

우선 이들의 지난 진보 세력에 대한 자체 평가와 반성이 돋보인다. 진보가 집권을 했다. 그러나 진보가 밥 먹여줄 수 있는 정책 대안 없이 집권하다보니 진보 무능에 빠졌다. 386 세대들이 국회의원도 되고 집권도 해보니 투사가 영주로 변모하는 현상이 나왔다. 왕으로부터 봉토를 받고 안락한 영주로 지내다보니 '왕이 되기를 거부한 행복한 영주'가 되었다는 것이다. 해서 정치 좌파, 생활 우파라는 386 생활인으로 전락했다는 것이다.

이제 불씨 꺼져가는 386 세대들에 불을 지펴 지난 촛불시위처럼 새롭게 떨쳐 일어나 진보가 밥 먹여줄 수 있다는 확실한 대안으로 2012년 대선, 아니면 늦어도 2017년 대선에 진보 집권을 재창출하자는 것이다. 이를 위해 무상급식, 무상보육, 준(準) 무상의료, 반값 등록금, 반값 아파트 정책을 생활 속에 실현하자는 것이다. 무상급식이 이미 현실화되고 있고 4대 강 같은 엉뚱한 개발사업만 하지 않아도 이는 가능하다고 보고 있다.

과연 그런가. 진보가 밥 먹여준다는 플랜은 정확히 표현한다면 밥을 퍼주는 능력을 말할 뿐이다. 밥을 퍼주기 전에 누가 밥을 짓고 밥의 원천인 쌀은 누가 생산하는가. 농사를 짓자면 농토를 개발하고 거름도 줘야 하고 병충해에 구제역까지 막아야 한다. 제때에 물을 대자면 저수지를 만들고 수로를 열어야 한다. 그뿐인가. 다 된 농사에 멧돼지가 몰려와 쑥대밭을 만들지 못하도록 울타리도 굳건하게 쳐야 한다.

못된 이웃이 툭하면 야밤에 몰려와 훼방을 놓고 불바다를 만들겠다고 엄포를 치다간 바다 위에 떠 있는 배를 폭침해 젊은 우리 아들들을 수장시켰다. 평화로운 어촌에 포격을 가해 민간인을 죽이고 고향을 떠나게 만드는 이 눈앞의 기막힌 현실에 대비책도 세워야 한다.

그런데 이 모두를 생략하고 밥만 퍼주면 된다? 진보의 이상은 감미롭다. 북과 화해 협력해서 개방 쪽으로 유도하면 될 것을 북을 자극하고 냉대하니 평화가 깨졌다고 몰아붙인다. 북의 경우 최소 경비로 최대 공격무기가 될 수 있는 것은 핵과 생화학 무기다. 이를 묵인한 채 퍼주기만 한다고 북이 핵을 포기한다? 북과의 화해 협력은 북에 대한 우리의 안보 제어장치가 확실하게 작동할 때 가능하다. 한때 쌀과 비료, 금강산 관광, 개성공단이면 가능하다고 봤다.

그러나 지난 10년 햇볕공사는 허망하게 끝났다. 이제 남은 것은 핵은 핵으로, 미사일은 미사일로 대응하는 길밖에 없다. 이를 위해 미사일 개발제한을 시급히 풀어야 하고 2014년에 끝나는 한·미 원자력협정을 계기로 사용 후 핵연료 재처리 권한을 확보해야 한다.

진보의 이상은 감미롭지만 보수의 현실은 고달프다. 나쁜 이웃의 공격을 막자면 첨단무기도 사들여야 하고 울타리도 높이 쳐야 하며 물부족 국가의 물 문제도 해결해야 한다. 쌀농사만 지어서는 벌이가 되지 않는다. 신 수종을 개발해야 하고 새로운 성장 동력을 찾아 투자를 해야 한다. 공짜로 먹고 편히 사는 게 아니고 일자리를 거듭 창출해내야 하고 세계를 나의 시장으로 삼아 다시 도약해야 한다.

모든 게 인기 없는 품목들이지만 이게 박세일 교수가 명쾌하게 정리한 '큰 복지'다. '작은 복지'란 '무상' 시리즈 퍼주기 복지다. 미국의 언어학자 조지 레이코프가 『코끼리는 생각하지 마』라는 책을 썼다. 진보민주당이 보수 공화당을 이기려면 공화당 상징인 코끼리를 건드리지 말라고 했다. 코끼리를 건드릴수록 코끼리 전략에 말려든다. 지금 진보의 집권 전략은 무상급식, 무상의료, 반값 아파트, 반값 등록금 등 퍼주기 전략이다. 보수는 진보의 퍼주기 경쟁에 휘둘리지 말라. 공짜 늪에 빠져 헤어나지 못한다. 진보가 진보의 가치를 내세우고 있다면 보수는 보수의 깃발을 흔들어야 한다.

진보는 나름대로 성실히 과거를 반성하고 진보의 가치로 새 집권전략을 세우고 있다. 그러나 보수는 뭘 하고 있나. 진보 눈치나 보며 퍼주기 경쟁에 덩달아 나서고 진보의 깃발에 끌려다니고 있질 않은가. 보수는 보수다워야 한다. 울타리를 굳게 지키고 농사에 전념하면서 소득을 높이는, 비록 인기 없고 표 없는 일이라도 묵묵히 나라 기초를 다지는 보수 집권 플랜을 내놓아야 한다. 농사(경제발전)를 잘 지으면 밥(복지)은 저절로 나온다. 보수는 뼈 빠지게 농사를 짓지만 진보는 밥 퍼주기 생색만 내고 있지 않은가. 이 사실을 국민에게 각인시켜라.

(2011-01-14)

2 분열 갈등 아닌 통합 화해를

도천의 물, 마신 사람과 판 사람

라틴 아메리카에 민주화의 열풍이 휘몰아친 지도 벌써 3년이 지났다. 5공화국의 절대 권력이 과연 단임으로 끝날 것인지, 새로운 형태의 정권연장 방안이 나올 것인지 예측 불허했던 저 어두웠던 시절, 아르헨티나의 민주화 기수 라울 알폰신이라는 이름은 우리에게 뭔가 새로운 기대감을 부풀게 했던 동화 속의 왕자 같았다. 페론 독재 20년과 군사독재 8년 끝에 야당후보로 대통령에 당선된 알폰신은 플라자 데 마요 광장에 꽉 찬 시민들의 '아베르투라, 아베르투라'의 환호소리에 발맞추어 대통령궁으로 들어갔다.

아베르투라(Abertura), 우리말로 옮긴다면 민주화가 적격이다. 스페인어 사전을 찾아보면 열림(Opening)과 틈(Aperture)이라는 일견 모순된 뜻을 함께 갖고 있다. 단단한 벽에 틈이 생기면서 열림이 시작된다는 뜻인지, 민주화시대를 맞게 되면 구체제와 신체제 간의 틈이 벌어지게 된다는 뜻에서인지 정확히는 알 수가 없다. 그러나 독재의 틈바구니를 뚫고 민주화의 기운이 솟아나고 확장됨에 따라 구체제와 신체제, 군인과 시민, 기업가와 노동자 그리고 스승과 학생 간의 틈이 날로 벌어져가는 현상을 우리는 부에노스 아이레스가 아닌 오늘의 서울에서 날마다 밤마다 보고 듣고 있다. 열림과 틈, 개방과 간격(갭)은 모순관계가 아닌 동반자관계인가.

털면 먼지 안 나는 사람 없다 했지만 털면 털수록 쏟아지는 전가(全家) 비리로 장안이 먼지투성이로 쌓여 눈을 뜰 수 없을 지경에 이르렀다. 낡은 시대를 청산하고 정녕 새 시대를 맞으려면 그만큼의 청소와 그 정도의 청산작업은 벌여야 한다. 합법적 절차에 따라 따질 것은 따지고 밝힐 것은 밝혀야 한다. 그렇다. 분명 여기까진 가야 할 길임에도 불구하고 왜 자꾸 엉뚱하게 사잇길로 빠지려드는가.

1년도 채 안 된 민주화의 진통 속에서 기업주는 노조를 향해 엽총을 들어야 하는 궁지로 몰려들고 노조는 새롭게 임명된 사장을 냉큼 들어 밖으로 몰아냈다. 스승 같지 않은 스승이라고 학생들이 달려들어 스승의 머리를 홀랑 깎아버렸다. 학생들이 전경을 납치해가면 동료 전경들이 캠퍼스로 쳐들어가 강의실과 도서관을 난장판으로 만들어버리고 법을 법대로 집행하지 못했던 법대(法臺) 위로 방청객이 뛰어올라가 존엄의 대상이어야 할 판결문까지 찢어버리는 난장의 현장이 곳곳에서 벌어지고 있다.

계층 간의 갈등, 집단 간의 반목이 때와 장소를 가리지 않고 벌어지고 있고 심화되고 있다. 그뿐인가. 비리와 인권탄압, 광주사태의 모든 책임을 져야 할 전임 대통령은 여지껏 한마디의 사과 없이 '파헤쳐라'

'입을 열면 큰일 일어난다'는 측근의 입을 빌려 자신의 입장을 대변하고 있고, 청와대와 연희동은 뻔질나게 밀사가 들락거리며 때로는 문전축객, 때로는 전화통화가 연결되었다느니 승강이를 벌이고 있다. 너만 6·29 선언했느냐, 정치자금 나만 먹었느냐, 네 뿌리는 5공 아니냐, 너만 6공이냐로 서로 반목 대결하는 인상마저 풍겨준다.

중국 산둥성에 도천(盜泉)이라는 샘이 있었다. 도둑들이 마시는 샘물이라 해서 공자는 이를 불의의 샘으로 규정했다. 목이 탄들 어찌 도천지수를 마실 수 있는가 하며 의연함을 과시했다. 5공시절 하나밖에 없는 도천의 물을 마시지 않은 사람이 있었던가. 50보 밖에서 마셨다고, 백 보 뒤에서 마셨다고 변명하며 50보와 백 보의 차이를 갈라놓을 것인가.

중요한 사실은 도천의 샘을 누가 팠느냐에 있다. 18일이면 광주특위 청문회가 열린다. 누가 쏘았느냐, 누가 지시했느냐, 몇 명 죽였느냐는 살벌한 추궁이 며칠이고 계속될 것이며 시민은 시민대로 되살아난 광주의 한에 밤잠을 못 이룰 것이며 군인은 군인대로 50보와 백 보의 논쟁을 계속할 것이다. 그리하여 군인은 시민들에게 등을 돌리고 노조는 기업주와 담을 쌓으며 학생은 스승을 향해 저주의 돌팔매를 날릴 것인가.

민주화의 총아 알폰신이 걸어간 길도 순탄치만은 않았다. 구체제 청산을 위해 그는 갈티에리 전임 대통령을 포함한 군정 지도자를 인권탄압과 실정의 책임을 물어 한꺼번에 민간재판에 회부하는 결연한 자세를 보였다. 도천의 샘을 판 당사자들의 사법적 처리였다. 그 속엔 그의 국립군사학교의 동기생이었던 갈티에리도 물론 포함되어 있었다. 그러나 지난해, 좌익 게릴라라는 죄명으로 학살당했던 3만 명에 이르는 민간인 유족들의 탄원은 그치진 않았다. 4배여 명의 장교가 법정에 서게 될 운명에 몰리게 되자 군부에는 항명의 파동이 일어나고 급기야는 반란으로 발전되었다. 아르헨티나 최정예부대인 공수부대가 시민을 향해 총을 든 것이다.

알폰신은 단독으로 헬기를 타고 반란군 부대를 찾아들어 반란군 장교와 담판을 벌였다. 반란군은 해산했다. 알폰신이 무슨 말로 그들을 설득했는지 모른다. 그러나 몇 날 뒤 국회에서는 군인재판 조기종식법안이 야당의 반대를 무릎 쓰고 통과되었다. 군정기 동안의 군인잔혹행위에 대한 기소를 일체 종식시킨다는 내용이었다. 도천의 물을 누가 많이 마셨느냐를 따지지 않겠다는 뜻이다. 알폰신의 위대함은 군부독재와 단절을 선언한 결연한 결단력과 군과 시민의 대타협을 이뤄내는 정치력에서 더욱 빛난다.

도천의 물을 모두 함께 마신 우리로서는 도천의 물을 마시기마저 거부했던 광주항쟁 민주시민의 영령 앞에 고개 숙여 사죄해야 한다. 구천을 해매며 중음신으로 떠돌 광주의 혼들이 극락왕생의 길을 찾아갈 때까지 모두 엎드려 빌어야 한다. 이 길만이 벌어져가는 틈을 메우고 열려 있는 민주화의 길을 향해 우리 모두 정진할 수 있는 전기가 될 것이다.

'아베르투라, 아베르투라', 이것은 기업주와 노조, 군인과 시민, 스승과 학생들 간에 높이 쌓여 있던 벽에 틈이 생겨나면서 화합의 열림으로 이어지는 민주화의 열림이어야 한다. 새로운 담을 쌓는 갈등의 틈이 아니라 장벽을 허무는 화해의 열림이어야 한다. 도천의 물이 문제가 아니라 도천의 샘을 누가 팠느냐가 문제다.

(1988-11-17)

창 밖에서 누군가 울고 있다

며칠 전 신문 사회면에는 매우 대조적인 두 사건이 나란히 자리 잡고 있었다. 한쪽 기사는 1억 원에 가까운 돈을 들여 고교 내신 성적을 조작하고 시험은 일류 대학 재학생을 동원해서 대리 시험을 치르게 한 대학 입시 부정 사건이 있고 다른 한쪽은 25만 원의 박봉에 시달리는 집안 살림의 어려움을 덜어주기 위해 네 자매가 극약을 마셔 1명은 죽고 3명은 중태라는 기사 내용이었다. 입시 부정 사건이 '많이 가진 자'의 부도덕성을 단적으로 드러내는 이 사회의 단면이라면, 네 자매의 음독 사건은 '못 가진 자'의 슬픔을 극명하게 드러내는 애절한 가족 사건이다.

네 자매의 생명을 구할 수 있고 그들 식구 모두가 평생 먹고 학교 다닐 수 있는 거액의 돈을 아들의 대학 부정 입학에 선뜻 내놓을 수 있는 많이 가진 자의 입장도 나름대로 논리가 있을 것이다. 우린들 언제 유산 받아 공짜로 잘살게 되었는가. 정말 열심히 능력껏 뼈아프게 일하고 돈도 벌었다. 돈 버는데 급급하다보니 자녀 교육 부실했지, 난들 좋아서 부정 입학시키려 했겠는가. 내 아들이 대학 못 가면 돈이 무슨 소용인가. 대학을 가야 사람 취급받는 사회가 되었으니 모두들 집을 팔아서라도 과외 공부를 시키려들지 않는가. 기부금 입학 제도가 있다면 이런 범죄까지 저질렀겠는가. 문교 정책이 잘못된 거야. 돈 있는 사람 마음 놓고 돈 좀 쓰게 하는 사회가 자본주의 사회 아닌가. 재산가라면 죄인 취급하는 우리 사회 풍토에도 문제가 있다. 들통이 났으니 부정 입학이지 그보다 더 큰 부정이 얼마나 횡행하는가.

도시 근로자 월 평균 임금 56만 원, 그 이상을 받고 도시에서 중간쯤 산다고 생각하거나 그렇게 살고 싶어하는 계층을 '덜 가진 자'로 본다면, 이들 계층이 두 사건을 읽는 독법은 어떠할까. 돈 많은 집안 치고 자녀 교육 똑바로 하는 집 있는가. 사업한답시고 사장님은 하루 몇백만 원 날리는 고급 술집 드나들다보면 딴살림 차리게 되고 사모님은 사모님대로 주름살 수술하고 군살 뺀 다음 게이바나 드나들 테니 집안 꼴 불 보듯 훤하지. 아들이 대학 떨어진 다음 아차 했을 땐 이미 늦었어. 진작 손을 써야지. 사랑이 별것인가. 어렸을 적부터 알뜰살뜰 산수학원 피아노학원 보내 자녀 교육 보살펴주었어야지. 8학군엘 들어가 유능한 과외 선생에게 틈틈이 배우면 돈 적게 들고 성적 쑥쑥 올라가니 얼마나 좋아. 세상에 귀한 건 뭐니 뭐니 해도 여우 같은 마누라와 토끼 같은 아들밖에 없어. 돈 많은 사람들 정신 좀 차려야 해. 아니, 아직도 월수 25만 원짜리 월급쟁이가 있는가. 뭔가 잘못되었겠지. 무능력자군 쯧쯧. 이런 기사 읽고 나면 엔도르핀 떨어지고 아드레날린만 나오잖아. 신문이란 게 밤낮 어두운 기사만 실어. 헝가리에 3억 달러 빌려주고 대국 중국과 소련이 다투어 손 벌리며 우리에게 돈 빌려달라고 아우성치는 살 만한 나라가 된 판국에 이 무슨 촌스런 일이야.

월수 25만 원 미만의 근로자 숫자는 87년 노동부 통계에 따르면 1백75만 명. 3명의 식구가 딸린다면 대충 5백만 명. 인구 20%가 농민이라면 8백만 명, 그중 40%가 빈농이라면 3백20만 명. 못 가진 계층, 근로자와 농민이 8백20만 명에 이른다. 여기에 지난 20여 년의 독재 정권에 핍박받고 쫓겨난 사람, 어느 해 5월 학교 간 아들이 시체로 돌아온 다음부터 눈에 핏발이 선 사람들을 합친다면 줄잡아 1천만 명에 이를 것이다. 이들의 입장에서 많이 가진 자와 덜 가진 자(더 갖고 싶어하는 자)를 보는 시각은 남미의 민중 운동가 사울 알린스키의 논리와 크게 다르지 않을 것이다.

많이 가진 자—이들은 권력·돈·안전 그리고 화려하고 좋은 것들을 모두 소유한 자들이다. 사회의 정상을 차지한다. 못 가진 자의 고통을 이해하려들지 않고 자기만의 안주에 만족하며 쾌감마저 느낀다. 이들은 약간의 변화, 약간의 추위도 견디지 못하며 현재 있는 그대로 모든 것이 있기를 바란다.

덜 가진 자—가진 자와 못 가진 자의 중간에 자리 잡으면서 두 세력 사이에 끼어 있다. 더 많은 것을 얻기 위해 변화를 기대하면서 저들이 갖고 있는 그나마의 재산을 보호하기 위해 이중인격자가 된다. 변화 속에서 이득을 찾으려들면서 변화의 위험성을 싫어해 안전을 택한다. 정의와 자유 그리고 권위에 밝은 것처럼 보이나 "목적에는 찬동하지만 그러나 방법에는 찬성하지 않는다"는 주장을 편다. 알린스키는 이들을 '미스터 BUT(그러나)'라고 했다.

전 국토의 사유지 65%가 5% 미만의 사람들에 의해 소유된다면 이들이 분명 많이 가진 자가 될 것이고 중간쯤 살거나 그렇게 되기를 바라는 덜 가진 자의 숫자가 60%를 넘고 있으니 인구의 65%가 가진 자 쪽에 서게 된다. 만약 이 65%의 가진 자들이 저마다 철옹성을 쌓고 내 가족만을 위해 헌신하고 내 식구만을 위해 무슨 일이든 하려들 때 그 철옹성은 못 가진 자들의 탄식을 넘어 분노의 대상이 되고 공격의 대상이 될 수밖에 없다. 공장을 늘리기보다는 증권에 투자하고 부동산에 묻어두겠다는 기업가의 숫자가 늘어나고 못 가진 자들의 한 맺힌 절규가 차곡차곡 쌓이는 줄도 모른 채 자신의 성, 자신의 가족에 안주하려들 때 사회는 변혁의 소용돌이 속에 휘말리게 된다는 역사적 사실을 잊어버리게 된다.

못 가진 사람들의 분노가 집단화되기 전에, 여의도 농민 시위에 주창이 나왔다 안 나왔다로 호들갑을 떨기 전에 못 가진 자들을 가진 자 쪽으로 유도하고 편입할 수 있는 능력을 갖춘 사회가 건전한 사회인 것임을 알아야 한다. 그 일을 주도적으로 펴나갈 수 있는 정부가 능력 있는 민주 정부인 것이다. 산업화와 민주화의 두 수레바퀴를 삐그덕 소리 나지 않게 끌어가기 위해 가진 자들은 양귀자의 산문집처럼『따뜻한 내 집 창 밖에서 누군가 울고 있다』는 자책의 도덕성을 끊임없이 반추해야만 한다. 못 가진 자의 설움과 독재 정권의 핍박을 받은 사람들의 원한이 한데 어울려 퍼지는 함성을 체제의 도전이라고만 보지 말자. 체제 내부로의 수렴을 거부하는 보이지 않는 구조적 장막의 실체를 직시해야 한다. 위기의 핵심이 계층 간의 불화, 계층 간의 단절 의식에 있다는 사실에 착안하게 될 때 위기의 해결은 의외로 쉬워질 수 있다.

(1989-03-03)

TK를 위한 반 TK론

대구 경북고의 재경 동창회가 최근 「경맥」이라는 회보지를 펴냈다. 여기에 실린 한양대 사회학과 권오훈 교수의 「TK론의 실상과 허상」이라는 글은 매우 흥미롭다. 권 교수 자신 '누구도 부인할 수 없는 사회적 힘의 집단체'로서 부상한 TK의 동문으로서 때로는 자랑스러움과 때로는 부끄러움을 함께 느끼면서 TK의 실상과 허상을 이렇게 적고 있다. 무엇이 TK인가. 경북·대구 출신이라는 지역적 연고성과 대구 경북고 출신이라는 학연성이 가미된 파워 엘리트 집단이다.

어떻게 형성되었나. ①급격한 산업화과정에서 생겨난 1차적 지역집단이기주의 산물이고 ②정치관료적 출세지향이 강한 경북지역의 학문 전통을 배경으로 해서 ③30년간의 군사정치 속에서 그들이 내민 지팡이 끝을 잡고서 형성된 세력이다.

그러나 민주화와 사회발전을 위해선 첫째, 법·규율·이성에 바탕한 2차적 집단이 모든 사회조직의 주류가 되어야 하고 둘째, 그러할 때 사회조직은 다양한 개성을 지닌 여러 조직들로 구성되어 TK 또한 정치관료사회뿐만 아니라 학문 예술세계로 균형 있는 확산을 시도해야 할 것이며 셋째, 군대라는 집단의 도움 없이 홀로 설 수 있는 TK가 되어야 한다고 그는 결론짓고 있다. 필자 또한 별 볼일 없는 TK의 한 사람으로서 권 교수의 지적에 동의한다.

뿐더러 여기에 두 가지 측면에서 사족을 덧붙이고 싶다. 국가권력의 핵심이 소수의 특정집단이나 세력에 편중되어 있다는 인상이 사회적 공감대로 받아들여질 때 두 가지 반작용이 예상된다. 하나는 권력 내부의 반작용이고 다른 하나는 사회구성체 내부의 거부반응이다. 어떤 사회, 어떤 체제에서든 파워 엘리트란 존재할 수밖에 없다. 그러나 그 존재방식은 독자성과 균형 위에서 성립되어야 한다. 균형과 독자성이 깨어지면 특정집단의 독주로 흐르고, 그 독주는 타 세력의 거센 반발을 사며, 그 반발을 막기 위해 특정집단은 한층 더 결속과 흡인력을 강화하며 강한 배타성을 보이게 된다. 이것이 권력 내부에서 악순환되는 반작용이다. 집권후기로 들어선 6공 권력구조가 체제유지의 핵심이랄 수밖에 없는 청와대·검찰·안기부 위주로 짜여 있고 그 수뇌가 TK 출신에 의해 내부적 결속력·흡인력과 외부적 배타성을 동시에 발휘한다면 그 결과는 어떻게 될 것인가.

6공 현재의 파워 엘리트 집단이 특정집단에 의해 주도되고 그 주도의 배경이 독자적 능력보다는 지난날 억압체제의 지팡이 끝을 잡고 일어선 세력이라면, 또 민주화 과정이란 지난 억압체제의 청산이라는 명제에서 출발한다면 오늘의 TK 위상 또한 부정적 모습으로 그려질 수밖에 없다. SK(서울·경기) JK(전남·광주)의 강한 반발을 살 수밖에 없고 민주화를 역행하는 걸림돌이라는 비난을 면할 수 없게 된다. 핵심 권력구조가 TK 또는 신TK, 공안파 또는 개혁파에 의해 독자성과 균형을 잃고 주도되고 통합되면 경직될 수밖에 없게 된다. 수서파동에서 본 정치적 위기란 표면상의 도덕성 위기도 있겠지만 내부 권력구조의 독주와 그에 따른 경직성과 무관하지 않다고 판단한다.

대통령을 포함한 그 밑의 권력구조가 특정집단에 의해 주도된다면 설령 사건과 무관한 관계에 있었다 해도 의혹과 불신은 증폭되게 마련이다. 권력이란 언제나 위기를 맞게 된다. 그 위기를 소멸시키고 축소시키기 위해 권력의 장치에는 언제나 피뢰침 기능이 있어야 한다. 그래서 권력의 독점보다는 분산으로, 제 기능 제 역할을 챙기고 추진하는 직업적 관료집단에 의해 독자적 분권기능이 존재한다. 벼락이 치면 벼락을 소멸시키는 피뢰침이 도처에 있어야 한다. 피뢰침 장치 없이 대통령이 배타적 특정집단에 의해 보좌되고 정책을 결정하며 한 가지 목적을 위해 일사불란하게 움직인다는 인상이 짙어질 때, 수서사건 같은 벼락이 치면 권력의 핵심 전체가 벼락을 피할 수 없는 궁지에 몰리게 된다.

그다음, 수서사건이 일과성 사건으로 끝나지 않고 끈질긴 의혹으로 남는 데는 30년 세월 동안 우리 사회에서도 이미 정·경·군 복합의 상류층사회가 형성되어 있고 그 사회를 지속적으로 유지하기 위한 특정 파워 엘리트 집단이 있다는 심증이 깔려 있기 때문이다. 이처럼 분명한 사실에 근거하지 않은 의혹과 심증이 무성한 것은 특정집단 지배의 권력구조에 대한 사회적 거부감, 또는 반작용에서 나온 것이라고 풀이해야 할 것이다.

30년간 권위주의 정치와 고도성장의 산업화 속에서 우리 사회 내부에도 배타적 상류층 사회가 자리 잡고 있고 개인의 능력이나 노력과는 관계없이 특정집단이나 특정계층에 의해 이 사회가 주도되고 움직여 나간다고 보는 시각이 늘어난다면 이런 사회야말로 닫힌 사회가 될 수밖에 없다. 베일에 싸여 있는 권력의 실체란 실재보다 허장성세일 수 있고 왜곡 오인될 수도 있다. 다만 문제는 실체와 달리 더 크게 더 과장되게 사회적 인식이 확산된다는 데 있다.

진실로 TK가 이런 의혹과 심증을 일소하고 왜곡과 오인을 바로잡기 위해선 배타성보다는 포용성을, 독점 독주보다는 상호성과 균형을 중시하는 파워 엘리트 집단의 일부로 기능해야 할 것이며 그 기능에 자족해야 할 것이다. 이 길이 권위주의 시대를 청산하고 열린 사회로 나가는 민주화과정에서 TK가 할 수 있는 최선의 선택이라고 많은 사람들은 믿고 있을 것이다.

(1991-03-13)

"만만디" 중국식 통일방안 3제

출발시간이 임박한 홍콩발 광저우(廣州)행 비행기 9번 게이트 앞에는 장사진이 쳐져 있었다. 닫힌 탑승구 앞에서 '비룡여행사'라는 둥근 배지를 가슴에 단 타이완 관광단 50여 명이 초조한 빛도 없이 신나게들 떠들고 있다.

"대륙 여행이 몇 번째인가" "세 번째야. 당신은?" "처음인데… 고향에 가는 길이야" 휴가·방학 탓인지 중국대륙을 여행하는 타이완 관광단은 대륙 오지의 한산한 호텔에서든, 베이징·상하이·광저우의 붐비는 호텔로비 어디에서든 쉽게 만날 만큼 그 숫자는 엄청났다. 이들 여행자들이 들고 있는 서류란 외국인 여권(護照)이 아니라 여행사가 발행한 손바닥 크기의 여행허가증 한 장이었다. 45년 2차 국공합작이 깨어진 다음부터 4년째 피의 내선을 서듭하다 타이완으로 빌려난 상제스 국민당의 당사자와 후손들이 마오쩌둥의 공산당 땅을 자유스럽게 왕래하고 있는 오늘의 풍경이다.

양국 간의 총리회담이 요란스레 있었던 것도, 범민족대회가 열린 것도 아니고 정상회담에서 결정한 사실도 아니지만 타이완인의 대륙여행은 탐친(探親) 5년 이래 이젠 자연스런 추세로 보편화되었다.

장웨이궈(蔣偉國) 씨라면 장 총통의 2남이고 장징궈의 동생이다. 80년 초까지만 해도 우리 식의 보안사령관과 군부대 일체의 물자와 급식을 담당하는 군수사령관을 겸직하면서 장징궈 사후의 통치자로 손꼽히던 막강한 인물이었다. 이 장웨이궈 씨가 지난해 11월 쑨원 탄생을 기리는 한 기념식장에서 쑨원이 황포군관학교를 세웠던 시절을 회상하면서 당시 조수였던 장제스·다이지타오(戴季陶)·김송반의 아들 4명, 장징궈·장웨이궈와 다이안궈(戴安國)·김정국이 함께 놀던 추억을 떠올렸다. 장징궈·다이안궈는 이미 세상을 버렸지만 김정국의 소식만은 알길 없다는 안타까운 심정의 토로가 있었다. 이 보도가 「대만신문」에 발표된 다음, 중국 최대의 발행부수를 자랑하는 상하이의 「신민만보」가 김정국을 수소문한 지 9개월 만인 지난 12일, 마침내 안후이성 허페이 시에서 그를 찾았다는 기사가 대서특필되었다. "내 나이 이미 74세, 이

제 더 이상 무슨 바람이 있겠는가. 오직 한 가지 희망이라면 해협양안이 하루빨리 통일되어 옛 친구를 다시 한 번 만나보는 것뿐이오"라는 김씨의 인터뷰 기사가 실려 있었다.

중국 최대의 개방도시 광주에서 자동차로 2시간 반 남짓 가면 쑨원의 출생지인 종산시 취샹촌에 이르게 된다. 이 한적한 마을에서 8월 2일에서 7일까지 엿새 동안 '손중산과 아주(亞洲)'라는 주제의 국제학술토론회가 열렸다. 중국의 근현대사를 연구하는 중국학자 80여 명, 타이완학자 40여 명, 일본학자 20여 명, 한국 4명, 홍콩·미국·인도 등지의 학자까지 포함해 2백30여 명이 참가한 대규모 학술대회였다. 형식상으로는 중·일의 쑨원 연구회가 공동으로 주관하는 학술대회이지만, 내용상으로는 중국과 타이완이 40년 만에 공식적으로 첫 대면을 해 문화·학술교류의 첫 장을 여는 '문화적 제3차 국공합작'이라 할 만한 역사적 사건이었다.

이민족 왕조인 청조를 무너뜨리고 신해혁명을 주도했던 쑨원에 대한 평가는 타이완에서는 처음부터 국부로 모셔진 터이고 대륙에서 또한 혁명가로서의 그의 지위는 높이 받들어져왔다. 즉, 중국과 타이완 양쪽이 함께 존경하는 인물을 내세워 그에 대한 연구의 자리를 마련함으로써 역사적·정신적 동질성을 확보함과 동시에 이를 계기로 한 단계 높은 문화교류의 증진을 꾀하자는 게 이 모임의 참뜻이었을 게다. 정치적 논쟁을 배제한다는 원칙은 철저하게 양쪽에서 지켜졌고 하루 세끼씩 자리를 함께 하는 2백여 평의 식당에는 매번 명함이 교환되고 광둥요리의 성찬을 예찬하며 고향산천을 이야기하고 지인의 안부를 묻는 자리가 되었다. 그것은 단순한 인적 왕래와 교류를 넘어선 문화교류의 첫발을 딛는 사건이었음에도 개폐회식이 있던 날의 광둥 TV 9시

뉴스 시간에는 말미에 손중산학술대회가 열렸다, 끝났다만을 알리는 단신이 흘러나왔을 뿐이다.

어느 날 저녁 식탁에서 타이완 측 대표의 한 사람인 중앙연구원의 장옥법 박사와 한국 측 대표인 민두기 교수가 자리를 같이 했다. "같은 분단국인 한국의 입장에서 이번 대회를 보면서 무척 부러웠다. 선생의 감회는 어떠한지?" "서로가 1백% 만족할 만한 대회였다. 이번 대회에 상응할 대회를 타이완 쪽에서도 금년 말 개최하려고 한다. 주제는 가족 제도가 될 것이지만, 그 이전에 공산당원 입국을 허용할 보안법이 개정되어야 할 것이다."

24일 40여 년 만에 처음으로 중국 공산당원의 타이완 방문을 허용하기로 했다는 대북발 외신이 서울의 조간신문에 조그맣게 실려 있었다. 결코 정치적 선전이나 허장성세 없이 조용하고도 단계적으로 서서히 진행되고 있는 중국과 타이완 간의 통일과정을 현장에서 본 필자로서는 인적 왕래와 비정치적 경제·문화교류가 분단과 증오의 벽을 무너뜨리는 가장 강한 힘임을 새삼 확인했다. 요란한 정치선전이나 정권유지 차원의 선언이나 성명은 결코 남북 간의 벽을 허물 수도, 낮출 수도 없을 뿐만 아니라 오히려 분단의 벽을 높이는 쪽으로 기능하는 것임을 거듭 느끼기도 했다.

"지금 (김일성 주석이 노태우 대통령을) 만나시면 누구 살려주는 꼴"이 되어 결국 남북정상회담은 열리기 어렵다고 조평통(조국평화통일위원회) 전금철 부위원장은 「중앙일보」 이찬삼 특파원과의 회견기에서 밝혔다. 남쪽 정부에 이득이 갈 정상회담이나 통일을 향한 접근자세는 결코 북쪽에서 보여줄 수 없다는 뜻으로 풀이된다. 남북의 문제를 민족통일의 대원칙도 아니고 이산가족의 재회라는 인도적 차원에서도 아닌 남과 북의 정치적·정권적 차원에서만 해결하려든다면 우리의 분단은 영원할 수밖에 없다는 참담한 비관에 빠지게 된다.

(1990-08-28)

부천시향의 고향 만들기

지휘자 임헌정 씨는 메니스와 줄리어드 음악학교에서 작곡·지휘공부를 끝낸 다음 서울대 음대 교수가 되고 3년 뒤인 88년 부천시로부터 교향악단 창단교섭을 받게 된다. 그는 시장에게 지속적인 예산·행정지원의 보장과 불필요한 간섭배제를 조건으로 제시했고 그의 제의는 흔쾌히 받아들여졌다. 그는 엄격한 심사를 거쳐 단원을 선발했고 선발된 연주자들은 좋은 교향악단을 만들자는 데 뜻을 함께했다.

이듬해인 89년 10월 1일, 시민의 날을 맞아 부천시립교향악단은 감격적인 첫 연주회를 하게 된다. 2천여 시민이 자리를 메운 시민회관 지휘대에 오른 지휘자는 첫 곡으로 드보르자크의 「신세계 교향곡」을 연주하는 까닭을 설명했다. 고국 체코를 떠나 미국생활을 하면서 「꿈속에 그려라. 그리운 고향」을 작곡한 드보르자크의 망향곡을 들으면서 부천이 여러분의 고향임을, 부천에 살고 있다는 자체가 긍지로 남아 있기를 바란다고 말했다. 이어 무대 위로 자전거를 탄 소년이 달려 나오면서 「찌르릉 찌르릉 비켜나세요」와 「나의 살던 고향은 꽃피는 산골」이라는 부천 복사골 마을 노래가 울려 퍼지면서 청중과 악단은 한판 신나는 시민축제를 엮어나갔다.

창단 3년 만에 부천필은 가장 패기 있고 뛰어난 기량을 자랑하는 교향악단이라는 음악계의 평가를 받으면서 부천시민들이 소중하게 아끼는 예술단체·문화공간으로 자리 잡아가고 있다. 부천사람들은 흔히 "부천에 살고 있다"고 말하기보다 "부천에 잠시 있다"고 말한다. 서울로 진입하기 위해, 또는 서울에서 밀려나 잠시 부천에 머물러 있을 따름이다. 서울로 가는 간이역이고 서울에서 살기 위한 잠시 동안의 숙박소인 것이다.

인구 67만 명, 경기도 최대의 도시로 떠오른 부천시는 토박이 8%, 30대 인구 85%, 이동률 64.5%라는 진기록을 수립하는 부랑의 젊은 도시다. 기대볼 언덕이 없고 삶의 애환을 함께 나눌 이웃이 없다. 모두가 떠도는 각박한 일상 속에서 자고 일 나가고 이삿짐을 쌀 뿐이다. 1년에 25만 명이 이삿짐을 싸 떠나고 28만 명이 새로 이삿짐을 풀어놓는 곳이 부천이다. 부천은 산업화과정 속에서 무섭게 불어난 서울의 일그러진 모습을 그대로 닮았고 지난 10년 동안 우리 모두가 살아온 삶의 축도를 지금 부천에서 보고 있다는 느낌이다.

지난 10년 동안 우리 사회의 변동지표는 이렇게 나타나고 있다. 해마다 9백만 명씩 모두 9천만 명이 이사를 다녔고 겨우 인구의 9.7%만이 태어난 곳에서 살고 있을 뿐이다. 한 곳에 머무르는 기간이 평균 3년, 모두가 떠도는 부동(浮動)사회였다. 이웃이랄 게, 공동체의식이란 게 형성되고 존재할 겨를이 없었다. 부동의 사회란 익명의 사회다. 자신의 이름을 숨기고 남의 이름을 알 필요가 없다. 익명의 사회는 믿음과 질서를 무시한다. 그래서 부동의 사회, 익명의 사회는 무규범과 무질서가 판치는 범죄의 온상이 되는 것이다.

떠도는 도시에 삶의 뿌리를 내리게 하고 익명의 사회를 공동체 사회로 바꾸는 길은 무엇인가. 삶의 외형적 총량보다는 삶의 질, 문화의 사이즈를 중시하는 풍토로 의식전환을 유도해야 하고 그 유도의 방식이 문화적 접근이어야 한다고 생각한다. 자신이 살고 있는 곳이 삶의 터전이고 뿌리임을 문화적 유대를 통해 일상적으로 확인하는 길이다. 그래서 문화적 시설과 공간이 필요해지는 것이다. 떠도는 도시 부천에 고향악단을 창단하고 '호적 옮겨 오기 운동'을 전개하면서 복사꽃 예술제를 해마다 열고 있는 부천시의 착상과 실천은 바로 이런 이유로 해서 높이 평가받을 만하다.

일견 대수롭지 않고 구색으로 끝날 일을 의지와 집념으로 실천에 옮긴 정태수·허태열 전임 시장들의 노력 또한 권위주의와 편의주의 행정관료에만 익숙해 있는 우리에게 새삼 이런 관리도 있다는 신선함을 일깨워준다. 정명훈이 한때 상임지휘자로 있었던 독일 자르 브리켄 교향악단은 인구 20만 명 남짓의 작은 도시에 속해 있다. 정기연주회는 일요일 오전을 택한다. 마을 사람들은 가족끼리, 이웃끼리 일요일 봄 아침의 맑은 공기, 맑은 햇살을 맞으며 연주회에 참석한다. 연주회가 끝나면 가족끼리, 또는 이웃과 함께 점심을 든다. 이런 마을, 이런 도시에서 이웃 간의 불신이 높아지고 음해와 부정, 비리와 폭력이 난무하는 현상이 벌어지리라고 믿을 사람은 아무도 없을 것이다. 그것이 교향악단이라도 좋고 국악단 사물놀이패라도 상관없다. 사람과 사람, 이웃과 이웃을 믿음과 정으로 교감시켜주는 매체라면 무엇이든 될 것이다. 바로 그 매체가 예술이고 그 매체의 공유가 곧 문화습관인 것이다.

기초의회 의원선거가 끝났고 15일이면 2백60개 시·군·구 지역의회가 개원할 것이며 4천3백여 의원들이 지역 활동을 위해 뭔가를 시작할 때다. 무엇을 위해 어떻게 봉사할 것인가. 떠도는 도시를 안정된 도시로, 익명의 사회를 공동체 사회로 만들어가기 위해선 무엇보다도 문화예술적 접근이 가장 효과적임을 기초의회 의원들에게 제언하고 싶다.

모든 마을, 모든 도시가 버리고 떠나는 곳이 아니라 우리 모두의 마음속에서 그리는 고향이 되게끔 지금부터 함께 노력해보자는 것이다.

지자제의 실시가 곧 '고향 만들기'의 첫 삽을 드는 작업임을 환기시키고자 한다.

(1991-03-11)

전임 대통령이 가야 할 길

중국 톈진 앞바다에 떠 있는 여객선 산하이먼호가 긴 뱃고동소리를 울리자 이윽고 장송곡이 울려 퍼지면서 한 줌 뼛가루로 남은 덩잉차오(鄧穎超)의 유해가 뿌려졌다. 저우언라이의 혁명동지였고 일생의 반려자였던 덩잉차오의 간곡한 유언에 따라 이뤄진 간소한 장례식이었다. 그녀는 어느 친인척에게도 특혜를 주어서는 안 되고 살던 집은 국가의 재산이었으니 기념관일랑 생각지도 말고 국가에 헌납하기를 당부했다. 거창한 장례식을 피하고 한 줌 재로 고향의 앞바다에 뿌려지기를 바랐다.

한 중국 정치지도자의 유언과 장례식이 감명 깊게 전해질 무렵 우리의 전임 대통령이 40여 명의 가족·전직 고관과 경호원을 거느리고 호화판 피서나들이를 떠났다는 소식이 전해졌다. 전임 대통령이 범인(凡人)과는 좀 다른 피서나들이를 갔다고 그렇게 놀라워할 일은 아니다. 우선 법적으로 전임 대통령의 경호를 정해놓고 있고 피서나들이를 할 정도의 예우는 법제화해놓았으니 어느 정도 호사는 있을 법도 하다. 또 한번 잡은 권력을 놓고 범인으로 일상을 살아가는 게 얼마나 어려운 일이겠는가. 뭔가 남다른 특혜와 끗발이 없고서야 삶의 의미마저 퇴색할지 모른다. 더구나 삭풍이 몰아치는 설악산 밑 암자에서 2년여의 형기 아닌 고된 나날을 보냈고 자중자제하며 살아온 왕년의 권력자에게 있어 이런 감회는 남다른 바가 있었을 것이다. 이제 그 귀양살이를 마쳤다고 보는 오늘에 와서 가족을 위해 피서나들이를 떠나게 되니 지난날의 부하들이 자리를 함께 해보자고 나설 만도 했을 것이다. 이처럼 한 수 접어서 아량을 가지고 전임 대통령의 피서나들이를 보려는 민초들이라 해도, 마치 충성스런 가신들처럼 떼를 지어 따라가는 전직 관료들의 패거리 행태를 보노라면 가슴속이 뒤집힌다.

전임 대통령의 제주도 나들이가 뭇사람들의 속을 언짢게 하고 있는 바로 그다음 날, 5공권력의 대표적 인물로 꼽힐 한 사람을 은행 이사장 자리에 앉혔다는 짧은 인사동정이 신문에 실렸다. 경찰청장을 지낸 사람도 은행 이사장 자리를 맡고 있는 세상에 5공의 정치 실세였던 사람이라고 이사장을 맡는데 무슨 하자가 있겠느냐고 할 수도 있다. 그러나 관심의 초점은 왜 군이 6공이 끝나가는 시점에 5공의 핵심인사 한 사람을 부적절한 자리에까지 군이 앉혔느냐는 배경설명이다. 지난 총선 때 민자당 공천을 주지 않은 데 대한 보상이라는 설명도 가능하고 5, 6공의 중요 정치 대소사를 소상히 알고 있을 그를 무마함으로써 입막음을 한 게 아니냐는 짐작도 가능하다. 뿐만 아니라 5공의 핵심참모였던 그를 6공 캠프로 영입함으로써 5공 캠프의 세를 꺾는 역할을 할 수도 있다는 어림짐작도 들어갈 수 있다. 결국은 6공 인사정책의 난맥상은 자파 세력의 규합을 위한 배려였다는 쪽으로까지 비화할 수 있다.

이런 어림짐작에 우려 섞인 예측까지 가미한다면, 7개월 이후 연희동의 두 전임 대통령 사저는 5, 6공 캠프의 대립이라는 형국으로까지 발전할 소지를 안게 된다. 가까운 거리에 있는 두 전임 대통령의 집은 삼엄한 경호에 싸일 것이고 두 집을 왕래할 전·현직 관리들은 양쪽 캠프의 눈치를 살피며 오간 것이다. 이쪽 집은 누기 다녀갔는데 저쪽 집은 안 왔다더라, 이쪽 집은 제주도 피서를 가는데 저쪽 집은 설악산으로 간다더라, 수행원은 몇 명이고 전직 관료가 몇 명이더라는 속보가 꼬리를 물고 이어지고 5, 6공을 둘러싼 정치적 비화공개로 주간지·월간지는 낙양의 지가를 올리게 되지나 않을지, 우리는 바로 이런 식의 패거리 정치가 재현될까를 두려워하는 것이다.

우리네 심금을 울리는 한 외국 정치지도자를 전임 대통령이 본받아야 한다고 주장할 생각은 없다. 한낱 목수처럼 동료 목수들과 짝을 지어 빈민가의 낡은 집을 수리하는 미국의 전임 대통령을 닮으라는 고상한 충고까지 할 여지도 없다. 저 어둡고 암울했던 시절을 되살려 그 당시 누가 더 악역을 맡았던가를 도토리 키재기 식으로 재려드는 치졸한 정치비화를 우리는 더 이상 듣고 싶지도 않다. 서로 누가 더 잘했느니 하며 상대측을 헐뜯는 두 전임 대통령을 갖게 된다면 그 사실 하나만으로 우리네 민초들은 남이 들을까 부끄러워 고개를 들지 못하고 살아야 할 형편인 것이다.

그래서 전·현직 대통령이 조건 없는 만남과 격의 없는 화해로 지난날의 앙금과 서로의 오해를 씻고 국가장래를 함께 걱정하며 지난 경륜을 살려 국정자문에 응할 수 있는 건강한 국가원로로서 기능하기를 모든 사람들은 기대하고 있다. 이 길이 패거리 가신정치를 벗어나 새로운 정치문화를 창출하는 데 기여할 뿐만 아니라 한 분의 전임 대통령은 20여 년의 군사 통치에 종지부를 찍는 단임을 이룩했다는 긍지로, 또 한 분은 민주화의 과도기를 무난히 넘긴 민선 대통령으로 오랫동안 기억될 수 있다고 믿는다.

(1992-07-28)

새는 좌우의 날개로 난다?

발 빠르게 변하는 요즘 사회에 변치 않는 세 가지가 있다고들 한다. 언론과 대학 교수 그리고 재야 세력이란다. 신문이야 요즘 치열한 지면 경쟁으로 나름대로 새로운 변신을 시도하고 있다지만 최근 대학사회에 돌풍을 일으키고 있는 문제의 『한국사회의 이해』라는 책을 읽어보면 대학도 정말 너무 변치 않는다는 개탄을 절로 하게 된다. 대학 교수 중에서도 진보적 성향의 소장파 교수들이 쓴 연구서라면 적어도 급변하는 시대에 적응할 새롭고 참신한 내용의 흔적이라도 찾을 수 있으리라 예상했다. 그러나 읽고 난 뒤 진부하다는 느낌밖에 남는 게 없다. 알 만한 사람은 기억하고 있을 것이다. 80년대 진보적 연구자들 사이에 이른바 '사구체(사회구성체)' 논쟁이 유행처럼 번졌던 적이 있었다. 한국 사회를 대미 의존의 종속적 식민지 사회로 보는 관점과 식민지 반복론 또는 식민지 반(半)봉건사회론으로 이 사회를 규정하는 주장들이 서로 맞물려 벌인 사회구성체 논쟁이었다.

'국독자론(국가독점자본주의론)' 또는 '식반론(식민지반봉건사회론)' 등으로 갈려 벌인 이 논쟁은 한쪽은 계급투쟁을 통한 해방을 주장하고, 다른 한쪽은 민중연합을 통한 민족해방을 주장하는 게 다를 뿐, 별 대책 없는 소모적 사회주의 논쟁이었다. 논자들 스스로 지겨운 소모적 논쟁이라 했던 '사구체'론이 약간 모양을 바꾸어 10년 뒤에 나타난 게 『한국사회의 이해』처럼 보인다. 자본주의 사회를 자본가가 노동자를 착취하는 사회로 규정하면서 그 모순을 해결하는 길은 마르크스주의밖에 없다는 주장이다. 동유럽의 몰락과 소련의 해체를 보고 난 뒤인 94년의 개정판에도 아무런 회의 없이 똑같은 주장은 되풀이된다.

"사회주의라는 구조만 갖추면 사회주의적 도덕인간을 만든다는 구조결정론에 대한 반성을 했다. 교조적 결정론에 대한 회의, 김일성주의를 과신하는 학생세력에 대한 비판이기도 했다… 마오쩌둥의 문화혁명이나 김일성의 인간형 모두가 인간 본성을 인위적으로 조작하려는 환상에 불과하다." 운동권 대학생들의 정신적 지주였던 이영희 교수가 지난해 초 필자와의 인터뷰에서 보인 자기 회한적 반성이다. 시대가 바뀌고 체제가 바뀐 만큼 현대사회를 이해하는 틀이나 시각도 바뀌어야만 할 터인데 어째서 우리의 진보적 학자들은 아직도 반체제 운동권의 낡은 틀에서 조금도 벗어나지 못하고 있는지 그 점이 딱할 뿐이다. 연구자의 자세라면 시대변화와 관계없이 요지부동의 이론을 고집할 수도 있다.

그러나 문제는 연구자 아닌 교육자 입장에서, 그것도 전공과목도 아닌 교양과목의 대학교재로서 케케묵은 운동권 이론을 강의하고 있다는 점이다. 80년대 후반 사회학 학술대회에서 어느 진보적 교수의 '사구체' 논문이 문제된 적이 있었지만 그때는 학술대회장이었고 한 편의 논문이었다는 점에서 학문의 자유라는 범주가 적용될 수 있었다. 그러나 이번 경상대의 경우 무려 1천여 명을 대상으로 한 교양강의로선 형평과 균형을 잃은 마르크스주의 일변도 선전장이란 비판을 받을 소지가 크다.

인간이 어떻게 진화하여 오늘에 이르렀나, 또는 누가 인간을 창조했는가로 진화론과 창조론은 끝없는 논쟁을 벌일 수 있다. 그러나 이를 가르치는 교육자 입장에선 진화론과 창조론을 가치중립적인 입장에서 가르쳐야 할 의무가 있다. 새들조차 왼쪽 날개와 오른쪽 날개를 아울러 사용해야 시원하게 날 수 있다고 좌파 지식인들은 주장했다. 그 주장을 따른다 해도 이들은 추호의 망설임도 없이 왼쪽 날개만으로 나는 방법을 학생들에게 가르치고 있지 않았는가. 4백여 쪽에 달하는 책의 끝머리는 계급투쟁의 '가열찬' 방식을 제시하면서 끝맺고 있다.

나는 이들이 결코 사회주의 혁명을 주장하는 전사들을 기르기 위해 이 책을 계획적으로 저술하고 강의했다고는 보지 않는다. 변하기를 거부하는 대학 교수들의 다른 모습의 나태, 진보를 거부하는 진보적 학자들의 닫힌 마음이 문제라고 본다. 80년대의 '사구체' 논쟁에 안주하면서 변하기를 거부하는 대학 교수가 있고 지식인 세력이 있다면 이 사회야말로 고인 사회고 썩는 사회다. 고인 물에 물꼬를 트고 변화의 시도를 꾸준히 하는 게 이 사회의 참다운 진보세력임을 잊어서는 안 된다.

(1994-08-08)

대담 『전환시대의 논리』 이영희 교수

한 권의 책이 시대를 바꿀 수 있다. 한 권의 책이 대중의 의식을 바꿔놓을 수 있을 뿐만 아니라 그 책을 쓴 저자 스스로의 삶마저 바꾸어놓는다. 유신정권의 극성기였던 1974년 6월, 지금은 사라진 무교동 호수그릴 2층에는 간소하면서도 엄숙한 출판기념회가 열리고 있었다. 백발이 휘날리는 함석헌 옹과 거구의 천관우 선생의 기념사에 이어 이영희 교수의 수줍은 듯 어눌한 답사가 있었다.

이로부터 19년, 이 작은 출판기념회가 지닌 의미는 저자 스스로도 생각지 못했을 것이다.

『전환시대의 논리』는 발간과 동시에 사회과학도서로는 경이적으로

　　　　　　　　　　　　　　제2부 우리에게 내일이 있는가

2년 동안 13판을 찍는 폭발적 반응을 보이면서 운동권 필독의 교양서가 된다. 저자는 운동권의 대부로서 저항하는 지식인의 대명사가 되고 5번의 구속, 4번의 재판, 같은 대학에서 두 차례 해직을 당하는 수난을 겪어야 했다.

—『전환시대…』가 나올 무렵 민청학련사건이 있었다. 『우상과 이성』(1977)이 나오사 부마사태가 일어났고 『분단을 넘어서』(1984) 발간 이후는 민주화 운동과 '북으로 가자!'는 운동이 80년대 말까지 확산되었다. 각 시기마다 이 교수의 평론집은 어떤 영향을 미쳤다고 생각하는가.

"각 시기마다 구체적 대응이나 영향력을 미쳤다고는 할 수 없다. 사상적 변화의 저류에 내 책이 영향을 미쳤다고 할까. 당시 나는 ①자유롭게 생각하고 판단의 재량을 지니는 자율적인 인간의 창조를 위하여 ②당시 사회를 지배했던 광신적 반공주의에 대한 대항적 입장에서 ③군인통치의 야만성·반문화성·반지성을 고발하기 위하여 ④시대정신과 반제·반식민지·제3세계 등에 대한 폭넓고 공정한 이해를 위하여 ⑤남북 민족 간의 증오심을 조장하는 사회현실에 반발하면서 두 체제 간의 평화적 통일을 위한다는 입장에서 글을 썼다."

—이 교수는 자신의 주장과 논리가 무효화되고 저작물의 인세가 제로가 되는 시점이 참된 민주화의 도래를 뜻한다고 했다. 지금 인세수입은 어떤가.

"11권의 책이 출간되었지만 지금의 인세수입은 제로에 가깝다. 수입이 없지만 기분은 썩 좋다. 그만큼 민주화에 상당히 접근되었다고 본다. 지난 시대의 사상적 낙후성이 많이 극복되었다. 그러나 구시대·구사상의 잔재는 아직도 남아 있다. 지난 대선 때 색깔논쟁이 바로 그 예다. 자본주의의 극단적 타락현상과 폭력·절대 권력에 의한 해결방식 등 청산해야 할 잔재는 한참 남아 있다."

지금 『전환시대…』를 읽는 독자라면 왜 이 한 권의 책이 한 시대를 풍미한 금서였는지 이해하지 못한다. 이 책은 18편의 평론으로 구성돼 있다. 유신의 논리에 순응하는 언론을 비판하고 있고, 미국 스스로가 실패한 전쟁이라고 규정한 베트남 전에 어째서 우리는 월남 편만을 두둔하느냐를 질책하며, '전중망언'을 나무라기 전에 우리 내부의 친일잔재 청산을 역설한다. 그는 특수논리가 보편논리로 행세하는 현실상황을 고발하고 정확한 사실을 동원해서 잘못된 시각과 논리의 부당성을 공격했다.

─지난 30년을 회고하면서 이 교수는 '당분간'이라는 단서를 단 절필을 선언했다. 저항할 독재체제가 무너진 탓인가, 동구 소련의 몰락 이후 이론적 패닉 현상인가.
"절필이라는 드라마틱한 표현은 부적절하다. 예상했던 사태와는 그 폭과 넓이가 워낙 커서 충격이 너무 컸다. 펜대 하나 걸머쥐고 직선을 달려왔던 걸음을 멈추고 상황을 재평가하고 싶었다. 지적 역부족도 느꼈다. 낡은 배터리가 방전되는 감이 있었고 지적 재충전을 하기 위한 시간이 필요했다. 아무리 좋은 일이라도 한 가지 일에 집착하는 것은 옳은 일이 아니고 교만

일 수 있다고 생각했다."

　여기에는 약간의 설명이 더 필요할 것 같다. 그는 네 차례의 옥고를 치르면서 0.9평의 감방에서 많은 불교서적을 읽게 되고 3독의 중증에 자신이 빠져 있음을 참회하게 된다. '탐·진·치(貪·瞋·癡)'는 욕심과 성급함과 바보스러움을 뜻한다. 이 중 특히 자신의 성급함을 일찍 깨우쳐주었던 아버님에 대한 불효, 아내와 어린 자식에 대한 회한에 가득 찬다. 결국 그의 휴식은 공산국가의 몰락이라는 외부적 충격과 인간의 내면적 성찰이라는 두 요인에 의해 재충전의 시기를 맞게 되고 이듬해 그는 사회주의 실패에 대한 인정과 반성을 하게 된다.

　　—91년 1월 소장 정치학자들과의 모임에서 이 교수는 "사회주의 실패는 인간의 이기적 본성을 간과한 데 있다"는 주목할 만한 발언을 했다. 새로운 변신의 노력인가, 지난 논리의 수정을 뜻하는가.
　　"사회주의라는 구조만 갖추면 사회주의적 도덕인간을 만든다는 구조결정론에 대한 반성이었다. 교조적 결정론에 대한 회의, 김일성주의를 과신하는 학생세력에 대한 비판이기도 했다. 허황된 구조결정론과 사회주의 인간상에 대한 비판이었다. 나치가 꿈꾸었던 이상적 아리안족이나 마오쩌둥의 문화혁명, 김일성의 인간형이 모두 인간의 본성을 인위적으로 조작하려는 환상에 불과하다."

　　—운동권 대학생들에게 가장 큰 영향을 미친 사상적 대부로서

이들에 대한 배신이 아닌가.

"현실적으로는 자기 부정이라는 측면이 있지만, 나는 일관되게 인간의 자유로운 사고와 자율적 판단의 주체로서 인간상을 추구해왔다. 솔직히 말한다면 그전에는 자본주의에 4, 사회주의에 6의 의미를 부여했다. 그러나 불교의 각성으로 사회주의의 인위적 인간 조형이 얼마나 부도덕하고 강요된 것인가를 확인했다. 새로운 자각이었다. 한순간의 폭력으로 계급혁명이 이뤄지는 사회여서는 안 되고 공정과 부정을 적절히 배합하는 사회를 그 간담회에서 말했다. 이런 변화가 나 자신의 성장이라고 본다. 상황의 변화에 능동적으로 대응하는 나의 변화다. 죽을 때까지 배운다는 심정이다. 새로운 전환시대를 맞고 있지만 딱 맞는 대체논리를 찾지 못하고 있다. 지적 지평이 확대되었고 중심이 이동되었다. 그러나 아직도 인간소외, 비인간적인 억압 요소들이 존재한다. 이젠 체제나 제도보다는 인간을 중심으로 하는 사고, 구체적 인간의 구체적 행복을 위해 지식인이 봉사하는 게 중요하다."

―이 교수는 조광조와 이퇴계의 현실 참여를 비교한 한 친구의 충고를 관심 있게 받아들인 적이 있다. 부정적·저항적 지식인 역할에서 긍정적·점진적 개혁을 요구하는 지식인으로서의 변화인가.

"지난 20여 년의 세월은 조광조의 역할이었다고 본다. 아무도 말하려들지 않았고 모두 퇴계 역할을 맡으려 했기 때문에 조광조 역을 택했다. 이젠 조광조적 지식인상에서 퇴계적 인간상으로 바뀌었다고 말할 수 있다. 오랜 억압과 핍박에서 살다보니 정신적·육체적·가정적으로 탈진했고 지적으로도 공허해졌다. 이젠 선수 교대할 때가 되었다. 지난 시절 축적된 후배·후학의 역량을 기대한다. 나의 역할은 끝났다. 다만 작은 밀알로 기억되기를 바랄 뿐이다."

(1993-02-20)

죄와 벌

한 품팔이 농사꾼(傭耕)이 밭갈이하다가 동료들에게 말했다. "내가 부귀를 얻으면 너희들을 잊지 않을 것이다." 이를 들은 동료들이 크게 비웃자 "아아! 제비와 참새(燕雀)가 어찌 큰 기러기(鴻鵠)의 뜻을 알리오"라며 그는 길게 탄식했다. 이들 품팔이 농사꾼들이 수자리에 징발되어 가다 큰비를 만나 정한 기일에 도착하지 못하게 되었다. 당시 법으론 실기(失期)하면 사형이었다. 당황해하는 동료들을 품팔이꾼은 선동해 반란을 일으킨다. 이 품팔이 농사꾼이 바로 중국 진(秦)제국을 멸망시킨 진섭(陳涉)이다.

중국 역사가 사마천(司馬遷)이 그의 『사기(史記)』에서 별 볼일 없는 한 품팔이 농사꾼의 전기를 자세히 적고 있는 까닭은 무엇일까. 나라 정치가 잘못되면 하찮은 품팔이 노동꾼에 의해서도 제국(帝國)이 무너질 수 있다는 경고를 하고 있는 것이다. 어떤 위대한 권력도, 잘 무장된 군대도 정치를 잘못하면 쉽게 무너질 수 있다는 본보기로 2천 년이라는 시공(時空)을 뛰어넘어 우리에게 전해주고 있다.

역사란 기억의 문서화를 통해 오늘 우리 삶의 바른길을 택하자는 데

1차적 목적이 있다. 지금 역사 청산작업이 한창이다. 몇몇 군인들에 의해 저질러진 군사반란과 반인륜적 학살사건을 새롭게 규명하는 작업이 진행 중이다. 법을 고쳐서라도 반란자들을 처단해야 하고 엄격한 응징으로 과거를 청산해야 한다는 강경론이 있는가 하면, 과거를 청산하되 법의 테두리 안에서 처리해야 한다는 온건론이 맞서고 있다. 우여곡절을 거쳐 두 명의 전직 대통령을 감옥에 보내고 지금 우리는 15년 전 반란과 학살사건을 새롭게 심판하는 매우 중대한 고비를 맞고 있다. 역사적 심판과 사법적 심판, 과거 청산과 현재의 삶에서 갈등을 일으킨다. 역사 단죄를 냉엄히 하자니 현실의 법이 맞지 않고, 과거 청산에 몰두하자니 오늘의 삶에 주름이 간다. 어느 쪽을 택해야 할 것인가.

이럴 때를 생각해 나온 게 "역사란 과거와 현재와의 끊임없는 대화"라는 명구다. E.H. 카라는 영국 역사학자가 이 말을 쓴 데는 연유가 있다. 20세기 초만 해도 역사학자들 간엔 그치지 않는 논쟁이 있었다. 역사란 과거 사실이 진실로 어떠한가를 규명하는 과학적 작업이라는 주장, 역사란 현재 역사가의 주관적 인식과 판단에 따라 쓰이는 주관적 작업이라는 논쟁이었다. 이 논쟁을 종식시킨 중용적 정의가 과거도 중요하고 현재도 중요하다는 중간입장이다.

지금 진행 중인 역사 청산작업도 따라서 이 테두리 안에서 이뤄져야 한다고 나는 생각한다. 과거 사실이 진실로 어떠했던가를 따지고 파고들기 시작하면 우리는 과거의 미로 찾기라는 역사놀이에 빠져들 위험이 있다. 오늘 우리 경제가 큰일이니 과거는 덮어두자고 할 때 역사의 진실과 정의는 영원한 미제(未濟)로 남는 과오를 저지른다. 과거청산의 상한과 하한선은 바로 여기에 있다. 독일 언론인 테오 좀머가 5·18 특별법에 대해 충고 어린 기고문을 보냈다(본지 12월 2일자).

⼘는 보복과 처벌만ㅇ 로 과거를 극복하기엔 한계가 있다고 했다. 5년 전 독일 통일 후 옛 동독 정부의 통치범죄를 둘러싸고 3만 7천의 조사가 벌어졌으나 판결은 80건으로 끝났다. 정치 책임자들은 대부분 석방되었고 잔챙이만 걸려들었다는 것이다. 극악무도한 주범은 최후까지 추적하되 과거 극복의 핵심은 불행했던 지난 일을 '똑바로 기억하는 행위'라고 했다. 보복과 처벌의 광기(狂氣) 속에서 정의의 감정은 쉽게 소멸되고 망각의 커튼은 빨리 내려진다고 경고했다. 벌에 열중하다간 죄를 잊어버린다. 법정과 수사 집단, 급조된 재판소는 기억을 관장하는 곳이 못 된다. 배우고 기억하는 과정이 처벌보다 중요하고 이것이 과거 청산의 교훈이라고 그는 강조했다.

2,000년을 두고 하찮은 반란자 진섭을 기억해야 하듯 12·12와 5·18의 잔혹행위를 영원히 기억하는 게 우리의 역사적 과제다. 과거와의 대화도 중요하지만 현재와의 대화는 더욱 중요하다. 역사적 심판은 처벌에 열중하는 것이기보다는 오랫동안 기억하는 행위라는 사실을 염두에 두면서 우리는 어제의 심판을 해야 한다.

(1995-12-06)

또 하나의 국치일國恥日

11월 1일은 또 하나의 국치일(國恥日)이다. 전직 대통령이 검찰에 출두해 5천 억 원의 비자금을 조성해 쓰고 1천 8백여억 원의 돈을 남겼다고 진술한 그날도 국치일이다. 외세에 밀려 나라를 내놓은 날도 국치일이지만 나라 망신을 시키고 나라 전체를 분노와 절망 그리고 부끄러움으로 몰아넣은 요즘의 나날도 국치의 연속이다. 연일 줄이어 검찰에 출두하는 대기업 총수들의 면면을 보면서 절망과 수치는 더욱 깊어진다.

그들이 누구인가. 열사(熱沙)의 중동에서, 세계를 지붕 삼아 떠돌며 경쟁기업들과 불꽃 튀는 경쟁을 벌여 기업을 일으키고 국부를 축적하고 한강의 기적을 쌓아 올렸던 주역들이다. 저개발 독재국가인들 이런 정신분열적인 대통령의 어마어마한 부정축재 선례가 있겠는가. 경제협력개발기구(OECD) 가입의 문턱에 서 있고 유엔안보리 비상임이사국이 되었다지만 세계의 어느 나라가 우리를 선진국으로 대접할 것인가. 신뢰와 신용을 바탕으로 국제사회를 누빌 외교관과 기업가들은 이 절망과 수치를 어떻게 변명할 것인가.

나라의 존엄성과 믿음을 추락시키면서 부패국가, 후진국가로 급추락한 오늘 우리의 모습이 바로 국치일의 그날과 무엇이 다른가. "저 개돼지만도 못한 소위 우리 정부의 대신이라는 자는 제 영리만 생각하고 위협에 벌벌 떨면서 나라를 팔아먹은 도적이 되어 4천 년 역사의 강토와 5백 년 종사(宗社)를 타인에게 갖다 바치고 2천만의 영혼을 모두 타인의 노예가 되게 하니 오늘이 바로 목 놓아 통곡할 날이 아닌가." 1905년 을사조약이 체결되자 「황성신문(皇城新聞)」 주필이었던 장지연(張志淵)이 쓴 사설 중 일부다. 일제(日帝)의 노예가 된 당시의 참담했던 심정 못지않게 해방 이후 쌓아 올린 우리의 모든 공이 하루아침에 무너지는 참담한 심정 또한 그때의 「시일야방성대곡(是日也放聲大哭)」과 다를 게 없다.

비자금 폭로가 있은 지 20일이 넘는다. 나라 안팎이 자조(自嘲)와 냉소, 절망과 분노 그리고 부끄러움으로 가득하다. 아버지가 아들을, 선생님이 학생을 보기가 민망하고 부끄럽다. 어째서 한국의 대통령은 객사(客死) 아니면 사살(射殺)이고, 유배(流配) 아니면 감옥행인가 하는 외국 언론의 따가운 지탄을 면치 못한다.

광복 이후 최대의 국치를 맞으면서 과연 우리는 현명하게 대처하고 있는가. 사건의 진상과 부패의 구조를 파헤쳐야 할 언론은 연일 잡다한 설과 소문만을 토해내니 이를 보는 국민들의 절망과 분노는 깊어만 간다. 환부를 재빨리 찾아 정확히 도려내는 게 검찰의 역할이고 기능일텐데 무더기로 명단을 발표하고 줄줄이 소환을 해대니 소문은 증폭하고 소환된 이는 곧 혐의자라는 쪽으로 각인된다. 비자금의 진원지고 수요 측인 정치권은 자신들의 잘못으로 나라의 체통이 무너지는 참담함 앞에서 조금도 부끄러워하지 않고 진실된 마음으로 사과 한번 하지도 않으면서 상대를 손가락질하며 네 탓만 할 뿐이다.

'제 영리만을 생각하고 벌벌 떨면서' 나라가 무너지는 소리조차 듣지 못하고 있다. 사람마다 모여 앉으면 부정축재를 개탄하고 분노하지만 그런 대통령을 뽑은 사람이 바로 자신인 줄은 망각한 채 남의 탓만 하고 있다. 노태우 씨 개인의 부정축재를 국민적 유죄로 희석시키자는 게 아니다. 분노와 수치심에서 벗어나 이 위기를 슬기롭게 극복하자는 뜻에서다. 이를 위해 먼저 오늘의 부끄러움을 결코 잊어서는 안 된다. 검찰에 출두한 기업총수들은 다시는 이런 수모를 받아서는 안 된다는 비장한 각오를 해야 한다. 대선자금의 향방으로 전전긍긍하는 정치인들도 이제 다시는 기업에 손을 벌리지 않겠다는 맹세를 해야 한다.

그리고 검찰은 환부를 도려내는 정확하고 손 빠른 수사를 해야 한다. 환부는 심장인데 지금 손발을 더듬거릴 때가 아니다. 자조와 냉소적 사회 분위기를 일신하고 더 이상 이런 국치를 맞지 않기 위해서 우리 모두 남에게 돌을 던질 게 아니라 내 눈의 들보를 걸어내는 냉정하고 이성적인 판단을 할 때다. 오늘이 바로 국치일이라는 비장한 각오가 그래서 절실하다.

(1995-11-10)

역순逆順

신임 이수성(李壽成) 총리가 기자간담회에서 밝힌 시국관 중 두 가지 대목이 눈길을 끈다. 그는 현 시국을 민심이 흩어져 불안한 시점이라고 파악하고 민심을 안정시키는 일이 자신에게 맡겨진 중대과제라고 말했다. 정경유착에 대한 비판의 목소리가 높은데 재벌에 대한 생각은 어떠냐는 질문에 그는 "권력을 가진 사람이 돈을 내라면 내고, 때리면 맞을 수밖에 없지 않았는가"라고 반문하면서 열심히 경제활동을 해온 이들은 애국심을 가진 사람들로 존중해야 하며 갈등이나 배척보다는 서로 감싸 안는 자세가 필요하다고 말했다. 신임 총리의 현실 진단과 기업관이 너무 솔직하고 명료하다는 점에서 이 총리에 대한 기대와 신뢰가 간다.

이 총리의 짧은 답변 중에서 우리는 현 시국의 문제점을 푸는 단서를 찾을 수 있다. 이 총리뿐만 아니라 많은 사람들이 느끼는 시국불안의 정체란 과연 무엇인가. 역사의 진실을 밝히고 사회정의를 바로 세우는 역사 청산작업이 어째서 민심불안으로 작용하고 있는가. 우선 이 의문을 풀어야 한다. 고귀하고도 숭고한 역사적 작업이 어째서 환희와 희망으로 가득 차지 않고 불안과 전전긍긍의 나날로 이어지고 있는가. 나는 그 이유를 역순(逆順) 때문이라고 본다. 바른길을 가되 순서가 거꾸로기 때문이다.

비자금 관행이라는 잘못된 과거를 청산하고 5·18 학살의 부당성을 밝히는 역사 바로 세우기 작업을 진행하는 목표와 과정에 문제가 있다는 말이다. 역사 바로 세우기는 문민정부 출발과 함께 안가 철폐→돈 한푼 안 받기→12·12와 5·18 기소→비자금 수사→대선자금 공개→과거청산→정치개혁으로 이어지는 게 마땅한 순서였다. 그러나 이게 아니었다. 6·27 여당 참패→김대중 씨 정계복귀→민주─민정계 갈등→검찰의 5·18 공소권 없음 결정→양 김씨의 대결→대통령의 인기하락→비자금 폭로→5·18재수사→전두환 씨 구속→역사 바로 세우기로 이어졌다.

역사 바로 세우기라는 목표가 먼저 설정되고 순리적 과정을 거쳐 과거 청산작업이 이뤄진 게 아니라 선거 참패, 당내 불협화음, 양 김 대결 구도의 정국전환을 위해 역사 바로 세우기라는 과정과 절차가 진행되었다는 의구심이 있기 때문에 많은 사람들은 헷갈리고 불안해한다. 노·전 두 사람의 비리와 폭정에 분노하면서 그 분노를 유도하는 현 정권에 대해서도 무언가 불안과 의심의 눈초리를 보내고 있는 것이다. 물론 정치적 목적을 위해 역사적 청산을 우선 과제로 재등장시킬 수도 있다. 뒤늦은 목표설정이지만 똑바로 간다면 그나마 혼란도 줄어들 것이다.

그러나 혼란과 불안은 가중되고 있다. 법과 원칙이 뒤죽박죽이고 그 목표가 헷갈리기 때문에 불안이 높아진다. 바람과 감정이 지배하는 여론재판으로 몰아가니 이게 또 불안을 가중시킨다. 비자금 폭로가 있자 30여 대기업 총수들이 줄지어 피의자 신세가 되어 여론의 돌팔매를 맞았다. 그러더니 어느 날 어떤 기준, 어떤 혐의인지도 모르게 달랑 8명의 기업총수만이 노씨와 나란히 공범(共犯) 입장에서 법정에 앉아 과거청산의 속죄양이고 들러리로 몰매를 맞고 있다. 이 총리 말대로 오늘의 경제를 이끈 주역은 이들 대기업 총수다. 오늘의 경제번영은 지난날 폭압과 규제 속에서 달라면 주고, 때리면 맞으면서 그래도 자신들의 직분에 충실해온 이들에게 상당한 공이 있다. 애국자로 존경되고 추앙받지는 못할망정 군사독재의 공범으로 몰리니 주가가 1주일 만에 95포인트나 떨어진다.

'공소권 없음'을 결정했던 검찰이 철저수사로 돌변하면서 새벽 기습 영장 집행을 감행하고 전씨 비자금을 찾으려 공소시효가 끝난 기업인들을 호텔로 불러 '협조'를 당부했다. 대선자금에 대해선 단 한마디 언급도 없이 최규하(崔圭夏) 씨의 증언 거부가 계속되자 최씨 부인 통장을 전씨 차명계좌에 섞어 압수수색 영장을 받기까지 했다. 이리되면 법이 법대로 서질 않고 역사 바로 세우기의 도덕성마저 손상된다.

역사를 바로 세우려면 목표와 과정이 순리에 맞아야 하고 그래야만 공감과 박수를 보낼 수 있다. 역사청산보다는 이를 정파적 이익이나 정권 바로 세우기의 바람몰이로 몰아갈 소지가 보이면 불안이 생긴다. 답은 간단하다. 역사 바로 세우기와 정권 바로 세우기를 혼동치 말아야 역사도 바로 서고 정권도 바로 설 수 있다.

(1995-12-20)

합종연횡合縱連橫

제국(帝國)의 시대가 지나면 전국(戰國)의 시대다. 통합의 시대가 가면 분열의 혼란시대가 온다. 일곱 나라가 치열한 생존경쟁을 벌인 게 중국의 전국시대다. 이 중 한 나라가 크게 강해지자 나머지 여섯 나라가 힘을 합쳐 공동대처한 게 합종책(合縱策)이다. 강한 나라는 더욱 강해지려고 여섯 나라 연맹을 각개 격파식으로 깨고 하나씩 동맹을 맺은 게

연횡책(連橫策)이다. 미·소(美蘇)대립의 제국시대가 지나고 세계는 바야흐로 글로벌 전국시대다. 지역 간 연대하고 국가 간 합종하며 기업 간 공동 대처한다. 경쟁과 공존이 기묘하게 합쳐야 살아남는 전국의 시대를 지금 우리는 살고 있다.

최근 반도체 업계의 움직임이 돋보인다. 세계시장에서 치열한 경쟁을 하던 국내 반도체 3사가 공동보조를 취했다. D램 반도체 분야에서의 과잉경쟁 과잉공급으로 값이 형편없이 떨어지자 3사 공동으로 감산(減産)을 했다. 공멸(共滅) 아닌 공생(共生)의 길을 택했다. 이뿐 아니다. 기존의 D램 방식으로는 초고속정보화시대의 반도체 경쟁에서 이길 수 없다는 판단이 서자 한·미·일 3국 기업이 싱크 링크니 램버스니 하는 초고속 D램의 공동개발에 나섰다. 21세기 생존전략을 위해 기업 간 국가 간 벽을 허물고 적과의 동침을 마다하지 않은 것이다. 월드컵 한일 공동개최도 결국 전국시대의 생존방식이다. 너 죽지 않으면 나 죽는다식 제국의 논리로는 도저히 받아들일 수 없는 공존의 선택이다.

그러나 지금 우리 사회는 어떤가. 화해 공존은 없고 오로지 대결구도뿐이다. 내가 살든지 네가 죽든지 양자택일의 원초적 싸움만 벌어지고 있다. 국회를 보라. 여야 간 세몰이 대치로 문 열자 휴업상태가 20여 일째다. 제도쇄신법 개정 규제완화 등 고쳐야 할 법, 새로 정해야 할 법들이 줄지어 기다리고 있건만 서로 간 한치의 양보도 없이 막무가내 개점휴업이다. 국민의 대변자임을 포기하고 보스의 지령에 따라 움직이는 정당 마피아의 졸개처럼 보인다. 젊은 정치신인에게 표를 몰아주고 새 정치, 새 바람을 일으키라고 그토록 간곡히 부탁했건만 어디서고 새 정치, 새 바람의 냄새조차 맡을 수 없다. 산업현장을 보라. 공공부문 노조가 도저히 들어줄 수 없는 요구를 내걸고 파업불사를 결정한다. 여러 이유가 있겠지만 결국은 세몰이작전으로 한국노총에 버금가는 민주노총 세력을 과시해 정부와 기업을 궁지에 몰아 복수노조 허용을 쟁취하겠다는 것이다.

노사대결이란 제 살 제가 깎아먹는 꼴이다. 대결 아닌 공생만이 노사가 살고 기업이 사는 방식이다. 근로자의 지식과 정보, 기술과 기능의 수준을 어떻게 향상시키느냐에 노사가 한마음으로 연구하고 노력하는 것이 새 시대의 노사관계여야 할 텐데 우리의 산업현장은 적과 원수의 관계로 으르렁거릴 뿐이다.

국민의료를 책임진 한약사와 양약사 간의 지루하고도 살벌한 싸움을 보라. 양약과 한약 간의 관계야말로 상호보완적이고 상승발전이 가능한 연대관계다. 양약으로 풀 수 없는 한약의 동양적 신비, 그 신비를 현대과학으로 밝혀내 저렴한 가격으로 제공한다면 이야말로 상호보완적이다. 양약을 좋아하는 국민이 있는가 하면 굳이 한약을 택하는 소비자도 있다. 소비자가 선택할 일을 공급자끼리 서로의 밥그릇을 위해 사생결단 대결만 하고 있다.

나라의 장래를 책임진 최고교육기관인 대학을 보라. 교육과 연구의 책임을 진 교수집단과 운영의 책임을 진 재단 간에 총장선출을 둘러싸고 서로 멱살을 잡고 있다. 세계 1백위권에 드는 대학 하나 없는 연구 및 교육 부재의 풍토에서 총장 선출에는 세계 최고의 과열 의욕을 보이고 있다. 이제 21세기 초면 부실대학은 문을 닫을 수밖에 없을 만큼 공급과잉이 된다. 교육과 경영에 합심해서 정진해도 살아남기 어려운 시점인데 교육주체와 경영주체가 쌈질만 하고 있으니 우리 교육의 장래가 과연 어떻게 될 것인가.

합종연횡은 혼란기 중국 전국시대의 생존방식만이 아니다. 이제 세계는 전국시대를 방불케 하는 합종연횡시대다. 유럽이 뭉치고 북미주가 합쳐지며 아시아가 뭉치자고 외친다. 먹고 먹히는 살벌한 지구촌 전국시대의 생존전략으로서 화합과 공존은 필수적 방어수단이고 공격무기다. 세계가 공동세력을 규합하고 있는 판국에 우리만 정치·산업·교육 보건 등 모든 분야에서 내부의 적끼리 나 혼자 살겠다고 전쟁을 벌이고 있다. 합종연횡의 공생의 길을 갈 것인지, 아니면 서로 멱살을 잡고 끝내 공멸의 길을 길을 것인지, 지금 우리는 심각하게 선택해야 할 때다.

(1996-06-26)

법은 정의로운가

세계적 지도자며 막강한 권력을 행사하는 상원의원 콜러는 한 레스토랑에서 중인 환시리에 자신의 친구를 권총으로 사살한다. 사건 현장에는 시경국장이 몇 테이블 건너에서 식사 중이었고 아래층에는 검사도 있었다. 너무나 명백한 살인 사건이어서 콜러는 20년형을 선고받고 감옥에 간다. 감옥 안에서 콜러는 바구니를 엮으며 마치 성자처럼 행복하게 생활한다. 살인범의 일거수일투족이 감옥 밖으로 전달되면서 그는 살인자 아닌 성자로 부각된다. 살인의 물증도 밝혀지지 않았다. 이때 콜러는 막대한 수임료를 지불하면서 신참 변호사 슈패트에게 무죄 변론을 의뢰한다. 곧이어 콜러는 무죄 석방되고 죄 없는 사격선수가 살인 누명을 쓰고 자살해버린다. 변호인 슈패트 스스로 법은 과연 정의로운가를 묻는 형식으로 시작되는 게 독일 작가 뒤렌마트의 소설 『법』이다.

법은 과연 정의로운가. 법을 집행하는 사람들은 정의로운 존재인가.

같은 질문을 부장판사를 거쳐 변호사며 법학 교수인 강현중(姜玹中) 교수가 「인권과 정의」라는 잡지에서 제기하고 있다. 12·12 사태 때의 패장(敗將)과 광주항쟁 당시의 피해자들이었던 시민들을 가해자로 몰아 내란죄 및 내란목적 살인죄를 적용해 기소했을 때 법원은 단 한 번도 영장을 기각한 적이 없었고 무죄를 선고한 적도 없었다. 바로 그 법원이 이번엔 거꾸로 두 전직 대통령을 같은 죄로 다루고 있으니 앞뒤가 맞지 않는다는 강한 질책이다. 신군부세력 앞에 무릎 꿇고 피해자를 내란죄로 확정 판결까지 해놓고는 단 한 번 회개(悔改)와 반성도 없이 역사청산의 법정을 주재할 수 있느냐는 힐책이다. 살아 있는 권력 앞에선 침묵하고 몰락한 권력의 시체에 대해선 엄중한 단죄를 한다고 할 때, 그것이 과연 올바른 법의 심판인가를 묻고 있다. 필자 또한 같은 생각이고 비슷한 의견을 이 난을 통해 적은 바 있다.

민주사회에서 법과 언론은 비슷한 기능을 한다고 믿는다. 여러 역할과 기능 중에서 법과 언론은 권력의 독주와 전횡을 막는 제도적 장치여야 한다. 죽은 권력 아닌 살아 있는 권력에 대한 제동장치로서 법과 언론이 제 기능을 수행해야 법과 언론은 정의로운 존재가 될 것이다. 그러나 우리의 법과 언론은 언제나 산 권력 편에 서서 죽은 권력을 탄핵하고 소추하며 재판하지 않았던가.

시체에 대한 심판을 우리는 부관참시(剖棺斬屍)라고 했다. 동양적 의미의 역사청산 방식이다. 두 가지 형태를 들 수 있다. 전국시대 초(楚)나라 평왕에 쫓겨 망명길에 올랐던 오자서(伍子胥)는 적국의 장군이 되어 초를 굴복시킨 뒤 이미 죽은 평왕의 시체를 꺼내 300번 매를 때려 복수한다. 자신의 원한을 철저히 갚는 감정적 역사청산 방식이다. 조의제문(弔義帝文)으로 부관참시당한 김종직(金宗直)의 경우는 정파적 역사청산의 희생물이다. 연산군 집권에 따른 훈구파와 사림파 간 대립에서 사림파 세력을 몰아내기 위해 김종직을 청산의 빌미로 삼아 역사의 단죄를 한 경우다. 특히 우리나라의 경우 수없이 거듭된 사화(士禍)나 정치적 변혁이 바로 이런 정파적 역사청산 방식의 결과였다는 데 문제가 있다.

죽은 권력을 법의 심판에 올리는 것이 부관참시다. 죽은 권력을 난도질한다고 역사가 바로 설까. 살아 있는 권력에 바른 소리를 하고 바른 재판을 하는 게 법과 언론이 해야 할 기본적 역할이다. 살아 있는 권력 앞에는 눈치 보며 살다가, 죽은 권력이 되면 새 권력의 눈치를 보며 부관참시나 하는 법과 언론이 돼서는 안 된다.

'역사 바로 세우기'라는 전대미문의 위업을 제대로 달성하기 위해 법과 언론은 두 가지 약속을 해야 한다. 하나는 살아 있는 권력의 하수인 노릇을 했던 잘못된 자신의 과거를 진정한 회개와 반성의 자세로 청산해야 한다. 자신의 잘못된 역사를 바로잡지 않고 누구의 역사를 바로잡을 것인가. 또 하나는 지금부터라도 죽은 권력 아닌 산 권력 앞에서 정의로운 언론과 법을 집행하는 기관이 되겠다는 각오를 하는 일이다.

법과 언론이란 죽은 과거와의 대화가 아닌 살아 있는 현재와의 대화를 중시한다. 죽은 권력의 시체를 파헤치는 작업을 하는 게 아니라 살아 있는 권력을 감시하고 경계하는 역할에 중심을 둬야 한다. 이 기능을 제대로 한다면 역사는 언제나 바로 서 있게 된다.

(1996-01-10)

호남의 전국화와 호남의 호남화

나는 영남 태생이지만 아내는 호남 출신이다. 27년째 살면서 영·호남 갈등으로 말다툼 한번 한 적 없다. 청년시절부터 지금껏 가깝게 지내는 친구 중에도 호남 출신이 많다. 어쩌다 만나면 그쪽에서 먼저 "문디! 잘 있었나"로 수인사를 한다. 여기에는 네가 TK지만 나는 너를 차별하지 않는다는 말없는 신뢰가 깔려 있다. 부부와 친구 간에는 결코 문제가 될 수 없는 영·호남 대립이 어째서 분단의 나라를 동서로 또 한 번 갈라놓으면서 정치적·지역적 적과 동지 개념으로까지 발전하게 됐는가.

난해한 문제일수록 단순화시켜야 한다. 영·호남 대립으로 압축되는 망국적 지역감정이란 문화적 대립이 아닌 군사정권과 TK의 장기집권, 그리고 그 과정에서 일어난 광주항쟁이라는 정치적 결과의 산물로 단순화시켜야 한다. 이를 입증하는 게 최근 발간된 『호남사회의 이해』라는 연구서다. 역사학·인류학·사회학·정치학 전공자들로 구성된 연구자들은 역사적·지정학적·문화적 차이가 결코 영·호남 대립으로 연결될 이유가 없다는 여러 반증을 제시하고 있다. 지역문화의 활성화란 바람직스런 희망 사항이지 지역대립과 분열로 이어지는 지역 적대감이 될 수 없다는 게 연구자들의 일치된 주장이다.

이 책에서 고려대 최장집 교수의 영·호남 갈등 요인 분석도 군부독재 결과가 지역대립을 몰고 온 최대 중요 요인으로 분석한다. 첫째, 박 정권 아래서 호남이 정치적·경제적으로 배제됐고 둘째, 이에 대한 저항이 김대중 씨를 중심으로 정치적으로 결집돼 군부독재에 반대하는 강력한 도전세력을 형성했고 셋째, 이 정치적 저항이 광주항쟁과 대량

제2부 우리에게 내일이 있는가

학살로 전개되면서 30년 군부 권위주의는 TK 세력이 호남을 배제하는 강고한 피라미드를 형성했다고 본다.

그렇다면 문민정부가 들어서 연이어 신군부세력을 재판에 올려놓고 지난 군부독재와 광주항쟁 진상을 샅샅이 공개하고 있는데 왜 호남은 아직도 열린 호남이 아닌 닫힌 호남으로 남아 있는가. 영·호남 대립의 핵심적 요인이라 할 5·18의 광주는 왜 그냥 그대로 남아 있는가. 가장 큰 이유는 광주 밖 사람들은 광주의 고통을 전국적 규모의 민주화 신통이라 생각하지 않으려는 데 있다고 본다. 군사독재의 전체적 흐름 속에서 발생한 민주화 투쟁이라고 보지 않고 한 지방의 특수사정으로 지역화시키려는 무의식적 책임회피가 작용한 탓이다.

TV 드라마 「모래시계」의 성공은 광주의 고통을 전국화하는 데 일조했지만 그것도 일시적 감동으로 끝나버렸다. 또 다른 측면은 호남인들 스스로 광주 문제를 광주만의 사건으로 끌어안으려는 데 있다. 시인 최영미가 광주 영화 「꽃잎」을 보고 난 뒤 쓴 「광주는 언제 신파를 극복할 것인가」라는 평이 인상적이다. 신파의 본질은 자기 연민이다. 「꽃잎」은 자기 연민의 감상적 뿌연 안개 긴 필터를 통해 본 신파조 영화라는 평이다. 싸구려 위로보다는 냉정한 무관심이 낫다는 결론을 내리고 있다.

광주를 자기 연민의 한풀이로 끌어안으려 하기 때문에 광주는 한국화가 되질 않고 광주만으로 남는 것은 아닌가. 지역문제의 지역화, 광주 문제의 광주화가 지역 대립을 격화시키는 또 다른 요인일 수 있다. 여기에 또 하나 광주를 광주로 국한시키는 결정적 요인이 있다. 대통령이 되겠다는 '간절한 소망'을 안고 있는 김대중 총재의 집요한 '지역 간 정권교체' 의지다. 권력의 지역적 이동이 있어야 모든 지역이 혜택받을 수 있다는 지역등권(等權)주의에서 영남 대(對) 비영남 연합세력으로 정권교체하자는 집권논리로 발전하고 있다.

92년 대선에서 호남의 정치적 전국화가 이뤄졌다면 군사정권 – 영·호남대결 구도가 깨질 수 있는 절호의 기회였다. 그러나 결과는 호남의 호남화로 끝났다. 군사정권 타도라는 명분이 사라진 마당에 호남의 호남화를 전제로 한 지역연대는 노골적 지역 정당 연대로밖에 비쳐지질 않는다. 한 정치인의 간절한 소망이 호남과 광주의 전국화를 방해하고 영·호남 갈등을 증폭시킨다면 그 책임을 어쩔 것인가.

광주항쟁을 전국적 민주화투쟁 기념일로 정하는 일처럼 호남의 전국화에 기여하는 노력이 호남정치인의 기본 자세여야 한다. 개인의 소망을 위해 또 한 번 호남의 호남화를 외친다면 호남의 개인화밖에 되질 않는다. 지역정치의 전국화가 권력이동의 기본이다. 대선 삼수(三修)에서 번번이 호남의 호남화, 광주의 광주화로 실패했던 정치가가 또다시 지역의 전국화와 역행하는 지역 간 정권교체 전략에서 실패할 때 호남인의 좌절은 더욱 깊어지고 영·호남 갈등은 치유될 수 없는 망국의 한(恨)으로 남을까 걱정이다.

(1996-05-24)

고르비가 없다

굶어 죽느니 남으로 가자는 필사의 탈출이 잇따르고 있다. 재벌아저씨를 찾아 남으로 온 정 여인이나 사흘 밤낮을 걷고 헤엄쳐 온 개성 주민이나 그들이 전하는 북한의 식량난은 한결같이 위중한 상태다. 우리는 최근 신문 방송을 통해 자주 북한의 참담한 실상을 보고 듣고 있다. 나는 그때마다 솔직히 서로 어긋나는 감정과 이성의 충돌 현상을 겪는다.

아! 역시 일당독재의 공산주의보다는 자본주의 민주사회가 월등 낫구나 하는 우월감이 솟아나고 곧이어 쌀 재고가 바닥났느니 어쩌니 하는 우리 현실이 걱정되고, 1백억 달러 무역적자에 허덕이는 우리 경제가 과연 북한 동포를 먹여 살릴 자신이 있는지 현실적 회의론이 강하게 인다.

개인만이 아니다. 정부도 북한에 대해 체제 우월적 감정과 현실적 통일대응이 상충하는 심한 모순을 겪고 있다. 그제께 「중앙일보」 북한 칼럼에 기고한 로버트 매닝의 지적처럼, 미국과 한국이 감정과 현실을 분별치 못하는 모순된 대북(對北)정책을 추진 중이다. 북한정권을 붕괴할 때까지 쥐어짜야 한다면서도 북한을 연착륙시켜야 한다는 데는 대부분 고개를 끄덕인다.

북한의 생존을 도울 것인지 아니면 북한을 붕괴 쪽으로 몰고 갈 것인지 기본방향조차 설정되지 않은 채 혼선을 빚고 있다. 왜 이런 현상이 생겨났을까. 여러 이유가 있겠지만 나는 이를 대북 정보 부족에 의해 정책과 여론이 갈피를 잡지 못한 탓이라고 본다. 지난 금요일 유민(維民) 홍진기(洪璡基) 회장 10주기 추도강연회에 참석했던 독일 언론인 테오 좀머는 우리 언론의 통일 보도자세가 어떠해야 하나를 체험자 입장에서 잘 정리해주고 있다.

당시 독일 언론은 대체로 네 가지 기본원칙에 동의했다. 있는 그대로의 현실을 인정하고, 상호접촉을 막지 않으며, 군사력을 정책도구로 사용치 않고, 접촉과 방문 그리고 교류를 촉진하는 다른 질서의 인정이 그것이다. 협력과 교류는 우리 통일원칙과 다를 바 없다. 그러나 있는 그대로의 현실인정에서 큰 차이가 난다. 우선 북이 남을 인정하지 않고 있고, 북의 있는 그대로의 실체 파악에 우리는 너무나 어둡다. 탈북자의 증언을 통해 북의 최근 실정을 전달받을 뿐이다. 방북 취재는 물론 막혀 있고 북의 실상에 접할 자료도 정보도 없다. 있는 그대로의 북한을 알릴 언론의 보도기능이 완전 차단된 상태다. 북의 수해 피해가 어떤지, 식량난이 어떤 정도인지, 실제로 굶어죽는 숫자가 그렇게 많은지 이런 기초적 사실도 모르면서 연착륙이니 식량지원이니 말하는 자체가 공허하고 난센스다.

지금 언론이 대북 실상에 접근하는 방법은 두 가지뿐이다. 하나는 북한의 홍보물 신문이나 통신 잡지를 통해 뭔가를 찾는 방법이고, 또 하나는 중국 쪽 국경지대에 살고 있는 동포들을 통해 간접적으로 듣는 방식이다. 모두가 부정확하고 실상과는 거리가 먼 뉴스접근이다. 있는 대로의 실상을 알아야 대처방안이 나온다. 북에서 진행중인 정권교체에서 식량난에 이르기까지 적어도 현지 접근이 가능해야 북의 실상을 조금이나마 알리는 언론의 기본적 책무를 수행할 수 있다.

이를 위해 정부는 두 가지 변화를 보여야 한다. 첫째, 정부가 파악하고 있는 북한정보를 언론과 공유하는 자세를 적극 취해야 한다. 물론 군사정권시절과 달리 정보의 공유가 전과는 달라졌다. 그러나 이 정도로는 안 된다. 북한에 관한 한 정부 정보가 가장 신속하고 다양하리라 본다. 이 정보를 왜곡 없이 언론과 공유하면서 평화적 통일을 유도하는 여론조성을 해야 한다. 둘째, 방북취재를 허용하는 일이다. 북쪽도 남쪽 언론의 자유로운 취재를 막고 있지만 이 벽을 허물게끔 우리 정부도 노력해야 한다. 9월 중순이면 나진·선봉 유치단 설명회가 있다. 북쪽 말인즉 어떤 형태의 방북도 허용하겠다고 했다. 이를 계기로 남쪽 언론이 동참해서 북의 실상에 부분적이나마 접근해 방북취재의 길을 여는 혈로를 뚫도록 해야 한다.

테오 좀머가 인정하듯 단단한 준비기간을 가졌던 독일이지만 통독 (統獨)이 그처럼 빨리 오리라 아무도 예상 못 했다. 뜻밖의 변수, 고르바초프의 독일 포기정책이 통독을 빨리 했던 것이다. 고르비가 없었다면 통독은 아직도 미지수일 것이다. 우리에겐 고르비가 없다. 고르비 대신 언론이 그 역할을 맡아야 충격 없는 연착륙이 가능하고 마찰 없는 평화적 통일을 이룰 수 있을 것이다.

(1996 - 07 - 17)

생사람 잡는 지식풍토

세르비아의 한 청년이 오스트리아 황태자 부부를 저격했다. 그리고 1차 세계대전이 일어난다. 독일이 폴란드를 침공하면서 유럽 전역을 초토화시킨 2차 세계대전이 일어난다. 세르비아의 한 청년이 1차 세계대전을 일으킨 책임자인가. 독일의 폴란드 침공이 어째서 세계대전으로까지 확산됐는가. 누가 먼저 방아쇠를 당겼는가(One - Shot Theory)만으로 전쟁을 총체적으로 파악할 수는 없다. 2차 세계대전 원인규명 연구서만 해도 수백 권이 넘는다. 전쟁의 복합적 요인을 구조적으로 파악하고 객관화하는 작업은 학자가 해야 할 당연한 책무다.

한국전쟁의 원인과 배경 그리고 성격 규정을 둘러싼 연구 작업도 당시의 여러 복합적 구조를 분석함으로써 가능하다. 이 점에서 최장집 고려대 교수의 『한국전쟁의 한 해석』은 한국전쟁 연구의 새 지평을 여는 중요 논문으로 꼽히고 있다. 그는 보수적 냉전이론과 수정주의적 관점만으로는 전쟁의 역사적 실체파악이 어렵다고 본다. 6월 25일 새벽 북한의 선제공격은 이미 숱한 자료의 발굴과 연구 덕분에 의혹의 베일이

벗겨졌다. 이제 필요한 것은 분단에서 전쟁으로 이어지는 역사적·구조적 이해와 전쟁 시기마다의 변화 내용을 살펴봐야 전쟁 전모를 파악할 수 있다고 그는 주장했다. 북한 지도부가 오판했던 '민족해방전쟁 시기', 미군 참전과 제한적 성격의 전쟁 시기, 미국이 아시아 제패를 노리는 무제한적 전쟁확대 시기, 다시 원상회복으로 돌아가 휴전으로 종결되는 시기에 대한 보다 철저한 연구를 요구하고 있다.

이 논문은 저자 스스로 밝히고 있듯 종래의 냉전논리에 입각한 전쟁 연구를 복합적 구조로 새롭게 조명하자는 뜻에서 본 '한 가지 해석'이다. 시론(試論)일 수 있다. 나 스스로도 이 연구에 전폭적으로 동의는 하지 않지만 한국전쟁 연구의 안목과 시야의 폭을 넓히는 의미 있는 연구 작업이라고 평가한다. 그런데 엊그제 「월간조선」 11월호의 신문광고를 보면서 내 눈을 의심했다.

"최장집 교수의 충격적 한국전쟁관. 6·25 전쟁은 김일성의 역사적 결단. 남진은 민족해방전쟁, 북진은 재앙. 건준·인공·찬탁을 긍정하고 제1 건국을 비판하는 최 교수가 관계한 '제2 건국운동'은 어디로 가나?"라는 광고문이 시커멓게 대서특필돼 있었다. 이럴 수가? 광고 문안대로라면 최 교수는 전쟁 자체를 북의 시각에서 보고 있고 이런 용공적 사고를 지닌 사람이 어떻게 새 정부의 정책기획위원회 위원장으로서 제2 건국운동을 주관하느냐는 매우 선동적인 냄새를 풍기고 있었다. 잡지도 읽었고 문제된 그의 책을 주의 깊게 살펴봤지만 흥분할 내용이 새롭게 없다. 최 교수가 이미 잘못 읽힌 부분에 대한 자세한 반론을 제기했기 때문에 여기서 장황한 설명을 부연할 필요는 없다.

다만 제목으로 뽑힌 '김일성의 역사적 결단'만 예로 들어보자. "그(김일성)의 우세에 대한 지나친 과신이 그를 전쟁을 통한 총체적 승리라는 유혹에서 헤어날 수 없게 하였고, 결국 그는 전면전이라는 역사적 결단을 내렸던 것이다. 무엇보다 김일성의 오판을 유도했던 요소는 한반도의 국내정치적 조건이라기보다는 국제정치적 조건, 즉 급속하게 변하고 있었던 냉전체제의 성격과 그곳에서의 한반도의 지정학적 위치와 미국의 힘이었다." 이 문장에서 '김일성의 오판' 부분은 인용하지도 않은 채 '김일성의 역사적 결단'만 부각시켜 최 교수가 남침전쟁을 역사적 결단이라고 미화한 듯이 기술하고 있다.

보수와 진보의 긴장관계 속에서 사회는 발전한다. 학문도 마찬가지다. 진보적 연구가 있어야 학문의 지평을 넓힐 수 있다. 조금만 진보적 사상을 가졌다면 용공분자로 모는 매카시적 수법에는 동의할 수 없다. 더욱 가관인 것은 이 잡지가 나오자마자 야당과 자민련(자유민주연합)이 성명서를 내고 최 교수의 위원장직 사퇴촉구와 보안법위반 구속 운운까지 하고 있는 행태다. 성명서를 내기 전 단 한번이라도 저자의 원전을 읽어보았다면 이런 소리는 못 할 것이다. "저 친구 평소부터 좀 수상했어, 알고 보니 용공분자였구만." 대충 이렇게 생사람 때려잡는 게 우리의 지적·정치적 풍토다.

어제 불던 바람이 오늘도 그냥 불고 있다. 개혁이고 민주화고 큰소리칠 게 없다. 아직도 언론이 앞장서 레드 콤플렉스 바람을 불어제치면서 선동하고 정치인들이 멋모르고 맞장구를 치는 이런 한심한 세태 속에서 우리가 학문의 자유와 정치의 민주화를 말할 자격이 있는가. 지금 우리는 어느 시대에 살고 있는가.

(1998-12-03)

A4 용지의 「귀거래사歸去來辭」

38년간의 직업외교관을 마감하는 공노명(孔魯明) 전 외무장관이 병원에서 사임사를 써 보냈다. A4 용지 한 장 남짓한 짧은 글이다. 일신상 사정으로 떠나면서 일일이 인사하지 못함을 이해해달라는 부탁과 자신의 재임기간 중 업적을 간략히 회고하고 후임 장관 잘 모시기를 당부했다. 말미에 인상적인 대목을 남기고 있다. "저는 지금 귀거래혜(歸去來兮) 전원(田園)이 장무(將蕪)한데 호불귀(胡不歸)'라고 한 「귀거래사(歸去來辭)」에서 '지나간 일은 고칠 수 없음을 깨닫고, 앞으로 오는 인생을 좇아야 함을 알았다'는 심경으로 표표히 떠나고자 합니다"라고 적고 있다. 이후 그는 닷새 만에 퇴원해 지방여행을 떠났다고 한다.

왜 그는 도연명(陶淵明)의 「귀거래사」를 이 짧은 사임사에 인용했을까. "돌아가자/전원이 황폐해지고 있거늘 어찌하여 돌아가지 않는가/이제껏 내 마음 몸 위해 부림받아 왔거늘/무엇 때문에 그대로 고민하며 홀로 슬퍼하는가…." 이렇게 시작하는 「귀거래사」는 단순한 전원복귀로의 자연찬가가 아니다. 시인 도연명은 다섯 차례 벼슬살이를 한다. 마지막 벼슬이 팽택이란 고을의 읍장 정도였다. 어느 날 군에서 감찰관이 내려왔다. 관복을 차려입고 그를 뵈라고 관리들이 권하자 그는 "몇 푼의 녹을 먹기 위해 시골 소인에게 허리를 굽힐 수 없다"고 사표를 던지고 「귀거래사」를 읊으며 고향으로 돌아갔다.

"돌아가자/세상 사람들과 인연을 끊자"고 그가 단호히 외치는 데는 밥술을 먹기 위해 하찮은 관리들에게 허리를 굽히고 부처 간 보이지 않는 알력과 세력 있는 자들의 거들먹거림 등에 대한 강한 혐오와 환멸이 작용했던 것이다.

제2부 우리에게 내일이 있는가

외교관이라면 수사학(修辭學)의 명수다. 적어도 공 장관이 귀거래사를 인용했을 때는 직업외교관으로서 숱한 아니꼬움과 말할 수 없는 참담함을 겪은 뒤 선택한 결과가 아니었을까. 취임 초 그를 괴롭힌 게 인민군에 의용군으로 들어갔다는 전력(前歷)설이다. 그러나 46년 전 민족적 비극 속에서 어쩔 수 없었던 과거가 지금 와서 무슨 문제가 되느냐 해서 흐지부지됐었다. 그러고도 한참 지난 최근에 와서 또다시 그의 전력이 문제가 되고 여기에 비리까지 겸한 괴문서가 나돈다더니 결국은 사퇴에까지 이르렀다.

장관의 이런 식 전격사퇴가 어제오늘 일이 아니다. 장관이 12번째고 장관급인 시장까지 합치면 14번째니 굳이 놀랄 일도 아니다. 이번 경우 특이한 것은 비리나 실언 또는 실책이 아니라 분명치 않은 퇴진 설명에 괴문서까지 등장했다니 더욱 질이 나빠졌다고 할 수 있다. 지금껏 나온 공 장관 사퇴이유 중 가장 유력한 게 대북 강경파에 떠밀렸다는 설이다. 명백한 증거는 없지만 이마저 믿지 않으면 그의 퇴임을 설명할 길이 없다. 이미 그의 퇴임을 앞둔 보름 전부터 외무부엔 공 장관의 전력과 비리를 담은 정체불명의 괴문서가 나돌았다고 한다. 뒤이어 부처 간 마찰설이 나오고 그는 사표를 냈다. 미루어 짐작하면 공비사건을 둘러싼 대미(對美) 관계에서 너무 유연하다는 비판이 일고 그의 전력을 시비하는 소리가 높자 그는 재신임을 묻는 의미에서 사표를 냈고 그의 사표는 당장 수리됐다고 짐작할 수 있다.

비록 그의 사임에 직접적 영향을 미치지 않았다 하더라도 한 나라 장관을 흠집 내기 위한 괴문서가 나돌았다면 이는 있을 수 없는 내부갈등이고 음해의 극치다. 그런데도 누구 하나 괴문서의 진원을 찾는다는 소리를 들어보지 못했다. 대북정책을 둘러싸고 강경파에 몰려 그가 떠

밀려났다면 이는 더더욱 큰 문제다. 통일정책에 관한 한 외무부는 유연성을, 국방부와 안기부는 강경노선을, 통일원은 양자를 배합한 균형정책을 취하는 게 상식이다. 3자 간 강온노선이 팽팽히 맞서기도 할 것이고, 심지어 격한 토론도 마다하지 않아야 한다. 이런 과정을 거쳐야 햇볕론과 강풍론이 적당한 조화를 이루며 강온 공수 양면의 통일정책이 나올 수 있다.

만약 강경할 수밖에 없는 부처가 온건할 수밖에 없는 부서 책임자를 한칼에 칠 수 있다면 이는 단순한 인사상 문제가 아니라 통일정책 전체를 뒤흔드는 중대한 사건이 아닐 수 없다. 물론 후임 장관 또한 오랜 경력을 지닌 세련된 직업외교관이고 취임인사에서 통일정책의 변화는 없다고 거듭 천명했으니 이런 우려는 기우로 끝날 수 있다. 그러나 한 맺힌 「귀거래사」를 읊으며 이유 없는 퇴진을 하는 공직자가 늘어나서는 책임 있는 공직자 풍토가 자리 잡을 수 없음을 우리는 A4 용지의 짧은 「귀거래사」에서 감지할 수 있지 않은가.

(1996-11-13)

지역감정 어떻게 푸나

위기의 경제난국을 보낸 지난 1년간 우리가 잊거나 염두에 두고 있지 않는 사실이 하나 있다.

외국의 유수 신용평가기관들이 투자적격 수준으로 한국을 다시 격상시킨 데는 김대중 대통령의 환란(換亂) 극복을 위한 적절하고도 신속한 대응이 주효했다고 볼 수 있다. 그러나 이를 가능케 한 저변에는 치열한 노사분규나 대규모 학생시위가 없었기에 비교적 이른 시일 안에 어둠의 터널을 벗어났다고 평가할 수 있다.

우리는 이 점을 잊고 있다. 되돌아보자. 불과 몇 달 만에 1백80만 명이라는 실업자가 무더기로 직장을 잃었다. 대학 졸업생이 일자리를 찾을 수 없는 꽉 막힌 위기상황이 연속되고 있다. 그런데도 지난 1년간 붉은 띠를 맨 노동단체들의 살벌한 분규나 대규모 시위를 별로 보지 못했다. 봄이면 등록금 인상반대를 불씨로 해서 정권퇴진운동으로 나갔던 학생 데모가 지난 1년간 단 한 차례도 없었다는 사실을 우리는 잊은 채 살고 있다. 최루탄과 돌멩이가 날고 쫓고 쫓기는 경찰과 시위대의 난투전을 본 지가 언제였던가. 노동자와 대학생 시위가 없었기에 환란의 위기를 넘겼고 또 이런 분규나 시위가 앞으로도 없으리라 믿기에 우리 경제가 밝아질 수 있다는 희망을 가질 수 있다.

나는 이것이 김영삼 정부 집권의 최대 성과물이라 평가하고 싶다. 노사정위원회의 원만한 활동으로 노동세력의 불만을 가라앉힌 탓일 수도 있다. 고통분담을 해야 한다는 내부적 자성(自省)도 한몫했을 것이다. 그러나 나는 그렇게만 보지 않는다. 노동자와 대학생이 노학(勞學) 연대를 내걸고 거리를 점령하거나 대학 캠퍼스에 불을 지를 때도 지금처럼 자신들의 이해관계가 절박하게 걸려 있지 않았다.

날치기 노동법 개정 반대나 '전·노(全·盧) 처단' 등 노동자나 대학생들과의 직접 이해가 지금처럼 심각하게 걸려 있지 않은 문제를 두고 사생결단의 시위를 벌였던 것이다. 만약 지금처럼 세 차례 연속 날치기 국회에 안기부의 정치사찰의혹 같은 사건이 그때 일어났다면 환란이고 경제난이고 가릴 것 없이 전국은 대규모 시위로 쑥밭이 됐을 것이다. 김 정부 집권 이후 이게 없어진 것이다. 왜 이런 다행스런 결과가 나온 것인가. 여러 이유를 들 수 있겠지만 시위 주체와 명분의 상실이라고 본다. 보다 정확한 표현을 쓴다면 우리가 '광주의 한(恨)'에서 벗어났다는 증거가 아닌가 생각한다. 모든 시위나 분규의 진원지가 광주였다고 할 수는 없다. 그러나 적어도 광주의 금남로 광장이 잠잠한 이상 세상은 조용했다. 광주가 움직이면 정권이 불안했고 광주가 움직이면 사람들은 기가 죽었다. 수백 명 고결한 생명을 앗아간 광주항쟁의 원한을 광주 밖의 사람들은 알고 있기에 죄책감을 지고 산 것이다. 광주의 한이 뭉쳐 민주화 투쟁·노학연대·재야투쟁으로 연결됐기 때문에 크고 작은 시위나 분규가 광주와 무관했다고 볼 수 없었다. 그 연속된 투쟁의 종착역이 정권창출로 끝난 지금와서 시위의 주체가 따로 있을 수 없고 시위의 명분이 아직은 생겨날 수 없다고 생각한다.

지난 1년 광주가 조용했다. 대규모 시위나 분규도 없었다. 광주의 한에서 우리 모두가 풀려났기 때문에 대규모 시위나 분규가 사라졌다고 나는 믿는다. 우리가 흔히 지역감정이라고 말하는 영·호남 대결은 두 개의 축을 지닌다. 그 하나의 축이 광주의 한이다. 이 한이 너무 깊었기 때문에 '광주의 광주화'와 '호남의 호남화' 경향이 강해지면서 호남 대 비호남의 대결, 친여와 재야, 보수와 진보개념으로 확산됐다고 볼 수 있다. 또 다른 축은 영남세력이 군사정권의 지팡이 끝을 잡고 장기집권을 하니 호남 대 영남 간의 적대의식이 깊어졌고 광주의 한을 품은 호남의 호남화와 지난 영광에 대한 영남의 향수가 남아 망국병의 뿌리를 내리고 있는 것이다.

이 망국병을 어떻게 치유할 것인가. 지역감정을 떠받드는 두 축을 허물어야 한다. 먼저 호남의 호남화를 깨뜨려야 한다. 호남에 의한, 호남을 위한, 호남만의 호남이 아니라 호남의 전국화를 해야 한다. 광주의

한을 푼 지금껏 호남인끼리 화풀이를 한다는 말이 나와선 안 된다. 국민회의가 '호남당' 아닌 전국당으로 발전할 수 있는 호남의 전국화 노력이 절실하다. 또 하나의 축인 영남세력이 이젠 과거의 향수에서 깨어나야 한다. 군인들이 내민 지팡이 끝을 잡고 일어섰던 과거를 부끄러워할 줄도 알아야 한다. 이런 부끄러운 과거에 기름을 붓고 바람을 불어대며 성냥을 그으려드는 야당의 장외집회나 투쟁도 부끄러운 과거를 모르는 시대착오적 정치행태다. 그래서 끝내야 한다.

(1999-01-29)

정치가 경제를 망치려나

나는 평소 정치가 잘못돼도 경제는 별 영향을 받지 않으리라 낙관했다. 군사독재 아래서도 경제는 번영했으니 문민정부가 들어섰으면 경제는 정말 제대로 잘 굴러갈 줄 알았다. 현 정부 처음 2년간은 이런 낙관론이 들어맞는 듯했다. 그러나 이게 얼마나 무식하고 허무한 낙관주의였나를 이번 노동법 개정 과정을 지켜보면서 통감하고 있다. 정치를 잘못하면 경제는 개판이 된다는 사실을 거듭 확인하고 있다. 현 정부가 노동법을 개정하자고 했을 때 내세운 방향과 원칙은 경제협력개발기구(OECD)에 가입했으니 그 기준에 맞는 노동법을 가져야 한다는 것이고 내리막길에 들어선 경제를 살리기 위해선 노동시장의 탄력성 유연성을 가져야 한다는 필요성 때문이었다. 원칙도 좋았고 방향도 옳았다고 본다. 노동악법이라 할 3禁(복수노조 금지, 3자 개입 금지, 정치활동 금지)을 풀고 국제기준인 3制(정리 해고제, 변형 근로제, 대체 근로제)를 도입해 경제도 살리고 노조활동의 민주화도 기하자고 했다.

그러나 지금 그때의 정신과 취지는 어디로 갔는가. 불과 석 달 전 일이다. 새벽 국회의 날치기 법안통과와 한보파동을 겪으면서 원래 정신은 자취 없이 사라지고 오로지 힘겨루기와 눈치 보기로 노동법은 누굴 위해 무엇을 하려고 개정하는지조차 알 수 없게끔 흘러가고 있다. 법 개정의 원칙이었다 할 국제적 기준 관행과 경제 살리기는 뒷전이 돼버리고 노조와 야당 목소리만 들릴 뿐이다. 날치기 통과로 염치없게 된 여당과 한보사태를 지나며 무력해진 정부 때문에 방향도 잃고 원칙도 없이 목소리 큰 세력에 끌려 그냥 흘러가고 있다. 유예하기로 했던 복수노조는 논의 한 번 없이 당장 허용으로 돌아섰고 정리해고제는 거꾸로 유예 쪽으로 가고 있다.

이미 지난 10년간 난장판 노사분규를 통해 무언의 합의로 도출된 무노동 무임금 원칙마저 법제화 반대쪽으로 대세는 기울었다. 세계 어느 나라에도 유례없는 노조 전임자의 임금 지급도 노조활동 위축이라는 이유로 그 금지를 미루고 있다. 따지고 보면 여당의 날치기 통과라는 비민주적 처사가 불러온 파국이고 정권의 부도덕성이 몰고 온 자업자득의 결과라고 볼 수도 있다. 정치 한번 잘못하니 경제가 결딴나는 쪽으로 1백80도 회전하고 있다. 정말 이래도 되는 것인가. 야당과 노조는 어느 나라에 속한 야당이고 단체인가. 원칙에도 맞지 않고 현실과는 거꾸로 가는 노동법을 만들어 무엇을 어떻게 하겠다는 것인가. 이렇게 말하면 단번에 항의할 것이다. 재벌신문 앞잡이고 기업주 편에서 근로자를 짓밟는 사용자 쪽의 하수인이니 그런 주장을 한다고 할 것이다.

그러나 법과 제도란 한 정권, 한 정당, 한 기업의 소유물이 아니다. 정권을 넘어선 유효성과 현실성이 있어야 한다. 기업 또한 기업주 혼자만의 저유물이 아니다. 사용자와 근로자 그리고 소비자가 함께 만들어 내는 공적인 존재다. 기업과 나라 경제 입장에서 지금 돌아가는 노동법 개정 논의를 보자면, 이야말로 노조 천국의 인기주의에 편승한 페론식 포퓰리즘을 연상케 한다. 원칙도 없고 그 흔한 애국심도 보이질 않는다. 갚아야 할 빚이 1천억 달러고 한해 60억 달러 이자를 내는 딱한 실정의 나라다. 노임이 비싸 기업은 외국으로 줄행랑이고 팔 만한 물건이 없어 넘어지는 게 기업이고 돌아오는 것은 부도수표밖에 없는 지금, 수렁 속의 경제를 살리자는 뼈를 깎는 노력이 보이질 않는다. 기업이 넘어지고 두 손 놓고 있는데 무노동 유임금을 주장할 수 있나. 한 사람이라도 더 일해야 될까 말까인데 불법파업을 일삼는 노조간부에게 임금을 꼬박꼬박 물어가며 기업하겠다는 사람이 과연 얼마나 될 것인가.

고용·해고에 탄력성이 있어야 고용이 창출된다는 것은 선진국의 경험에 따라 이미 관행이 된 것이다. 기업은 망하는데 근로자 모두를 끌어안고 임금을 올려가며 먹고살 신출귀몰한 방법이 야당과 노조에는 과연 있는 것인가. 아직도 시간은 남아 있다. 정치 잘못으로 경제가 파국되고 나라 살림이 거덜 나는 일이 없도록 노력할 소지는 아직도 남아 있다. 기왕 정부 여당에 기대할 것이 없으니 야당이라도 정신을 차리기를 바랄 뿐이다.

다시 노동법 개정의 원래 정신으로 돌아가야 한다. 원칙에 충실하든지, 경제 살리기라는 현실에 주력하든지 두 가지 중 하나라도 확실히 잡는 최소한의 애국심이라도 갖춰야 한다. 이마저 없다면 야당 또한 정리해고 대상이 될 수밖에 없다는 참담한 비관론에 빠질 뿐이다.

(1997-03-07)

냄비, 하이에나, 언론

우리는 냄비다. 파르르 끓다가 불기운만 사라지면 식어버리는 냄비 체질이다. 끓기도 잘하지만 식기는 더욱 잘한다. 김영삼 대통령 집권 초기는 가관이었다. 안가를 부수고 총독부 건물을 허문다고 하니 앞뒤 가리지 않고 환호했다. 역사 바로 세우기에 사정개혁이라 하니 우리 대통령 최고라고 인기도가 90%를 넘어섰다. 마치 단군 이래 최고 지도자인 듯 추앙했다.

그러나 지금은 어떤가. 한 대학 신문이 '복제해서는 안 될 인물'을 설문조사로 뽑았다. 1백80명 대학생들은 1등에 단연 YS를 꼽고 있다. 급전직하의 추락이다. 내가 보기엔 3, 4년 전 YS나 지금 YS는 다를 게 없다고 본다. YS는 다만 YS일 뿐이다. 그걸 몰랐나. 당당했던 모습이 한보의혹. 현철의혹 이후 고뇌 어린 모습으로 TV에 비쳐지는 게 달라졌다면 달라졌을까. 그의 정책이 전시적이고 바람몰이식이며 개혁 일변도였지만 이를 비판하고 반대하는 사람 없이 모두가 박수 치고 문민시대 왔다고 환호작약하더니 무엇이 달라져 지금은 모두가 얼굴을 돌리고 있는가. 북 치고 장구 치던 그 많던 사람은 다 어디로 갔는가. 실정(失政) 탓인가. 한 정권을 총체적으로 평가하기엔 아직은 시기가 이르다. 한보사태 때문인가. 한보의혹과 대통령의 관계는 아직까지는 아무런 관계가 없다. 아들이 설친 탓인가. 얼마나, 어떻게 설쳤는지 수사도 되지 않았고 청문회도 열리지 않았다. 아직은 혐의일 뿐이다. 워터게이트 사건이 터지고 닉슨이 사임하기까지 2년 2개월이 걸렸다. 일본의 다나카 총리가 록히드 스캔들에 걸려 최종 판결을 받는 데 장장 19년이 걸렸고, 당사자는 판결을 보지도 못한 채 죽었다.

그러나 한보의혹·현철의혹은 본격 수사도 시작하지 않았는데 이미 판결은 나 있다. 이런 냄비 체질은 어떤 결과를 가져 오는가. 쉽게 단정하고 쉽사리 잊어버리니 똑같은 일을 거듭해서 되풀이하는 습성을 체질화한다. '전 통(전두환 대통령)'이 동생 때문에 혼나는 꼴을 보고도 '노 통(노태우 대통령)'이 영부인과 황태자로 곤욕을 치르고, 그 뒤를 이은 YS도 똑같은 전철을 밟지 않는가. 국민이나 위정자 모두가 냄비 체질 탓이다. 우리는 또 하이에나 체질이다. 대통령의 막강한 권한을 감시하고 비판하는 게 언론이고 야당이고 검찰인데 이런 모든 견제 장치마저 냄비 체질에 하이에나 체질을 겸하고 있으니 감시와 견제 역할을 제대로 할 리 없다. 하이에나는 밤이면 나타나 죽은 시체만 먹고 산다. 정당하게 맞서 싸워 얻는 게 아니라 남이 죽여놓은 시체를 파먹고 산다.

대통령 5년 단임제 이후 유사한 현상이 되풀이되고 있다. 전임자 그늘을 이용해 집권하면 그 그늘에서 벗어나기 위한 홀로서기를 한다. 이 과정에서 전임자를 비판하고 전비(前非)를 들춘다. 개혁과 사정이 어떤 형태로든 동원된다. '노 통'이' 전 통'을 청문회에 올리고 백담사행을 강요했던 게 그것이고, YS 정권이 역사 바로 세우기로 '노 통'과 '전 통'을 일거에 제거한 것도 같은 맥락이라고 본다. 대통령의 부정과 비리가 단지 정치 게임으로 비춰진다. 여기에서 언론과 검찰과 야당이 무엇을 하는가. 감시·견제 역할보다는 모두가 덩달아 춤을 춘다. 굶주린 하이에나처럼 죽은 권력에 달려들어 씹기에 광분한다. 오늘을 위해 무엇을 하고 미래를 위해 무엇을 투자해야 할지보다 과거 청산에 혈안이 돼 저놈 죽여라 하면 저쪽으로, 이놈이다 하면 이쪽으로 쏠리는 하이에나 언론·검찰·야당의 정체를 유감없이 발휘한다. 사라질 권력을 물고 늘어지면서 새 정권 창출에 한몫 끼려든다. 이게 반복되는 게 10년째다.

야당 검찰도 정신 차려야 하지만 우리 언론이 면모 쇄신하지 않고서는 냄비와 하이에나의 악순환은 계속될 수밖에 없을 것이다.

신문의 광고난까지 죄다 읽는 꼼꼼한 신문독자가 내게 항의했다. 신문이란 게 의혹과 진상을 파헤치는 게 본연의 업무인데 어째서 우리 신문은 단 한번 의혹의 실체는 밝혀내지 못하면서 당사자에게 의혹을 밝히라고 주장만 하는가 하는 힐책이다. 과연 그렇다. 우리가 일찌감치 한보의 위험성을 경고하고 대통령 아들의 국정문란을 보다 적극적이고 구체적으로 비판했다면 오늘의 참담한 현실까진 오지 않았을 것이다. 언론사에 몸담고 있는 게 부끄러울 만큼 우리가 이룬 비판도, 진상조사도 없었다. 산 권력에 아부하고 죽은 권력에 이빨을 드러내는 이 천한 속성 때문에 정치문화가 제대로 자리 잡지 못한다는 자성을 뼈아프게 하지 않고서는 우리 정치풍토는 조금도 달라지지 않을 것이다.

(1997-03-21)

황장엽은 트로이 목마인가

북한의 황장엽(黃長燁) 로동당 비서가 곧 서울로 온다. 그의 망명은 어떤 의미를 지니는가. 그를 어떤 입장에서 받아들여야 할 것인가. 그는 영웅인가, 배신자인가, 아니면 단순한 귀순자인가.

세 가지 관점에서 볼 수 있다. 하나는 주체사상의 대부였던 그의 망명은 북한 주체사상의 붕괴고 남(南)의 자유민주주의의 승리라고 보는 입장이다. 사상과 체제의 우월성을 입증하는 살아 있는 본보기라고 볼 수 있다. 이는 곧 북(北)의 체제 붕괴가 가까워왔음을 알리는 낙관적 신호며 조금만 밀어붙이면 통일은 곧 올 것이라는 희망을 안겨주기도 한다. 또 그는 평생 북한 요직을 맡으며 북한 심층부(深層部) 구조에 익숙해 있어 그의 정보량은 다른 어떤 정보보다 신빙성과 깊이를 더해준다는 기대감을 갖게 한다.

정반대의 관점도 가능하다. 나치 독일의 헤스라고 볼 수도 있다는 자민련의 우려 섞인 시각이다. 루돌프 헤스는 나치 독일의 2인자였다. 2차 대전이 한창이던 때 그는 스코틀랜드로 망명했다. 독일의 소련침공에 따른 영국의 반발을 무마하면서 영국과 독일이 세계를 양분하자는 비밀협상안을 휴대했으리란 설도 나돌았다. 뉘른베르크 전범재판에서 종신형을 받고 숨질 때까지 그는 히틀러를 한번도 부정한 적이 없는 충실한 추종자였다. 황(黃)도 헤스일 수 있다는 가정 아래 자민련은 "황 비서의 귀국을 환대해선 안 되며 그의 진실한 참회를 듣고 그가 제공한 정보의 질을 판단한 뒤 적절한 수준에서 대우해야 한다"고 지침을 마련했다.

여기서 제3의 관점이 가능하다. 황장엽은 트로이 목마가 될 수 있다는 관점이다. 난공불락(難攻不落)의 트로이성을 함락하기 위해 오디세우스는 거대한 목마를 만들어 그 속에 정예부대를 싣고 침투해 성을 무너뜨린다. 황 비서가 트로이 목마일 수 있는가. 헤스처럼 어떤 목적을 띤 망명이라고 보는 경우, 또는 황 비서의 망명 진의와 상관없이 우리 정부가 그를 목마로 이용할 가능성이 있다고 보는 입장이다. 황 비서가 전한 서신에 따르면 지금 북은 전쟁준비에 광분하고 있고 풍전등화(風前燈火)의 조국을 구하기 위해 그는 남행을 결행했다고 망명동기를 밝히고 있다.

진정 그렇다면 아쉬움이 남는다. 그 같은 사람이 북에 남아 전쟁도발을 억지하면서 남북한 간 유연한 관계를 조성하는 데 적극 기여하지 못했을까. 물론 그런 역할을 할 수 없을 만큼 궁지에 몰려 망명을 선택했을 것이다. 그러나 숙청을 당할 궁지에 몰렸다 해도 그를 존경하고 그의 생각과 뜻에 동조하는 세력이 많다면 숙청 그 자체가 지니는 의미도 컸을 것이다. 왜 구태여 숙청보다 더 위태로운 망명을 했을까 하는 의문을 나 자신은 잘 풀 수가 없다.

또한 그의 서울 도착과 함께 우려하지 않을 수 없는 사항이 이른바 황장엽리스트다. 있다, 없다, 이미 내사를 마쳤다는 설이 돌고 있지만 지난 경험으로 봐선 대선과 맞물려 있는 지금 시점에서 실체와 관계없이 황장엽 리스트가 나돌 수 있다는 가능성을 배제하기 어렵다. 먼 과거가 아닌 지난 5년간의 경험 속에서 선거와 우리의 대북정책이 어떤 함수관계를 지녔는지 일별해보자. 남북기본합의서 채택으로 화해 무드가 조성되고 남북정상회담이 이슈화됐던 92년 3월 24일 14대 총선에선 여소야대로 여당이 참패했다. 92년 대선 직전 이선실·김낙중 등 간첩단이 정치권과 재야를 상대로 공작을 벌였던 남한조선노동당사건이 터지자 YS 당선에 크게 기여하는 결과가 됐다. '사서라도 쌀을 지원하겠다'는 대북협상 바람이 불자 95년 지자체 선거는 여당에 치명타를 입혔고 북한이 비무장지대에서 무력시위를 하자 신한국당엔 뜻밖의 승리를 안겨줬다.

대북관계가 유화국면이면 야당이 유리하고 긴장관계면 여당이 유리하다는 간단한 공식이 나온다. 대선을 앞둔 지금 정부 여당은 어떤 대북정책을 쓸 것인가. 여기서 황장엽 리스트가 어떤 형태로든 나올 수밖에 없다는 짐작을 하게 된다. 나는 결코 황 비서 망명을 과소평가하거나 의혹의 눈초리로 봐야 한다는 주장을 하는 게 아니다. 목숨 건 그의 망명이 헛되이 끝나지 않고 통일로 가는 긍정적 기여가 되기를 바라는

222

소망을 안ㄱ 있다. ㄱ렇게 되기 위해선 황 비서 망명을 대북 자극용이나 대선 바람용으로 써서는 안 된다는 점을 강조하는 것이다. 북에서 보낸 트로이 목마여도 안 되고 남에서 만들어내는 목마여도 안 된다는 생각이다. 따라서 황 비서 망명은 영웅도, 배신자도, 단순한 귀순자도 아닌 분단한국이 만들어낸 비극의 하나라고 보는 관점이 아직은 가장 정확한 판단이라고 본다.

(1997-04-18)

바람 바람 바람

바람은 기압에 따른 공기이동 현상이다. 부드럽고 순조롭게 움직이면 미풍(微風) 순풍(順風)이 되어 오곡이 무르익고 항로가 순탄하다. 갑작스레 휘몰아치면 폭풍 돌풍이 되어 거리와 들판을 휩쓸고 거대한 함선도 침몰시킨다. 언제부터인가 우리 사회엔 미풍 순풍은 사라지고 폭풍 돌풍 광풍이 지배하는 이상한 사회로 바뀌고 있다. 바람의 종류도 많아졌고 바람의 속도도 한층 빨라졌다. '북풍' '신북풍'에 이어 '총풍(銃風)' '세풍(稅風)'이 휩쓸더니 '검풍(檢風)' '의풍(衣風)'이 이 사회를 일진광풍의 한가운데로 내몰았다.

아직 바람 이름은 없지만 삼성차 처리를 둘러싼 혼미의 바람, 두뇌한국(BK) 21사업을 반대하고 거리로 나선 교수들 바람이 세차게 불고 한풀 꺾였던 '세풍'이 계절풍처럼 다시 불고 있다. 이제 막 불기 시작한 내각제 연기 돌풍이 정가(政街)를 휘젓고 있고 언론계를 향한 음산한 바람도 느껴지고 있다. 우리 사회는 바람의 한복판에 놓여 있다. 바람 중에서도 폭풍 돌풍 태풍은 파괴적 본성을 지닌다. 창의적 생산적 바람이 아니라 남을 죽이고 무너뜨려야 직성이 풀리는 속성을 지닌다.

'검풍'이 '의풍'과 합쳐져 태풍급이 됐지만 그 바람이 지나간 자리에 남은 건 쓸쓸한 폐허뿐이다. 그토록 떠들었던 검찰의 중립성이 보장됐거나 검찰의 위상이 달라졌다는 어떤 변화의 조짐도 없이 검찰만이 깊은 상처를 안은 채 바람은 가라앉았다. 지난 5월 기자협회가 전국 4백여 기자를 상대로 DJ 정부의 가장 잘한 정책이 뭐냐고 묻자 90%가 '햇볕정책'을 꼽았다. 바로 다음 달 십몇 분간 서해교전이 있은 직후부터 햇볕은 간 곳 없고 강풍만 남았다. 삼성차를 법정관리 신청하고 삼성생명 주식 4백만 주를 출연해 부채를 갚는다는 발언이 나오자마자 빚 갚고도 돈버는 특혜라고 몰아치는 바람이 불면서 '삼성 죽여라'가 시작됐다. 주주의 유한책임이나 사유재산권 보호라는 자본주의의 기본원칙은 거론조차 되지 않은 채 재벌매도로 일관했다. 잘못된 빅딜을 강요한 정부, 무턱대고 돈을 빌려준 채권단, 경영에 실패한 기업 3자가 각각 져야 할 책임이나 국민 부담을 줄이는 합리적 대안을 찾기에 앞서 재벌 죽이기부터 착수한다.

바람처럼 몰려와서 그냥 무너뜨리고는 사라질 뿐이다. 바람의 사회는 조급하고 불가측성이다. 빨리빨리 해치우고 바람처럼 잊어버린다. 씨랜드 화재로 수십 명 꽃다운 어린 생명이 비참하게 사라졌지만 곧이어 정부의 중추라 할 종합청사에 화재가 발생하는 망각의 사회다. 원칙과 항심(恒心)이 없으니 예측불가능이다. 화해협력과 강한 안보는 대북정책의 기본이다. 그러나 한 번 기울면 안보만 남고 화해협력은 말도 꺼내지 못하는 사회가 된다. 개인의 집 한 채 사고파는 데도 몇 년이 걸리는데 수조 원 자동차공장을 빅딜로 빨리 처리하지 않는다고 몰아치고는 급조된 대안이 여론의 공격을 받자 기업이 알아서 하라고 손을 뺀다. 달면 삼키고 쓰면 뱉는다. 항수(恒數)는 없고 변수만 있는 변칙의 사회다.

바람의 사회엔 비이성적 인기영합주의(populism)가 판친다. 민심에 따라 합리적 경제논리가 사라지고 교수 수백 명이 거리에 나서면 어떤 정책도 반민주적 악법이 된다. 이성 아닌 감정의 수치와 농도에 따라 원칙이 허물어지고 방향이 실종된다. 바람의 사회엔 소리 없는 음풍(陰風)이 불기도 한다.

최근 강한 비판적 논조를 보인 한 신문사 주필의 부동산 재산이 많다는 소문이 음산한 기류를 타고 돌았다. 곧 한 주간지에 그 소문이 활자화되고 한 일간지가 또 받아 옮겼다. 뒤이어 같은 신문사 정치부장이 문제의 전 국세청차장으로부터 1천 몇백만 원을 받았다는 소문이 일더니 비슷한 경로를 거쳐 소문이 기사화됐다. 검찰조사를 받았다는 단 한 줄의 기사도 없었지만 당사자들은 이미 음풍에 쏘여 죄인 아닌 죄인이 돼버렸다.

「중앙일보」 관련 기업체에 2개월 예정의 세무조사가 진행 중이다. 말인즉 통상적 세무사찰이라지만 어려운 세월을 겪어온 우리가 겉 다르고 속 다른 권력의 속성을 모를 리 없다. 비슷한 시기에 비슷한 유형으로 부는 음해의 바람, 해코지 바람이 골목길을 헤집어 돌아 그것이 언제 개혁이란 이름의 돌풍으로 돌변할지 그 귀추를 주목할 뿐이다. 바람이 통하지 않는 사회는 죽은 사회다. 그러나 음풍·돌풍·광풍만 부는 폭풍의 언덕에는 사람이 사람답게 살 수 없다. 합리와 이성이 자리 잡을 수 있는 미풍과 순풍의 사회를 기대한다는 것은 부질없는 소망인가.

(1999-07-16)

항아리 속 참게

참게는 민물게다. 털이 많고 발톱이 날카로워 깊은 항아리나 독 속에 넣어도 제 발로 기어 나온다. 그러나 게 여러 마리를 한꺼번에 항아리 속에 넣으면 한 마리도 나올 수 없다. 한 마리가 기어오르기 시작하면 다른 게들이 뒷다리를 잡고 서로 엉켜 붙어 떨어지기를 반복하기 때문이란다. 독일계 한국인 이한우(李韓佑) 씨가 '내가 본 한국, 한국인'이라는 강연(「월간조선」 9월호 전재)에서 한국인의 '남의 뒷다리 잡기' 풍조를 항아리 속 참게에 비유했다. 한 사람이 튀기 시작하면 금방 밑에서 끌어내리는 악습을 우리 사회 발전을 저해하는 중요 요인이라고 그는 꼽고 있다.

남들은 어떤지 모르겠다. 적어도 내 마음속엔 이한우 씨가 지적한 항아리 속 참게 근성이 도사리고 있음을 솔직히 시인하고 부끄러워한다. 항아리 속 참게 증후군 하나를 꼽자. 지난 옷 로비 청문회가 거둔 최대 수확(?)이 패션 디자이너 앙드레 김의 본명이 '김봉남'이고 그의 고향이 '구파발'이라는 사실 확인이었다. '구파발 출신 김봉남'이 멋의 상징 앙드레 김이라는 사실에 많은 사람들이 웃음을 실실 흘렸다. 구파발 김봉남＝앙드레 김의 등식화를 통해 성공한 사람의 뒷다리를 잡아 넘어뜨린 짓궂은 쾌감이 아니었을까. 튀는 복장, 야한 화장에 상류층 사회를 드나드는 앙드레 김, 알고 보니 별 볼일 없는 구파발 출신 촌스런 봉남이다. 여기서 우리는 야릇한 보복감을 만끽하면서 튀는 앙드레 김을 구파발 봉남이로 끌어내리는 참게 근성을 유감없이 발휘한 게 아닌가. 대부분 언론들이 청문회와 관련 없는 구파발 김봉남을 부각시킨 것도 비슷한 참게 증후군의 보복심리 탓 아닐까. 정동극장장 홍사종(洪思

珠) 씨가 이런 현상을 고생 끝에 성공한 사람을 짓밟는 사회풍토고 집단 새디즘의 광기라는 지적을 하지 않았더라면 나는 아직도 구파발 김봉남에 실없는 웃음을 날리고 있었을 것이다.

참게 증후군 두 번째. 문화일보 최병권(崔炳權) 논설위원이 「손숙 씨 미안합니다」라는 칼럼을 쓴 적이 있다. 옷 로비 청문회 중 고관 집 부인들의 어지러운 행태를 보면서, 격려금 2천만 원을 받은 죄로 장관직에서 물러난 손숙 씨에게 언론인으로서 반성과 미안함을 함께 담은 글이었다. 사실 연극배우 손숙(孫淑) 씨가 환경부 장관으로 임명됐을 때 왜 하필 '딴따라 여배우'인가에 많은 남성들이 고개를 저었다. 그러다 여배우 장관이 모스크바 공연을 간다는 소리가 나면서부터 체통 없는 장관처신이란 소리가 나오고 격려금을 받았다는 기사가 나가자 여배우 장관 죽이기가 시작됐다. 격려금을 받아 단원들에게 나눠줬는데 이게 무슨 장관사퇴로까지 이어질까 했지만 결국 그녀는 밀려났다. 여성장관만 해도 배가 아픈데 하물며 딴따라라니! 배고픈 것은 참아도 배 아픈 것은 참지 못한 남성 언론인들이 이룩한 참게 근성의 공적 아닌가.

몇 해 전 이 칼럼에서 나는 우리 언론을 파르르 끓다가 식는 냄비와 죽은 시체를 먹고 사는 하이에나에 비유한 적이 있다. 하이에나가 즐겨 찾는 표적이 튀는 인기인, 성공한 여성 그리고 잘나가는 기업인이다. 잘나갈 때는 정신없이 행가래치고 애국자로 치켜올리다가는 한번 삐걱 약세를 보이면 달려들어 물어뜯는다. 여기에 우리 사회의 참게 근성이 합세하면서 한 사람 죽이기는 여반장이다.

지금 현대전자 이익치(李益治) 회장이 그 표적이 되고 있다. '바이 코리아' 하나로 '이익치 신화'를 일궈냈다고 엊그제까지 행가래치던 인물이다. 그러나 지금 헹가래치던 손을 쑥 뺀 채 땅바닥에 굴러떨어지기를 기다리고 있다. 나는 증권투자의 관행과 법규를 잘 알지 못한다. 다만 그의 예측과 뚝심이 국제통화기금(IMF) 체제에 허덕이던 우리에게 희망과 용기를 주었고 사실상 '바이 코리아' 덕에 잠겨 있던 돈이 증시로 몰리면서 경기활성화를 유도한 기업인임을 알고 있다. 이런 그가 주가조작 의혹에 휘말리면서 이미 몹쓸 중죄인이 돼버렸다. '몸통' '깃털' 설에 '어느 마름의 몰락'이라는 판결문까지 나와버렸다. 신화를 일궈낸 애국자라고 봐주라는 얘기가 아니다. 의혹이 있으면 밝히되 그 과정이 신중해야 한다.

불구속 수사로도 진상은 얼마든지 가릴 수 있다. 그러나 검찰은 출금조처에 구속설을 흘리면서 대기업 총수도 언제든 부를 수 있다는 으름장을 놓는다. 자원 없는 나라에서 유일한 살길이 인재양성이다.

인재 한 사람 키우기에 수십 년의 각고가 필요하다. 잘 뻗은 나무를 하루아침에 한칼로 베는 잘못을 검찰과 언론이 반복해선 안 된다. 내 마음속의 하이에나와 참게근성을 걷어내는 일이 우리 모두에게 시급하지 않은가.

(1999-09-10)

'화和'의 정치 '강剛'의 정치

지난 연휴 2권의 책을 읽으면서 '화(和)'와 '강(剛)'에 대한 생각을 했다. '화'란 부드러움이다. 화합과 관용을 뜻한다. '강'이란 단단함이다. 강직과 엄격을 뜻한다. '화'로써 대성한 군주가 청나라 강희제(康熙帝)고 '강'으로써 일관한 군주가 그의 아들인 옹정제(雍正帝)다.

미국 역사학자 조너선 스펜스는 특별한 형식으로 강희제의 전기를 쓰고 있다. 강희제와 관련된 많은 사료와 문건을 섭렵한 다음 역사학자는 강희제 입장에서 자전을 쓰듯 지난날을 회상하고 있다.『옹정제』를 쓴 미야자키 이치사다(宮崎市定) 일본 교토대 교수는 마치 수필처럼 유려한 문체로 쉽고도 흥미롭게 한 '선의에 찬 악의의 독재군주'를 초상화 그리듯 형상화했다.

청나라 제4대 황제 강희제는 청장년시대를 사냥과 원정으로 보낸다. 체력도 강했고 활달했다. 티베트까지 원정하고 타이완을 복속시켰다. 아버지 대에 만리장성을 넘어온 만큼 그는 익숙지 않은 중국어로 중국인과의 친화력을 강화했다. 여기에 포용력을 겸비했다. 특별과거시험을 실시해 반체제 지식인들을 대거 관직에 등용했다. 그의 사고의 개방성과 유연성은 남달라서 외국의 선교사들과 잦은 교류를 가졌고 그들로부터 수학·과학·천문학을 배웠다.

그는 법치를 중시했다. 그의 자리를 위태롭게 했던 삼번(三藩)의 난을 평정한 다음, 강희제는 대청율(大淸律)을 만들어 반군 지도자들을 감정 아닌 법에 따라 처벌토록 했다. 그는 평소 신하들에게 "훌륭한 정치란 백성들로 하여금 쉬게 하는 것이다. 정치를 잘한다는 것은 백성을 다치지 않게 하는 것이다. 수많은 문제를 완전하게 해결하려는 것은 문제가 일어나지 않도록 하는 것만 못하다"고 역설했다. 그는 관용과 포용력으로 법치에 의한 시스템의 국가운영을 통해 국가기반을 확립한 정치지도자였다.

강희제의 아들 옹정은 45세 중년이 되어 35명의 아들 중 넷째 아들로 우여곡절의 왕위승계 다툼 끝에 황제가 됐다. 궁중정치의 음모와 갈등의 속내를 속속들이 파악했던 그는 강한 자의 강한 정치만이 살아남는다는 철칙을 체득한다. 집권하자마자 그는 경쟁자였던 형제들을 처형한다. 강한 정치의 기반을 정보 정치에 두고 많은 염탐꾼을 요소요소에 파견했다.

이런 일도 있었다. 지방 지사직을 원만히 수행해 조정 대신으로 승진한 자가 황제를 알현했다. 문득 고개를 들어보니 황제 뒷편 근위병 중에 전임지 지방관아의 하인이 빙그레 웃음을 띠고 있지 않은가. 하루는 황제의 지시를 받은 밀정이 밤늦게 형부(刑部)의 현판을 떼낸다. 이튿날 황제는 형부의 책임자를 불러 묻는다.

"형부의 업무는 잘되고 있는가?"

"별일 없습니다."

"형부의 현판도 잘 걸려 있더냐?"

"그렇습니다."

황제는 화를 벌컥 내며 밀정이 떼낸 현판을 신하 앞에 집어던진다. 그의 통치방식은 직영체제였다. 30여 개 주 2백32명의 행정책임자들과 직접 서신을 통해 지시하고 보고받았다. 보고에 틀린 사항이 있으면 불호령을 내렸다. 잘못된 보고가 거듭되면 가차 없이 직을 거둬들였다. 황제는 공포의 대상이었다. 이렇게 주고받은 편지를 책으로 낸 게『옹정주비유지(雍正朱批諭旨)』로 무려 1백12책 분량이다.

그의 통치는 전형적인 인치(人治)였다. 중국 관료 시스템은 과거제가 핵심이다. 그는 과거를 통해 등용된 관료를 신용하지 않았다. 붕당의 핵심이라고 봤다. 그가 중용한 신하 중엔 과거 출신자는 단 한 명도 없었다. 면 대 면 통치고 자신이 믿지 않는 것은 의심했다. 그러나 그는 근면하고 성실했다. 밤 12시에 취침, 새벽 4시면 어김없이 일어났다. 밤 늦도록 보고서를 보고 그 답을 쓰면서 사심 없이 백성의 삶을 걱정했다. 미와자키 교수가 그를 '선의에 가득 찬 악의의 독재자'라고 규정한 이유가 여기에 있다.

그러나 그가 병사하자 조정의 산하들은 모두 후유하고 한숨을 쉬었다 한다. 옹정제의 두터운 신임을 받았던 오르타이와 장팅위는 그 뒤를 이은 건륭제에게 관용의 정치로의 복귀를 강력히 요구하게 된다. 인치란 한 사람 아닌 수백 수천 명 선의의 지도자가 있어도 제국 통치는 불가능하다는 이유에서였다.

화의 정치인 덕치와 강의 정치인 인치의 전형인 두 지도자상을 보면서 시대와 체제를 뛰어넘는 교훈을 얻을 수 있다. 적어도 백성을 상대로 '강한 정치'를 펴겠다는 것이 얼마나 부질없는 일인가. 더구나 주권재민의 민주국가에서 '강'의 정치, 인치가 설 자리가 없음을 분명히 가르치고 있다. 정치인들의 일독을 권하고 싶다.

(2001-02-02)

내 마음속 DJ 정서

내 마음속에는 친(親)DJ 정서와 반(反)DJ 정서가 공존한다. 보다 정확히 표현한다면 DJ 정책을 지지할 때가 있고 또 반대할 때도 있다는 말이다. 사인(私人) 아닌 대통령 DJ에 관한 평가를 내릴 경우 이 땅의 국민이라면 이는 지극히 당연하고도 합리적인 사고체계라고 볼 수 있다. 그러나 총선을 아직도 두 달 가까이 남겨둔 지금 이런 중간적 자세는 용납되지 않는 분위기다.

'친'이냐 '반'이냐는 양날의 칼만 도처에서 번득이고 있다. 가령 이렇다. 2주 전 본란에서 3김 정치의 낡은 유산인 가신정치는 청산해야 한다는 글을 썼을 때 반응은 단 한 가지였다. "역시 출신은 못 속여"다. 필자가 TK 출신이니 읽어보나 마나 반DJ 노선으로 나갔을 것이 틀림없다고 한칼에 매도한다. 평소 나는 DJ 햇볕론을 옹호하거나 한 걸음 더 나아가 보다 적극적 대북 교류협력을 주장해왔다. 집안 행사로 친척들이 모일 때면 이렇게 빈정된다. "역시 자네는 안사람 편이야." 내 아내가 호남 출신임을 아는 친척들은 아내의 영향 탓으로 친DJ 노선의 글을 쓴다고 본다.

최근 「중앙일보」에 총선시민연대의 낙선운동을 둘러싼 논쟁이 벌어졌다. 작가 이문열이 시민단체의 활동에 대해 「홍위병을 돌아보며」라는 제목으로 향후 운동방향에 대한 경고를 보냈다. 곧이어 문화비평가 진중권이 「이문열과 젖소부인 관계」라는 반론을 썼다. 두 글이 나가자 사내외에서 비판과 지지의 소리가 요란했다. 그러나 유심히 귀 기울여 들으면 대체로 비판과 지지의 근거가 평소 친DJ냐 반DJ냐에서 출발하고 있다는 섬뜩한 사실에 놀란다. 친DJ면 '젖소부인' 편이고 반DJ면 '홍위병' 편이다. 주장이나 논리의 잘잘못을 따지기 전에 내 마음속 DJ 정서 또는 그 정서의 대부분을 차지할 지역감정에 따라 결론은 이미 나 있다. 주관적 판단임을 전제로 할 때, 지금 이 땅의 가치판단 기준은 지역감정이고 이 감정이 어떤 논리도 뒤엎을 수 있는 최상위 개념의 공고한 이데올로기로 자리 잡고 있다.

그리고 이번 총선은 이 지역감정에 기초한 DJ 정서가 승패를 가늠하는 쪽으로 흘러가고 있다. 인터넷시대를 산다는 우리의 의식구조는 정말 한심하게도 냉전논리 못지않은 DJ 정서에 따라 매사를 판단하고 행동하지 않는가. 이런 정서와 감정의 회오리가 총선에 작용할 때 나와 지역을 대표할 국회의원을 뽑는 게 아니라 DJ 정서와 지역감정에 따라 '묻지 마 투표'를 할 게 뻔하다. 물론 이런 풍조가 어제오늘 일은 아니다. 이번엔 지역감정에 DJ 정서가 가미되면서 전국적 '묻지 마 현상'이 일 것이라는 게 나의 우려다. 야당이 이번 총선을 'DJ 중간평가'라고 주장하는 이면에는 반DJ 정서를 전국적 바람으로 몰아가겠다는 의도가 짙게 깔려 있다.

그제 한나라당 선대위원장인 홍사덕(洪思德) 의원이 이런 발언을 했다. "총선 목표인 과반수 의석을 얻지 못하는 한이 있더라도 총신을 DJ 대 반DJ 구도로는 몰고 가지 않겠다"고. 그의 발언 또한 나와 같은 우려에서 출발했다고 짐작한다. 그의 지적대로 대통령이 국사를 버려두고 선거에만 몰두하는 인상을 주는 것도 야당의 바람 전략을 파악했기 때문일 것이다. 대통령이 반DJ 성향을 줄이고 친DJ 성향을 높여야 한다는 강박관념에 빠질 경우, 각 정당·대통령·국민이 정신없이 이번 선거를 총선 아닌 대선으로 몰아가고 선거판은 지역바람과 DJ 정서로 뒤범벅된 일진광풍의 혼란과정을 거칠 것이다. 광풍이 지나간 자리엔 폐허밖에 남을 게 없다. 이래도 좋은가. 이번 선거는 총선일 뿐이다. 아직은 잠복 중일 지역바람과 DJ 정서를 대통령이 앞장서 고취시킬 게 아니라 이를 가라앉힐 노력을 해야 한다.

선거 아닌 국정, 총재 아닌 대통령으로서 무게 중심을 잡아야 한다. 왜 김수환 추기경이 대통령의 당적 이탈을 간곡히 당부했는가. 대통령이 당적을 버릴 때 총선 표적을 비켜날 수 있다. 국정과 총선 사이에서 대통령이 혼란을 겪는 일도 없을 것이다. 오히려 총선 승리를 담보할 최후의 카드일 수 있다. 설령 총선에 진다 해도 정권교체와 경제위기 극복, 여기에 공명선거를 이룩했다는 DJ의 치적은 길이 남을 것이다.

(2000-02-08)

불평등 즉 평등

경희대 조정원(趙正源) 총장 집무실엔 '불평등 즉 평등'이란 액자가 걸려 있다. 평등주의가 대세인 사회풍조에서 불평등주의를 강조하기란 스스로를 사회주의자라고 외치는 것만큼 부담스럽다. 그런데도 불평등을 버젓이 앞세운 그의 강심장이 돋보인다.

우리 사회의 각종 평등주의 중에서 가장 위선적인 것이 교육 평준화 정책이라고 본다. 평준화는 학생 개개인의 불평등을 처음부터 무시한다. 학교 간 차이를 인정하지 않고 모든 학생을 공정하게 뽑아 평균적으로 가르치겠다는 평등정책이다. 나름대로 성과도 있었겠지만 정책이 20년을 넘기면서 교육의 하향평준화가 현실의 문제로 심각하게 나타났다. 공교육에 대한 불신이 사교육의 융성으로 나타난 지 이미 오래다.

교육 평준화란 군사독재 시절 관치교육의 전형이다. 신체조건만 대충 맞으면 똑같은 제복에 똑같은 교육방식으로 똑같은 계급을 붙여 똑같은 밥을 먹고 똑같이 잠자고 일어나는, 이름도 개성도 존재하지 않는 병영생활을 교육현장으로 옮긴 게 아닌가. 이런 평등주의 교육은 산업화시기엔 나름대로의 역할을 했겠지만 다양한 개성과 창의성을 요구하는 정보화시대엔 극복의 대상이 될 뿐이다. 이 정부 들어 교육의 다양성과 창의성을 아무리 강조하고 교육개혁 사업을 펼쳐도 이게 잘 풀리지 않고 꼬여만 간다. 그 이유는 평등주의 몸통에 개별성과 차별성을 중시하는 불평등주의를 접목시키려니 제대로 될 리 없는 것이다.

교육이란 인간이 불평등한 존재임을 확인하는 데서 출발한다고 본다. 신체적 조건, 두뇌의 조건, 그가 살아온 다양한 삶의 세계와 다양한 감정 체제의 불평등을 용인하면서 그 불평등 조건에 맞는 맞춤교육이 올바른 이 시대의 교육방향이 돼야 할 것이다.

지금 사립학교법을 새로 뜯어고친다고 여당이 소란을 떨고 있다. 이 또한 관치교육의 연장에서 조금도 벗어나지 못하는 발상이다. 재단비리나 분규로 사태를 수습하지 못할 경우 관선체제를 통한 별도의 제도적 장치가 마련돼 있다. 그런데도 몇몇 학교의 재단비리를 문제 삼아 모든 학교의 경영자들을 범죄인시하고 학교운영을 학교장에게 맡기겠다는 군사독재시절의 평등 유니폼을 준비하고 있는 것이다. 오늘 우리가 이만큼 먹고사는 기술과 능력을 배운 곳이 그 말썽 많던 '우골탑' 시절의 사립대학이었음을 누구나 기억할 것이다.

그 대학들이 성장해 오늘날의 명문대학으로 성장한 것이다. 지난 과거를 들먹여 모든 대학을 범죄시할 것인가. 범죄행위는 범죄 차원에서 접근할 일이지 선의의 교육경영자를 범죄자로 몰고 모든 사립학교를 법으로 통치하겠다는 발상은 평등주의의 또 다른 만용이다. 돈은 적게 내지만 치료는 똑같이 받자, 신문은 적게 팔리지만 많이 파는 신문과 똑같이 팔도록 제도화하자, 우리 신문사엔 사주가 없으니 너희도 사주의 소유를 제한하라, 그것을 법으로 만들자, 이런 평등주의가 의료개혁·언론개혁이란 이름으로 성화를 부려대니 사회 전체가 흔들리고, 지금 내가 어느 사회에 살고 있나 하는 깊은 회의에 빠지게 된다.

지난 주 「뉴욕 타임스」지에 MIT대의 경제학 교수인 폴 크루그먼이 「감정적 반(反)세계화 왜 잘못인가」라는 글을 실었다. "서른 살 전에 사회주의자가 아니었던 사람은 심장(감정)이 없다. 그러나 서른 살이 넘어도 여전히 사회주의자인 사람은 머리(이성)가 없다"는 유럽 속담을 그는 인용하면서 지난 주말 캐나다 퀘벡에서 열린 반세계화 군중집회를 비판했다. 세계화가 항상 아름다운 게 아니다. 미성년자들이 낮은 임금과 열악한 환경에서 만들어낸 방글라데시의 스웨터를 보면서 괴로워하지 않는 사람은 감정이 없는 사람이다. 그렇다고 그 스웨터를 월마트가 수입해 파는 것을 법으로 중단시킨 하킨스 상원의원 같은 사람은 머리가 없는 사람이라고 그는 매도했다. 그런 법 때문에 일자리를 잃은 아이들은 더욱 나쁜 조건의 직업을 구해야 했다. 수출이 나쁜 게 아니라 근로조건 개선이 중요하다. 국제무역에 대한 격분만이 세계 빈곤문제를 푸는 해답이라고 생각하는 사람은 머리가 없거나 머리를 사용하지 않는 사람들이다. 가지를 쳐야 할 일을 몸통부터 잘라내는 평등주의 만용을 비판하고 있다.

지금 우리 사회를 둘러보자. 머리는 없고 심장만 있는 사람들이 너무 많이 설치지 않는가. 이성보다 감정으로 매사를 재단하고 몰아붙이는 평등 포퓰리즘의 세상이 되고 있지 않은가. 평등의 감정을 앞세우기 전에 불평등의 다양성을 생각하는 이성이 시급한 시점이다.

(2000-02-13)

"안정 없는 개혁은 공허할 뿐"─2003 새해특집 김수환 추기경 인터뷰

─곧 새 대통령이 취임하면 사회 전반에 많은 변화가 예상됩니다. 이미 북한 핵문제가 한반도에 긴장을 고조시키고 있습니다. 이 문제를 어떻게 풀어야 합니까?

"2003년은 우리 모두에게 희망의 해가 되길 바랍니다. 경색된 남북관계와 북·미관계도 남북한이 서로 사랑과 지혜로 최선을 다하면 잘 해결되리라 믿습니다. 교황 바오로 6세께서는

1965년 유엔 연설에서 '여러분이 형제가 되고자 한다면 손에서 무기를 버려야 합니다'라고 말씀하셨습니다. 북한도, 미국도, 세계의 그 어느 나라도 이 말씀이 주는 평화와 화해의 정신을 구현할 수 있기를 진심으로 기원합니다."

—새 정부 대통령이 해결해야 할 과제로 어떤 것을 꼽습니까?
"힘든 '산행'을 마치고 안전하게 하산했을 때, 국민으로부터 진심 어린 감사와 축하를 받을 수 있는 대통령이 되길 바랍니다. 노무현 후보의 당선에는 정당적 요소보다는 비정당적 요소가 더 크게 작용했던 것 같습니다. 21세기 새로운 한국의 출발로 보고 싶습니다. 새 대통령이 해결해야 할 국가적 과제는 20세기의 유산인 지역 간의 위화와 갈등을 비롯, 이번 선거에서 나타난 세대·계층·이념 간의 차이를 어떻게 극복해 국민 내부의 화해와 통합을 이룰 것인가 하는 것입니다."

—구체적으로 지역·세대·계층 간 갈등을 치유할 수 있는 묘안은 없을까요?
"젊은 세대는 우리의 희망이고 미래입니다. 월드컵 기간에 그들의 주도로 온 국민이 하나되었습니다. 그때 저는 젊은 세대한테서 희망을 보았습니다. 지금 촛불시위에 나서는 사람도 월드컵 때의 젊은 세대와 다르지 않을 것으로 생각합니다. 이제 젊은 세대도 기성세대를 인정해야 할 것 같습니다. 산전수전 다 겪은 기성세대가 역시 생각은 깊구나, 부모세대의 지혜를 배워야겠구나 하는 생각을 가졌으면 합니다."

—이번 대선에서 이념의 차이도 두드러졌습니다. 개혁과 안정이 선순환할 수 있다고 생각하십니까?

"안정 없는 개혁은 공허하고, 개혁 없는 안정은 고인 물과 같습니다. 안정과 개혁은 동전의 앞뒷면이라고 할 수 있습니다. 이번에 이회창 후보를 지지했던 유권자 중에 아직도 불안해하는 사람이 많은 것 같아요. 지금까지 보도를 보면 노무현 대통령 당선자는 경제에서 근본적인 틀을 흔들지 않을 것 같더군요. 다행히도 그분이 자신에게 표를 던지지 않은 사람에게도 귀를 기울일 줄 아는 것 같습니다."

—부익부 빈익빈 현상도 심화되고 있습니다. 이를 해결할 수 있는 방법이 있으면 말씀해주십시오.

"일찍이 공자께서는 가난 그 자체가 문제가 아니라 고르지 못한 것이야말로 걱정할 문제라고 말씀하셨습니다. 국가가 세계화라는 명분을 내세워 경쟁을 조장하면서 가난에 신음하는 사람들을 외면하면 그런 사람들은 절망할 수밖에 없으며, 이 공동체의 구성원이 된 것에 원망과 한탄을 금하지 못할 것입니다. 이 사회의 일원이 된 것을 고맙게 또 자랑스럽게 생각할 수 있도록 하는, 말로만이 아니라 실천적으로 따뜻한 정부, 인간의 얼굴을 한 정부가 되길 바랍니다."

—제왕적·독점적 권력의 폐단이 많이 지적되고 있습니다. 다른 한편으로 보면 국가적 난제를 해결하려면 힘 있는 리더십이 요구되기도 합니다. 이 시점에 우리 국민에게 필요한 지도자상

을 어떻게 보십니까.

"제왕적 대통령이니 하는 것은 제도의 탓만은 아니라고 봅니다. 미워하면서 닮는다고 하지요. 권위주의 시대의 정치문화가 민주화 이후에도 그대로 답습되고 있는 관행적 측면이 적지 않습니다. 제도 이전에 금욕적 대통령이 나와서 그런 관행과 타성을 끊을 수 있을지 한번 기대해봅니다. 예수님은 섬김을 받으러 오신 것이 아니라 섬기러 왔다고 하셨습니다. 이런 봉사정신이 진정한 지도자의 자세입니다."

―한국 정치가 나아가야 할 개혁 방향은 어디라고 보십니까?

"정치개혁은 누군가가 자신들이 갖고 있는 기득권을 포기하는 것으로 시작해야 합니다. 정치개혁을 진정으로 하겠다면 나 자신이 먼저 껍질을 깨는 아픔을 겪어야 합니다. 그리고 정치인들이 거짓말을 하지 않는 것만이라도 행동으로 보여줘야 합니다. 국민의 정치불신은 이 거짓말에서 비롯됩니다. 그런 점에서 새 정권이야말로 믿음, 특히 말에 대한 믿음, 말의 신뢰성을 국민에게 보여주길 바랍니다. 또 하나 지적한다면 우리 공동체는 어디를 향해 가고 있는지 목표점을 상실하고 있어요. 이대로 간다면 21세기 아시아·태평양 시대에 우리는 중심국가가 되지 못하고 변방에 머물게 될 것입니다. 이제 한국정치도 시각을 한반도 전체와 동북아시아 그리고 세계로 눈을 크게 떠야 합니다. 높이 나는 새가 멀리 보는 법입니다."

―김대중 정부 5년을 어떻게 평가하십니까. 그리고 퇴임을 앞

둔 김대중 대통령에게 당부하실 말씀이 있으시다면.

"김대중 대통령 그분에겐 영욕이 함께한 5년이라고 생각합니다. 노벨평화상 수상이 영(榮)이라면, 두 아들을 감옥에 보낸 것은 욕(辱)이라 할 수 있습니다. 그렇지만 남북관계에서 화해와 협력의 시대를 열었습니다. 물론 가릴 것은 가려야겠지만, 물러나는 대통령을 지나치게 매도하거나 폄하하는 것은 성숙한 국민의 도리가 아니라고 생각합니다. 당부랄 것은 없지만 가야할 때 미련 없이 떠나는 것이야말로 정말 아름답다는 말씀을 드리고 싶습니다."

―북한 핵 사태 이후 남북관계를 보는 시선이 급속히 냉각되고 있습니다. 햇볕정책의 성과를 어떻게 보십니까?

"햇볕정책의 화해와 협력의 기본방향은 옳다고 봅니다. 그러나 남북관계는 먼 뒷날에 보아도 양측 모두가 부끄러움이 없는 떳떳한 관계가 돼야 한다고 생각합니다. 서로 자존심의 상처를 받지 않으면서 건전한 협력관계로 계속 발전해나가야 합니다. 앞으로 남북관계는 가급적이면 국민적 합의 위에서 투명하게 그리고 뒷날이 역사에 그 어느 쪽이나 부끄러움이 없도록 이뤄져나갔으면 합니다."

―월드컵이 민족의 자존심과 긍지를 높이는 데 크게 기여했습니다. 두 여중생 사망사건과 관련한 촛불시위에서도 민족의 자존심 운운하는 용어가 등장하고 있습니다. 이를 보는 기성세대들은 감성적 민족주의를 자극하지 않을까 우려하고 있습니다.

"반미구호, 더 나아가 미군 철수를 주장하는 것은 좀 지나칩니다. 미군이 이 땅에서 한국인에게 시달리면 미국 정부도 자국민이 한국에서 안전하게 지낼 수 없다고 판단하고 미군을 철수할 수도 있습니다. 그럴 경우 정치·경제·안보 모든 면에서 심각한 영향을 받게 됩니다. 냉정히 생각해보세요. 외국인도 떠나고, 외국자본도 빠져나갑니다. 그것만이 아닙니다. 정치적으로 우리끼리 갈등을 일으켜 국론이 분열됩니다."

—촛불시위를 보면 왠지 국내의 외국인 노동자들이 떠오릅니다.
"미국인의 오만과 차별적인 대우 때문에 우리의 자존심이 상했다면 거꾸로 국내에 들어와 있는 외국인 노동자들에게 우리가 어떻게 대하는지 반성해볼 필요가 있습니다. 정말 우리부터 먼저 외국인 노동자들에게 인간적인 대우를 할 줄 알고, 평등을 실천할 줄 알 때 촛불시위도 더욱 공감을 얻게 될 겁니다."

—미국의 종교단체인 라엘리언이 복제아기를 탄생시켰다고 주장하고 있습니다. 종교인으로서 하실 말씀이 많을 듯합니다.
"아시다시피 사회에서 논의되고 있는 인간복제의 목적은 불치병 치료가 주를 이룹니다. 그렇잖아도 인간이 정치·경제의 도구가 돼가면서 인간의 존엄성이 크게 훼손되고 있는 마당에 치료에 인간을 도구로 이용한다는 것은 도저히 용납할 수 없습니다. 인간복제는 종교적 가르침에는 물론이고 윤리·도덕에도 반하는 행위입니다."

— 새해에 우리 국민이 곰곰이 되씹을 말씀 한마디 부탁드립니다.

"박노해 시인은 제가 「서문」을 썼던 시집 『사람만이 희망이다』에서 '천지 간에 나 하나 바로 서는 것이 진리의 모든 것이요, 희망의 모든 것'이라고 했습니다. 국민에게 드릴 말씀이 있다면 바로 시인의 이 말이 아닌가 생각합니다."

(2003-01-01)

'낮은' 연방제의 함정

논쟁의 약점은 논쟁을 위한 논쟁이 되기 쉽다는 데 있다. 이제 막 논쟁의 대상으로 떠오른 낮은 단계의 연방제안도 자칫 논쟁의 함정에 빠져들 위험이 크다. 중요한 사실은 왜 북한이 '낮은 연방제'를 제시했느냐에 있지 우리가 이 방안을 두고 소모적 논쟁을 벌일 이유가 없다는 점이다. 국민투표까지 갈 사안은 더더구나 아니다. "남과 북은 나라의 통일을 위한 남측의 연합제안과 북측의 낮은 단계의 연방제안이 서로 공통성이 있다고 인정하고 앞으로 이 방향에서 통일을 지향시켜나가기로 하였다." 문제의 남북 공동선언 2항이다. 참 모호한 문구다. 미묘한 사안일수록 외교문서에선 모호한 것이 오히려 좋을 수 있다.

그러나 문제는 우리측 통일방안을 북측이 수용했으니 성공적이라는 우리 정부의 아전인수(我田引水)식 유권해석이다. DJ 자신도 "낮은 단계 연방제에서 중앙정부의 권한에 대해 북한이 한 얘기는 남북연합제와 대단히 유사하다. 남북연합제 쪽으로 (북한이) 접근하고 있는 것은 분명하다"고 낙관하고 있다. 낮은 연방제를 연합제와 유사한 것이라고 주장하기 때문에 사달이 생겨난 것이다. 그렇다면 DJ의 연합 제안은 어떤 것이었다. 1993년 야인생활을 하던 DJ는 「월간조선」과의 인터뷰에서 그의 연합제 통일방안을 이렇게 설명하고 있다.

기자가 물었다. "김 총재의 공화국 연합제 통일안과 북한의 연방제 통일안은 어떻게 다릅니까."

DJ가 답했다. "북한은 저의 3단계 통일방안의 2단계인 연방제를 곧장 실시해 외교 국방을 중앙정부가 처음부터 담당하자는 것입니다. 무리지요. 나의 통일방안은 1단계인 국가연합에 가상 상소점을 두고 이 기간을 길게 잡아, 2단계인 연방제와 3단계의 완전 통일로 가는 길을 준비하는 방안입니다.

나의 공화국 연합에는 남북 양 공화국의 권한, 즉 국방·외교·내정에 대한 독립국가로서의 권한을 그대로 두고 권한이 제한된 공화국을 구성하자는 것입니다."

DJ의 연합제안은 명백히 국가연합을 1단계로 보고 있다. 그 기간도 '10년쯤'으로 보고 있다. 연방제는 무리라며 그 이유는 남북이 하나될 만큼 사고방식, 행동방식, 민족적 동질성이 회복되지 않았는데 합치면 동·서독보다 어려운 상태가 될 것이기 때문이라 했다. 북한과 거래하고 장사하면 북한이 개방으로 나오고, 개방은 경쟁력을 필요로 하고, 경쟁력은 시장경제체제를 받아들이면서 '시장경제'는 민주주의를 요구하게 되는 최종단계가 된다는 것이 그의 '최종 통일방안' 지론이다. 이미 7년 전 이런 식 통일방안을 확신에 찬 어조로 말할 만큼 그는 통일에 대한 집념과 현실적 대안을 '지녔다는 점에서' 뛰어난 정치지도자임이 분명하다.

그러나 당시의 주장이 지금의 현실 대북정책에서 그대로 일관하느냐에는 의문점이 제기된다. 낮은 단계의 연방제안은 이회창 총재가 주장했듯 어디까지나 큰 틀의 연방제다. 약간의 공통점은 있지만 남측이 북측의 연방제에 말려든 것이지 결코 연합제 안에 북의 연방제 안이 수용된 게 아니다. 그 증거가 지난 6일 평양에서 열린 고려민주연방공화국 창립방안제시 20주년 기념 평양시 당보고회다. 두 개의 지역정부를 두고 그 위에 민족통일기구를 두는 방안이 낮은 연방제임을 확인하고 있다. 하나의 국가를 위한 두 개의 연방을 공식화한 것이다.

북한으로선 이미 이런 계산이 섰기에 '낮은 단계의 연방제'를 내세웠고 그 연장선상에서 로동당 창건 기념식에 우리 측 단체와 개인을 초청하는 한편 군사적 긴장관계 해소와 평화협정 논의는 미국과 협상하는 더블플레이에 착수한 것이 아니겠는가. 남한은 하나의 지역정부에 불과하니 평화협정 같은 국가대사는 미국과 논의한다는 발상 자체가 낮은 연방제에서 이미 출발한 것이 아닌지, 우리가 주시할 대목은 바로 여기에 있다.

나는 6·15 선언 그 자체가 남북이 벌이는 거대한 협상 게임의 출발이라고 본다. 두 정부, 두 체제 간에서 벌이는 이 게임은 고도의 전략과 전술을 요구한다. 북측은 이미 이 게임에 익숙해 있지만 우리 측은 너무 나이브하다는 생각을 지울 수 없다. 낮은 단계의 연방제가 우리 측 성공이냐 실패냐로 지금 우리가 입씨름할 때가 아니다. 왜 북이 그것을 주장했고 그것이 어느 방향으로 나갈지에 대한 주도면밀한 연구와 대응이 우리에게 더 시급한 것이다.

더구나 이 문제를 두고 국민투표 운운한 것 자체가 난센스다. 대북전략의 본질을 덮어둔 채 남남갈등만 조성하는 북의 또 하나의 전술일지 모른다는 경각심을 더 높여야 할 때다.

(2000-10-13)

3 폭력은 안 된다. 평화와 공존이다

누가 매카시즘을 부르는가

위스콘신 시골의 무명 변호사였던 조지프 매카시가 상원의원으로 당선된 지 4년 만인 1950년, "국무성 속에 1백여 명의 공산주의자가 득실거리고 그 두목은 오언 래티모어"라는 폭탄선언이 매카시의 입을 통해 터져 나왔다. 전후 냉전체제가 서서히 굳어지면서 반공애국을 고양시키는 극우세력이 미국사회를 지배할 무렵, 새롭게 부상한 소련과 공산당에 대한 긴박한 대결의식과 소련의 첩보활동에 대한 경계심리가 팽배해 있을 무렵, 매카시가 던진 작은 폭탄은 가위(可謂) 원폭의 위력을 발휘할 수 있었다. 한번 불기 시작한 매카시 선풍은 위로는 차관급에서 밑으로는 우편배달원에 이르는 2천여 명의 공무원을 추방시켰다. 그로 인해 간첩혐의를 받았던 고위 공직자 중엔 심장마비로 죽거나 자살하는 사례까지 빚었다.

미국의 민주정치 발전사에 씻을 수 없는 오점을 남겼던 매카시즘은 시대 분위기를 이용한 극단적 정치술수가 얼마만큼 잔인한가를 보여주는 경세훈(經世訓)으로 우리에겐 아직도 소중한 교훈으로 남아 있다. 서경원 의원 사건으로 위기와 불안의 국면이 어느 때보다 고조되고 있는 이 시기, 이 시점에서 왜 하필이면 매카시즘을 들먹이냐고 나무라기에 앞서, 우리가 해방 45년의 정치사 속에서 매카시즘의 늪을 과연 벗어나본 적이 있는가를 되돌아봐야만 한다. 그것이 극우든 극좌였든, 남쪽이든 북쪽이었든 자기 집단의 이익과 불법한 정권유지를 위해 얼마나 많은 매카시즘이 횡행했던가를 우린 벌써 잊고 있다. '관문파' '미제 앞잡이'라는 죄명으로 북의 하늘에서 숨져간 사람이 얼마였던가. 좌익과 연좌제란 이름으로 남쪽 하늘 아래서 평생 빛을 보지 못한 채 살았던 사람 또한 얼마였던가.

평양에 밀입북한 전대협 대표는 세계의 관심이 쏠린 기자회견장에서 외쳐댔다. 남쪽의 백만 학도는 통일을 염원하고 정부와 수구세력은 통일을 방해하는 반통일 세력이라고 몰아붙였다. 1인 독재의 세습왕조인 북의 정권은 통일염원세력이고 국민적 합의와 민주적 절차로 수립된 남쪽의 정부는 반통일 세력이라고 규정짓는다.

누가 통일을 바라지 않는가. 주사파의 논리와 베트남식 통일을 우리 모두 바라지 않기에 친북적 통일노선은 소수의 극단적 모험주의로 비난받고 있지 않은가. 미제의 앞잡이, 반통일 정권 밑에서 남쪽 민중들이 신음하고 있다고 선전하는 바로 그 방식이 극좌적 역 매카시 수법이다. 민주체제의 질서를 지키며 그나마 뭔가 개혁과 개선을 통해 점진적 개량을 추구하는 세력, 문패나마 붙이고 고만고만 살아가는 기성세대, 이 모두가 미제의 앞잡이고 미제 식민지의 예속을 벗어나지 못하는 반통일 세력이라고 매도하고 돌팔매질한다. 이 또한 매카시즘이 아니고 무엇인가.

미제의 앞잡이, 반통일세력으로 몰리는 말없는 다수는 화가 치민다. 전대협 대표가 평양에서 남쪽의 앞잡이들을 매도하고 있고 전민련의 고문 문 목사가 '신선한 충격'을 안겨준 지 이미 오래며 전농련 결성의 실력자 서경원 의원의 북한 밀항이 간첩혐의로 수사를 받고 있다. "민주회 열기 속에 공산당 세상이 되었군!" 이런 식으로 돌아가는 게 군중심리고 이 군중심리를 정치적으로 절묘하게 이용하는 게 극우 매카시즘의 전형이다. 극단적 극좌 모험주의가 결국 극우 매카시즘의 재래를 부르고 극우집단이 이를 잽싸게 이용하지나 않을까 가슴 죄며 눈치를 보는 게 힘없는 백성의 사고양식이다.

'야당의원 중 2, 3명이 더 입북했을 가능성'의 소문이 흘러나온 채 여지껏 소문의 진상은 밝혀지지 않고 출국 금지자 명단만 발표되었다. 누가 소환되고 연행될 것이라는 풍문 속에서 입방아에 오르는 의원들은 허둥대며 핏대 높여 자신의 무고함을 해명하기에 바빴다. 국회의원 1명을 연행할까 말까를 결정하느라 1백여 명이 탄 여객기를 30여 분이나 허공에 맴돌게 했다. 이역만리 날아간 여당 대표가 보수연합의 정계개편을 역설했고 개폐(改廢) 직전까지 갔던 보안법이 그때는 옛날인 양 힘차게 살아 숨 쉬며 불고지죄(不告知罪)라는 낡은 칼이 재야와 언론계·종교계를 왕래하며 외곽을 때리기 시작했다.

친북적 극좌 모험주의자들의 준동에 불안해하는 말없는 다수는 이 불안심리를 이용해서 공안수사가 공안정치로 둔갑해버렸던 지난 시절 그 두려웠던 환영에 사로잡힌다. 비록 그것이 그림자였다 해도 자라 보고 놀란 가슴 솥뚜껑만 봐도 놀라듯, 힘없는 백성은 이 시국을 가슴 죄며 지켜보고 있다는 사실에 우리는 유의해야만 한다. 이 땅에 다시금 매카시즘이 발붙이지 못하게 하기 위해서는 어떤 형태의 매카시즘이든 배척되어야만 한다.

지난 시절의 매카시즘이 다시는 되살아나지 않게 하기 위해서도 극좌적 모험주의는 청산되어야 한다. 극좌적 모험주의가 준동할 때 "백 마리 들쥐 앞에 기죽어 사느니 차라리 나보다 힘센 한 마리 사자 앞에 복종하겠다"는 볼테르의 경구가 패배적 군중심리로 싹트게 된다. 극좌와 극우의 매카시 수법이 널뛰듯 하는 악순환을 되풀이하는 한, 우리 사회의 민주화는 정말 물 건너간 남의 일이 될 수밖에 없다.

(1989-07-11)

전교조 3막4장

오늘의 일이 어제 같게만 느껴지고 어제 일어난 일이 10년 전 일처럼 까마득히 느껴진다. 사태의 알맹이는 날아가버린 채 빈껍데기만 남아 뒹구는 역사의 형해화(形骸化) 현상이 필자에게만 적용되는 기억상실증인가. 1년도 채 안 된 서울올림픽의 기억이 역사의 뒷골목으로 사라진 지 오래고 급박하게 돌아가는 전교조 파동 또한 이미 2년 전에 시작된 전교협의 후신인지도 잊고 있다. 뿐만 아니다. 정말 뜻밖에도 전교조 교사들의 주의·주장이 무엇인지, 왜 그들이 정부의 무차별 징계대상이 되었는지, 또 그 결말이 어떠해야 될지를 모두가 모른 채 징계와 투쟁만을 지켜보고 있다. 편의상 전교조 사태를 4단계로 나누어 되짚어볼 필요가 그래서 생겨난다.

87년 9월 열악한 교육환경과 교원지위 개선을 위하여 현행 교육관계법 개정운동을 벌이자는 목표를 세우며 전교협이 결성되었다. 관료적 지배형태의 학교운영방식, 입시 위주의 주입식 교육, 늘어만 가는 잡무, 낡아빠진 책걸상, 한겨울 추위에도 불을 지피지 못하는 난로, 반공 일변도와 정권유지 미화를 위해 꾸며진 교과내용…. 문제제기가 교육적이었고 해결방식이 법개정운동이라는 합법적 절차를 전교협은 중시했다. 지난해 가을에서 겨울까지 전교협 교사들은 자신들의 뜻과 목표를 알리기 위해 국회를 찾았고 정당을 방문하면서 자신들의 개혁의시를 열심히 설명했고 각종 토론회를 거쳐 서로의 의견을 개진하는 민주사회의 교사다운 면모를 과시했다. 이들의 요구는 비단 전체교사들의 공감을 불러일으키는 데 그치지 않고 교육을 걱정하는 모두의 가슴에 와 닿는 교사들의 자기 반성과 변신의 몸짓이었다.

그러나 문교당국의 어느 누구도, 기존 교육단체의 어느 누구도 이 목소리, 이 몸짓에 귀 기울이고 마주앉아 대화하려들지 않았다. 불만에 찬 의식화 교사들의 헛소리로 흘려들었을 뿐이다. 제1막은 이런 모양으로 끝났다.

제2막. 89년 5월 28일 한국교육사에 어떤 형태로든 가장 큰 사건으로 기록될 전교조의 결성식이 있었던 일요일, 예고된 결성식은 기습적으로 전투를 방불하듯 치러졌다. "현재의 사회모순과 교육모순을 낳고 있는 반민족적·반민주적 독재정권과의 투쟁에 떨쳐나선 노동자·농민·도시빈민·학생·양심적 지식인 등 모든 민족·민주세력과 군게 연대하여 교육민주화·사회민주화 그리고 통일의 그날까지 줄기찬 투쟁을 벌여나갈 것이다. 참교육 민족민주 인간화 교육 만세!"라는 선언문이 뿌려졌다. 가담교사 전원파면이라는 당국의 강경책에 아랑곳없이 지부·지회·분회 결성식이 전국적으로 강행되었다. 징계와 강행의 힘겨루기만으로 시작된 2막의 짧은 기간에 학교분회 4백46개가 결성되고 2명의 위원장이 구속되면서 1백여 명의 교사가 구속과 징계에 부쳐졌다. 징계와 강행의 대결구도 속에서 학부형이 나서고 중·고생들이 조금씩 들썩이기 시작했다. 싸움질하는 학교에 가서 배울 것이 없다고 학부형이 나서 교문을 닫는가 하면, 우리 선생님 돌려달라고 외치는 중·고생들의 목소리가 높아져갔다.

노조결성 강행만이 참교육을 실천하는 양 노조교사들은 강행만을 내세웠고 징계만이 교육을 회복하는 양 정부는 징계만으로 대처했다. 제3막의 시작은 공교롭게도 서경원 의원 사건과 함께 출발한다. 2막의 주역이 전교조였다면 3막은 문교당국이 주도하는 역공세의 한마당이었다. 한쪽 손에는 교육환경 개선을 위한 연간 3천7백억 원의 환경개선 투자비용과 교사처우 개선을 위한 1천억 원의 특별지원금이라는 실천방안이 제시되고, 다른 쪽 손에는 전교조 탈퇴하면 무조건 백지화시켜준다는 탈퇴유도작전이 쥐어져 있었다. 노사분규에 넌더리를 내는 여론에 편승하면서 서 의원 밀입북 사건으로 냉각된 공안분위기를 타면서 전교조 공동화작전이 펼쳐진 것이다.

수세에 몰린 전교조는 단식과 농성으로 맞섰다. 이러한 대치국면 속에서 6천여 명이 노조를 탈퇴했고 파면 해임된 교사가 1백30여 명, 징계에 회부된 교사가 1천여 명, 직위해제 직전에 놓여 있는 교사가 4천6백여 명으로 집계되었으며 2만 5천여 중·고생이 가두로 쏟아져 나오는 교육 황폐화의 조짐이 시작되었다. 8월 5일한 징계완료를 독려하는 정부방침이 하달되고 7월 25일 노조실체를 인정한다면 일체의 단식과 농성을 중단하고 정부와의 대화에 나서겠다는 전교조 측의 대화제의가 처음으로 나왔다. 위기를 넘긴 것이 아니라 유보한 상태에서 가까스로. 방학에 들어가면서 3막은 끝났다.

이번 주부터 가동될 범국민 중재위가 결성되고 문공위가 소집되며 각당 정책위의장이 자리를 같이해 전교조 사태를 논의하겠다고 이제서야 나섰다. 4막의 새 장이 새롭게 펼쳐질 이 국면에서 무엇을 어떻게 중재하고 풀어나가야 할 것인가.

정부와 전교조는 이 4막의 마무리 출연에 어떤 역할을 맡아야 할 것인가. 장황하세나마 늘어놓은 전교조파동의 어제와 오늘 속에서 나음 세 가지 요소를 긍정적 전제조건으로 받아들일 수 있다. 첫째, 전교협이 제시한 교육개혁노선과 그 실천을 위한 법개정운동은 매우 교육적이고 합법적이었다는 점에서 긍정적 반응과 유효성을 지금껏 확보하고 있다. 둘째, 전교조 결성 이후의 대결구도, 힘 겨루기는 교육개혁에 아무런 도움이 되지 않았을 뿐만 아니라 교육현장을 위기 국면으로 몰고 가는 역기능밖에 없었다. 셋째, 그 대결구도 속에서 그나마 얻어낸 성과라면 교육환경과 처우개선을 위한 정부의 방안이 구체화되었고 전교조쪽이 대화의 손짓을 보였다는 사실이다.

이 세 가지 긍정적 측면이 강화되고 촉구될 때는 4막의 국면이 해피엔딩의 극적 전환을 할 것이지만, 지금껏 검토된 부정적 측면이 또다시 재연될 때 그것은 돌이킬 수 없는 참담한 비극을 몰고 올 것이다.

(1989-07-25)

누구를 위한 '진군의 북소리'인가

그들은 바람처럼 다가왔다간 연기처럼 사라졌다. 1천여 경찰이 동원되는 삼엄한 포위망을 뚫고 그들은 홀연히 나타나 환하게 웃으며 할 애기를 마친 다음 유유히 사라졌다. 공교롭게도 「중앙일보」는 두 차례에 걸쳐 이들과의 단독회견을 가졌다. 8월 16일 전대협의장 임종석 군과 의 「월간중앙」 인터뷰, 9월 4일 평축 준비위원장 전문환 군과의 회견이 그것이다. 두 대학생이 인터뷰에 응한 까닭은 언론매체를 통해 도피 중 인 본인들의 건재를 알리고 2학기 대학가 투쟁노선의 방향을 설정해 준다는 데 진의가 있었으리라 짐작한다. 그들 대화 중에서 특히 자수할 생각은 추호도 없고 '망명지도부'로 다음 학기까지 전대협을 끌고 가 겠다는 다짐의 말이 오랜 여운으로 남는다. 망명지도부 – . 비밀결사 단 체에서나 쓰일 용어가 스스럼없이 등장한다. "과거처럼 자진해서 당국 에 잡혀가는 것은 백만 학도에 대한 배신행위"라고 전 군은 말했다.

과거 학생운동의 지도자들은 일정기간의 투쟁을 끝내고 경찰의 포 위망이 좁혀지면 스스로 '신병정리'를 하는 게 관례였다. 무거운 짐을 벗고 취직시험을 준비하거나 흘러간 투사로서 밀린 학업을 메우며 도 서실 한 귀퉁이를 차지하는 게 관례였다. 그만큼 학생운동의 방향과 패 턴이 달라졌음을 단적으로 보여주는 대목이다. 평양을 방문 중인 임수 경 양이 인터뷰를 할 때마다 임·전 양군을 반드시 '의장님'과 '위원장' 이라고 깍듯이 존경할 만큼 오늘의 운동권 지도자들은 그들 사이에 막 강한 권위와 권한을 갖는다고 한다. 우정의 결속으로 다져졌던 지난 시 절의 인간적 조직이 아니라 훈련되고 단련된 강철조직으로 묶여 있다. 임 군 자신이 강조했듯, 맥가이버 별명에 값하는 그의 신출귀몰한 눈부 신 활약은 개인의 능력이 아니라 조직의 힘이며 이날 이때까지 경찰을 비웃듯 잡히지 않는 까닭도 전대협의 조직능력이 그만큼 조직화·지하 화·비밀화되었음을 입증하고 있다.

"피티(프롤레타리아)에게 유일한 무기는 강철같이 단련된 조직뿐이다.

그렇다. 조직, 이것만이 우리운동의 승리를 보장할 수 있다." 84년 운동권의 이론과 실천 강령을 집대성한 '강철'이라는 필명의 운동권 대부가 체계화시킨 「강철 서신」은 이렇게 조직의 중요성을 역설하면서 품성에 따른 인선, 조직적 훈련과정과 관리과정을 조목조목 예시하고 있다. "혁명의 길은 무릎까지 빠지는 수렁길이고 죽음을 불사하고 건너 뛰어야 하는 천길 벼랑길이다. 때로는 온몸이 피투성이가 되도록 전진해야 하는 가시밭길이다. …이 과정에서 어떤 전사는 적에게 살해되기도 하고 감옥에서 전 생애를 보내면서 새로운 전사를 탄생시킨다."

적어도 「강철 서신」에 담긴 내용에 따르면 학생운동은 단순한 운동 차원을 뛰어넘는 혁명가의 길을 제시하면서 혁명가가 되기 위한 실천 요강을 역설하고 그 때문에 조직의 단결을 무엇보다 강조한다. 시위는 전투고 참가자는 전사이며 혁명을 위해 혁명가로서 복무한다. 불의에 맞서는 젊은 기개, 우정으로 묶인 결속과 실천으로 옮겨졌던 4·19, 6·3 세대 또는 부분적으로 유신체제하의 학생운동과는 투쟁의 목표와 방식이 사뭇 달라졌다.

운동권의 논리와 실천의 강령이라 할 「강철 서신」은 자신들의 혁명 모델을 뜻밖에도 30년대의 항일무장투쟁에서 찾고 있다. 마오쩌둥 장정 시절의 3대 기율과 8항 주의가 품성론으로 연결되고 항일무장투쟁의 무장항전과 정치투쟁의 유기적 결합이 최고의 투쟁방법으로 받들어진다. 합법·비합법, 폭력·비폭력, 조국통일투쟁·사회민주화운동이 양동하며 혼재하고 시기와 목표에 따라 양면의 투쟁방식이 함께 펼쳐진다. 2학기 투쟁목표로 내세운 '임수경 양 사법처리 반대'는 비합법·폭력·'조통투' 노선에 속하고 '전교조 사수투쟁'은 합법·비폭력·사회민주화 운동의 투쟁 맥락에서 결정되었다고 짐작할 수 있다. 강철 같은 조직, 혁명가적 투쟁정신으로 무장되었을 2학기 투쟁의 진군 북소리가 이제 다시 울리고 있다.

동의대 사태의 참담했던 주검들이 눈앞에 선하고 전대협의 비폭력 선언이 귓가에 생생한 지금인데도 '진군의 북소리'는 멈추지 않고 있다. 누구를 위한 투쟁이고 무엇을 향한 진군인지도 모를 진군식이 화염병과 최루탄 속에서 치러지고 북의 사상적 혈통으로 받들어지는 혁명가극 「피바다」가 대학 구내에서 공연되었다.

과연 우리는 항일무장투쟁 정신으로 다져진 조직에 의해 타파되고 거꾸러져야 마땅할 '미제의 앞잡이'이고 제국주의의 충실한 신민인가, 아니면 군부 파쇼 집단의 강압적 권위주의 체제에 아직도 우리 모두 숨죽여 지내는 기회주의자들인가. 아니라면 '판문점은 오고 가야 할 땅'이라는 상징적 의미 하나를 얻기 위해 7·7 선언을 후퇴시키고 이 사회를 공안정국으로 경색시키면서 운동권 스스로 인정하는 민중의 레드 콤플렉스를 자극했던 이유는 무엇이었던가. 북쪽 편향의 통일을 결코 원하는 것이 아니라면서 주사파 논리로 이론의 무기를 삼고 북쪽의 사상적 혈통이랄 수 있는 항일무장투쟁 노선을 행동강령으로 삼으면서 남쪽을 분열시키고 혼란과 무법의 사회로 끌고 가려는 의도는 무엇인가. 그 또한 아니라면 무엇 때문에 학생이라는 본래의 자리는 벗어던진 채 시대착오적 망상에 젖어 조직을 단련시키고 혁명가로 군림하면서 학생운동을 지하화·비밀화·음모화로 끌고 가는지를 묻고 싶다.

젊은 시절 학생운동에 참여했거나 지켜보았던 '희미한 옛사랑의 그림자'를 안고 있는 사람이라면 이런 질문, 이런 의문을 「강철 서신」에 던지지 않을 수 없다. 조직을 위한 조직, 투쟁을 위한 투쟁, 혁명가를 본뜬 몸짓에서 과감히 벗어나 혼탁한 이 사회에 맑은 공기, 신선한 바람으로 기능할 수 있는 새 바람, 새 스타일의 대학운동을 이 사회가 얼마나 애타게 갈망하고 있는가를 운동권 혁신세력도 이젠 알아야 한다. 진정 학생운동이 대중성을 획득하고 대중의 사랑을 받기 위해서는 지하에서 지상으로, 비밀에서 공개로, 음모에서 광명정대함으로 바뀌어야 한다. 그때에야 비로소 우리 사회는 환한 웃음을 피울 수 있을 것이다.

(1989-09-09)

우리 속의 '와부와부' 징후

그 마을 사람들의 풍습에는 행복과 웃음이 최대의 금기였다. 웃음이 없고 고집센 것이 미덕이면서 개인의 소유권을 철저히 존중했고 숭상했다. 사적 소유의 심벌이 뜰이었기 때문에 곱게 가꾼 뜰은 재산의 상징이었고 남이 엿봐서는 안 될 성역이었다. 그 성역에서 부부는 아무런 거리낌 없이 성애를 즐겼지만 그렇다고 부부간의 사랑이 영육으로 맺어지는 결합은 아니었다. 욕망의 순간적 배설일 뿐 성애만 끝나면 부부는 다시 깊은 불신과 의혹의 관계로 되돌아간다.

개인의 소유권은 철저하게 배타적이어서 설령 부부라고 한들 남편의 재산이 얼마인가를 따져묻는 아내라면 목숨을 잃어야 했다. 그 마을 사람들이 높이 찬양하고 떠받드는 최고의 가치가 있었다. 사람들은 이를 '와부와부'라고 불렀다. 타인에게 손해를 보이고 자신은 이득을 보는 약삭빠른 방법을 일컫는 말이다. 이 기술은 타인의 희생을 전제로 한 자신의 이익이다. 자신의 소유욕을 위해선 타인의 목숨, 타인의 희생은 고려의 대상이 될 수 없다. 아니 '와부와부' 자체가 곧 인생 최대의 성공으로 꼽히는 사회규범이다. 겉으로는 예의 바르고 상냥하면서도 자신의 이익을 늘리기 위해 타인을 죽여야 할 경우가 생기면, 그는 몇 날 며칠을 타인을 친구로 삼아 그를 처치할 때까지 인내하고 기다린다. 사랑과 평화를 최소한으로 줄이면서 적의와 악의를 최대치로 늘리는 이런 사회가 과연 존재할 수 있는 것인가.

『국화와 칼』이라는 명저로 유명한 인류학자 루스 베네딕트는 이미 1934년에 현지의 체험과 연구 활동을 근거로 그런 마을, 그런 사회가 존재하고 있음을 실증했다. 서태평양의 트로브리안드군도에 이웃하고 있는 화산지대의 도부군도가 바로 그곳이었다.

"대부분의 사회가 각자의 제도에 따라 적의와 악의를 최소한으로 억제하려 해왔지만, 도부에서의 생활은 그 적의와 악의를 극단적인 형태로까지 기르고 있었다. 도부족은 우주의 악의에 관해서 인간이 품고 있는 가장 무서운 악몽을 조금도 억제하지 않고 살고 있어서… 그들에겐 모든 생활이 격투로 보이며 그 투쟁 속에선 의혹과 잔혹성이 최대의 무기가 된다. 그들은 자비를 바라지도 않지만 베푸는 적도 없다."

베네딕트는 도부족의 생활을 이렇게 규정지었다. 자신의 이익을 위해 남을 속이고 희생시키고 밟고 죽이고서야 일어서는 '와부와부'적 징후, 그 격렬한 투쟁 속에서 의혹과 배신이 장려되고 잔혹성과 파괴성이 날로 깊어지는 그러한 사회규범이 비단 도부족에게 국한된 미개사회의 한 문화 패턴에 불과한 것인가. 우리의 주변, 우리의 세태를 되살펴보자. 잘살아보자는 깃발만 쳐다보며 달려온 20여 년의 세월 동안 적빈(赤貧)은 면했지만 우리의 일상은 자신들도 모르게 치열한 경쟁과 격투 속에 빠져들었다. 경쟁과 격투는 이기는 것이 살아남는 것이었고 생존 자체가 곧 승리였다. 때로는 남을 밟고 등 뒤에서 찌르며 이기기도 했고 또 정반대로 실패하기도 했다.

재산과 신분이 출세의 상징이 되었고 어떻게 살았느냐는 과정보다 얼마나 벌었느냐, 얼마나 높이 올라갔느냐는 결과가 삶의 척도였고 인생의 미덕이 되어버렸다. 가정은 그 미덕을 쌓기 위한 요새가 되었고, 학교와 직장은 그 성공을 쟁취하기 위한 각축장이 되었다. 몇 점을 땄느냐, 몇 푼을 벌었느냐가 삶의 목표가 되고 기준이 되었다. 사적 소유의 확대를 위한 지칠 줄 모르는 경쟁과 혈투 속에서 남을 속이고 짓밟는 잔혹성이 강화되고 잘사는 타인, 출세한 타인을 파괴하고 저주하고 싶은 강한 파괴성이 깊고 널리 퍼져나간다. 가진 자는 못 가진 자의 나태함과 열등함을 비웃고 못 가진 자는 가진 자의 부도덕성과 비열함을 비난한다. 서로가 상대방을 인정하려들지 않고 용납하려들지 않는다. 몇 푼의 돈을 벌기 위해 백주대로에 인신매매가 성행했는가 하면 흉포한 범죄는 밤낮을 가리지 않고 도심과 골목길에서 칼날을 번득이며 일어나고 있다. 경쟁의 질주는 빈부의 격차, 계층 간의 불신을 더욱 깊게 했고 과소비·땅 투기·입시과열·마약의 확산으로 번져가면서 노사분규의 현장은 전장을 방불케 했으며, 대학가의 격렬 시위는 증오와 적의로 가득 차올랐다.

이를 두고 산업화 과정에서 일어날 수밖에 없는 불가피한 일시적 사회병리현상이라고 덮어두어서는 안 된다. 자본주의의 속성과 시장경제 이론의 원리란 게 으레 그런 거라고 호도해서는 안 된다. 일정한 룰이 지켜지지 않고 적의와 악의로만 가득 찬 경쟁이 경쟁일 수는 없다. 서구의 산업화는 완만한 과정 속에서 엄격한 도덕성에 기반을 둔 시민의식의 성숙과 함께 발전하지 않았던가. 중화학공업시대의 개막과 함께 시작된 우리의 산업화는 길게 잡아야 20여 년. 그 짧은 세월 속에서 농경사회의 미덕과 규범은 깡그리 사라졌고 사적소유의 확대만을 향한 적의의 경쟁만 키워온 것이다.

악의와 적의를 최소화시키면서 화합과 관용을 극대화시켜야 할 시점이 바로 지금부터이기 때문에 우리는 성장일변도의 경제정책보다는 안정과 복지를 강조하는 균형 있는 경제정책, 나아가 경제정의의 실현을 요구하게 되고 치열한 경쟁심리만을 부채질하는 고교입시 부활보다는 평준화교육을 바라게 된다. 기업이 가진 자와 못 가진 자 간의 대결장이 아니라 기업의 이익이 곧 노사 양쪽의 공동이익이라는 공동체 의식이 그런 이유로 해서 생겨나야 하는 것이다. 의혹·불신·잔혹성·파괴성으로 대표되는 '와부와부' 징후군을 이 땅에서 추방하고 신뢰와 화합과 관용의 덕목을 이 사회의 규범으로 정착시키기 위한 노력이 가정과 학교와 직장에서 확산되어야 하고 정부의 정책과 제도도 그런 방향에서 입안되고 추진되어야 할 것이다.

(1990-02-01)

민주화 위협하는 두 세력

그가 1년 만에 출옥했을 때 조직은 그를 받아들였고 조직원의 자격으로 연인을 찾을 수 있는 허가를 받는다. 조직의 안가인 아파트는 강남에 있었다. "3층을 올려 보았다. 붉은 수건이 걸려 있거나 아무것도 없으면 비상이니 그냥 돌아가야 했다. 베란다 철책에는 하얀 수건 한 장이 걸려 바람에 천천히 흔들리고 있었다. 안전하다는 뜻이었다. 한 번 한 번 다시 두 번 약조된 신호대로 벨을 눌렀다. 진숙은 기다렸다는 듯 거기 있었다."

마치 첩보 영화의 한 장면을 연상키기는 이 글은 최근 발간된 노동운동가이며 작가인 안재성의 자전적 소설 「사랑의 조건」에서 인용한 대목이다. 작가 안재성은 80년 강원대 3학년 시절 제적당하고 포고령 위반으로 구속 석방된 다음부터 본격적 노조활동에 참여하면서 청계피복, 광산지역 노조를 거쳐 지난해 울산 현대중공업 파업에 가담한 '숨은 전사'였고 지금도 노조운동에 투신 중이라는 이력을 달고 있다.

소설의 주인공은 YH 여공사선을 계기로 노조운동에 잠가하면서 친구의 도움을 받아 사회주의 학습에 열중한다. 그는 운동의 단련과 학습의 연마를 거치면서 사회주의만이 현실 문제를 해결할 수 있다는 확신에 이른다. 이후 그는 완벽한 유물론자가 되어 사회주의 혁명을 위해 구로공단에서, 광산에서, 파업현장에서 한 치의 흔들림 없이 이론가로서, 선동가로서, 지하핵심세력으로서 활동한다. "자 이제/죽음을 각오한 사람은/오른쪽으로/감옥을 각오한 사람은/왼쪽으로/노래를 부른다…/죽음을 각오한/네 명의 동지들이 오른쪽으로/뚜벅뚜벅/나섰다/나는 투신하겠다! 외치는/동지들을 말리기 위해/세 명의 보호조가 나온다… 부당징계 철회하라!/외치며 온몸에 신나를 붓는다/경동의 최후결단식!/그것은 눈물바다였다/불바다였다." 인용한 시는 89년 경동산업 파업투쟁을 고취키 위해 민족문학 작가회의 소속의 시창작 2분과가 집체창작 형식으로 쓴 연작시의 일부다.

이어지는 시는 쇳가루 기름밥으로 자란 강철 같은 노동자의 몸은 설령 불을 지핀다 해도 절대 타지 않고 오히려 착취의 불길을 삼킬 뿐이며 마지막 '그대 착취의 세상을 사르고'에서는 비록 노동자의 몸이 불에 탄다고 한들 그 작은 불은 만국 노동자의 횃불이 되어 노동의 착취를 불사르고 노동해방을 가져오는 큰 횃불이 될 것임을 약속하고 있다.

두 편의 시와 소설이 곧 어둠의 세력을 대표하는 문건이라는 뜻에서
가 아니라 이들 문학이 상정하는 이념과 분위기를 통해 이른바 민주화
세력속의 일부를 담당하고 있을 노동운동권 핵심세력의 이념과 행동
양식을 유추하기 위한 단서로 제시키 위함이다. 마치 첩보원처럼 조직
의 명령에 따라 움직이고, 마치 독립운동가 열사처럼 제 몸에 불을 지
펴가며 목숨 건 투쟁을 벌이는 이들의 목적은 무엇인가. 노동의 해방과
사회주의 혁명이다. 이들에게 있어 자본주의·자본가·정부·경찰은 투
쟁전복의 대상이 될 뿐이다. 법·질서·공권력은 노동해방을 탄압하는
도구이고 장치일 뿐이다.

그런데 이들이 민주화 세력임을 자처하고 있다. 노사분규 현장에서,
학생시위 한가운데서, 때로는 배후세력으로, 때로는 핵심세력으로 군
림하면서 어둠의 철옹성을 쌓아왔다고 본다. 우리 사회를 혼란과 불안
으로 몰아가는 폭력의 주체는 하나가 아닌 둘임을 이미 필자는 지적한
적이 있다. 시들어가는 학생시위에 불길을 댕기며 강한 권력에 대한 공
포를 자극하는 운동권의 핵심이 그 하나라면, 강한 권력만이 침체된 경
제력을 살리고 범죄와 폭력을 막을 수 있다고 권위주의 시절의 향수를
부추기는 회귀세력이 또 다른 위기현실의 주범임을 우리는 4년째의 민
주화 갈등 속에서 해마다 확인해온 것이다.

그러나 권위주의 회귀세력이란 주체가 있고 가시적이며 비판과 견
제의 대상이 될 수 있음에 비해 어둠의 세력은 보이지 않는 곳에서 철
옹성을 쌓고 도덕성과 민주화로 위장하고 있다. 세력의 규모, 조직의
움직임이 철저히 봉쇄된 채 없는 듯 존재하고 있는 실체, 이것이 어둠
의 세력이라고 판단한다. 잇따른 분신 자살 뒤에는 이를 충동질하는 어
둠의 세력이 존재할 수 있다는 서강대 박홍 총장의 발언은 바로 일부

노동운동권 세력의 이런 분위기를 거론한 것이라고 짐작할 수 있으며 10년 가까운 세월을 감옥에서, 운동권의 우상으로 추앙받던 시인 김지하가 '죽음의 굿판을 당장 걷어치워라'고 질타한 까닭도 같은 맥락에서 풀이된다.

어둠의 세력에 대한 이러한 지적과 경고는 분명 진정한 민주화세력과 어둠의 세력을 분리시켜 민주화에 대한 국민적 합의와 사회적 통합을 이루는 데 큰 뜻이 있다고 생각한다. 폭력과 혁명을 민주화와 격리시킴으로써 민주화의 참 모습을 정착시켜야 하기 때문이다. 이른바 민주화를 표방하는 세력이 진정 민주화를 위해 헌신하겠다면 지금 당장 착수해야 할 일은 어둠의 세력과의 모든 고리를 과감히 끊는 작업이다. 그 고리를 끊지 않는 한 공안세력에 대한 비난과 비판을 할 자격도, 명분도 그들에겐 없게 된다.

4년째의 민주화 갈등을 반복하면서 지금 우리가 확인할 소중한 경험은 두 개의 폭력, 즉 권위주의 회귀를 위한 공안세력과 노동의 해방·사회주의 혁명을 위한 어둠의 세력이 곧 반민주적 갈등과 소모적 극한 대립의 주역이라는 인식과 이 두 세력의 추방 없이는 민주화란 불가능하다는 합의일 것이다.

(1991-06-12)

우리 마음속의 '6·25'

지난 주에 방영되었던 MBC TV 시사토론장에서 많은 사람들은 참으로 감격적인 장면을 목격했을 것이다. 6·25 전쟁 당시 남북 양쪽 군의 핵심적 역할을 했던 장군이었고 휴전협정 때에는 양측의 대표로 참석했던 불구대천의 원수 백선엽·이상조 양씨가 얼굴 가득히 웃음을 띠고 다정한 악수를 나누는 장면을 본 사람이라면 아! 세상이 이렇게 변했구나 하는 감회에 젖어들었을 것이다. 6·25 재조명을 특집으로 다룬 「시사저널」(6월 10일자)을 봐도 같은 느낌을 받게 된다. 소련제 미그기와 미공군기 F86을 타고 한반도 하늘에서 치열한 공중전을 벌였던 미·소 두 조종사가 이젠 은발의 80객이 되어 두 손을 맞잡은 채 정담을 나누고 있고 인민군 6사단 소속이었다가 그 후 빨치산 외팔이 대장이 된 최태환 씨와 당시 토벌대장이었던 김점곤 씨가 한자리에 앉아 지난 시절을 회고하고 있었다.

그뿐이 아니다. 평생을 그늘 속에 숨어 살았어야 했을 한 빨치산의 수기가 공전의 베스트셀러가 되고 그 작품이 영화가 되어 장안의 인기와 화제를 불러 모으고 있는 오늘이 되었다. 6·25 전쟁이 일어난 지 40년째를 맞는 오늘에 와서 세월이 가고 세상이 변한 만큼 우리 마음속의 6·25도 이렇게 변한 모습으로 나타난 것이다. 어떻게 변했는가. 적과 원수와 '무찌르자 오랑캐'로서가 아니라 화해와 용서와 서로의 반성으로서 6·25를 보기 시작한 것이다. 우리 마음속의 6·25가 이런 모습으로 크게 변화하는 데는 지난해부터 우리 눈앞의 현실로 나타나기 시작한 냉전구조의 해체와 세계사 재편의 새로운 움직임으로 특징지어지는 국제환경의 변화가 그 첫째 배경이 될 것이다. 그리고 그 배경설명이 국제정치학자들의 대화 속에서만 가능한 고담준론이 아니라 우리 스스로 소련과 중국과 동구를 왕래하면서, 소련의 대통령과 우리의 대통령이 한자리에 앉아 경협과 수교를 거론하는 시점에 이르렀다는 현실인식이 보편화되었기 때문이다.

교전국이었던 소련과 중국을 상대로 경제와 외교의 길을 트자는 마당에 북한을 전쟁책임자로만 몰아 증오의 대상으로만 삼기엔 민족의 재결합이 더 절실하다는 인식이 우리 내부의 공감대로 확산된 까닭이기도 할 것이다. 더욱이 동구의 혁명을 계기로 공산 이데올로기를 신앙처럼 받들던 동구국가들이 자유와 개방의 사회로 바뀐 시점에서 북한 또한 그런 변화에 따를 수밖에 없으리란 기대까지 겹쳐 민족재결합의 가능성이 더욱 높아지고 있는 시대 분위기이기도 하다.

또 우리 마음속의 6·25가 북에 대한 적대감에서부터 화해와 용서와 반성의 대상으로 바뀐 변화 뒤에는 1백50만 명의 생명을 앗아간 민족의 재앙이 두 번 다시 이 땅에 재현되어서는 안 된다는 간절한 소망까지 담겨져 있기도 할 것이다.

우리 마음속의 6·25가 이런 변화의 모습을 보이는 시점에서 18일 KBS TV가 방영하기 시작한 10부작 다큐멘터리 「한국전쟁」은 객관적 현대사로서 6·25를 조명하는 결정적 계기가 되었다고 평가할 만하다. 17년 동안 6·25 전쟁자료를 찾아 세계 곳곳을 찾아 헤맨 담당 PD 강대영 씨의 집념 어린 개가이기도 한 이 다큐멘터리는 반공 일변도의 시각과 흑백논리를 지양하고 가치중립적인 입장에서 접근하려 했다는 의지가 더욱 돋보인다. 분단에서 전쟁으로 이어지는 우리 현대사의 아픈 상흔을 객관적 연구의 대상으로 삼아야 하는 까닭은 오늘을 살아가는 우리에겐 그것이 깊은 성찰의 자료가 될 수 있고 내일을 살아야 할 다음 세대들에겐 역사의 올바른 길잡이가 될 수 있기 때문이다. 광복의 기쁨 속에 들떠 있고 남과 북이 서로 정권 장악에 여념이 없었을 때 강대국 간의 묵계에 의해 민족의 운명과 국토가 두 동강으로 갈라져버렸던 지난 역사가 오늘 또는 내일이라고 해서 재현되지 않으리란 보장도 없다. 우리의 주변 환경이 급격한 속도로 변화하는 가운데서 남과 북만이 조금도 달라지지 않은 채 칼날을 번득이며 긴장을 고조시킨다면 그 결과가 어떠할 것인가를 우린 지난 역사 속에서 배워야만 할 것이다.

그리고 우리 사회에는 비록 일부이긴 하지만 전쟁 비체험세대 가운데 일부는 아직도 낡은 수정주의론에 매달려 있는데 이 또한 우리 마음속에 남아 있는 슬픈 6·25의 단면이기도 하다. 물론 그들의 편향된 시각이 지난 권위주의 체제의 압제에 대한 반작용이고 일방적 반공교육에 대한 반발심리의 표현임을 모르는 바도 아니다. 6·25를 미제와 그들의 앞잡이인 남한정부에 의한 북침 또는 전쟁유도라고 보는 굴절된 낡은 시각이 존재하는 한 우리속의 6·25는 결코 화해와 용서와 반성의 대상이 될 수는 없다. 바로 이들의 시각을 바로 잡기 위해서라도 우리의 6·25 전쟁사는 계속해서 새롭게 조명되고 새롭게 쓰여야 한다. 다큐멘터리 '한국전쟁'과 같이 6·25를 객관적이고도 종합적인 시각에서 재조명하려는 노력이 정부와 관련 연구단체들에 의해 지속적이고도 폭넓은 시야로 차곡차곡 쌓여질 때 우리 마음속의 6·25는 진정한 의미의 화해와 반성의 대상이 될 수 있다.

뿐만 아니라 그러한 역사 인식이 우리 모두에게 확산될 때 민족재결합의 염원 또한 현실의 일로 우리 앞에 한걸음 다가설 것이며 우리 내부의 적으로 마주 서 있는 세대 간 마찰과 갈등 또한 해소하는 결정적 전기가 될 수 있을 것이다.

(1990-06-19)

암울한 시대 그는 참지도자였다
- 황인철 변호사를 보내는 부끄러운 마음

열흘 전 김병익·김광규·김치수와 함께 황인철 변호사의 병실을 찾았을 때 그는 이미 혼수상태에 빠져 있었다. 가쁜 숨을 쉬면서 눈을 반쯤 뜨고 있었다. 그의 맑은 눈은 허공을 응시하며 깊은 생각에 빠져 있는 듯했고 그의 가쁜 숨은 못다 한 일이 남아 있음을 우리에게 호소하는 듯했다.

황인철 변호사, 우리는 그를 '황 율사'라 불렀다. 세상의 반쪽만을 보면서 살아야 했던 저 암울했던 70년대 중반, 그는 우리의 참다운 지도자였다. 그는 잘못 돌아가는 세상사의 뒷면에서 억압받고 고통 받는 사람들을 위해 투쟁하는 양심의 파수꾼이었다. 세상사의 반이 어떻게 돌아가고 있는가를 문인과 지식인에게 바로 알려주고 바로잡는 지도자였으며, 사람이 한평생을 어떻게 살아야 하는가를 모범으로 보여준 우리 시대의 신사였다.

못사는 사람, 가난한 사람, 억울한 사람의 편에 서서 "무죄다!"라는 그의 변론 한마디는 시대의 양심을 부추겼고 민중의 분노를 어루만졌다. 그러면서도 그는 겉으로 드러내기를 싫어했다. 장안의 화제가 되는 큰 사건이 터지면 모두가 모여 입방아를 찧지만 뒤늦게 나타난 황 율사가 사건의 전말을 설명할 때에야 비로소 그가 사건의 담당변호사임을 알았다.

그의 얼굴은 언제나 넉넉했고 알맞은 웃음이 언제나 입술 가장자리에 묻어 있었다. 그의 변론은 지극히 논리적이고 당당했지만 그의 태도는 언제나 온화하고 화해적이었고 남다른 포용력을 지니고 있었다. 우리가 황 율사의 죽음을 이토록 서럽게 생각하는 것은 우리 자신의 암울했던 시절에 대한 연민인지도 모른다.

황 율사의 죽마고우인 김병익이 해직기자가 되면서 '문학과지성사'라는 간판을 붙인 게 75년. 청진동 해장국 골목변에 있는 출판사엔 많은 문인들과 교수들이 끊임없이 들락거렸다. 어쩌다 저녁 무렵 나타나는 황 율사를 만나 세상이야기를 듣고 싶어서였다. "어제 김지하 면회 갔다 왔어. 정말 놀라운 친구야, 양말을 며칠 전에 한 세트 넣어주었는데 벌써 다 떨어졌대. 부지런히 감방 안에서 뛴다는 거야. 실의에 빠졌었는데 이젠 원기가 살아났어."

그가 오원춘 사건의 변호를 맡았을 때, 오원춘의 막판 뒤집기 증언으로 사건이 종결되자 그는 너무나 분하고 억울해 상경열차 안에서 어린 아이처럼 눈물을 쏟았다고 했다.

황 율사는 9남매의 맏이였고 그의 부모에 대한 효성과 형제에 대한 우애는 남다른 바가 있었다. 그가 변호사 개업을 할 무렵 많은 세도가와 자산가들이 그를 사위로 맞고 싶어했다. 그때 그가 김병익에게 했다는 말은 너무나 인상적이다. "처가 쪽의 사회적 신분이 국민학교 교사를 넘어서는 안 된다." 시골의 가난한 국민학교 교사인 아버지를 우습게 아는 집안이어서는 결코 효도가 될 수 없다는 뜻으로 우리는 해석했다. 늦은 결혼 후 그들 부부는 여덟 동생을 학교 보내고 성가(成家)하기까지의 뒷바라지를 즐거운 마음으로 도맡았다. 겉으로는 드러내지 않으면서도 자폐증인 아들을 보는 그의 가슴이 얼마나 무너져내렸을까를 우리는 미루어 짐작한다. 그가 그토록 오랫동안 두 눈을 감지 못한 까닭도 그의 아들뿐만 아니라 아직도 그의 보살핌을 기다리는 사람들이 우리 주변에 너무나 많기 때문일 것이다.

그러나 그가 병실에서 외롭고 긴 투병을 하는 중에도 우리는 아무런 도움을 주지 못했다. 그가 고통과 괴로움을 당한 숱한 사람들을 위해 몸과 마음을 아끼지 않았건만 막상 그의 외로움과 고통을 나누어 질 사람은 어디에도 없지 않은가. 황 율사를 보내는 우리의 가슴이 이토록 답답하고 부끄러운 까닭도 여기에 있다.

"무죄다라는 말 한마디/어둠 속에 반짝였고/그리로 겨우 숨을 쉬었다/차가운 하늘을 닐아가는 거울 오리들/틈에서 그대를 본다/춥겠다/그대의 깃은 아직 세상을 따뜻하게 하고 있는데"(정현종, 「추도시」).

(1993-01-22)

운동권 문화 청산 방식

민주사회가 건강하게 발전하려면 다수의 중심 보수 세력이 제자리를 확보하면서 제 목소리를 내야 하고, 소수의 개혁세력이 참신성을 유지해야만 한다. 그러나 주사파적 관점과 주장에서 아직도 헤어나지 못하고 있는 운동권 세력도 정말 문제지만 이들이 만들어놓은 운동권 문화의 잔재를 청산하고 정리하는 방식 또한 너무 조급하고 미숙해 보여 불안하다.

소설 『태백산맥』이 검찰에 송치되면서 이적성 재판을 받기에 이르렀고 곧이어 상영될 영화에 대해선 우익단체의 협박편지까지 공공연히 나돌았다. 군사정권의 탄압으로 30년 가까이 고국을 등졌던 세계적 음악가 윤이상의 귀국도 불투명해졌고, 군사정권하에서 반체제 활동을 벌였던 민예총에 대한 문예진흥원 지원을 철회하라는 소리가 보수진영 쪽에서 나오고 있다.

사안 하나하나를 면밀히 따져보면 이적성 여부에 저촉될 부분도 분명 있을 것이고, 다시는 좌파 성향의 문화 현상이 만연해서는 안 된다는 공감대가 형성돼 있는 것도 사실이다. 그러나 지난 시대의 병폐를 해소하고 새 문화의 틀을 만들어야 할 때인데도 지난 문화의 잔재를 처리하는 방식이 너무 조급하고 인민재판식 여론 공세로 빠질 위험성마저 있어 보인다.

문제의 작품이나 예술가 모두 지난 권위주의 시절 우리와 함께 살아온 우리 시대 아픔이고 상처라는 사실은 잊어버리고 그 상처를 다시 후비고 덧나게 하고 있다는 생각도 든다.

나 자신 『태백산맥』을 읽으면서 두 번 놀랐다. 처음엔 지금껏 알아온 작가 조정래가 아닌 전혀 새로운 작가의 탄생을 보는 놀라움이었고, 소설이 막바지에 이르러 묘하게도 독자를 배신하며 친북적 결론으로 빠져들 때 두 번 놀랐다. 평론가 김병익이 지적했듯 소설이 빨치산이나 좌파들은 한결같이 건강하고 정당한 긍정적 인물로 묘사하고, 우파는 퇴폐적이고 타락한 인물로 묘사하고 있으며 주인공 김범우의 중립적 지식인 자세가 아무런 설득력 없이 공산주의자로 전향하는 무리를 보이고 있다. 민족문학 시각에서 소설을 시작했던 작가가 86년 이후 당시 운동권의 깊은 영향을 받으면서 시류에 편승했다는 인상을 받지만 그러나 그것은 어디까지나 소설일 뿐이다.

음악가 윤이상이 동백림사건에 연루되어 말 못 할 고초를 겪고 국적까지 독일로 바꾸어 북을 드나들었고 북에는 윤이상음악연구소까지 있다는 사실을 남쪽 사람들도 대체로 알고 있다. 늙고 병든 이 세계적 음악가가 수구초심(首丘初心)으로 남쪽 고향땅을 밟아보려는데 그게 막히고 있다. 국제화 시대의 국제적 음악가의 간절한 귀국을 과거만을 캐물어 막고 있다. 물론 그가 자신의 지난 친북활동에 대해선 입 다물고 남쪽 정부의 사과나 열렬한 환영만 바란다는 것도 말이 안 되는 일이지만, 지난 정부의 잘못에 대해서는 입 다물고 항복문서를 꼭 받아야만 입국시키겠다는 정부 입장도 너무 옹색하다.

근 30년간 군사정권 아래에서 싫든 좋든 운동권 문화라는 게 형성되었다. 문화란 삶의 족적이고 그 족적을 그린 게 예술이다. 지난 우리 삶의 족적을 보면서 이세 그건 나의 죄가 아닌 너의 죄일 뿐이라고 몰아붙일 수 있는가. 게다가 관련 인물들 모두가 문화예술인이다. 소설과 음악을 재판에 올려 이적성을 하나씩 따져본들 그 결과가 어찌 될 것인가. 10년 가까이 잘 팔아온 베스트셀러를 어느 날 재판해 용공(容共)소설로 규정, 그 작가를 감옥에 보내고 세계적 음악가의 고국방문을 거부하는 그런 사회를 과연 온당한 자유민주주의 체제라고 할 수 있겠는가.

어두웠던 한 시대를 마감하고 새 시대로 접어드는 시점에서 보수 중심세력의 화합과 관용의 자세가 절실히 요청된다. 이미 우리는 화합과 관용의 자세로 운동권 문화를 처리한 선례를 전교조 교사 복직에서 잘 보았다. 89년 사태 당시 그들의 불법성과 교육황폐화에 대한 책임을 비판하고 따졌지만 문민정부가 들어섰을 때 전교조 문제를 그냥 두고 교육문제를 풀어갈 수 없다고 누구나 생각했다. 그래서 전비(前非)와 전력(前歷)을 묻지 않고 전교조 불가입에 동그라미 하나만 그리면 복직을 허용했다. 지난날 잘못을 뉘우치라고 윽박지르지 않았다. 동그라미 하나 그리고 쑥스러운 표정 지으며 다시 교단에 섬으로써 지난날 감정의 앙금을 서로 가라앉혔다. 5년이 지난 지금 학교는 아무 문제가 없다. 자유민주체제의 우월성은 바로 여기에 있다. 보수 중심세력의 건강한 수용 능력과 균형감각, 그리고 포용력이 바로 이 사회를 이끄는 힘의 원천인 것이다.

(1994-09-06)

느림의 미학

초여름 늦은 밤 파리 근교의 고성(古城)을 향해 한적한 시골길을 부부가 한가롭게 자동차로 달린다. 뒤에 오는 자동차가 깜박이등을 켜면서 추월 신호를 보낸다. 뒷차에도 젊은 남녀가 타고 있다. 저 연인들은 어째서 이 아름다운 밤을 감상하며 달콤한 사랑의 밀어를 나눌 생각은 않은 채 그저 달리고 싶은 충동에만 사로잡히는가. 『참을 수 없는 존재의 가벼움』을 쓴 밀란 쿤데라의 신작 『느림(La Lenteur)』은 이렇게 시작한다. "어찌하여 느림의 즐거움은 사라져버렸는가. 아, 어디에 있는가, 옛날의 그 한량들은".

느림이란 기억이고 빠름이란 망각이다. 과거를 회상하고 미래를 구상할 때 발걸음은 느려진다. 모든 것을 잊고 싶어할 때 발걸음은 빨라진다. 두려움의 원천은 미래에 있고 미래로부터 해방된 자는 아무것도 두려울 게 없이 무작정 달리기만 한다.

쿤데라의 '느림' 예찬론이 어째서 새삼 우리에게 소중한 화두(話頭)로 등장하는가. 하루 자동차 사고로 죽어가는 사람이 30여 명으로 세계 기록을 보유하고, 애간장 태우며 무작정 앞만 보며 달려간 40, 50대 남자들의 암 사망률이 세계 최고를 자랑한다. 수십만 인구가 밀집하는 아파트 단지를 단 몇 년 만에 화끈하게 때려짓다보니 피사의 사탑(斜塔) 같은 '기우뚱 아파트'가 생겨나고 지하철은 개통되자마자 사고가 연발하는 사회에 살고 있다. 지하철과 가스 난방이 편리하다고 일시에 전국적으로 무작정 파고 까부수다보니 하루아침에 1백 명이 몰살하는 대형 참사가 발생한다.

우리는 툭하면 뛰자고 한다. 그것도 한 번도 아닌 두 번씩이나 다시 뛰자고 한다. 개발독재 시절 잘살아보자는 일념으로 그만큼 뛰었으면 이젠 달려온 자리를 뒤돌아보고 무엇이 잘못되었는가를 생각하며 고칠 것은 고치고 다시 나아갈 길을 곰곰이 따져볼 때가 되었으련만 아직도 마냥 뛰자고만 하니 땅이 꺼지고 다리가 무너지며 가스가 폭발하지 않는가. 한강의 기적을 낳았다는 '빨리빨리 증후군'은 이젠 더 이상 미덕이 될 수 없다.

몇 해 전 이 칼럼을 통해 나는 외국에서 경험한 실수담을 소개한 적이 있다. 호텔 엘리베이터를 타자마자 서울에서처럼 닫힘 단추를 눌렀다. 엘리베이터 속은 아연 긴장감이 돌았다. 내려야 할 층에 내리려 하자 모두가 눈치 보며 서둘러 길을 터주었다. 얼마나 바쁜 일이 있으면 저러했을까 하는 서양인들의 눈초리에 초라한 동양인의 몸은 더욱 왜소해졌던 기억이 있다.

그 후 우리 신문사의 엘리베이터엔 닫힘 단추에 ×표시가 붙었고 어느 누구도 2초의 시간을 단축하기 위해 닫힘 단추를 눌러대는 일은 사라졌다. 2초의 시간이 느려졌다 해서 회사 업무가 늦어졌다는 소리를 들은 적이 없다. 모로 가도 서울만 가면 된다는 식의 맹목적 무작정 빠름은 이젠 지양돼야 한다. 양반이 물에 빠져도 개헤엄은 못 치겠다는 식의 절차와 과정을 중시하는 가치 지향적 사고와 행동이 어느 때 없이 중시돼야 할 때다.

어느 날 황제가 장자(莊子)에게 게 그림을 부탁했다. 그는 두 명의 시종과 집 한 채, 그리고 5년의 시간을 달라고 했다. 5년의 세월이 흘렀지만 그림은 완성되지 않았다. 다시 5년을 요구했다. 10년 세월이 지날 무렵 장자는 마침내 붓을 들어 한순간에 단 하나의 선으로 일찍이 본 적 없는 가장 완벽한 게 그림을 완성했다.

이것은 느림의 예찬인가, 아니면 빠름의 칭찬인가. 느림과 빠름의 절묘한 조화다. 지금 이 사회에 요구되는 것은 무작정 빠름도 아니고 게을러터진 느림도 아니다. 빠름을 위한 느림이다. 다리 하나, 가스 배관 하나 모두가 완벽한 시공(施工)을 위한 철저한 느림이 필요하다. 얼기설기 대충 끝내버린 공사가 터지고 무너져 수많은 애꿎은 사람들의 목숨을 앗아간 다음 다시 빨리빨리 덮어버린 공사가 또다시 무너지고 폭발한다면 그것이 과연 빠른 일인가. 우리는 어째서 행복의 형식인 느림의 완벽함과 즐거움을 모두 잊고 빠름의 대가인 참사와 망각으로만 치닫고 있는지, 밀란 쿤데라의 느림의 미학을 경청할 일이다.

(1995-05-10)

존경과 인기

존경하는 인물을 꼽으라면 대체로 부모 아니면 백범 김구(金九) 선생이고, 인기 있는 사람을 들라면 배우나 탤런트다. 존경은 항시적(恒時的)이고 인기는 한시적(限時的)이다. 인기는 눈에서 나오고 존경은 가슴에서 나온다. 존경은 한 인간의 전체적 파악을 거친 결산이고 인기는 부분적이고 표피적 인상의 결과물이다.

한때 인기와 존경을 한 몸에 받았던 사람이 바로 김영삼 대통령이다. 그의 취임 초인 93년 4월 MBC가 실시한 대중인기스타 여론조사에서

YS는 배우 최진실과 농구스타 허재를 제치고 10대 청소년이 가장 좋아하는 우상으로 뽑혔다. 같은 해 5월 제일생명이 초등학생을 대상으로 실시한 조사에선 가장 존경받는 인물로 부모 다음 2위를 차지했다. 존경과 인기를 한 몸에 받았던 YS의 오늘은 어떠한가. 같은 대상을 두고 같은 조사를 했을 때 같은 결과가 나올 것인가. 공식적인 조사결과는 알 수 없지만 느낌으로는 취임 초와 비교한다면 현저한 대조를 이룰 것 같다.

우리는 일시적으로 인기 있는 대통령을 바라지 않는다. 가슴에서 우러나오는 존경을 받는 대통령을 우리 평생에 한번 간직하는 게 나의 소망이고 우리의 바람이다. 초대 대통령에서 얼마 전 대통령까지 망명 피살 유배 감옥으로 점철된 우리의 대통령상(像)을 생각하기 때문에 그런 기대와 소망은 더욱 절실하다. YS의 취임 초 지지가 그토록 치솟았던 근본 원인을 따져보면 그의 일관된 개혁의지였다. 잘생긴 얼굴과 티 없는 웃음이 밝은 미래를 약속하는 데 큰 도움이 되기도 했을 것이다. 그러나 역시 기본은 "한푼의 돈도 받지 않겠다"는 결연한 의지, 안가 철폐, 인왕산 개방, 비리 척결, 하나회 숙청 등으로 이어지는 군사잔재의 청산과 새로운 문민정부 탄생을 알리는 일관된 개혁정책이었다. YS 아니면 할 수 없는 일이라고 믿고 박수를 쳤다.

그러나 사정이 조금씩 뒤틀리기 시작했다. 부정척결은 표적 사정으로, 군사잔재 청산보다 5, 6공을 업고 정권 재창출이라는 쪽으로 기울면서 YS의 지지와 존경은 떨어지기 시작했다. 필자 개인 판단이지만 YS의 지지와 존경도는 5·18에 대한 검찰의 '공소권 없음' 결정과 노태우 비자금 파동 이후의 대선 자금 비공개에서 가장 확실히 금이 갔다고 본다. 대통령의 독재 청산의지가 초기만큼 강했다면 성공한 쿠데타는 처벌할 수 없다는 해괴한 검찰 결정이 가능했을까. 독재정권의 어두운 관행을 철저히 부수겠다는 개혁의지가 초기만큼 강했다면, 대선 때 이만큼 돈을 썼지만 나 개인의 축재는 없었다고 YS 특유의 솔직성으로 정면 돌파하리라 기대하고 희망했다.

그러나 우리의 희망과 기대는 빗나갔다. 그런 상황에서 나온 5·18 특별법 제정방침이기 때문에 국면전환용이라는 일부의 비난을 받고 있다. 그러나 국면전환이라는 정치적 계산이 있었다 한들 5·18 재수사라는 대통령 결단은 훼손될 수 없다. 보스니아 평화를 위해 클린턴이 3국 지도자들을 모아 우격다짐으로 협정에 조인케 한 배경에는 내년 미국 대통령 선거를 의식한 정치적 계산이 있다는 지적을 하지만, 그렇다고 참혹한 인종 살육전을 종식시킨 클린턴의 업적은 손상될 수 없는 것과 같은 이치다.

노태우 씨의 거대한 부정축재가 드러나지 않았을 때만 해도 5, 6공에 대한 적개심이 이토록 높지는 않았을 것이다. 파면 팔수록 나오는 부정의 관행이 이토록 심각하니 독재와 부정의 뿌리인 5공에 대한 수사를 재개할 수밖에 없다는 뒤늦은 판단이 설 수도 있다. 이게 바로 만시지탄(晚時之歎)이다. YS에 대한 기대와 희망을 아직도 버리지 않는 까닭은 늦었지만 지금이라도 개혁과 청산을 제대로 해달라는 간곡한 바람 때문이다. 정치는 현실이니 때로는 5, 6공과 연대하고 때로는 버린다는 술수의 정치를 더 이상 보고 싶지 않다. 그러나 지금 이 시기를 놓치면 우리는 다시는 어두운 시대의 늪에서 헤어날 수 없다. 일관된 프로그램에 따라 개혁과 독재 청산으로 문민정부의 확고한 기틀을 마련하기를 바라고 있다.

인기란 짧고 부박(浮薄)하지만 존경은 두텁고 영원하다. 반짝하는 깜

짝쇼로 잠시의 인기는 높일 수 있지만 존경받는 대통령으로 기억될 수는 없다. 지금까지 돌아온 우회적 개혁이 아니라 남은 2년 재임기간이 독재 청산과 개혁에 일사불란하게 맞춰진다면 '대통령 대통령 우리 대통령'이라는 칭송은 다시 살아날 수도 있다.

(1995-12-29)

의경義警은 서럽다

의경 김완종(金完鍾). 서울경찰청 4기동대 56중대 수경. 94년 12월 입대해 시위진압에만 근무한 베테랑 조장이다. 아직도 앳되고 창백한 얼굴이다. 명문대 경영학과 2학년 재학 중 입대했다. 사흘간 연세대 시위로 밤샘근무를 하다 나와 만났다. 평소에 잘 아는 사이도 아니다. 지난 며칠 동안 가도에 늘어서 주저앉아 있는 시위 진압부대를 보면서 너무나 안쓰런 생각이 들었다. 그들 중 누구와 대화도 나누고 싶고, 한끼 점심도 사고 싶은 생각이 들어 경찰에 부탁해 만나게 된 것이다.

가장 괴로운 게 뭐냐고 물어보았다. 삼복더위에 방석모(防石帽) 쓰고 진압복 입은 채 스텝을 밟으며 날아오는 화염병을 피하는 일이라 했다. 왜 스텝을 밟는가. 날아오는 돌과 화염병을 피하려면 순발력이 있어야 한다. 그래서 남 보기 우습게 깡충거리는 스텝을 밟는 게 기본수칙이라고 했다. 가장 바라는 게 뭐냐고 물었다. 부상당하지 않고 무사히 제대하는 것. 가장 화나는 일은 화염병에 맞아 동료가 쓰러질 때, 가장 서러운 일은 아직도 자신들을 괴물처럼 보는 일부 시민들의 눈초리라고 했다.

89년 5월 3일 부산 동의대(東義大) 사태를 기억하는 사람은 많지 않을 것이다. 시위농성 중이던 동의대생들과 대치 중인 경찰이 농성장 안으로 진입하자 학생들은 시너와 석유를 뿌리고 계속 진입하면 불을 지르겠다고 경고했다. 경찰이 계속 진입하자 누군가 던진 화염병으로 삽시간에 불바다가 됐다. 이 와중에 경찰 6명이 불에 타 숨졌다. 죽거나 다친 대학 재학 중인 의경도 여럿 있었다. 꽃다운 20대 젊은이들이 지나놓고 보면 별일도 아닌 것을 위해 서로가 목숨 건 투쟁을 했던 것이다. 지난 몇 해 뜸하던 화염병 투척이 올 들어 부쩍 늘어 올 7월까지만 해도 화염병 투척시위가 1백43회, 던져진 화염병이 무려 6만 2천 개로 지난해의 12배가 넘는다. 더구나 요즘 남총련 소속 대학생들이 던지는 화염병은 더욱 악질적이다. 보통 화염병은 시너를 주성분으로 해 쉽게 꺼지지만 시너에 페인트나 설탕을 혼합해놓으면 여간해 꺼지지 않는다. 진압복에 불이 붙으면 끈적거려 불길이 떨어지지 않으니 화상을 입는 경찰관 숫자가 늘어난다.

그저께 동창들과 만난 자리에서 두 친구가 언성을 높였다. 효자동 근처에 빌딩을 갖고 있는 친구가 빌딩 근처에 진치고 있는 의경들이 화장실을 이용하려고 드나들어 건물이 지저분해지고 임대사무실 직원들의 불평이 심하다고 푸념했다. 이를 들은 한 친구가 버럭 화를 냈다. "자네 아들이 입대해 이 삼복더위에 갑옷 같은 복장을 하고 화장실이 없어 헤매는 정경을 생각해봐라. 화장실이 문제냐. 수고한다고 찬 보리차나 간식이라도 주는 게 자네 같은 사회지도층 인사가 할 일인데 화장실 쓴다고 불평해?" 친구의 준열한 나무람에 장내는 숙연해졌다.

80년대 학생시위는 독재시절에 대한 원한과 민주화 요망 사항이 봇물처럼 터져 나왔으니 그래도 참을 수가 있었다. 그러나 지금은 도저히 참을 수 없는 분노가 솟구친다. 무엇 때문에, 누구를 위해 화염병을 던지는가. 말인 즉 통일축전을 벌인다 했다. 어째서 통일이 한총련 남총련 범청학련 등 련자 돌림들만의 전유물인가. 두 명의 대학생을 밀입북시켜 김일성 묘소에 헌화하고, 조문하며, 수백 명의 북쪽 대표들을 몰고 판문점을 거쳐 내려오면 통일은 저절로 이뤄지는가.

북의 적화통일은 물론 반대지만 남쪽 일변도의 흡수통일도 원치 않는다. 쌍방 합의를 통한 교류와 협력을 통해 점진적 통일을 하는 게 남북 모두에 좋은 통일방식이라고 생각한다. 경제협력을 통해 북한 경제력을 북돋워주고 수재와 가난으로 어렵게 살아가는 북한주민에게 무엇을 어떻게 도와주는 게 도리인지 문제를 제기하고 풀려는 노력을 보이는 게 21세기를 책임질 대학생들의 과제다.

그런데 어째서 이들은 이 모두를 거부하고 인마살상용 화염병을 같은 젊은이를 향해 던질 수 있고 마치 산적처럼, 도시 게릴라처럼 새벽잠을 자고 있는 경찰을 습격하고 점심을 먹고 있는 의경을 쇠파이프로 갈겨댈 수 있는가. 진입하는 경찰에 맞서 도심 한가운데 대학에 불 지르는 이 무도한 시위대가 통일지향세력인가. 의경 김완종이 가장 서러운 것은 지난 10년간 그 숱한 시행착오를 벌이며 대치했던 대학생과 경찰처럼 오늘 지금도 자신은 경찰이 되어 대학생 쇠파이프를 방패로 막아야 하는 참담한 모습이다. 적어도 분별없는 대학생들의 폭력시위가 이 땅에서 사라지지 않는 한 우리는 새 시대, 새로운 삶을 살 자격이 없다는 기막힌 좌절감에 빠져드는 여름의 한복판에 서 있다.

(1996-08-16)

'무서운 남한 사람들'

두 차례 북한을 다녀온 뒤 지금껏 머리 속에서 지워지지 않는 한마디가 있다. "남한 사람들이 그토록 무섭다는데 당신은 괜찮았어요?" 우리 조사단과 근 한 달 동안 동행했던 북쪽 고고학자가 집에 돌아가 그의 아내로부터 근심스레 들은 첫 얘기였다고 한다.

남쪽이야 어릴 적부터 반공교육을 받아 북한에는 뿔 달린 도깨비들이 산다는 생각을 할 수 있다지만 북한 사람들도 우리를 무서운 도깨비로 보고 있는가. 사실 첫 방북이 결정됐을 때 내 아내 또한 남편이 무서운 땅에 발을 들여놓는다는 걱정으로 밤잠을 설쳤다고 했다. 남과 북 서로가 상대를 무서운 존재, 공포의 상대로 보고 있는 셈이다. 왜 그럴까. 단순히 전쟁과 남북 간 대결에서 온 적대감 때문일까. 1차 방북 때 동행했던 유홍준 교수는 외국어를 걱정하지 않아도 될 첫 외국(?) 여행이라고 농담 삼아 말했다. 그러나 나는 한 달 동안 북한여행에서 의사소통에 많은 어려움을 겪었음을 실토하지 않을 수 없다. 북한 사람과 대화 중 위생실(화장실) 좀 다녀오겠다면 "일없어요"라고 퉁명스레 대답할 때 그것이 괜찮다는 말인 줄 알면서도 멈칫해지는 당황함을 그쪽에선 모를 것이다.

'인차(곧)' '눅다(값이 싸다)' '남새(채소)' '수표(서명)' 등 너무 다른 일상용어가 한둘이 아니다.

'동무' '동지' '선생' 간의 확실한 호칭 구분을 아는 데도 시간이 걸린다. 북한 영화를 보거나 장시간 대화하고 난 뒤 80%밖에 이해할 수 없었다는 게 솔직한 고백이다. 언어의 이질화현상이 예상외로 깊다. 여기에 생활습관과 체제 차이로 생겨나는 오해와 불신이 있다. 지난해 12월 2차 방북 때 우리는 개성을 포함한 서해안의 구월산, 정방산 그리고 금강산을 답사 예정지로 잡았고 북쪽에서도 흔쾌히 이를 약속했다.

평양 도착 직후 금강산 답사는 보류라고 했다. 금강산을 가자면 10리굴을 통과해야 하는데 공사 중이어서 마식령고개를 넘어야 한다, 눈이 많이 와 벼랑길 고개를 넘을 수 없다는 설명이었다. 우리는 무슨 속셈이 있어 둘러대는 것이라고 불신했다. 그러나 사흘 후 구월산에 올라가다 산정 부근에서 음지의 빙판길에 미끄러져 자동차가 벼랑 끝까지 굴러 떨어지는 위기를 겪고서야 금강산을 가지 못하는 이유를 납득했다. 동계타이어(스노 타이어)를 끼고 체인을 준비했지만 운전기사는 체인 감는 법을 몰랐고 체인 자체가 맞지 않았다. 이런 강행군을 해본 적이 없다고 했다.

다시 며칠 후 대망의 개성 답사를 앞두고 개성 자남산 여관이 수리 중이어서 취소할 수밖에 없다는 통보를 해왔다. 이게 무슨 해괴한 짓이냐, 여관이 하나밖에 없느냐고 얼굴을 붉히며 항의한 뒤 당일치기라도 해야 한다고 우겨 개성으로 떠났다. 1백90km 고속도로를 2시간 30분 남짓 달리면서 5대의 자동차를 만났지만 3곳의 검문소를 거치는 엄중한 검색을 당해야 했다. 사실 개성에는 우리가 묵을 만한 여관이 없었다. 남쪽 사람으로 개성 방문은 처음인 만큼 개성행정위원회를 설득하는 데 오랜 시간이 걸렸고 사회안전부와 군당국 간 연락이 늦어져 이렇게 됐다는 북쪽 책임자의 설명을 들은 뒤에야 개성 답사의 어려움을 어렴풋이 짐작할 수 있었다. 북한체제에 대한 이해 부족이 오해를 낳고 이것이 불신으로 이어지면서 끝내 공포로 연결될 수 있다는 사실을 나는 짧은 북한여행에서 확인할 수 있었다.

남과 북이 동시에 공유하는 공포와 불신을 어떻게 해소할 것인가. 이것이 통일이라는 큰 목소리를 내기 전 남북한이 먼저 해야 할 급선무라고 나는 생각한다.

남북교역 물자를 실어 나르는 우리 해운업체가 있다. 남의 인천에서 북의 남포 간을 운행하는 데 20피트 컨테이너 하나당 운임이 1천 달러다. 여기에 소요 일수는 무려 15일이나 된다. 부산 – 블라디보스토크는 5일밖에 걸리지 않고 운임은 비슷하다. 환차손에 채산성이 없으니 남북 운송업을 하려야 할 수가 없다.

누구나 경협을 외치지만 구체적 현실은 외면하고 있다. 큰소리보다 낮은 소리로 이런 문제를 해결해야 경협이 가능하고 교류 협력이 이뤄질 수 있다.

큰소리의 통일정책보다 낮은 소리의 실무적 교류협력 그리고 서로의 공포를 없애줄 문화교류가 남북화해를 이루는 대전제임을 새 정부는 잘 알아야 한다.

(1998-01-23)

빨치산 흉내 내기

"총화가 시작되기 전 부대는 소대장 지휘 아래 오와 열을 맞춰 정렬했다. 주석단 양옆으로 이영희 대장과 부대 정치위원 등 간부들이 나란히 섰다. 정치위원이 개회를 선언했다. '지금부터 6·25와 8·15 해방을 기념한 캄파니아투쟁 성과보고대회를 시작하겠습니다.'"(정순덕, 『지리산은 통곡한다』).

"하오부터 부산시내로 선전전을 나갔다. 7일 부산에 도착, 통일선봉대에 합류했다. 하지만 큰 사건이 일어났다. 머리를 맞고 뚝! 세상이 아찔했다. 밤 12시 대구 도착. 숙소 앞에서 총화하고 있다. 경북대에서 미제축출 미군사유지 주둔비 등을 주제로 총화를 했다(연세대에서 농성한 한 여대생의 「투쟁일기」).

（ ） 속의 기록자를 빼면 어느 쪽이 요즘 대학생 글이고 어느 쪽이 빨치산 여장군의 수기인지 분간키 어렵다. 연세대 사태를 지켜보면서 내겐 강한 의문이 일었다. 어째서 그토록 많은 학생들이 전쟁을 방불케 하는 대 혈전에 참여했고, 농성학생 중 여학생이 40여%를 차지했을까에 대한 의문이 사라지지 않던 중이었다. 이때 여대생의 농성수첩을 읽으면서 나는 요즘 젊은이들 중 상당수가 '빨치산 증후군'에 빠져든 게 아닌가 하는 우려를 하게 됐다.

우선 그들이 사용하는 용어 자체가 너무 빨치산적이다. '레포'(통신문), '총화'(토론) 등이 그대로고 조직 또한 빨치산을 흉내 내고 있다. 남총련 산하 전남대 오월대 조직은 불꽃중대 비호중대 죽창중대 진달래중대로 이뤄진다. 이들 조직인 돌격대 사수대 선봉대 규찰대 모두 빨치산 부대조직의 역할 명칭과 흡사하다.

나는 결코 이들이 북쪽 지령을 받아 진짜 빨치산처럼 게릴라전을 벌였다고는 생각지도 않고, 그렇게 판단할 확증도 없다. 그렇다면 왜 이들은 빨치산 흉내를 내면서 아까운 청춘을 낭비하고 있을까. 몇 가지 관점에서 빨치산 흉내 내기의 근원을 추적해볼 수 있다. 구체적 현실을 문학적 감상(感傷)으로 혼동한 탓이라는 관점이다. 영화 「누구를 위하여 종은 울리나」의 마라아 역을 맡은 잉그리드 버그먼 같은 근사한 게릴라 센티멘털리즘에 빠진 것은 아닐까. 빨치산을 주제로 한 소설과 영화가 근자 대량 생산되었다. 『태백산맥』에서 『남부군』에 이르는 베스트셀러가 있고, 정순덕, 김영 등 실전 참가자들의 수기 또한 다양하다. 내용의 상당수가 잉그리드 버그먼식의 애틋한 사랑이 곳곳에 스며 있고 빨치산 곧 민족해방군이라는 소영웅 심리를 자극한다. 나는 많은 여대생들이 통일축전에 참여하고 문선대 같은 조직에 몸을 담게 된 동기에는 이런 문학적 센티멘털리즘이 강하게 작용했으리라 짐작한다. 빨치산의 생성과 소멸에 대한 사회과학적 연구는 없이 문학적 로맨티시즘만 무성하니 자연 감상적 빨치산 흉내 내기에 몰두한 것이 아닌가.

그다음, 빨치산 나아가 현대사 전반에 걸친 연구 부재와 잘못된 교육이 수많은 대학생들을 빨치산 흉내 내기에 몰두케 하는 요인이 될 수 있다는 관점이다. 독일의 유력 일간지 「프랑크푸르트 알게마이네 차이퉁」은 연세대 사태를 보고 한국의 입시 위주 교육이 폭력시위를 부른다고 분석했다. 대학입시 때문에 제대로 된 사회교육을 받지 못한 대학생들은 각종 소모임을 통해 따뜻한 동료애를 느끼고 북한의 주체사상을 저항 없이 받아들인다고 보았다. 그들 나름대로의 불타는 이상주의와 예민한 정의감, 희생적 애국심에 바탕을 두고 독점자본주의를 폭력으로 타도하려는 젊은 게릴라의 환상에 쉽게 빠져든다 했다.

최근 교육개발원 김명숙 박사는 시민교육 평가를 위한 설문조사를 했다. 이 중 '현재 우리나라를 위협하고 있는 국가는?'이란 물음에 대해 답한 교사의 41%가 미국을 꼽았다. 특히 30, 40대 초반 교사 대부분이 같은 답을 했다고 한다. 교사들의 의식이 '모래시계 의식' 속에 갇혀 있는 한, 학생들의 빨치산 흉내 내기는 사라지지 않을 것이다. 해방에서 오늘까지의 현대사를 빨치산적 관점에서 보는 역사의식이 사라지지 않는 한 폭력시위는 근절될 수 없다. 왜 자유민주주의와 시장경제에 입각한 제대로 된 시민교육이 필요하고 현대사에 대한 구체적이고 포괄적인 역사연구가 있어야 하는가를 연세대 사태를 겪으면서 우리는 다시 한 번 확인한다.

아무도 가르쳐주지 않는 현대사 교육 속에서 우리의 대학생들은 오늘도 빨치산 흉내 내기를 통해 일종의 패션처럼 폭력시위 속에서, 농성

제2부 우리에게 내일이 있는가

속에서, 탄압 속에서 음습한 꿈을 키운다. 정부와 대학과 역사연구가 교육자가 무엇을 해야 할지 너무나 자명한 일이다.

(1996-08-28)

한민족韓民族 네트워크

뉴욕 필하모니 음악감독이자 세계적 지휘자인 주빈 메타는 모든 공연 일정을 취소하고 조국 이스라엘로 날아갔다. 91년 1월 걸프 전쟁이 한창이던 때였다. 이라크 미사일이 텔아비브 하늘을 날고 있을 때 그는 특별음악회를 열어 불안 초조에 휩싸인 이스라엘인들을 위로했다. "뿌리 없는 음악은 생명력이 없다. 나는 음악인이기에 앞서 이스라엘인이다. 조국에 폭풍우가 몰아치고 있는데 어찌 편히 외국에서 지휘봉을 잡고 있겠는가." 인도 출신의 미 국적 유대인인 주빈 메타가 보여주는 감동적 조국애다. 당시 위태로운 조국을 구하기 위해 달려온 유대인이 1만 5천 명을 넘었다.

중국 조선족 선원들의 집단살인 현장검증을 보면서 같은 핏줄 동포로서 저럴 수가 있나 하는 깊은 배신감을 누구나 느꼈다. 이런 배신감은 두 가지 반응으로 나타날 수 있다. 어차피 중국인 아닌가, 이젠 동포라고 봐줄 게 없다는 강한 반발이고 우리가 동포에게 얼마나 야속하게 굴었으면 저런 참극이 일어났을까 하는 반성이다. 조선족 집단살인사건이 발생한 직후 첫 반응은 국내 원양어업협회가 조선족 선원의 고용을 전면 중단하거나 축소하고 옌벤(延邊)자치구 선원학교에 대한 재정지원을 중단하겠다는 의사 표시로 나타났다. 당장 심정이야 응징해 마땅하다는 분위기지만 보다 먼 장래를 생각한다면 이 사건을 계기로 우리가 해외동포들에게 무얼 해주었나 좀 더 냉정히 반성해볼 필요가 있다.

3, 4년 전부터 중국 조선족들이 몰려들었다. 지하도에 좌판을 깔고 보잘것없는 물건을 팔면서 단속에 우왕좌왕하는 모습을 보며 우리는 냉소와 멸시를 보이지 않았던가. 백두산 관광 중 들르는 옌지(延吉)에서 몇 푼의 지폐로 동포들의 자존심을 짓밟고 잘사는 조국의 천한 몰골을 유감없이 발휘하지 않았던가. 미국 동포들이 흑인난동으로 삶의 터전을 잃었을 때 조국은 그들에게 진정 무엇을 해주었던가. 어차피 떠난 조국에 손 벌리려 하지 말고 그 사회 속에서 친화력을 가지고 잘살아보라고 나 몰라라 하지 않았던가. 이들이 과연 조국이 위난에 처했을 때 물불 가리지 않고 달려올 것인가.

구시대적 조국애를 호소하자는 게 아니다. 21세기를 위한 한민족 네트워크를 조직하고 가동해야 아시아권에서 살아남을 수 있기 때문이다. 해외동포 5백50만 명은 화교 5천5백만 명에 비하면 보잘것없지만 이스라엘. 이탈리아에 이어 세계 4대 교포대국에 속한다. 형제든 동포든 핏줄이라는 하나의 이유만으로 힘이 결집되진 않는다. 밀고 끌어주는 상부상조 없이는 공짜로 결집력이 생겨나질 않는다. 잘못된 핏줄은 남보다 더 깊은 원한과 복수로 반전할 수 있음을 이번 선상 반란사건에서 확인하지 않았는가.

세계음악의 무대인 뉴욕을 'Jew York'이라 할 만큼 유대인 음악세력은 강하다. 대니얼 바렌보임이 파리오케스트라를 장악한 다음 시카고 심포니 지휘자로 전격 취임한 배경엔 유대인 부호들의 집중 비호와 유대인 음악계 대부인 게오르그 솔티의 밀어주기가 작용한 탓이다. 아이작 스턴이 없었던들 핑커스 주커만이나 이츠하크 펄먼이 그처럼 위명을 날리지는 못했을 것이다.

말레이시아의 마하티르 총리와 싱가포르의 리콴유(李光耀) 전 총리는 앞다퉈 '화인(華人)네트워크'를 조직해 해마다 세계화상(華商)대회를 열어 전 세계 화교기업인들은 뭉쳐야 한다고 외치고 있다. 아시아 태평양연안의 경제권을 '대중화공영권'으로 만들겠다는 야심찬 계획의 일환이다.

중국인이야말로 '관시(關係)'를 중시하는 민족이다. 고향이 같고 성씨 업종이 같다는 이유만으로 신용과 연대를 확인하는 향방(鄕幇), 성방(姓幇), 업방(業幇)이 결성되고 이 조직이 확대되어 푸젠(福建), 광둥(廣東), 객가(客家) 등 5대방이 세계를 거미줄처럼 연결하고 있다. 이러니 동남아 10대 재벌 중 9명이 중국계고 아세안 국가 중 6%에 불과한 화교가 전체 자본의 70%를 차지한다는 노무라 증권의 분석이 나온다.

'차이니스 커넥션'이 동남아경제를 석권한 지 오래다. 김영삼 대통령이 중남미 순방 중 로스앤젤레스에 들러 재외동포재단을 내년에 설립하겠다는 계획을 밝혔다. 늦었지만 지금이라도 한민족 네트워크를 조직해 끌어당기고 밀어주는 상부상조체제를 구축해야 한다. 교민들을 만나 인사치레로 넘어가는 발표가 아니라 21세기 새 도약을 위한 '코리안 커넥션' 한민족공영체 구상이라는 큰 틀의 조직적 계획이 나와야 한다.

(1996-09-26)

구월산, 장길산, 황석영

평양에서 한 시간 남짓 고속도로를 달리면 사리원이고 사리원을 오른

쪽으로 끼고 곧장 가노라면 재령군 신천군 안악군에 속한 넓디넓은 재령평야가 나온다. 그 끝 가장자리에 수묵화처럼 아스라히 자태를 나타내는 산이 구월산이다. "봉산 은파장은 대동강의 지류인 월단강이 흘러 재령의 나무리 벌을 이루고 강이 세 갈래로 갈라진 어귀에 있으니 강과 평야를 낀 수륙교통이 편리한 곳이다. 단오장은 해서에서도 가장 큰 장이라, 서흥 기린 재령 신천 안악 황주는 물론이요, 평양과 해주에서까지 상인들이 모여 들었다." 작가 황석영(黃晳暎)이 그의 역작『장길산』에서 그린 의적 장길산의 활동무대가 바로 이곳이다.

지난해 12월 22일 안악 3호 고분을 살피고 구월산 월정사로 가는 진흙길 차 안에서 나는 감옥 속의 황석영을 생각하고 있었다. 처음 평양 역사박물관에서 안악 3호 고분의 재현 모델을 봤을 때 아! 이것이 고구려다 하며 나는 감전하듯 놀랐다. 남북 33m 동서 30m의 무덤 속 벽면에 가득 찬 벽화 속엔 고구려왕이 백라관을 쓰고 정사를 보는 장면, 시녀를 거느리고 나들이 가는 왕비, 개고기 돼지고기가 걸려 있는 육고간(肉庫間), 기중기처럼 물을 퍼 올리는 우물터, 마구간 그리고 지붕 위의 까마귀 한 마리 등이 고구려인의 삶의 모습을 생생히 전하고 있었다. 그곳에 가보고 싶다. 이래서 나는 여기까지 온 것이다.

5년에 걸친 대하 역사소설을 쓰면서 작가 황석영은 장길산의 활동무대인 이곳에 얼마나 오고 싶었을까. 오지 않고서도 그는 황해도 땅의 풍물과 민초들의 삶을 어떻게 그처럼 생생하게 그렸을까. 나는 왕의 무덤을 통해 역사를 보려 했는데 그는 어째서 알려지지 않은 비천한 사람들을 통해 역사를 재현하려 했던가. 역사를 체제의 틀 속에서 보려하는 보수적 수구세력의 한 사람일 나는 합법적 경로를 거쳐 북한 땅을 천연스레 밟고 다니고, 민중의 삶을 통해 우리 시대를 상징하고 싶다던 진보적 상상력의 예술가는 5년째 감옥생활을 하고 있는 게 아닌가 하는 자책도 했다. 황석영은 『장길산』을 쓰기 시작하면서 이렇게 적었다.

"알려지지 않은 비천한 사람들을 통해 이른바 역사소설을 쓰려 한다. 한 시대가 다른 시대 속에서 주목할 가치가 있다고 생각한 일들에 관한 기록으로서 우리 시대를 상징화하고 싶다."

암울했넌 70년대의 군사독재 속에서 그는 장길산을 통해 민중의 역사를 재현하려 했고 분단을 넘어 또다른 사회의 삶의 모습을 보려는 강한 작가 의지를 이미 그때 보였다. 그의 월북은 실정법을 뛰어넘는 예술가적 충동이고 그의 작품을 위한 체제도전이었다고 나는 생각한다. 그에게는 국가보안법 중 탈출, 금품수수, 국가기밀누설 등 11개의 죄목이 적용돼 7년형을 받아 2000년 4월에야 풀려나게 돼 있다.

우리 같은 보통사람이야 법과 현실을 먼저 생각하지만 뛰어난 예술가는 자신의 상상력과 작가적 충동욕구에 따라 몸을 먼저 던진다. 그래서 나는 진정한 예술가를 존경한다. 황석영이 월북해 무슨 일을 했는지는 소상히 모른다. 그러나 그의 북한 방문기 『사람이 살고 있었네』를 보면 금지된 땅의 사람 모습을 처음 우리에게 알려준 작가의 의도가 충분히 엿보인다. 법이란 현실이다. 현실 규제를 벗어났다면 어떤 형태로든 벌을 받아 마땅하다. 그러나 황석영 같은 예술가에게 법과 현실은 어느 정도의 유연성을 보여야 한다.

방북 이후 외국을 떠돌던 황석영이 감옥행이 정해진 서울로 되돌아오면서 "구속수감의 고초를 달게 받고 빨리 모국어로 글을 쓰고 싶다"고 말했다. 그는 소설을 쓰기 위해 월북했다가 다시 소설을 쓰기 위해 감옥행을 택한 것이다. 우리 같은 보통사람이야 닷새도 견딜 수 없는 감옥생활을 그는 지금 5년째 치르고 있다. 5년 동안 작품 활동이 중단된 것이다. 그만하면 되지 않았을까. 다른 시대의 역사현장을 보고 싶었기 때문에 법의 울타리를 넘었고 다른 체제, 다른 사회의 모습을 보기 위해 분단의 벽을 넘었던 예술가적 충동이 치러야 했던 대가는 이제 충분하다고 본다. 이데올로기를 떠나 오로지 작품만 쓰겠다는 작가 황석영의 외로운 외침을 우리 보통사람들은 이제 받아들일 때가 된 것 같다. 이제 그의 글을 읽고 싶다.

(1998-02-13)

북한 바로 알기

지난주 나흘간 남북한 학자들이 함께 모이는 학술토론회에 참석했다. 두 가지 사실을 필자 스스로 확인하는 계기가 되었다. 하나는 북한학자들과 장기간 대화하고 술도 마실 수 있을 만큼 남북한 여건이 개선됐다는 점이다. 또 하나는 명색 신문사 내 통일문화연구소 책임을 맡고 있지만 북한에 대해 내가 아는 게 별로 없다는 자기 무식의 확인이었다.

외국여행을 해본 첫 경험이 73년이었다. 장관급 두 명의 신원보증서가 붙어야 가능했다. 대학을 졸업하고 국립대학 무급 조교가 되었지만 신원조회 결과 발령이 소급 취소되는 연좌제 시절을 살았다. 북으로 간 삼촌이 인생의 멍에로 작용했을 때 받은 당시의 충격은 말로 표현할 수 없이 참담했었다. 이런 '불령선인(不逞鮮人)'이 북한학자들과 만나는 데 아무런 구애를 받지 않게 됐으니 세상은 달라져도 많이 달라졌다는 감회가 새삼 일어나지 않을 수 없었다.

그러나 남과 북의 출입과 만남이 비교적 자유스러워졌다 해도 서로가 상대방을 잘 알고 있느냐는 데는 아직 문제가 많다는 것을 확인했다. 30여 명의 통일 전문가들이 모인 자리지만 서로의 차이점을 보다 분명히 알아야 남북 간 대화와 교류가 가능하다는 인식을 같이했다.

회의 도중 이런 일이 있었다. 학술토론이 끝나고 저녁식사 시간이 되면 토론내용을 담은 기사 대장(臺狀)이 팩스로 서울에서 회의장에 전달됐다. "북측 난상인 심구식 박사는… 민족자수통일을 역설했다"는 기사가 실려 있었다. 북한 측 대표들 간에 술렁이는 반응에 곧이어 '역설' 같은 용어를 왜 쓰느냐는 항의가 있었다. 나쁜 뜻이 아니라 강한 주장을 했다는 표현이라고 납득시키는 데 상당한 시간이 걸렸다. 북한에서 역설은 억지주장으로 이해되기 때문에 생겨난 혼선이었다. 학술대회 남측 대표인 백영철 교수가 북한학자들과 발표논문을 사전 조정하는 과정에서 남쪽 학자가 쓴 글 중 "남북의 지도자에게 반성을 촉구한다"는 대목이 문제가 됐다. 북측 지도자는 김정일(金正日) 비서밖에 없으니 곤란하다는 것이었다.

사소한 언어장애에서 정치체계의 차이가 주는 이해부족만이 아니다. 논리의 차이, 언술체계의 차이는 더욱 크다. 남북 모두가 즐겨 쓰는 '평화'라는 용어 자체도 너무 다르게 쓰인다. 남한의 평화구상은 상대방 체제인정을 기반으로 한 정치적·군사적 신뢰구축을 강조하지만, 북한은 미국과의 불가침협정과 주한미군 철수를 중시한다. 남한의 하영선 교수는 한반도 평화정착을 위해선 정치적·군사적 평화를 기반으로 한 탈근대적 복합구조의 평화를 주장하지만, 북한의 원동연 박사는 민족자주권 획득이 영구한 평화구축이라고 주장한다. 누가 옳고 그르고의 문제가 아니라 추구하는 목표와 수행하는 과정이 사뭇 다르다.

두 현인(賢人)이 호숫가를 거닐며 한담을 하고 있었다. "저 작은 물고기들이 조용히 노니는 것을 보니 저것이 곧 물고기의 즐거움 아니겠는가." "자네가 물고기가 아닌데 어떻게 그들의 즐거움을 아는가." "자네는 내가 아닌데 어찌 내가 물고기의 즐거움을 모르는 줄 아는가."(『장자(莊子)』, 「추수(秋水)편」)

두 현인의 대화에서 나와 남의 관계가 어떤 형식으로 이뤄져야 하나를 짐작해낼 수 있다. 이미 나와 남이 된 관계지만 한 핏줄이라는 민족애로 나와 동일시하든지 아니면 남이라는 현실적 인식 아래 내가 아닌 남의 입장을 이해하려고 노력할 것인지 분명한 선택을 해야 남북 간에 오해와 불신을 씻을 수 있다고 생각한다. 장자나 혜자(惠子) 같은 도사들은 보지 않고 묻지 않아도 물고기의 즐거움을 알고 남의 심중을 헤아릴 수 있겠지만 우리 같은 범속인들은 자세히 보고 듣고 묻지 않고선 남을 이해하지도, 알지도 못한다.

남과 북 서로가 잘 알고 이해하기 위한 첩경은 바로 교류와 접촉 그리고 대화다. 남북한 학자들이 중국 땅 호텔방에서 은밀히 모여 벌이는 학술토론도 나름대로의 의미가 있지만 이젠 한 걸음 더 나아가 평양과 서울에서 서로를 알고 배우는 노력을 해야 한다. 이를 위해 가장 긴요한 것이 남북한 언론인들의 상호 교류다. 모두가 가서 듣고 보기에 앞서 기자의 눈과 글을 통해 서로를 바로 알 때가 이젠 되었다. 한 장의 사진이나 탈북자들의 증언을 통해 듣는 상대방 알기는 서로를 이해하기보다 더 깊은 오해와 불신을 쌓을 뿐이다. 언론인의 방북 취재 허용이 곧 북한 바로 알기의 출발이라는 인식이 남북한 정부 당국자들 사이에 확산돼야 남북문제가 제대로 풀릴 수 있을 것이다.

(1996-09-18)

제2부 우리에게 내일이 있는가

북한에 대한 고정관념

지난해 가을 첫 방북 때 북한 순안공항에서 평양시내로 들어가는 차 안에서 나는 기이한 장면을 목격했다. 4차선 대로변 좌우에는 많은 행인들이 묵묵히 길을 걷고 있었다. 아낙네도 있고 인민복 차림의 남정네에 군인도 있었다. 모두가 등뒤에 괴나리봇짐을 하나씩 메고 있었다. 나는 그때 지레 짐작했다. 아! 남한의 언론인과 학자들이 온다니 이 사람들을 동원해 우리에게 식량난의 실태를 보여주는가보다고.

평양시내의 지하철과 궤도전차 운행구간은 비교적 짧다. 남은 거리는 대체로 도보를 이용한다. 그들의 일상적 출퇴근 모습이 그러하다는 사실은 1주일 뒤에야 확인할 수 있었다. 사흘 뒤 평양 외곽의 대성산성 답사를 끝내고 하산할 무렵, 우리 일행은 인민학교 학생들이 소풍 나와 도시락을 먹는 곳을 지나게 됐다. 나는 유심히 그들의 도시락 통을 살폈다. 흰밥을 가득 채운 도시락도 있고 잡곡밥 위에 빵 하나를 얹은 도시락도 있었다. 대체로 만족할 만한 한 끼니였다. 이번엔 어린 학생들을 동원해 풍족한 음식을 제공하고 있다는 사실을 알리려는 선전이라고 미심쩍어했다. 그러나 대성산 유원지 쪽으로 나오자 동원했다고 보기엔 너무나 많은 학생들이 잔디 위에 앉아 점심을 먹고 있었다.

북한사람 모두 잘 먹고 있다는 얘기를 하자는 게 아니다. 아사자가 있을 만큼 식량사정이 어렵겠지만 전국적 현상은 아니라는 양면성을 알자는 뜻이다. 대체로 우리들은 북한에 대한 고정관념을 갖고 있다. 북은 조직된 통제사회다. 일거수 일투족이 계획된 지시와 감시에 의해 일사불란하게 움직인다고 믿기 때문에 나 자신도 지레 짐작과 망상으로 북을 보고 판단한 것이 아닌가 하는 반성을 뒤늦게 했다. 물론 공산주의 국가의 특징이 조직과 통제일 것이다. 그러나 황석영의 북한기행 『사람이 살고 있었네』에서 적고 있듯, 그곳도 사람이 살 만큼의 여유와 즐거움이 있는 곳이라는 사실을 우리는 너무 애써 부정하고 있다. 고정관념이란 쉽게 사라지지 않는다. 북을 보는 우리 시각이 편견과 아집, 체제의 우월감과 자만심에 가득 차 있어 북을 제대로 못 보거나 보지 않으려는 잘못을 저지르고 있지 않나 하는 기본적인 의문을 제기할 때가 됐다고 본다.

북에 대한 남쪽의 고정관념은 대체로 두 가지로 분류할 수 있다. 한쪽이 햇볕론 맏형론 개혁개방론이라면 그 반대편이 강풍론 단계론 상호주의로 맞선다. 비료를 보내 북의 식량 수확을 원천적으로 증가시키고 이산가족 상봉을 통해 화해와 협력의 분위기를 창출하면서 경협을 활성화하면 북의 동토가 햇볕에 녹아 개혁개방노선을 택할 것이라는 게 전자의 논리다. 우리 자신이 먹고살기 힘든데 쌀 비료를 보내면 그것이 부메랑이 돼 우리를 공격하는 것이 아니냐, 북은 변하지 않는데 왜 우리만 안달이 나서 대화니 협력이니 하느냐, 천천히 해도 늦지 않고 저쪽도 무엇을 줘야 우리도 줄 수 있다는 입장이 후자다.

두 주장이 너무나 팽팽히 맞서 있어 토론의 여지가 없다. 어느 쪽 입장이든 북의 실상 파악과는 관계없이 자신의 눈으로만 보고 주장한다. 정해진 논리와 감정에 따라 북을 규정하고 「로동신문」이나 평양방송을 통해 암호풀이하듯 하는 대북(對北) 정보로선 북의 실상에 접근하기 어렵다. 북한의 교통법은 어떤가. 형법은 어떻고 아파트 입주는 어떤 방식으로 결정되는지 구체적 자료가 없고 실증이 없다. 다만 전언(傳言)과 인상으로 후려치고 자신의 시각에 맞춰 북을 해석하고 재단하려 든다. 여기에 따라 우왕좌왕한 게 우리의 대북정책이었다.

정·경 분리에 따른 경협만이 유인한 대북 접근이라고 보기두 어렵다. 북한엔 우리식 기업인이 없다. 우리는 정치와 무관한 기업인이고 저쪽은 당과 정부의 당국자인데 과연 정경분리 원칙으로 경협이 제대로 진전될 수 있을까. 왜 교류와 협력을 하는가. 전쟁의 공포와 군사적 대치를 서로 줄이기 위해 정치 군사적 협상이 필요하고 평화의 제도화를 위해 교류 협력이 유효한 것이다. 두 바퀴가 함께 돌아야 한다. 여기에 대한 우리 정부의 큰 그림과 선략이 나와야 국민적 합의를 이룰 수 있다. 한쪽으로만 보는 시각에서 벗어나 두 눈으로 확인할 수 있는 실체파악으로 북을 연구하는 새로운 자세가 필요하다.

(1998-04-10)

떠도는 탈북자脫北者들

북한 농업과학원 연구원 이민복은 육종전문가다. 북한 전역을 돌아다니며 볍씨 연구를 했다. 그의 결론은 북한농업의 실패는 품종개량에 있는 것이 아니라 노동 의욕을 마비시키는 집단농장체제에 있다고 판단했다. 부분적으로 실시 중인 개인 돼지밭 농사에서 증명되듯 개인영농화가 식량난 해결의 기본이라고 생각했다. 그는 이런 내용의 보고서를 중앙당 1호 편지로 보냈다. 그러나 회답은 '노'였다. 수령만 믿고 충성했던 자신이 미워지면서 그는 탈출을 시도한다. 그러나 월경(越境) 단 하루 만에 중국경찰에 잡혀 북한수용소에 감금된다. 손톱이 빠지고 쥐고기를 먹을 정도의 혹독한 감금생활에서 농업과학자라는 이유로 풀려난다.

그는 재차 탈출을 시도한다. 이번은 성공했다. 1년 남짓 옌지, 훈춘을 떠돌았지만 서울행은 쉽지 않았다. 그는 다시 쑤이펀허강(綏芬河)을 헤엄쳐 러시아로 들어간다. 모스크바 한국대사관까지 인도됐지만 망명은 받아들여지지 않았다. 그의 끈질긴 호소가 한 월간지에 소개되면서 그는 실로 첫 탈출 5년 만에 그리던 서울 땅으로 오게 된다.

88년 북한을 탈출, 중국-베트남-중국을 거쳐 천신만고 끝에 귀순했던 김용화 씨는 그저께 "귀순자도 아니고 불법입국 조선족도 아닌 현재의 고통을 더 이상 견디기 어려워 중국 추방이나 북한 송환도 달게 받을 마음의 준비가 돼 있다"는 호소문을 정부에 냈다. 남한 땅을 밟지 못해 떠돌고 있고, 밟아봐도 정착이 쉽지 않다. 지금 베이징과 러시아엔 이처럼 떠도는 탈북자들이 2천~3천 명, 중국대사관에 망명을 신청한 탈북자가 8백 명이 넘는다고 한다. 이들을 어찌할 것인가.

지금도 내 책상 위에는 중국 칭다오(青島)에서 보낸 한 탈북자의 눈물 어린 망명 호소문이 있다. "대사관은 정치적 이유 때문에 못 받아들인다고 하는데 정치적 이유로 탈출한 나 같은 사람은 어디서 살아야 합니까" 하는 호소다. 호소가 닿지 않으면 악이 받친다. 이를 갈고 남한을 원망하는 탈북자가 모스크바, 옌지, 베이징에 지금 넘쳐나고 있다.

이뿐인가. 중국교포 3세 작가인 김재국은 『한국은 없다』라는 조국체험기를 썼다. 조국땅에 와서 온갖 학대와 서러움을 겪은 조선족 연수생들 중엔 "만약 전쟁이 다시 한 번 더 난다면 난 총을 들고 선참으로 한국으로 달려와 한국놈들을 쏴버리겠다"고 벼르고 있다는 것이다. 이대로 나가다간 떠도는 탈북자들과 중국 조선족으로 뭉친 또 하나의 적대적 반한(反韓)단체가 생겨나지 말라는 법이 없다.

모든 탈북자를 받아들일 만큼 정부예산이 넉넉지 않은 것도 잘 안다. 탈북자 모두를 받아들여 북한을 비우는 방향의 대북(對北)정책은 안 된다는 원칙도 옳다. 중국, 러시아와의 외교적 마찰도 생각해야 할 부분이다. 그렇다면 어쩔 것인가. 속수무책으로 방치만 할 것인가.

우리와 비슷한 처지에 있었던 독일의 경우 구 서독정부는 50년 동독난민긴급수용법을 제정했고, 53년 헌법재판소는 거주 이전의 자유는 동독 피난민에게도 적용된다고 판시했다. 그 후 수백만 명의 난민을 수용했고, 장벽 붕괴 직전인 90년 24만 명의 동독 난민을 받아들였다. 난민은 먼저 국경 부근의 베를린과 기센의 긴급수용소에 2~3일 수용된다. 자신의 희망에 따라 16개 주 수용소로 분산돼 정식 주택이 제공될 때까지 2~3년을 기다린다. 이 기간 중 자녀학자지원금. 사회진출을 위한 보조금. 의료보험 등 복지혜택이 제공된다. 정부는 예산을 지원하고 정착 프로그램은 카리타스 같은 종교단체가 실시한다. 강요하지 않는 교육을 통해 주민과의 자연스런 파트너십을 유도한다.

중국 조선족이 아닌 대한민국 국민의 일부인 탈북자를 더 이상 냉대하고 나몰라라 할 수는 없다. 정부는 우선 이들을 수용할 난민수용소를 지역별로 분산해 세우고 이들이 정착할 때까지 밀어줄 예산을 세워야 한다. 탈북자를 데려오는 일을 정부가 앞장서 할 수는 없다. 종교 사회단체가 나서서 이들을 도와야 한다. 유엔난민보호기구와 공조할 수도 있다. 중국 조선족 문제를 한 민간단체 모임이 추진했듯 유사한 방식을 취하면 길은 얼마든지 있다고 본다. 지금 최씨 일가의 집단탈북에 대해 모두가 경탄과 축하를 보내고 있다. 어찌 최씨네 일가뿐이겠는가.

"통일은 눈앞인데 조국땅 남쪽에 오기는 왜 이리 힘든가" 하는 이민복 씨의 절규가 더 이상 되풀이되지 않도록 우리 정부와 종교 사회단체가 함께 나서서 이들을 도와야 한다.

(1996-12-13)

음모의 계절

병자호란이 끝나자 신흥대국 청(淸)나라는 조선의 두 왕자와 정치인들을 볼모로 잡아 선양(瀋陽)으로 데려간다. 인조의 장남 소현세자는 선양에서 새로운 과학기술과 국제정세에 관심을 기울이며 많은 것을 배운다. 9년여 볼모생활을 마친 소현세자는 귀국 3개월 만에 여름철도 아닌 4월에 학질에 걸려 나흘 만에 급사한다. 그의 죽음은 병사였는가, 아니면 독살이었는가. 소현세자의 의문사를 역사추리로 추적하는 박안식의 소설『소현세자』는 친청(親淸) 개혁세력인 소현세자를 제거하기 위한 친명(親明) 수구세력의 독살이라는 음모정치의 극치를 역사적 고증과 정황 복원작업을 통해 설득력 있게 설명하고 있다. 대권을 둘러싼 수구와 개혁세력 간의 갈등과 대립, 끝없이 되풀이되는 음모 배신 야합의 드라마가 궁중 구석구석에서 배어난다.

17세기 아닌 21세기 목전에서 우리 정치사는 어떤가. 최근의 몇 가지 사례만으로도 음모정치의 흔적을 찾을 수 있다. 그 하나가 이순자(李順子) 여사의 회고록 중 6·29 관련 부분이다. "그렇다. 누가 뭐라고 해도 6·29 선언은 그분 통치의 꽃이다. 6·29는 그분에게 있어 권력으로부터 하산작업의 절정이다. 자신이 서 있던 권력 정상에 후계자를 남겨두고 권력의 휘장 밖으로 단숨에 퇴장했던 정치 드라마의 백미다." 이씨 스스로 6·29를 전 통이 기획 연출하고 노 통이 주역을 맡은 한 편의 정치 드라마였다고 했다. 아직도 우리는 음모정치를 정치 드라마로 보고 있다.

91년 말, 5공(共) 통치사료 담당 비서관이 6·29는 '전씨 작품'이라 쓴 회고록에 대해 나는 '6·29 가로채기'라는 글로 비판한 적이 있다. 6·29

는 민주시민과 학생들이 민주항쟁 대가로 받아낸 항복문서지 노 통이나 전 통의 공적이 될 수 없다고 했다. 그러나 이순자 씨의 회고록에서 우리는 민주세력에 밀려 막바지 위기에 이른 통치자가 잔명(殘命)을 잇기 위해 어떤 음모를 세웠나를 다시 확인할 수 있다. 폭압정치에 대한 한줌의 반성이나 회한(悔恨)도 없이 어떻게 하면 극적인 연출을 통해 위기국면을 탈출하고 무사히 청와대를 빠져나가느냐는 음모와 전술이 이 회고록에서 엿보인다. 노 통이 대통령에 당선된 날 전 통은 얼근히 취해 돌아와 "여보, 이 세상에 나보다 더 행복한 사람은 없을 거요"라는 대목에 이르면 그들 음모와 전술이 얼마나 맞아 떨어졌기에 그토록 행복해했을까 하는 개탄을 금할 수 없다.

국민을 상대로 기만과 음모를 밥 먹듯 하고 국민을 상대로 전쟁 치르듯 전술 전략에 급급하는 정치가 5, 6공으로 과연 마감된 것인가. 바야흐로 정치 계절이다. 만나는 사람마다 밤낮 헛바퀴 도는 대권주자 이야기고 신문마다 예상후보 인터뷰가 신물나게 등장한다. 공조를 다짐하는 야당 두 지도자가 망년회를 겸한 단합모임에서 흘러간 노래를 열창하고 있을 무렵, 한 지도자의 핵심이 배신해버린 탈당사태가 일어났다. 도지사와 시장, 두 명의 국회의원이 몽땅 빠져나가는 대형 배신사태가 일어난 것이다. 당사자는 야당으로는 지방행정을 수행할 수 없다는 변명이지만 공작정치의 일환이라는 비난이 드높다. 확실한 증거가 없어 누구나 입 다물지만 산전수전 험한 세상 살아온 우리로서는 아! 음모의 정치 계절이 시작됐구나 하는 감을 잡는다.

호랑이를 잡기 위해 호랑이굴로 들어간다 했던 3당 합당도 음모와 전술에 따른 구시대적 정치 게임이었다. 빙탄불상용(氷炭不相容)의 두 야당이 대권을 앞두고 공조와 연대를 한다는 것도 결국은 '6·29는 그분 통치의 꽃'이라는 음모적 수사학과 별로 다를 바 없다고 본다. 권력을 잡기 위해선 적과 동지, 정책과 이념을 가리지 않겠다는 발상이나 권력의 정상에서 무사히 하산하기 위해선 항복문서를 드라마처럼 연출할 수도 있다는 전술과 무엇이 다른가.

나는 3김시대의 종언이 진정한 민주화시대의 개막이라고 본다. 그들의 경륜과 노회한 정치수법에 감탄하면서도 결국은 그들이 싸우면서 배운 정치적 음모와 전술이 동전의 앞뒷면과 같아 이들이 정권을 계속 장악하는 한 21세기의 우리 정치는 조금도 달라질 수 없다는 결론에 이르기 때문이다.

국민을 상대로 정책과 비전을 제시하지 못하면서 막후의 음모와 야합으로 일관하는 여당과 야당의 속성이 살아 있는 한 우리는 결코 전통과 노 통을 재판할 자격이 없다고 생각한다. 음모의 정치로 권력을 잡는 한, 국민은 그 지도자를 결코 따르지 않는다는 분명한 진리를 정치지도자라면 이젠 알 때가 되지 않았는가.

(1996-12-25)

'강행군' '총진군'

원산 송도원을 출발해 동해안을 따라 금강산을 가는 길은 정말 환상의 드라이브 코스였다. 쪽빛 물결의 잔잔한 바다가 해안선을 돌 때마다 마치 입체영화의 한 장면처럼 눈앞에 확 펼쳐지곤 뒤로 사라진다. 정주영(鄭周永) 회장의 고향 통천이 지중해 연안의 어떤 미항(美港)보다도 아름답다는 사실을 이번 3차 방북에서 처음 알았다.

통천을 지나면 고성군이다. 큰 마을이 멀리서 보인다. 저곳이 고성인가. 아파트 몸체 벽에 큰 글씨로 '강행군'이라고 적혀 있다. 고성군을 언제부터 강행군으로 고쳤는가. 왼쪽 벽을 본다. '총진군'이라고 또 적혀 있다. 그때에야 강행군과 총진군은 지금 북한에서 가장 널리 사용되는 슬로건임을 알게 된다.

북한은 구호 선전의 나라다. 항일유격대 시절의 구호나무(口號木)를 지금도 온전히 보전하듯, '조선의 심장 평양'이라는 구호를 보면서 평양에 들어서면 눈에 띌 만한 곳엔 구호 슬로건이 반드시 붙어 있다. 올해의 구호 중 가장 두드러진 것이 길 오른쪽의 '강행군'과 왼쪽의 '총진군'이다. 그 뒤를 이따금 '속도전' '자력갱생'이 따라 붙는다. 처음 평양을 방문한 사람이라면 우선 이 구호에 질려버린다. 당장 남으로 쳐내려간다는 뜻 아닌가. 그것도 속도까지 붙여서. 그러나 전국 어디를 다녀봐도 총진군 분위기는 볼 수 없다. 한가롭기 짝이 없는 시골의 여름 풍경이다. 이따금 폭우로 유실된 도로를 보수하는 군인들이 총진군 붉은 깃발을 걸고 비지땀을 흘리거나 김매기 일손을 돕고 있을 뿐이다.

지난해까지 '고난의 행군'이 중요 구호였다. 고난의 행군 정신을 이어받아 식량난을 해결하고 경공업 석탄 전기사업 발전을 위해 어려운 행군을 하자는 경제개발 추진계획이 '강행군'의 핵심 내용이다. 이를 위해선 사회주의 실천 주체인 기술자 노동자 지식인이 삼위일체돼 총진군을 해야 하며 여기에 양적 성장만이 아닌 질적 성장을 포함한 속도전을 해야 한다는 것이다. 총진군 강행군 속도전 모두 살벌한 군사용어지만 사실상 북한에선 경제용어로 사용되고 있다.

용어뿐만 아니라 경제단위와 군사단위가 여러모로 중복되는 현상을 북한에선 발견할 수 있다. 구월산 험준한 고비 길을 2차선 포장도로로 건설한 것도 육군 2개 연대였고 이번 여름에 다시 간 묘향산 보현사 진입로 공사도 군부대가 맡고 있었다. 검은 모루 동굴 근처에 있는 북한 최대의 상원 시멘트 공장도 군부대 소속이었다. 북한은 병역 의무제가 아니다. 지원제다. 복무연한도 고정돼 있지 않다. 그런데도 1백만 이상의 병력을 유지하고 있다. 북한의 젊은이들은 어려서는 소년단, 청소년기는 청년동맹 소속이 되고 곧이어 군인이거나 대학생이 되는 게 일반적 코스다. 생산 돌격대라는 부대가 있어 주로 건설현장의 일손을 돕는 역할로 병역을 대체하는 경우도 있다. 특별한 기술이 없는 한 군인으로 남아 있으면 의식주는 해결된다. 이렇게 볼 때 북한 사회를 구성하는 중심축은 군대다. 민간과 군인이 우리처럼 딱 구별되지 않는다. 가장 효율적인 노동력을 보유하고 있고 각 분야의 전문기술도 지니고 있다. 북한의 군대는 우리 식으로 보면 대형 건설회사도 되고 대단위 생산 공장이기도 하다. 이러니 북한의 최고지도자는 기회만 있으면 군부대를 방문하고 그들과 기념사진을 찍는다. 민간과 군인을 딱 부러지게 구분하는 우리식 잣대로는 설명이 안 되는 부분이다.

금강산 개발계획이 남과 북의 합의에 따라 착수된다고 하자. 길도 내고 호텔도 지어야 하며 상하수도도 묻어야 할 것이다. 이 일을 누가 할 것인가. 북한에 어떤 건설회사가 있어 기술자와 인력을 동원할 것인가. 결국 이 일 또한 군인의 몫이 될 수밖에 없다. 이럴 때 우리 사회는 또 한번 발칵 뒤집힐 것이다. 민간 단위의 경협사업에 어째서 군인이 참여하느냐, 결국 경협은 군인을 돕는 이적행위가 아닌가 하는 여론이 들끓을 것이다. 마치 지난번 식량 원조를 하면서 군량미로 둔갑하는 것을 막아야 한다는 논리와 다를 바 없는 혼란을 겪게 될 것이다.

북을 안다는 것은 쉬우면서도 어려운 일이다. 서너 차례 방북으로 북을 안다는 것 자체가 난센스일 수 있다. 보다 중요한 것은 북을 우리 잣대로 젤 생각만 말고 그들의 잣대로 살펴볼 여유와 기회를 가져야 한다는 점이다. 북한의 삶 자체를 관통하는 사회문화적 틀을 알아내는 노력이 각 분야에서 이뤄져야 대화도 되고 경협도 가능한 화해의 남북시대를 열 수가 있다.

(1998-07-31)

박정희와 김일성

역사의 긴 흐름으로 볼 때 1997년은 우리 남북한 정치사에서 가장 의미 깊은 전환의 한 해라고 나는 규정하고 싶다. 역사학에는 시대구분이란 게 있어 어떻게 시대의 마디를 잡아 역사적 의미를 평가할 것인가를 두고 학자들 간에 의견이 분분하다. 우리 현대사를 어디부터 기점으로 잡아 어디까지를 끊을 것인가, 학자마다 의견이 제각각일 수 있다. 대체로 논의를 종합하면, 해방 전 50년을 현대사 전기(前期)로 보면 현대사 후기는 해방 후 오늘까지가 된다. 내가 97년 한 해를 현대사의 전환점이라고 보자는 데는 이런 연대기적 의미를 포함해 현대사 후기를 주도했던 남북한 두 정치지도자의 역할과 깊은 관련성이 있다고 보기 때문이다.

북에는 해방과 동시에 김일성이 권력을 장악했다. 남에는 우남 이승만과 박정희가 절대 권력을 잡았다. 우남은 민주주의 도입에 공헌했고 박정희는 경제발전에 기여했다. 두 사람 모두 반미·반체제 세력에 대한 철저한 탄압을 통해 장기집권을 이루려다 실패한 지도자였고 그에 따른 비판적 부정적 시각도 있지만, 돌이켜보면 민주주의 도입과 경제발전이라는 측면에서 오늘 이 사회의 두 기둥을 이룬 위대한 지도자였음은 부정할 수 없다.

특히 박정희와 김일성은 후기 현대사에서 서로 너무 닮은 퍼스널리티와 정책을 통해 지금 이 시점까지 남북한 양쪽에서 미워할 수만 없는 너무나 큰 그늘을 만들어놓았다. 신분은 달랐지만 두 사람 모두 나라를 빼앗긴 설움을 만주벌판에서 몸으로 체험한 유사성이 있다. 김일성이 북로당을 창당했다면 박정희는 남로당 비밀당원이었다. 한 사람은 군사 쿠데타로, 또 한 사람은 반종파 투쟁을 거쳐 절대 권력을 장악했다. 우연인지 필연인지 두 사람은 같은 해 유신헌법과 사회주의헌법을 선포하면서 장기집권을 시도했고 한쪽은 개발독재로, 또 한쪽은 자립적 민족경제론으로 남북한 간 치열한 경제건설 경쟁을 벌였다. 북이 천리마운동이면 남은 새마을운동이었고 서울에 63빌딩이 들어서면 평양엔 유경호텔을, 정신문화연구원을 만들면 주체과학원을 세우는 보이지 않는 치열한 경쟁을 벌였다. 남북한 지도자 간의 치열한 경쟁을 거쳐 남쪽은 경제적 성공을, 북은 심각한 경제난을 맞고 있다. 김일성 사후 3년, 박정희 사후 18년이 되지만 두 지도자의 그늘에서 남북한 양쪽 모두가 벗어나지 못하고 있다.

전두환, 노태우 양씨의 12년은 박정희 흉내 내기에 바쁜 박정희 아류의 시절이었고 문민정부 4년의 세월은 그 질곡에서 벗어나려는 과도기적 양극화 현상을 보였다. 안가를 부수고 청와대를 공개하는 문민적 이벤트를 보인 듯했지만, 지난 연말 새벽의 기습 국회작전처럼 밀어붙이기식 박정희적 요소는 아직도 남아 있는, 욕하면서 배운 박정희적 요소가 잠재된 과도적 문민정부라고나 할까.

북도 마찬가지다. 김일성 사후 3년이 지났건만 아버지의 업적과 그가 시도했던 이른바 유훈(遺訓)사업 처리에 아들은 골몰할 뿐 새 지도자로서의 제 목소리를 내지 못하고 있다. 사실상 권력을 장악하면서도 주석 취임이 늦어지는 이유는 아버지 그늘에서 벗어나기 위한 시간 벌기로 볼 수 있다.

이제 97년 두 지도자의 망령과 그늘에서 벗어날 절호의 기회가 왔다. 공교롭게도 남북한 모두 같은 시기에 온 것이다. 7월이면 북에는 김일성 3년상이 끝난다. 김정일의 승계가 확실시되고 있다. 아직 김일성의 유훈사업이 끝나지 않았고 경제난 때문에 주석취임을 미룰 것이라는 예측도 있지만, 3년여 김일성 그림자 지우기에 노력했다면 이젠 제 목소리를 낼 때가 됐고 특히 대남(對南) 대미(對美)관계를 위해서도 국가를 대표할 주석직 취임은 불가피한 것으로 보고 있다. 늦어진다 해도 내년이다. 남쪽도 12월이면 대선이고 내년 초엔 새 대통령이 들어선다. 남북한 모두 이젠 박정희와 김일성의 그늘에서 벗어나 새 시대의 새 정치가 펼쳐지길 기대하고 있다. 특히 남쪽에선 더 이상 박정희 아류가 나와선 안 된다. 박정희와 3김은 동전의 앞뒷면이다. 박정희 시대의 마감과 함께 3김의 시대적 역할은 끝났다고 나는 생각한다. 올해 대통령 선거는 단순히 5년 임기를 채울 정치 지도자를 뽑는 선거가 아니다. 1세기에 걸친 현대사를 마감하고 새 세기의 시작을 여는 지도자를 뽑는 역사적 선택의 해다. 한 사람의 선택이 아니라 한 세기의 선택이다.

올해의 선택이 평생을 좌우하는 역사적 선택이라는 점을 서로가 다짐하는 새해 벽두다.

(1997-01-03)

북한 TV와 「강철 서신」

북한 영화 중 「이름 없는 영웅들」이라는 20부 대작이 있다. 6·25 전쟁 중 암약했던 북한 첩보요원들의 활동상을 그린 영화다. 휴전협정이 진행 중이면서도 양측의 공방전이 치열할 무렵, 주인공 '유림'이 영국 신문 종군기자로 위장해 서울로 밀파된다. 한미연합군의 대공세가 시작되는 날짜와 장소를 알아내기 위한 치열한 첩보전이 남과 북, 미군 방첩기관 간의 쫓고 쫓기는 긴박한 사건전개로 펼쳐진다. 물론 북한 쪽 시각이지만 민족과 국가를 위해 헌신하는 이름 없는 영웅들의 고난과 희생이 보는 이로 하여금 피를 끓게 한다. 여기에 미군방첩대 소속의 옛 애인 '순희'와 '유림'의 이루지 못하는 애절한 사랑이 미군의 만행에 의한 남북 비극 탓이라는 결론을 자연스레 도출해낸다.

나는 이 영화를 지난 방북기간 틈만 나면 비디오로 봤다. 그만큼 재미있게 만든 영화다. 재미 속에는 독소도 있다. '해방전쟁'에 대한 당위성과 '미제'에 대한 끝없는 분노를 부추기며 민족과 혁명사상을 고취한다. 북한 영화 속엔 이런 메시지가 어떤 형태로든 담겨 있다. 「우리는 묘향산에서 만났다」는 러브 스토리 영화 속에도 묘향산 암벽에 '수령님' 교시를 새기는 석공을 혁명전사로 극화시킨다. 베스트 셀러 소설 「청춘송가」도 도시 사무직을 선호하는 요즘 젊은이들에 대한 경고와 공장노동자의 영웅적 업적을 찬양하고 있다. 어린이용 TV 만화 속에도 북한식 교양과 사상을 고창(高唱)하는 메시지는 빠지지 않는다. 북한의 출판물과 TV·영화는 체제유지를 위한 선전 선동의 가장 강력한 도구다. 사전 기획과 사후 검열이 철저하다. 계획된 메시지와 준비된 소리가 어떤 형태로든 담겨 있다. 그 메시지를 얼마나 간접적이고 세련되

제2부 우리에게 내일이 있는가

게 포장했느냐는 차이일 뿐이다. 이렇게 얘기하면 누구나 아는 북한 상식이라고 말할 것이다. 그러나 널리 알려진 북한 상식에도 불구하고 우리의 수많은 젊은이들이 그 독소의 늪에 너무나 쉽게 빠져들고 있음을 한탄하지 않을 수 없다.

80년대부터 이 땅에 주사파 바람을 몰고 왔던 두 명의 운동권 '대부'가 최근 간첩혐의로 구속됐다가 풀려났다. 두 사람 모두 최고 학부를 나온 엘리트들이다. 주체사상 관련 책을 탐독하면서 북한을 지상낙원으로 알게 되고 「강철 서신」을 띄워 주사파들을 선동, 조직하면서 반잠수정을 타고 월북해 훈장을 받고 자금을 얻어 간첩활동까지 한 사람들이다. 이들이 주체사상에 빠져들었다가 전향하는 과정을 보면 단순하기 짝이 없다. 전향 이유 중 이런 대목이 나온다. 북한 시골을 지나면서 허름한 농가 건축물을 보고 저것이 공장이냐고 묻는다. 안내원은 농민들이 사는 살림집이라고 답한다. 인민을 위해 복무하는 정권이 어떻게 저런 남루한 집에 인민을 살릴 수 있을까 하는 회의를 품는다. 주체사상탑에 오르다가 길을 잘못 들자 "야 이 새끼야. 어디를 올라와"라는 관리인의 욕설을 듣고 인민을 위한다는 정권이 인민들에게 어떤 대접을 하는지 실감하면서 자신이 책을 통해 배우고 익힌 낙원에 실망하고 전향을 결심케 됐다는 것이다. 제한된 지면에 충분한 사연을 쓸 겨를이 없었고 전향 이유를 단순화시킬 필요성도 있었을 것이다. 나는 그 점을 탓하고 싶지 않다. 어째서 외곬의 한 눈으로 북한에 쉽게 빠져들었다가 북한에 발을 딛고서야 북의 실상을 알게 되는가 하는 탄식이다.

90년대 들어 북한 경제가 파탄이 나고 거듭되는 흉작으로 아사자가 속출했다는 사실은 상식에 속한다. 공산주의 체제 아래의 관료사회는 자본주의 사회보다 더 경직되고 부패했다는 사실도 알 만한 사람은 다

안다. 한쪽 눈을 감고 책을 보고 한쪽 날개로만 날려 했기 때문에 균형 감각을 잃고 상식을 외면한 것이다.

지금 북한 위송방송 시청 허용 여부를 두고 논란이 일고 있다. 막을 법이 없고 허용해도 영향을 받지 않을 만큼 우리 사회가 성숙됐다는 게 허용론자들의 주장이다. 그러나 나는 그렇게 보지 않는다. 우리 현실은 주사파들의 반성문에서 보듯 그렇게 성숙되질 못했다고 본다. 북한 TV를 허용할 경우 북의 방송정책은 대남선전공세에 맞춰질 것이다. 만화에도 영화에도 그들의 메시지는 끊임없이 담겨질 것이다. 이를 우리 어린이와 젊은이가 독소는 보지 못한 채 재미에만 빠져들 때 외눈박이 외팔이 북한 TV 세대를 양산할 수 있다.

북한을 보되 바로 봐야 한다. TV를 보되 재미와 독소를 가려볼 판단 능력이 있어야 한다. 따라서 북한 방송은 허용하되 단계적으로, 제한적으로 해야 한다. 우선 정부기관과 관련학계나 연구단체에 한해 허용해야 한다. 남북 방송교류란 양측이 합의하고 인정하는 절차를 거쳐 쌍방적으로 이뤄져야 효과를 거둔다.

(1999-10-15)

'6·29'가 명예혁명인가

국회 개원식이 있던 날 출입문에 설치한 대통령 경호용 검색대를 앞두고 야당의원들은 집주인이 누구인데 검색을 하려드느냐고 분통을 터뜨렸다. 바로 그날 본회의장에서 노 대통령은 '6·29 선언에 담긴 8개 항의 민주화 개혁은 모두 이행되었다'는 6·29 선언 완결을 평가하는 기념식사를 했다. 같은 날 오후 '보통 사람들과의 모임'에서도 대통령은 8개항의 선언뿐만 아니라 선언이 내포한 민주화 정신을 실천적으로 구현함으로써 경제적·정치적 기적을 이루어낸 '명예혁명'을 이룩했다고 자평했다.

6·29 5주년에 대한 평가는 6공화국의 5년 치적과 시작과 끝을 함께하기 때문에 6·29에 대한 대통령의 자평은 곧 6공 치적의 평가와 궤를 같이하게 마련이다. 과연 6공 1기 정권은 민주화를 위한 명예혁명을 이룩했는지, 6·29 선언은 민주화의 완결로 끝났는지, 종합적인 평가를 내리기엔 아직은 시간이 이르고 한 개인의 능력을 벗어나는 일일 것이다. 뿐만 아니라 정확한 역사적 평가란 후세 사가의 몫일 수 있다. 그러나 민주화의 상징이어야 할 국회가 대통령이 지자제법을 어겼다고 공전을 계속하고 있고 민의의 전당이어야 할 국회의 출입문에 대통령 경호용 검색대가 설치되는 것이 우리의 어쩔 수 없는 지금 형편인데도 민주화의 완결과 명예혁명을 운위할 수 있는가라는 의문을 던지지 않을 수 없다.

먼저 6·29를 명예혁명이라고 평가한 자화자찬에 견강부회가 지나침을 발견한다. 서양사 교과서에서 적고 있듯, 영국의 명예혁명은 국민을 대표한 의회가 무혈혁명으로 국왕을 쫓아내고 영국식 입헌군주제를 확립하는 정치적 시민혁명이었다. 1688년 제임스 2세가 국왕의 권력을 남용하여 가톨릭 옹호정책을 쓰자 의회의 토리와 휘그당이 단결하여 국왕의 장녀인 메리와 그의 남편 오린지 공(윌리엄)을 옹립하게 되고, 제임스 2세는 싸우지도 않고 프랑스로 망명을 한다. 이어 의회는 권리장전을 제정하고 의회가 정치주도권을 잡는 입헌군주제가 실시된다. 이것이 영국의 명예혁명이었다.

얼핏 생각하면 독재에서 민주화로, 권위주의 사회에서 시민사회로,

군사문화에서 문민화로 가는 이행과정이 6·29 이후의 민주화과정이었으니 이를 명예혁명이라는 상징적 용어를 빌려올 법도 하다. 그러나 6·29 선언이 국민에 대한 굴복이라는 점에서 출발은 '명예혁명적'이었지만 그다음 과정은 '반명예혁명적'이었다는 게 보다 정확하다. 통치자가 국민 앞에 굴복하고 민주화를 실천하는 데 주력하겠다고 선언한 것은 명예혁명적이지만 국민이 선택한 여소야대의 국회를 정치적 담합과 흥정으로 3당 통합을 한 것은 국민이나 의회를 정치공작의 대상으로 삼은 반명예혁명적 처사가 아니었던가.

또 국민을 상대로 중간평가를 받겠다고 대통령 스스로가 공약했지만 그 공약은 여러 이유로 해서 지켜지지 않았다. 국회에서 결정한 단체장선거 실시기한을 넘겼지만 대통령은 '유감'이라는 표현 하나만으로 넘어갔고 아직도 국회의원을 검문·검색의 대상으로 생각하는 권위주의적 경호체제는 여전히 남아 있다. 그렇다고 6공의 민주화 의지나 실천내용을 과소평가하려는 뜻은 조금도 없다. 누구나 인정하듯 세상은 많이 달라졌다. 세상이 달라졌다고 막연히 느끼는 만큼 우리 사회는 민주화되었고 6공의 정책담당자들이 이를 위해 그만큼 기여했음을 부정하려는 것은 결코 아니다.

그러나 권위주의와 군사문화의 청산은 민주화를 위한 기본틀을 찾기 위한 '본전치기'고 민주화의 출발을 위한 정지작업을 의미하는 것이지, 그것이 결코 민주화의 완결은 될 수 없다고 본다. 때문에 민주화의 '완결'이니, '혁명'이니 하는 자평은 강한 거부감을 일으키게 된다. 5·16 이후의 권위주의 통치에서 빼앗긴 민주의 틀을 되찾는 민주화의 본전치기를 두고 민주화의 완결이라고 자화자찬한다면 그것은 자기 기만이 될 뿐이다. 6·29와 6공 1기 정권이 민주화 발전을 위해 많은 기여를 했음을 인정하면서도 그 평가는 아직도 군사문화에서 문민화, 권위주의 체계에서 민주시민체계로 이행되는 과정에서 이뤄지는 민주화의 과도기적 역할이고 상대적 기여였다는 데 자족해야 할 것이다. 이러한 과도기적 역할과 기여를 지나치게 확대해서 완결이니, 혁명이니 하는 자화자찬에 빠지게 되면 신화 속의 나르시스처럼 자기 환상에 도취되어 헤어날 수 없게 될 것이다.

충북대 정윤재 교수가 「노 대통령의 정치 리더십에 관한 연구」에서 지적한 대로, 한국사회는 아직 민주화가 완료되지 못한 상태에 있는데도 불구하고 노 대통령 나름대로는 이미 민주화가 완료된 국가의 대통령처럼 행세한다면 '자유주의적으로 활동하며 권력을 누려왔다'는 평가를 면할 수 없게 될 것이다.

(1992-07-07)

4 참을 수 없는 문화의 가벼움

대학을 무력화시키자

기숙사의 아침시간, 먼저 잠을 깬 아이가 옆자리 아이의 이불을 걷어붙이고 간지럼을 태우면 까르르까르르… 베개가 날고 침대는 출렁거리며 목을 조르는 아이, 죽는다고 소리치는 아이, 끝내는 싸움이 붙고, 키크고 물렁해 보이는 아이가 눈물을 훔친다. 옆의 소녀가 우는 소년을 달래면서 일순의 난장판이 끝난다. 수영장의 소녀들은 발가벗은 채 물놀이를 즐긴다. 그런가 하면 자전거를 몰고 가던 아이가 무단통행을 했다고 자치 치안을 담당하는 소년의 경고를 받는다.

지난달 TV로 방영되었던 「서머힐」이라는 기획 취재프로그램을 시청한 사람이라면 큰 충격을 받았을 것이다. 일견 무질서한 동네 놀이터를 연상시키면서도 어린이 스스로가 꾸려가는 자치적 공동체학교인 영국의 서머힐 학교는, 아동심리학자 A.S. 닐이 억압과 강요를 요구하는 권위주의적 전통 학교교육에 반기를 들고 자신의 교육철학을 실천하려는 뜻에서 시작했다. 5세에서 15세 어린이를 세 그룹으로 나누어 수용하는 교실과 기숙사 실습장은 학생 스스로의 철저한 자치제로 운영된다.

매주 한 번씩 열리는 총회에서 문제가 제기되고 민주적 토론을 거쳐 표결한다. 여섯 살 꼬맹이나 백발의 교장 모두 같은 한 표를 행사한다. 이 아이들을 키운 교장 닐은 이미 10여 년 전 자신의 교육현장 체험기를 발표한 적이 있었다. 그가 제공하는 에피소드는 또 다른 충격을 준다. 서머힐의 수업은 의무적인 게 아니다. 수업시간에 들어가지 않는다고 나무랄 사람이 없다. 그러나 모두 즐겨 교실로 간다. 그러나 예외가 있었다.

5세에 서머힐로 온 톰은 17세에 이 학교를 마칠 때까지 한 번도 교실수업을 받지 않았다. 그의 부모들은 아들의 장래를 두려워했고 걱정했다. 톰은 하루 종일 실습공장에만 틀어박혀 있었다.

그가 9세가 되던 어느 날 저녁 닐 교장이 톰의 방을 찾았을 때, 놀랍게도 그는 침대에 누워 『데이비드 코퍼필드』를 열심히 읽고 있었다.

"아니, 누가 너에게 글 읽기를 가르쳐주었니?" "나 혼자서요." 몇 해가 또 지난 날, 톰이 교장을 찾았다. 1/2과 2/5를 어떻게 합하느냐고 물었다.

교장은 설명을 마치면서 더 배우고 싶냐고 물었다. "아니, 천만에!" 하며 그는 돌아갔다. 졸업 후 톰은 영화스튜디오의 카메라맨이 되었다. 어느 날 교장은 영화사 책임자를 찾아 톰의 근황을 묻는다. "지금껏 우리와 함께 일한 청년 중에서 가장 뛰어난 인재입니다"라는 격찬을 받는다.

자, 우리의 현실을 살펴보자. 수십 년을 국민학교 교사로 몸 바친 노교사는 이렇게 적고 있다. 하루 수업이 끝나면 담임은 내일 아침 자습문제를 미리 흑판에 적어놓는다. 그날 밤 그 학교에 도둑이 든다. 훔쳐갈 물건 없는 텅 빈 교실에 화가 난 듯 도둑은 흑판의 자습문제를 지워버리고 그 위에 여자의 나체화를 그려놓고 나갔다. 다음날 아침 등교한 어린이들은 도둑의 나체화를 그날의 자습문제로 알고 열심히 공책에 베끼고 있었다.

무조건 베끼고 외는 이 슬픈 학교의 웃지 못할 현실은 고등학교에 이르는 장장 12년간 계속된다. 푹푹 찌는 더위 속의 교실에서도 선생님이 창문을 열라고 해야 열고 떨어진 휴지를 주우라고 지시해야 줍는다. 외우라면 외우고 베끼라면 베낄 뿐이다. 물음이 없고 의견이 없고 창의성이 없는 죽은 교육이 12년간의 터널 속에 우리의 자녀들을 감금한다. 오직 하나의 목적, 대학엘 가야 한다는 맹목적 목적으로 부모와 교사가 자녀를 윽박지른다. 재학생의 학원수강 허용의 기미가 보이자마자 유명학원의 '용하다'는 강사를 찾는 수강생이 단숨에 1천 명이나 몰려 아우성을 친다. 접수를 연기하자 영하 10도의 추위 속에서 2백여 명이 밤을 새며 창구 열리기를 기다리는 이 치열한 면학열을 내일의 한국을 밝혀줄 등불이라고 자랑만 할 것인가.

선진국 중에서도 가장 어려운 수학교과서를 채택하면서 새벽 6시에서 밤 10시까지 두 개의 도시락을 먹으며 쌓은 영재들의 수학실력이 대학엘 들어가면서부터 아무런 쓸모 없이 깡그리 버리게 되고 태양은 희망이고 달은 우울이라는 단순 사고식 국어교육에, 북에는 도깨비가 산다는 식의 사회교육이 학교수업을 어떻게 설명할 수 있는가. 자유와 자율의 서머힐 교육과 억압과 타율의 우리 교육을 대비시킴으로써 우리는 현재의 학교교육에 대한 철저한 절망감을 느껴야 한다. 이 절망의 공감대를 통해서 새로운 이념의, 새로운 방향의 교육을 새롭게 시작해야만 한다.

'학력'으로 체계화되어야 할 사회가 학력 위주로 병들면서 대학입시를 향한 전 국민 총진군의 대열에 아귀다툼이 일어난다. 대학은 학문의 본질적 탐구를 위한 터전임을 아무도 부정하지 않으면서 기실은 대학을 나와야 취직이 되고 시집을 갈 수 있다고 믿고 있다. 대학을 가지 않아도 취직이 될 수 있고 불평등한 임금을 받지 않는다면 누가 애써 대학을 가기 위해 밤을 새우겠으며 성적이 떨어졌다고 아파트에서 투신자살하는 학생이 생기겠는가.

먼저 대학을 무력화시켜야 한다. 대학을 졸업했다는 허영을 벗겨내야 한다. 대학이 직업훈련소가 아닌 한, 직업교육은 실업학교 또는 전문대를 통해서 육성해야 한다. 4년제면 행세하고 2년제면 월급의 반이 축나는 현재의 임금체계가 고쳐지고 전공의 기능과 창의성을 중시하는 사회가 된다면 우리의 교육 병폐는 의외로 쉽게 고쳐질 수도 있다.

대학엘 들어가도 탈, 못 들어가도 큰일인 오늘의 교육체계를 방치한 채 과외를 금지하느냐 허용하느냐로 세월을 허송해온 우리의 학부형·교육전문가·문교정책이 다음 세대를 병들게 하고 있다. 또한 이들이 내일의 우리를 망치고 있다는 철저한 절망감을 인식하게 될 때, 우리의 교육은 다시 시작될 수 있다. 자신의 민주화는 직장과 사회에서 그토록 강렬히 요구하면서 자신의 자녀들은 억압과 권위의 횡포 속에 감금해버리는 우리의 부도덕성을 철저히 반성하게 될 때, 다음 세대의 교육은 바로잡혀나갈 것이다.

(1989-02-07)

1등주의에 패배한 시인교사

성적순위로 학생들의 자질을 평가하고 명문대학 입학률로 학교의 명예를 자랑하는 미국의 어느 명문 사립고에 별종 교사가 부임한다. 그는 권위보다는 자유로움을 존중하고 규율과 명예보다는 창의성과 사고력을 중시한다. 꿈 많고 감수성 예민한 학생들에게 있어 새로 부임한 키팅 교사의 존재는 신선한 충격이면서 동시에 삶의 의미를 새롭게 제시하는 길잡이가 된다. 그는 학생들에게 틀에 박힌 사고를 벗어나 자유로운 사색가가 되기를 가르친다. 책상 위에 올라서 보라. 뭔가 달라진 생각을 할 수 있다. 왜 꼭 오른손으로만 식사를 하는가, 왼손으로 먹어보라. 고정관념에서 벗어나 자신의 말을 해보고 자신의 목소리를 가지라고 그는 외친다.

키팅 교사의 새 목소리에 감명받은 학생들은 늦은 밤 기숙사 밖 동굴 속에 모여 촛불을 밝히고 자작시를 낭송하는 모임을 갖는다. 이 모임이 「죽은 시인의 사회」라는 영화의 제목이고 그들의 이야기가 영화의 줄거리다. 심약한 말더듬이 학생은 키팅 교사의 도움으로 내면의 목소리를 터뜨리면서 시인이 될 수 있다는 자신감을 갖게 되고 사랑에 빠진 소심한 우등생은 여학생 앞에서 당당하게 자신의 진심을 토로하는 용기를 보였고 연극에 심취한 학생은 연극제의 주역으로 참가해서 아낌없는 박수를 받는다. 그러나 '딴따라' 아들을 거부하는 아버지의 완강한 반대에 눌려 아들은 자살하고 키팅 교사는 학교에서 쫓겨난다. 노기등등한 교장 앞에서 남은 학생들은 책상 위에 올라서서 키팅 교사에 대한 무언의 지지를 보낸다.

지난 여름 동안 장안의 화제를 뿌린 영화 한 편을 이렇듯 장황스럽게 설명하는 까닭은 바로 이 한 편의 영화 속에 우리 교육이 안고 있는 문제의 핵심이 담겨 있기 때문이다. 입시 위주의 주입식 교육이 얼마나 인성을 파괴하고 청소년들의 창의성과 사고력을 마비시키는 '나쁜 교육'인가를 많은 사람들이 확인할 수 있는 기회를 이 영화가 제공했다는 데 특별한 의미를 부여하고 싶다. 이 땅의 학부모치고 대입 위주의 점수 따기, 주입·암기식 교육이 우리 교육을 망치는 주범임을 모르는 사람이 없으면서도 자신의 자식에 관한 한 '차한에 부재한다'는 단서를 붙이지 않는 사람 또한 없다. 이런 단서 조항이 학부모 개개인의 마음속에서 떨어져 나가지 않는 한, 우리 교육은 언제나 나쁜 교육으로 남아 있을 수밖에 없다.

이번엔 영화가 아닌 실제 우리 사회 속에서 우리의 어린이들이 얼마만큼 물신숭배의 풍조와 1등주의에 깊게 감염되어 있는가를 보여주는 실례를 소개해보자. 영화 속의 키팅 교사가 아니라 안산시 경일초등학교에 근무하는 방원조 교사는 남다른 꿈을 지니고 있다. 때 묻지 않은 어린이들이 상상력과 창의성을 살려 시를 짓는 마음씨, 그런 교실분위기가 되었으면 하는 게 그의 바람이다. 그는 한국교육개발원이 실시하고 있는 '사고력 신장을 위한 개발연구'팀에 참여해 서울 강남에 있는 명문초등학교 4학년 교실에서 1주일에 2시간씩의 강의를 석 달간 맡았다. 방 교사는 자작시 「시인과 달밤」을 낭송하고 이 시를 짓게 된 동기를 설명했다.

시인은 깊은 밤 시상이 떠오르지 않아 집밖으로 나왔다. 풀벌레 소리를 들으며 달빛이 비치는 들길을 걷는다. 징검다리를 건너고 들꽃과 대화를 나누다가 시인이 되려 했던 꿈을 지녔던 어린 시절을 회상한다. 지금은 아내가 된 소꿉소녀와 함께 놀던 연못이 생각난다. 하늘의 별들이 총총히 쏟아져내렸던 그 연못을 떠올려 시인은 시를 적는다. "연못은 별을 담는 바구니/밤마다 별들을 하나 가득… 꿈을 담는 바구니 그리움을 담는 바구니" 방 교사는 조용한 분위기로 학생들이 서정적인 느낌을 지닐 수 있도록 수업을 유도했지만 교실 분위기는 왁자지껄 어수선해졌다. 공부시간이 아니고 노는 시간이라고 생각했다. 시에 대한 느낌을 발표하라고 했을 때 아이들은 코미디식의 웃기기 경연대회로 일관하고 있었다. "이 단원에서 시인의 꿈은 무엇이었을까"라고 교사가 묻는다. "동시를 써 1등상을 받고 아내와 기뻐하는 꿈" "시를 만들어서 메달도 많이 받고 아내와 잘살고…" "시를 써 벼락부자가 되고 세계적 시인이 되는 꿈"들이 어린이들 입에서 쏟아져 나왔다. 어린아이들의 솔직성을 통해 물신주의와 1등주의가 얼마나 동심 속에 팽배해 있는가를 시인교사는 확인했다. 시인의 꿈은 참패했고 창의성과 사고력 신장을 기대했던 교사의 기대는 무너졌다.

뿐만 아니라 이런 식의 교육을 정규수업으로 실시했었다면 방 교사는 영화 속의 키팅 교사처럼 며칠을 견디지 못하고 학교에서 추방되었을 것이고 학생들의 공부를 방해하는 미친 교사로 학부모들의 지탄의 대상이 되었을 것이다. 이게 우리의 교육내용이고 학교교육의 현실이다. 어렵고 복잡한 말로 교육제도와 정책을 말하기 전에 지금의 주입식 암기 교육이 잘못되었음을 모두가 인정해야 한다. 그 인정의 바탕 위에서 교과내용이 창의성과 사고력을 제고하는 쪽으로 개편되어야 한다. 교과과정이 개편되기 위해선 그것의 평가방법도 동시에 바뀌어야 한다. ○X식·함정식·선택형의 획일적 국가고시로는 불가능하다. 주관식 시험과 주관적 학생선발을 가능케 할 학생선발권이 국가가 아닌 대학의 자율에 맡겨져야 한다. 이런 식으로 교과내용과 평가방법이 함께 개

제2부 우리에게 내일이 있는가

선되어나가야만 비로소 시를 짓는 분위기, 창의성과 사고력에 따라 수
학하고 과학하는 마음이 학교마다, 교실마다 가득 찰 수 있지 않겠는가.

(1990-09-18)

베짱이를 전사로 키우지 말라

'문화와 기업'이라는 주제로 한국과 프랑스의 관계 전문가들이 모여
진지한 토론회를 지난해 12월 초에 가진 바 있다. 연일 계속되는 토론
회에 지쳐 있는 참석자들에게 때아닌 청량제로서, 특히 프랑스 문화계
인사들에게 아낌없는 찬사와 감명을 준 인물이 나타났다. 한국 문화 정
책의 최고 담당자인 이어령 문화부 장관의 짧은 연설은 풍피두예술센
터 회장인 앨런 아르베일레를 비롯한 프랑스 예술계 거물들에게 정말
신선한 충격을 주었다고 참석했던 국내 인사들이 전하고 있다.

신선한 충격을 준 이 장관 연설내용은 이러했다. 「이솝우화」 속의 개
미와 베짱이 이야기는 다시 거론하기엔 너무나 진부하다. 그러나 개미
처럼 부지런히 일해 돈을 모은 기업과 기업인, 베짱이처럼 빈둥대며 밤
낮으로 바이올린을 연주하는 문화예술인이 이젠 서로 대립되는 개념
이 아니다. 추운 겨울밤, 먹을 것이 없어 개미집을 찾아간 베짱이를 문
전박대해서 쫓아낼 일이 아니라 따뜻이 그를 맞이해 추운 겨울을 날
수 있도록 도와줘야 한다. 이것이 기업이 문화를 맞이하는 자세여야 한
다. 우리 사회는 그 어느 때보다도 베짱이 문화예술인의 활동이 필요하
고 중시되는 때다.

참으로 쉽고도 효과적으로 이 장관은 문화와 기업가의 상관관계를
설명했고 그 방향까지 제시하는 비유와 레토릭을 구사했다. 참석자들

은 이 기발한 연설에 아낌없는 박수를 보냈다. 비록 1년밖에 되지 않은 문화부였지만 문화부 장관이 이처럼 번득이는 감각과 문화예술에 대한 열정으로 문화의 일상화와 문화공간의 확대, 문화예술인의 육성을 위해 고전분투하고 있고 드물게도 프랑스 문화예술인 앞에서 앙드레 말로를 능가한다는 찬사를 받을 만큼 우리의 문화정책 책임자의 역량은 뛰어나다.

뿐만 아니다. 웅대한 석조건물과 최고의 시설을 갖춘 예술의전당이 있고 현대미술관이 있으며 총독부 자리를 헐어 또 다른 문화공간을 만들겠다는 의욕을 보일 만큼 우리의 문화는 적어도 외형적으로는 번듯하고 그럴싸하다. 문화부 장관의 기발하고 신선한 연설이 진행되며 만장의 박수를 받고 있을 무렵, 그 웅대한 석조건물인 예술의전당 미술관에는 '젊은 시각 내일에의 제안전'이 열리고 있었다.

초대 관장으로 임명된 윤범모 씨가 30대 평론가 5명에게 각각 10명씩의 작가를 추천받아 개막된 전시회였다. 제목대로 젊은 화가들의 새로운 시각을 한자리에 모은 기획전이었다. 젊은 평론가가 추천하고 젊은 예술가들이 제작한 작품인 만큼 그 속에는 반체제적 소재를 다루거나 광주민주화항쟁을 묘사한 '깃발' 같은 작품도 있게 마련이었다. 이런 기획전이 예술의전당에서 열릴 만큼 세상도 바뀌었고 정부의 문화정책도 권위주의시대와는 다른 관용을 보이고 있다 해서 뜻밖의 호평을 받은 기획전이기도 했다.

그런데 사태는 정작 엉뚱한 방향으로 흘러가버렸다. 전시회 작품들이 KBS TV를 통해 방영되고 이를 국회의사당 휴게실에서 우연히 본 몇몇 국회의원들이 어째서 저런 작품이 예술의전당에 번듯이 걸릴 수 있느냐고 질타하면서부터 청와대가 불호령을 내리고 예술의전당 책임자는 문화부 고위간부들 앞에서 불호령을 감수해야만 했으며 "전시장 문을 닫아라, 미술관장을 쫓아내라"는 압력을 받아야만 했다. 급기야 미술관장은 이런 문화풍토 속에서는 관장직을 수행할 수 없다고 항의성 사표를 던졌고 참가했던 화가들과 민중미술계 단체들은 정부의 예술표현에 대한 명백한 탄압이라고 규탄했으며 예술의전당 노조단체가 여기에 합세하기까지 이르렀다.

최고의 문화장관과 최상의 문화공간 속에서 이뤄지는 우리의 실제 문화예술 창작현장이 아직도 유신식·5공식 수준에 머물러 있음을 개탄하지 않을 수 없다. 한 편의 시를 빌미 삼아 10년 세월을 감옥에서 보내야만 했던 시인이 있었는가 하면 까닭 모를 이유로 수많은 문화예술가들이 사찰의 대상이 되고 투옥되기도 했던 시절이 있었다. 6공에 들어서 적어도 문화예술계 분야는 전 시대와는 다른 민주화의 자유로운 분위기를 만끽하고 있다고 생각했고 실제로 도를 넘어선 대통령의 희화화나 미술작품 속의 정치성이 강렬하게 투영되기도 했고 남발되기까지도 했었다. 그런데 어째서 그런 치열성과 남발이 가라앉는 추세의 지금에 와서 별달리 문제가 될 수 없는 작품을 가지고 문화부나 한국문화예술계가 발칵 뒤집힐 일로 비화할 수 있느냐는 것이다.

베짱이는 베짱이대로의 세계가 있고 그들 나름대로의 질서가 있게 마련이다. 문화예술에는 중심과 주변의 논리가 정연하게 존재한다. 주변문화의 전위성이 끊임없이 생성하고 도전하면서 중심문화의 보수성과 충돌하고 교감하게 된다. 이 충돌과 교감 속에서 문화는 스스로 제 길을 열고 숨 쉬며 조금씩 바뀌어가는 것이다. 베짱이는 베짱이답게 놀게 내버려두면 될 일이다. 어쭙잖게 이들을 건드리고 자극하는 바람에 어느 날 베짱이는 전사가 되고 투사가 되는 것이다. 그것이 유신식·5공식 문화정책의 결과였다.

세월이 바뀐 만큼 이젠 다시 그런 망령이 나타나서는 안 될 때인데도 어째서 미술작품 하나에 청와대의 불호령이 떨어지고 기관원의 전시장 발걸음이 빨라지면서 미술관장의 목이 날아갈 수 있는가.

베짱이를 전사로 키우는 전날의 우를 저지르지 않기 위해서도 베짱이를 베짱이답게 내버려둘 줄 아는 문화적 관용이 필요하다. 그것이 문화예술인을 위한 것이고 별다른 육성책을 바라지 않는 베짱이 나름대로의 소원임을 기억해둬야 할 것이다.

(1991-01-08)

시심詩心을 찾아서

삶의 표현 양식이 문화다. 문화는 사회를 표현하고 사회는 문화를 주도하는 사람들에 의해 조금씩 바뀐다고 보는 게 나의 소박한 문화관이다. 지금 이 사회를 뒤덮고 있는 의혹과 불신과 부정의 검은 구름을 보며 우리에게 희망은 없다고 비관만 할 것인가. 나는 그렇게 생각지 않는다. 우리 사회 모서리마다 꾸준히 말없이 제 할 일을 하는 사람들이 분주하게 움직이고 있는 한 우리에게 희망은 있다고 낙관하고 싶다.

우리 영화 「초록 물고기」를 본다. 일산 신도시 개발에 밀려난 한 원주민 가족사가, 조직 깡패·부패·부정으로 상징되는 밤의 영등포와 개발·번영·부로 상징되는 일산 신도시 그리고 빛바랜 사진 속의 큰 버드나무 집 풍경이라는 삼각구도 속에서 펼쳐진다. 개발과 번영 뒤편에 스러지는 한 젊은이의 희생과 꿈의 실현을 본다. 한 가족사가 아니라 우리 현대사의 단면이다. 한국영화계에 새로운 희망으로 떠오른 영화

「초록 물고기」는 영화를 잘 만들어보자는 영화전문가 집단의 의지 견집이다. 「투 캅스」의 강우석 감독이 돈을 대고 문성근·명계남·여균동·이창동이 공동 제작했다. 이 영화가 소리 없이 관객 20만 명을 돌파하고 있다.

정치가 조직 깡패집단보다 못한 추한 모습을 보이고 있고 사회 전체가 무너져내리는 위기감 속에 살고 있지만 그래도 우리에게 희망은 있다는 가능성을 나는 영화 「초록 물고기」를 보며 느낀다.

예술의전당 오페라 하우스 5층에 있는 작곡가 이건용 교수 연구실은 요즘 한창 사람들로 붐빈다. 14일에 있을 그의 작곡발표회 「시심(詩心)을 찾아서」 연습 때문이다. 그저께 찾은 그의 연구실엔 기획자인 이강숙 총장, 성악가 김청자, 송광선이 가수 이미자, 송창식, 전경옥과 한데 어울려 진지하게 연습을 하는 진기한 풍경을 볼 수 있었다. 도종환 시인의 「그대 이름을 불러보고 싶어요」를 이미자가 듣는 이의 가슴이 미어터지도록 애절하게 부른다. 아! 이미자가 그래서 이미자임을 달라진 창법을 통해 새삼 확인한다. 김청자의 격정적 호소력이 최영미의 「아도니스를 위한 연가」에서 사랑하고프다로 폭발한다. "있는 과거 없는 과거 들쑤시어/도마 위에 씹고 또 씹었던" 운동권 세대들의 「슬픈 카페의 노래」가 전경옥의 특이한 목소리로 살아난다. 윤동주의 「십자가」가 송창식을 통해서, 강은교의 「우리가 물이 되어」가 송광선의 노래로 인구에 회자될 것이다. 왜 이들은 이런 작업을 벌이는가. 있는 과거 없는 과거 들쑤시며 바깥만 보며 분노하고 싸우는 풍토에 시심을 통해 내 속을 들여다보며 마음의 안정과 사랑을 찾자는 것이 「시심을 찾아서」에 모인 이들의 뜻이다.

지금 우리에겐 시는 없고 픽션만 있다. 아니 픽션보다 더 처절한 현실이 픽션보다 더 허구적으로 우리를 파탄으로 몰아간다. 그렇다. 지금 우리에게 필요한 것은 불이 아니다. 흐르는 물이 되어 서로 만나 사랑하는 마음으로 그대 이름을 부르는 시심을 찾는 모임에 동참할 때다. 나는 1주일에 한 번씩 KBS의 「TV 책방」 사회를 보러 녹화장엘 간다. 여기서 많은 젊은이들을 만난다. 산스크리트어 연구를 위해 5년간 인도에서 공부하고 돌아와 인도 경전 『우파니샤드』를 완역한 이재숙 씨에게 감탄한다. 최근엔 또 감탄할 수밖에 없는 젊은 부부를 만났다. 서울 남산에서 북제주의 비자림에 이르는 '숲으로 가는 길'을 답사한 부부 산림학자의 책을 통해서다. 남편 서민환은 국립환경연구원 연구원이고 아내 이유미는 광릉수목원 연구원이다. 이들은 젊음을 숲과 나무 연구에 바치고 있다.

왜 광릉 숲인가. 숲은 언제나 변한다. 처음엔 초본류와 관목에서 시작해 소나무 같은 양수(陽樹)가 자라고 소나무 바늘잎 사이로 펼쳐지는 햇살로 음수(陰樹)가 큰다. 음수가 자라고 양수가 적어지면서 안정된 숲의 조화를 이룬 극상림이 광릉 숲이라고 한다.

만물의 조화가 숲속에 있다. 내일이 식목일이다. 한 그루 나무를 심자. 마음속에 시심의 나무를 심자. 한 편의 영화 속에 자신의 꿈을 심는 집념의 젊은 영화인들이 있고 각박한 사회에 시심을 불러일으키겠다는 음악인들이 활발하게 움직이며 풀 한 포기 나무 한 그루에 젊음을 사르는 부부가 있는 한, 우리 사회는 건강한 숲 같은 사회를 이룰 수 있다.

구룡(九龍)이라고 뽐내지 말고 3김이라고 지도자인 줄 착각 말라. 정치가 이 사회와 문화를 위해 진실로 한 그루 나무를 심어본 적이 있는가. '대권(大權)'에 분주하기보다는 한 편의 영화와 한 권의 책 그리고 한 작곡가의 발표회에서 자신의 진솔한 시심을 찾아 한 그루 나무를 심는 게 우선 급하지 않은가.

(1997-04-04)

기다니木谷 도장과 음악학교

그 어머니는 음악대를 지망하는 딸에게 1년이 넘도록 명문대 음악교수를 초빙해 레슨을 받도록 했다. 물론 고액의 레슨비가 쬐박쬐박 치러졌다. 실기시험 일자가 임박해지자 그 교수는 합격을 보장하면서 거액의 사례금을 요구했다. 그만큼 레슨비를 받았으면 합격을 보장해줘야지 또 무슨 사례금이냐고 화가 치민 어머니는 전화기에 녹음장치를 해뒀다. 다음 날 또 교수는 시간이 촉박하다며 합격을 위한 사례금을 독촉했다. 그 내용이 녹음되었다. 며칠 뒤 어머니는 교수에게 전화를 걸었다. 먼저 녹음된 테이프를 틀어준 다음, 내 딸을 입학시켜주지 않는다면 이 사실을 폭로해버리겠다고 협박했다. 협박받은 교수는 뜬눈으로 밤을 샌 채 이튿날 동료 교수들에게 자신의 어려운 사정을 설명하고 그 학생을 입학시켜주길 당부했다.

그러나 동료 교수들은 농담으로 또는 해괴한 일도 다 있다는 식으로 흘려듣고 말았고 예의 음악대 지망생은 낙방했다. 화가 더욱 치민 그 어머니는 다시 교수에게 으름장을 놓았다. 당신이 1년이 넘도록 그 비싼 레슨비를 받으며 어떻게 지도했기에 시험에 떨어졌느냐, 그동안 받아간 레슨비를 되돌려주지 않는다면 녹음을 공개해 사회에서 매장시키겠다고 윽박질렀다. 며칠을 궁리 끝에 교수는 돈뭉치를 그 어머니에게 돌려주었다. 음악대 입시부정사건이 터지면서 학교 주변에 나도는 여러 뜬소문 중의 압권을 이루는 사례 중의 하나다.

이 에피소드에서 우리는 두 가지 중대한 사실을 얻게 된다. 그 첫째는 음악대학에 보내려는 학부모의 기대, 넓게는 사회가 지니고 있는 예술에 대한 기대가 허영과 망상에서 출발한다는 점이다. 둘째는 이처럼 잘못된 기대를 수용하는 쪽인 학교와 교수가 그 잘못을 더욱 증폭시키고 악용한다는 사실이다. 언제부터였는지 자녀가 철들면 시작하는 게 피아노 교습이고 미술학원 보내기다. 보통수준의 자녀라면 어머니의 성화와 극성도에 따라 대부분의 아이들은 피아노를 잘 치고 그림을 잘 그릴 것이다. 여기에 레슨 교사가 "댁의 자녀는 예술 감각이 뛰어난가 봐요"라는 지나치며 하는 한마디가 어머니의 가슴에는 환희의 전율로 가슴 깊이 새겨진다. 고가의 악기를 사고 훌륭한 선생님을 찾아 고액의 레슨비를 지불할 경제력만 있다면 그 아이는 당장에 세계적 피아니스트로 성장할 것이라는 착각과 망상이 시작된다.

고액의 레슨비를 받고 학생의 스승이 된 교수는 어떤 입장인가. 비록 그 학생의 실력과 재능이 떨어진다 한들 고액의 수입을 마다할 수 없다. 어차피 6세부터 친 피아노라면 특별한 학생을 제외하면 도토리 키재기다. 1년만 내 교습을 받으면 무난히 대학에 입학할 것이고 적어도 국내 수준의 피아니스트는 될 수 있다고 호언장담할 것이다. 그 호언장담을 뒷받침하기 위해 동병상련의 심사위원들이 담합하고 돈거래를 한 것이 이번 입시부정사건으로 나타난 것이다.

이처럼 예술에 대한 잘못된 기대와 왜곡된 수용체계가 오늘의 우리 예술교육을 망치는 구조적 장애물이다. 먼저 예술교육에 대한 잘못된 기대와 인식이 바뀌어야 한다. 간단히 말해 조치훈이 서울대에 입학했기 때문에 일본 기계(棋界)를 휩쓰는 바둑황제가 되었던 게 아니듯, 정명훈이 서울의 음악대학에 수석 입학했기 때문에 세계적 지휘자가 된

게 아니라는 평범한 사실을 중시해야 한다. 조치훈이 6세 어린 나이로 일본으로 건너가 기다니 도장 입문 17년 만에 기성·명인·본인방을 획득했듯, 정명훈은 16세에 뉴욕으로 가 줄리어드대에서 지휘를 배우고 각고의 연주활동을 거쳐 36세에 바스티유 오페라 음악감독 겸 지휘자가 된 것이다.

이들의 재능을 조기에 발견하고 그 재능을 수용할 학교와 스승이 있었고 사신들의 피나는 노력이 있었기에 가능했던 일이다. 그러나 우리에겐 예술적 재능을 일찍 발견해 이들을 가르치는 예술교육기관이 없기 때문에, 기존의 음악대학이 그런 기능을 맡을 능력이 없기 때문에 잘못된 학부모의 기대는 대학입시에까지 연장되고 돈으로 그 기대를 사려는 풍조가 생겨나는 것이다.

프랑스의 국립파리음악원, 미국의 커티스 뉴잉글랜드라는 음악학교가 컨서버토리 형식으로, 바둑으로 치면 기다니 도장이 있었기 때문에 그런 기대가 자연스레 수용될 수 있는 것이다. 음악대학이 명연주자를 키우는 학원이 아니고 미술대학이 화가를 양산하는 곳이 아니라는 인식이 서게끔 그 기능을 대행할 예술학교가 생겨야 하는 것이다. 문화부가 추진 중인 국립예술학교와 그와 유사한 학교가 시급히 생겨나야 할 까닭이 바로 여기에 있다.

그다음, 누구나 원한다 해서 조치훈·정명훈이 될 수 없듯 또 그럴 필요도 없다는 사실을 우리는 함께 받아들여야 한다. 올림픽경기장에서 태극기를 올리는 메달리스트의 영광도 좋지만 스포츠의 정신과 국민보건, 그리고 사회체육·생활체육이 우리에겐 더욱 긴요한 것이다. 같은 이치로 음악과 미술, 예술을 사랑하며 예술문화에 기여할 인재 양성기관으로서 대학의 존재는 나름대로 가치를 지녀야 한다. 역설적으로 말한다면 세계적 피아니스트가 되길 스스로 포기한 학생이 음악문화와 음악교육을 위해 음악대학에 진학해야 하고 입시의 평가방법과 기준도 여기에 따라 달라져야 한다.

이강숙 교수의 표현을 빌린다면 음악교육에는 연주를 하는 '음악행'이 있고 작곡을 주로하는 '음악작'이 있으며 음악이론·교육·비평을 하는 '음악지'가 있는 것이다. 컨서버토리 형태의 음악·미술·무용학교가 '행'에 속하는 실기 위주 교육전문기관이라면, 음악·미술·체육대학은 '작'과 '지' 그리고 부속적 '행'을 가르치는 대학으로서 역할분담을 해야 하고 학생들의 선발평가방식도 여기에 따라 달라져야 할 것이다. 예술교육에 대한 사회의 잘못된 기대 인식을 더욱 왜곡하고 오도한 교육행정가나 예술교육 전문가들은 차제에 뼈를 깎는 자기 성찰을 거쳐 잘못된 교육체제를 바로잡는 데 헌신적 노력과 지혜를 제시해야 할 것이다.

(1991-01-25)

우린 아직도 한글 문맹인가

프랑스인만큼 제 나라 말을 소중히 가꾸고 남의 나라 사람에게까지 열심히 가르치려드는 사람도 없을 것이다. 외국마다 프랑스문화원을 두고 많은 돈과 인력을 투자해 프랑스어를, 프랑스문화를 배우라고 끌어들인다. 군 입대를 앞둔 프랑스 젊은이가 외국에 나가 프랑스어를 가르치는 일에 자원하면 입대가 면제된다. 마치 프랑스어 전도를 국방차원에서 장려하는 셈이다.

교육방송의 프랑스어 강좌를 듣노라면 우선 재미와 흥미를 느낀다.

피카소, 드가의 걸작미술품을 설명하는 대목이 있고 젊은 남녀 대학생들이 울창한 숲을 배경으로 한 남불의 시골길을 자전거로 달리며 대화하는 장면이 반복되면서 프랑스어를 가르친다. 대학입학 자격고사인 바칼로레아를 치를 때는 인문·자연계를 망라해 반드시 우리 식의 논술고사를 치러야 한다. 이를테면「무에 대하여 논하라」는 제목으로 입시생의 사고력과 논증 그리고 프랑스어의 표현 능력을 테스트한다. 최우수논문은「르 몽드」지에 게재되어 사고와 표현의 우수성을 격려하고 권장한다.

남의 나라 언어 교육이 이러한데 우리의 우리말 교육과 현실은 어떠한가. 여름휴가를 맞은 일가가 피서여행을 떠난다. 한강변 '고수부지'를 지나 고속도로에 들어서면 '노견주의'라는 팻말이 다가선다. "고수부지, 노견주의가 무슨 뜻이냐"고 아들이 묻는다. 아버지인들 고수부지란 한강변에 새로 조성된 놀이터라는 정도임을 알 뿐이고 노견이 노견(老犬)이 아닌 노견(路肩)임을 안 것도 최근의 일이다. 고수부지나 노견은『우리말 큰 사전』어디를 뒤져도 나오지 않는 새말이다. 적어도 한강정화작업을 벌인 5공시절 이전에는 고수부지란 없던 말이고 고속도로가 생기기 전까지는 노견이란 있을 수 없는 말이었다. 국제화·과학화시대에 새로운 물건이 수입되고 만들어질 때 그 물건을 어떻게 부를 것인가.

미국이 텔리비전을 만들어 보급하기 시작했다. 중국인은 이를 '티엔스(電視)'라 이름 붙였고, 독일인은 멀리 본다는 뜻에서 'Fernsehen'이라 불렀다. 우리는 어떤가. 비슷한 우리말이 있지만 애써 일본말로 이름붙여 고수부지, 노견이라 하고 노견이 무슨 뜻이냐는 질문이 많았던 탓인지 요즘와선 '노견(길 어깨)'이라는 팻말로 바꾸었다. 애초부터 고수부지를 '둔치', 노견을 '갓길' 또는 '길섶'이라는 비슷한 우리말을 쓰기 시작했다면, 아니 비슷한 우리말을 찾기 위한 노력이라도 보였다면 새말이 일본어화되는 잘못을 저지르지는 않았을 것이다. 이를 연구하는 정부기관도 없었고 그럴 의지도 없었다. 지금 새말의 잘못 쓰임도 문제지만 아직껏 일본화된, 국적불명의 말을 다시 우리말로 되바꾸는 작업은 더욱 긴급한 일이다.

"경흉 복강 개검. 양식과 같이 경흉 복부 피부를 절개하고 복흉을 개대하니 특기할 소견 보지 못함." 국립과학수사연구소가 시체해부 검사 결과를 경찰에 알려온 부검감정서의 일부는 마치 암호문 같기도 하고 한문에 토를 달아놓은 한적을 방불케 한다. 이를 우리말로 쓴다면, "목 가슴 배 속 해부. 양식과 같이 목 가슴 배의 피부를 절개하고 배 속을 열어보니 특이한 점 찾을 수 없음"이 될 것이다.

자신이 쓰는 말과 서류에 적는 글이 이처럼 사뭇 다르다. 심지어 그 글이 무슨 뜻인지도 모른 채 옮겨 적을 뿐이다. 상식 밖의 한글문맹이 전문분야 곳곳에서 상식화되고 있다. 경찰조서나 공문서에서 일본식 표기나 어려운 한자가 많이 사라졌다고는 하지만 아직도 멀었다. '구협 비배 액와 이개 치은' 등에 이르면 어느 나라말의 무슨 뜻인지를 헤아릴 길마저 없게 된다. '목구멍 콧등 겨드랑이 귓바퀴 잇몸'을 이처럼 어렵게 쓰고 있는 게 우리 의료계의 작금 언어 관행이다.

지난해 대한 해부학회는 3년여의 작업 끝에 『해부학 용어집』을 완성해 한자식·일본식 해부용어를 한글화하자고 제안했다. 그런데도 우리의 현실은 아직도 그대로다. 지난해 젊은 법조인들이 모여 현재 사용 중인 행형 용어는 대부분 일제 잔재인데다 우리 언어습관과는 거리가 멀다해 행형 용어 순화안을 건의했다. 문화부 국어순화위원회의 심의를 거쳐 몇몇 용어를 순화대상용어로 지정했다. 이를테면 식구통은 배식구로 요사는 생활관으로, 연쇄는 쇠사슬로, 고정은 어려운 사정으로 사용하자고 했다.

그러나 건의하고, 심의하고, 약속했지만 아직도 그 말은 예나 마찬가지로 쓰이고 있을 뿐이다. 바로 이런 점에서 문화부가 추진 중인 행정용어 순화위원회의 설치 운영계획은 늦게나마 잘한 일이라고 생각한다. 계획에 따르면 총리를 위원장으로 하는 이 위원회는 경제·교통·보건 등 전문분야의 용어를 심의·개정하면서 공문서 사용에 의무화를 유도하겠다는 것이다. 이 위원회의 발족과 더불어 우리말 우리글이 보다 순화되고 맑아지는 계기가 되기를 기대하겠다. 욕 잘하는 어린이의 언어관습을 고치려면 타이르고 약속한다 해서 고쳐지지 않는다. 잘못된 말과 글을 쓰면 제때에 지적하고 시정을 요구해야 한다.

제 나라말과 글을 바르게 쓰려는 의지와 노력이 없었기에 광복 46년을 맞는 지금껏 우리가 일본어 예속을 벗어나지 못하고 있음을 우리 모두의 부끄러움으로 받아들여야 할 것이다.

(1991-08-07)

예술가와 여론재판

러시아의 대문호 도스토옙스키는 구제할 수 없는 도박벽의 소유자였다. 『죄와 벌』로 일약 스타덤에 오르기 전까지만 해도 그는 출판사를 전전하면서 몇 푼의 원고료와 인세를 구걸하다시피 선불받아서는 도박장으로 달려가 룰렛 판에서 몽땅 날려버리곤 했다. 애인 수슬로바와의 바스바덴 여행에서나 두 번째 아내 안나와의 신혼 여행 때도 여인들의 지갑을 털어 동전 한 닢까지 룰렛 판에 쓸어 넣어야 직성이 풀렸다. 심지어 투르게네프의 돈까지 빌려 10년이 넘도록 갚지 못하면서 두 사람 관계는 묘한 갈등을 겪게 된다.

도스토엡스키 연구자들이 이처럼 작가의 부도덕한 측면을 들추고 까발리는 까닭은 작가의 개인사가 작품과 어떤 연관을 갖는가에 대한 추적이지, 작가의 부도덕성을 통해 작가나 작품의 평가를 절하하자는 뜻은 결코 아니다. 설령 그런 뜻이 있다 한들 도스토엡스키의 도박벽은 대문호의 작품에 아무런 손상을 주지 못한다. 작가는 다만 작품만으로, 예술가는 예술품만으로 평가받기 때문이다. 반 고흐의 과부상이 창녀와의 부도덕한 동거생활의 결과라고 해서 조금도 훼손당하지 않는 까닭과 같은 이유일 것이다.

지난달 작가 윤후명이 충무에서 열린 문학 세미나에 참석한 선배동료 문인들과의 한밤 술자리 판에서 결혼을 결정했다. 바로 이튿날 선배 작가의 따뜻한 주례사와 격려사가 시작되고 여류작가가 손수 만든 화환이 신부에게 전해지고 동료 문인들의 축가와 통곡소리가 함께 울려 퍼지는 기묘한 결혼식이 치러졌다. 인륜대사를 하룻밤의 술자리에서 결정하고 상궤를 벗어난 결혼식을 올릴 수 있다는 것은 그가 작가이기 때문에, 예술가이기 때문에 허용될 수 있는 의외성인 것이다.

그렇다. 일상인의 척도로 잴 수 없는 예술가의 비일상성·비정상성·부도덕성이 오히려 예술가에겐 작품의 의외성과 참신성을 불러일으키는 동인이나 자극제가 될 수 있다고 보기 때문에 우리는 그들이 가끔 벌이는 의외의 해프닝에 대해 너그러움으로 감싸준다. 이것이 예술가에 대한 사회의 문화적 관용이라 보고 이 관용 속에서 예술문화는 꽃핀다고 나는 생각한다.

그러나 금년 들어 문화계에서 일어난 몇 가지 사건을 보노라면 넉넉한 너그러움보다는 냉혹한 비난과 여론재판에 따른 매도가 횡행하고 있음을 보고 소스라치게 놀라지 않을 수 없다. 첫째 사례로 화가 천경자 씨의 「미인도」 사건을 꼽을 수 있다. 「미인도」를 그렸다는 화가 당사자가 가짜라고 판정했음에도 불구하고 평론가·화상·미술관이 진짜라고 우기는 기괴한 사건이 발생한 것이다.

새삼 사건의 전말을 따지자는 게 아니다. 사건화의 과정 자체가 반문화적이었고 반예술적이었음을 지적하는 것이다. 애당초 전말을 따진다면 미술관이 그 작품을 소장코자 했을 때 작가에게 작품의 진위를 따졌어야 옳았고 나중에 이동미술관의 복사품으로 제작하기 이전에라도 같은 과정을 거쳤어야 했다. 이런 과정은 작가에 대한 최소한의 예우이고 응당 거쳐야할 절차였는데도 이를 생략한 채 화가의 정신 상태까지 의심하고 급기야는 우리 시대 정상의 화가 중 한 사람이 절필을 생각하게 하고 도망치듯 외국으로 떠나게 만들었다.

필자 개인의 독단임을 전제로 한다면, 비록 화가 자신이 그린 그림이라 해도 자신의 마음에 들지 않는 작품이라면 자신의 작품이 아니라고 선언할 수 있는 용기와 신념이 예술가에겐 허용될 수 있다고 생각한다. 비록 그것이 만용이라 할지라도 그런 만용을 받아들이는 것이 예술과 문화를 존중하는 사회의 문화적 관용이라고 보기 때문이다.

둘째 사례는 최근 한 악기상이 국내 정상급 바이올리니스트인 김남윤 교수를 사기혐의로 고소함으로써 연주자의 일생과 음악교육자로서의 장래까지 망칠 사건이 발생했다. 사건의 진위야 수사를 맡고 있는 경찰과 검찰이 밝혀낼 일이지만 이 사건이 기사화되자마자 여론재판이 이미 분별력을 잃고 한 예술가의 일생을 끝장나게 하고 있음을 보고 개탄하지 않을 수 없다. 예·체능 입시 때마다 거금을 챙기고 고객의 레슨비로 부족함이 없을 텐데도 악기상과 짜고… 당장 이런 식의 발상으로 질타하고 매도해나간다. 아직껏 명확한 증거도 없지만 이미 여론 재판으로 끝난 사건에 대해 더 이상 관심을 가지려들지 않는다. 이렇게 되면 당사자가 무혐의로 풀려난다 해도 금이 가버린 무고한 예술가의 명예는 영원히 회복되지 않는 법이다.

두 예술가의 연관된 두 사건에서 빼놓을 수 없는 공통점에 우리는 유의해야 한다. 두 사건이 예술가를 옹호하고 지원해야 할 입장에 있는 단체나 예술 상인에 의해 꾸며지거나 촉발되었다는 점이다. 작가와 출판사, 화가와 화상, 연주자와 악기상과의 관계는 끊으려야 끊을 수 없는 이인삼각(二人三脚)의 관계다. 예술에서의 창작의욕이란 예술가의 몫이다. 그러나 예술가의 정신과 의욕만으로 예술이 성취되는 것은 아니다. 이들을 지원하고 뒷바라지하는 예술 상인들의 숨은 노력 없이는 예술이란 꽃필 수 없는 노릇이다.

또 그런 만큼 한 사람의 작가가 태어나기 위해선 얼마만한 소쩍새의 피를 토하는 울음이 있었던가를, 한 사람의 화가가 연주자가 국내 정상의 자리에 오르기까지엔 뼈를 깎고 피를 말리는 영혼의 투쟁이 있었던가를 잘 알고 이해해야 할 사람이 바로 이들 예술 스폰서이고 예술상인인 것이다. 공존의 관계이고 공생의 관계에 있다. 그런데도 인기작가의 인세를 둘러싸고 작가와 출판사 간의 법정투쟁이 벌어지고 있고, 화상·미술관·음악상이 예술가를 매도하고 고소하는 데 앞장서고 있다면 우리의 예술가·예술문화란 발붙일 곳이 없게 된다.

예술을 아끼고 문화를 사랑하는 사회라면 한 악기상의 고소만으로 정상의 음악가를 매장해버리거나 헛된 위작 시비로 원로 미술가의 여생에 먹칠을 해버리는 무모한 작태를 벌이지는 않았을 것이다. 예술문화란 시민의 호응 못지않게 예술에 종사하는 예술가 집단, 이들과 맞물려 살아가는 예술 상인들 간의 믿음 있는 조화와 관용 속에서 성장하고 발전한다는 사실을 우리는 가을의 문턱에서 문화의 달을 맞으며 다시 한 번 깊이 깨달아야 할 것이다.

(1991-09-18)

아! 서울대학

"4270 sopagong 한국은 서울대의 식민지다/4126 sopagong 서울대 50년은 망국 50년/4125 sopagong 대한민국 국무회의는 서울대 동문회/4097 sopagong 서울대 안 나온 놈은 사람도 아니다."

서울대를 지망하는 한 입시학원 4수생은 PC통신으로 위의 글을 만천하 입시생들에게 보낸다. 'sopagong'이란 서울대 파괴공작대의 약자다. 서울대를 파괴하지 않고는 입시지옥이 사라지지 않고 한국의 교육, 나아가 한국의 장래가 거덜 난다는 주장이다. 물론 현실 아닌 소설, 최근에 나온 이석범의 장편소설 『윈터 스쿨』 이야기다.

나는 사실 이 소설을 읽으면서 내가 교육개혁위원 중 한 사람이고, 교육에 관한 글을 쓰는 논설위원이라는 사실에 매우 부끄러움을 느꼈다. 교육현실을 모르거나 알면서도 애써 외면해왔다는 사실을 이 소설은 너무나 아프게 제기하고 있다. 이 소설은 두 가지 메시지를 담고 있다. 하나는 30만 명이 넘을 재수생이 어떤 형태로든 몸담고 있을 입시학원의 구조와 비리 그리고 그들의 고통과 슬픔을 생생히 전해주고 있다. 또 하나는 학부모의 일류대에 대한 염원, 서울대에 대한 그토록 높은 갈망과 욕구가 우리 청소년들을 얼마나 파괴하고 있나를 절규처럼 외치고 있다.

소설 아닌 현실을 보자. 「월간조선」 조사에 따르면 정계·관계·재계·언론·법조계의 상층부 52.2%를 서울대 인맥이 장악했다고 돼 있다. 국회의원 39.1%, 시 도지사 46.7%, 장관급 66.7%, 10대그룹 사장 이상 48.9%, 고법 부장판사 이상 81.7%, 언론사 편집 보도국장 76.9%를 서울대 출신이 차지하고 있다는 놀라운 통계다. 이러니 한국은 서울대 식민지요, 서울대를 들어가야 인간 대접을 받는다는 말이 나오지 않는가. 「중앙일보」 대학평가에서 1, 2등을 차지하는 대학에 특차로 입학하고서도 대부분이 나중엔 서울대를 선택하는 기현상이 이래서 계속된다.

세상이 서울대를 위해, 모든 교육이 오로지 서울대를 위해 존재하듯 현실은 그렇게 짜여 있다. 지난 4월 미국 「뉴욕 타임스」 일요판은 4회에 걸쳐 영재교육의 내막을 연재했다. 이 중 하버드대에 아시아계 미국인들의 약진이 눈부심을 소개하면서 한국인 이민 1세대의 교육열을 풍자적으로 묘사했다. 한 한국인 이민 1세대 아버지의 평생 소망은 자녀의 하버드대 입학이었다. 모든 것을 희생하고 열심히 가르쳤다. 수능(SAT) 성적도 월등히 높았다. 그러나 아들은 떨어졌다. 화가 난 아버지는 입학처에 쳐들어가 성적이 이렇게 좋은데 왜 떨어졌느냐고 따졌다. 입학담당관은 "우리 학교는 21세기를 이끌어갈 학생을 선발할 뿐"이라고 담담히 말했다. 미국에 살든, 한국에 살든 이것이 우리의 교육열이고 이게 지금까지 살아온 우리 시대의 교육관이었다. 과연 무조건 서울대와 하버드대만 들어가면 우리 교육은 성공한 것인가.

나는 최근 성공한 기업가 세 명을 만났다. 우연히 세 명의 기업인이 모두 자녀를 외국에 유학시키고 있었다. 그 이유를 물었다. 우리가 사업할 초창기엔 학연과 연줄을 찾아 정보를 얻고 청탁을 해 기업을 이뤘다. 그러나 요즘 세상은 달라졌다. 인맥과 학맥이 아니라 자신의 의사를 영어로 분명히 전달하고 기업정보를 어떻게 효과적으로 확보해 창의력을 살리느냐에 달려 있다. 그렇다면 우리식 교육은 잘못된 것이고, 어려서부터 외국유학을 보내는 게 낫다고 판단했다는 것이었다.

나는 우리 대학의 경쟁력 부족이 교수의 연구열 부족이라고 보고 '한번 교수는 영원한 교수인가'라고 매도한 석이 있었나. 그러나 그게 아니었다. 또 나는 대학이 바뀌어야 사회가 바뀐다고 주장했지만 이 또한 아니었다. 문제는 결국 사회, 학부모의 교육관이 바뀌지 않고서는 우리 교육이 절대로 바뀔 수 없다는 결론에 이르렀다. 어떻게 우리의 교육의식이 바뀌어야 하는가. 21세기를 이끌어갈 다음 세대를 육성하는 일이다. 학연과 학벌이 중시되는 사회가 아니라 개인의 능력과 창의성이 지배하는 시대를 살아갈 자녀를 키운다는 생각을 해야 한다.

지난 50년간 서울대가 이룩한 긍정적 측면도 인정한다. 그러나 앞으로 50년은 지금과는 달라야 한다. 학벌 아닌 능력, 암기력 아닌 창의력이 곧 이 사회를 지배하는 원동력이 될 것이라는 평범한 진실을 학부모와 사회가 받아들이고 대학도 이를 위한 변신을 해야 우리 미래가 밝아질 수 있다. 서울대 허상과 허위의식을 깨뜨리는 게 우리 교육이 해야 할 이 시대의 목표가 아니겠는가.

(1996-12-04)

자형紫荊꽃 운명

'한 귀부인이 동전 뒤에 있네/늙지도 않는 그녀 이름은 여왕/물건 사러 돌아다닐 때마다 내 곁에 있네/얼굴 표정은 없지만 성취감을 이뤄 주네'. 90년대 초 홍콩에서 유행했던 가사다. 홍콩 동전 뒷면에는 영국 여왕 엘리자베스 2세의 얼굴이 양각(陽刻)돼 있다. 이를 빗대 부른 유행가였다. 그러나 그 직후 나온 동전에는 여왕 얼굴 대신 자형(紫荊)꽃이 자리 잡았다. 자형은 홍콩의 상징물인 시화(市花)다. 우리나라에선 박태기나무라고 한다. 지금 홍콩에선 여왕의 동전과 자형꽃 동전이 공존하고 있지만 얼마 안 가 여왕은 사라지고 자형꽃 동전만이 살아남을 것이다. 이 자형꽃에 대한 한 홍콩 작가의 설명이 이채롭다. 자형은 원래 중국에 없던 서양종이었다. 언젠가부터 이식돼 생겨난 동서양 잡종이라는 것이다. 스스로 꽃가루를 날려 번식하는 자생력이 없다고 한다. 자생력 없는 잡종 꽃 자형이 홍콩의 꽃이 됐다니 이 얼마나 기막힌 사연인가.

사흘이 지나면 홍콩의 주권은 중국으로 돌아간다. 홍콩섬 시가지 복판에 있는 거대한 쇼핑몰 '시대광장'(타임스퀘어) 주변엔 '경축회귀(慶祝回歸)'라는 깃발이 현란하게 휘날리고 있다. 중국인들은 결코 '홍콩 반환'이라는 말을 쓰지 않는다. 영국인들로선 돌려주는 것이지만 중국인들로선 돌아오는 것이다. 한때 집안이 기울어 가난했을 때 집을 나간 아들이 오랜 객지생활 끝에 큰 부자가 돼 1백50년 만에 집으로 회귀하는 경축일이 다가선 것이다.

어쩌다 들르는 홍콩에서, 책으로만 보는 중국 역사를 통해 홍콩의 미래를 예측한다는 것은 코끼리 장님 만지는 격이다. 그러나 내가 깊은 관심을 갖는 것은 홍콩의 1국2체제 운영방식이 어떤 모습으로 어떻게 발전할 것이냐에 있다. 정치를 좋아하는 중국인과 돈벌레임을 자처하는 홍콩인들의 조화가 어떻게 이뤄질까. 항인항치(港人港治)라 해서 중국 지도자들은 기회 있을 때마다 홍콩인이 홍콩을 다스리는 특별자치구임을 역설하지만 돌아온 탕아 홍콩의 자치는 과연 50년간 보장될 것인가. 덩샤오핑의 개혁개방정책도 결국 홍콩 회귀를 전제로 한 것이었다. 불모지 선전(深川)에 3백만 인구의 거대 도시가 하루아침에 들어설 수 있었던 것도 홍콩이 있었기에 가능했다. 재화유통시설 세계 2위, 자유무역수준 세계 3위, 금융경쟁력 세계 7위에 아시아 최대 국제금융센터라는 홍콩이 있었기에 가능했던 역사(役事)였다.

지난해 홍콩 수출물량의 36%가 중국 제품이다. 지난 10년간 대(對)중국 무역은 26%씩 증가해 중국 수출물량의 62%가 홍콩을 경유하고 있다. 홍콩 – 선전 – 화난(華南)경제로 이어지는 중국 경제의 견인차 역할을 이미 10년 전부터 홍콩이 주도해왔다. 중국의 홍콩화, 홍콩의 중국화가 이미 10년 전부터 시작된 것이다. 내일의 홍콩이 오늘의 홍콩이 아닐지라도 중국의 경제발전에 그만큼 기여했다면 홍콩의 역사적 역할은 그로써 충분했다고 평가할 수 있다.

우리 또한 한 민족 한 나라임을 헌법에 명시하고 있으면서도 실제로는 두 체제의 심각한 대결 속에 반세기를 살아오고 있다. 홍콩 회귀를 통해 1국2체제의 첨예한 대립구도에서 공존공영의 두 체제를 거쳐 자연스런 통일로 나갈 수 있는 방안에 대해 발상의 전환을 할 수 있지 않을까. 북한이 경제특구로 내세우는 나진·선봉이 선전의 기능을 맡고 남쪽 어느 지역이 홍콩의 역할을 맡는다면 어찌 될 것인가. 남쪽이 수출 전진기지고, 북쪽이 제조·가공기지창이라 하자. 기술 이전과 협력을 통해 좋은 제품을 비교적 싼값으로 팔 수 있는 활로가 저절로 열릴 수 있을 것이다.

남북 간 화해와 경협이 절대적으로 필요한 이유를 홍콩을 다녀보면 금방 피부로 느낀다. 바야흐로 아시아 시대다. 홍콩의 회귀는 중국의 아시아 제패와 무관치 않고 이에 대비한 미국과 일본의 견제가 상충하는 그 한복판에 우리가 자리 잡고 있다. 남북 간 화해와 경제협력이 어느 때보다 절실하고 긴요할 때인데도 우리는 지금 굶주린 북쪽에 대해 식량을 보내는 문제로 입씨름하고 있고, 아시아 패권싸움이 이미 시작된 지 오래인데도 우리 지도자들은 용 타령 집안싸움에 세월 가는 줄 모르고 있지 않은가. 자형꽃 운명이 어찌 될지는 접어두고서도 무궁화꽃이 어떻게 될지 그게 더 답답한 오늘이다.

(1997-06-27)

"섈 위 댄스?"

일본 대중문화 개방 붐을 타고 꽤 많은 일본 영화가 우리에게 선보였다. 「섈 위 댄스?」도 그중 하나다. 어렵사리 과장으로 승진하고 아담한 주택까지 마련해 화목한 가정을 꾸려나가는 모범적인 중년 샐러리맨이 단조로운 생활에서 뭔가 갈등을 느낀다. 전철 정거장에서 올려다보이는 볼룸댄스장에 눈이 끌리면서 그는 한 발씩 춤바람에 빠져든다. 남편의 이상한 행동에 의심을 품은 아내가 흥신소까지 찾아가는 위기상황도 있지만 아내는 인내심 있게 남편의 무사귀환을 기다린다.

흔한 통속영화라면 춤바람 - 가정불화 - 패가망신으로 이어질 텐데 이 영화는 볼룸댄스 자체를 예(藝)와 도(道)의 경지로 끌어올리면서 그의 춤바람이 샐러리맨의 생활을 더욱 윤택케 하는 윤활유 역할을 하는 해피엔딩으로 끝난다. 미모의 댄스 교사와 중년 사내의 불륜관계로 가는 듯하다가 그런 통속적 기대를 저버리면서 춤 자체를 신성시하는 예술 명분론으로 반전시키는 데서 이 영화는 차별화를 노렸을 것이다.

일본의 역사교과서 파동을 보면서 왜 「셀 위 댄스?」를 떠올리는가. 우선 일본이 처한 상황이 한 샐러리맨의 갈증을 대변하는 그 이상의 답답함과 새로운 탈출구를 모색하는 심각한 중년의 위기에 처해 있다는 생각이 들기 때문이다.

세계 2, 3위의 막강한 군사기술과 부를 장악하면서도 우리의 생활은 왜 이리 풀리지 않는가. 10년에 가까운 경기침체와 한심한 정치판에 기대를 걸 데가 없다. 그렇다면 2세들에게 우리의 희망을 걸 것인가. 버릇 없고 국가관마저 없는 젊은이들에게 전후 우리가 일궈낸 영광을 맡길 수 있을 것인가. 교육이 잘못됐다. 교육을 망친 게 누군가. 일본 국기를 교정에 걸지 못하게 하고 국가 부르는 것마저 범죄시한 일본 교원노조 산하의 교사들이 일본 교육의 장래를 망치고 있지 않는가. 국가의 장래를 위해, 위기에 처한 국가를 재건하기 위해 역사를 새로 쓰자. 일본의 이런 좌절과 위기의식의 탈출구가 일본 역사교과서를 새롭게 쓰자는 극우파 집단의 결속으로 이어졌다고 생각하기에 「셀 위 댄스?」와 일본의 역사 왜곡은 연관성이 있다고 생각하는 것이다. 중년 사내의 춤바람을 볼룸댄스의 예술론으로 미화하듯 그들의 위기상황을 역사 미화를 통해 위로받으려는 과정도 유사성이 있다.

현실의 불만과 위기상황을 내부에서 해결하지 않고 외부에서 탈출구를 찾으려 할 때 춤바람이 일어나고 외국을 침략하는 극단적 사태로 발전할 수 있다. 「셀 위 댄스?」의 주인공이 그렇고 임진왜란의 도요토미 히데요시가 그러했다. 그 춤바람과 침략의 역사를 아무리 미화해봤자 '침략'이 '진출'이 되지 못하고 춤바람 난 중년 사내가 예술가로 둔 갑하지는 않을 것이다. 더구나 현재의 불만을 과거회귀적 향수에 젖어 자신들의 역사를 미화해 2세 교육에 반영했다고 하자. 그 역사가 아들 딸에게 진정한 교육이 될 것이고, 국가의 영광을 드높일 기개를 그 교육을 통해 배울 것인가.

이미 임나일본부설은 천관우(千寬宇) 선생의 연구를 시작으로 그 허구성이 드러난 지 오래다. 그 허구를 역사적 현실로 미화해 일본의 자존심이 되살아날 것인가. 명백한 피해자가 있는 임진왜란의 침략 사례를 대륙진출로 자구수정(字句修正)을 한다고 해 현실의 불만이 사라지는가. 일본 정부 스스로 속죄의 대상으로 공식 발표했고 유엔 인권위원회까지 보상 책임을 명백히 했던 종군위안부 문제를 교과서에서 지운다고 수만 명의 여성들을 전장의 노리개로 삼았던 그 만행의 과거가 없던 일로 사라질 것인가. 잘못된 지난날을 교언영색(巧言令色)으로 미화하고 위장된 과거를 자식들에게 가르친다는 것 자체가 죄악 아닌가.

공중 촬영한 거대 도시 도쿄를 보면 중앙이 뻥 뚫려 있다. 일본 천황이 기거하는 황거(皇居)지역의 넓은 숲지대가 사진으로는 그렇게 보인다. 일본의 한 문명비평가가 이를 원형(圓形)의 감옥에 비유한 적이 있다. 원형의 감옥이란 프랑스 철학자 미셸 푸코가 지적한 19세기의 초기 감옥 형태인 파놉티콘을 뜻한다.

원형의 감옥엔 중앙이 뻥 뚫려 있다. 오직 한 사람의 감시자만으로 충분하다. 그러나 죄수 편에선 위에서 누군가 자신을 끊임없이 감시하고 있다는 강박관념에서 벗어나지 못한다. 원형의 감옥이라 할 황거가 만들어내는 역사관이 황국사관이라고 볼 수 있다. 자신의 과거를 끊임없이 숨기고 미화하려는 죄수의 본능이 원형의 감옥에 갇혀 있는 일본인들의 의식이 아닐까. 이 감옥에서 탈출하지 못하는 한 일본인들은 잘

제2부 우리에게 내일이 있는가

못된 과거로부터 결코 자유로워질 수 없을 것이다.

(2001-05-11)

한번 교수는 영원한 교수인가

지금은 사라진 60년대 동숭동 대학시절, 학부 학생이 연구실 열쇠를 갖는다는 것은 대학 교수 자리를 얻는 1차 관문의 통과를 뜻했다. 교수 밑에 조교가 있고, 조교 밑에 이를테면 '새끼 조교'가 있어 교수님의 수 발에서부터 연구실의 갈탄 난로에 불을 피우고 걸레질하는 궂은일을 도맡게 된다. 그가 대학원엘 진학하고 2차 관문인 조교로 임명되면 타 대학의 강사로 전전하다 스승의 정년이나 유고로 결원이 생겨 전임 자 리를 얻는 게 당시의 관례였다.

고려대 출신의 김선기 박사가 서울대 물리학과 교수로 채용되었다 는 사실 하나만으로도 신선한 충격이 될 만큼 교수채용의 배타성과 폐 쇄성은 예나 지금이나 크게 변하지 않았음을 입증한다. 이러한 대학 연 구실 중심의 교수양성 및 채용방식은 좋은 의미의 학파를 만들고, 학맥 을 계승·발전시킬 수 있다는 장점을 지니지만 나쁜 의미의 학연집단 주의 벽을 쌓으면서 연구의 경쟁력을 상실한다는 결점을 지니게 된다.

대학 교수의 연구와 전수란 대학 존립의 1차적 목적이다. 교수가 되 기 위해서는 피나는 연구 경쟁을 해야 하고 교수라는 자리를 지키기 위해 또한 쉬지 않는 연구가 뒤따라야 하는 것이다. 대체로 경쟁이란 종적인 관계에서가 아니라 횡적인 관계에서 자연스레 발생한다. 같은 대학의 스승과 제자라는 도제식의 종적인 관계로 교수사회가 짜여지 면 경쟁보다는 복종이 미덕이 되고 학문적 성과보다는 인간미가 강조되게 마련이다. 학문적 업적과 연구의 성과를 중시하는 대학풍토가 아니라 인간적 친화력을 중시하면서 학문적 근친상간이라는 퇴영성을 맞게 된다.

좀더 구체적으로 접근해보자. 대학이 현대식 교육기관으로 발전한 지 반세기가 되고 60년대 이후 미국식 학제와 미국대학 출신의 박사들이 대거 우리 대학에 도입되고 진출했지만 대학의 속사정, 특히 명문대학의 연구풍토와 교수채용 방식은 별로 달라진 게 없다. 서울대 경우, 놀랍게도 전체 교수 1천3백여 명 중 96.7%가 서울대 학부 출신이다. 연세대도 모교 출신 교수가 94.7%를 차지하고 있다. 국내 타 대학 박사 출신자는 서울대에 불과 17명으로 전체의 0.2%에 지나지 않는다.

이에 비해 미국에서는 본교 출신인 교수를 채용하는 방식을 인브리딩(Inbreeding, 同種交配)이라 해서 대학발전의 장해요인으로 금기시하고 있다. 성문화는 되어 있지 않지만 불문율로 준수된다. 그 결과 하버드대는 모교 학사 출신이 11.7%, 모교 박사는 16.3%의 낮은 비율을 차지하고 있고 스탠버드대는 모교 학사 0%, 모교 박사 1.1%라는 우리와는 거꾸로의 놀라운 구성을 보이고 있다. 교수의 생명력이 연구와 학문적 성과에 있다면, 늦었지만 지금부터라도 인정과 학연 위주의 교수채용방식은 대학 자율로 철저히 제한해야 한다. 인브리딩이 아니라 능력 있는 타 대학 출신의 중용이라는 교수채용 방식이 대학의 연구능력과 경쟁력을 살리는 시작이라고 보고 적극 도입해야 할 것이다.

교수의 연구능력을 증진·촉진시키는 첫 번째 제도적 장치가 모교 출신 제한의 교수채용 방식이라면 둘째가 정년보장 교원제의 효과적 운용이다. 권위주의 정권 시절, 교수 재임용제가 있었지만 본래 목적과는 달리 정치적으로 이용되어 교수의 목을 죄는 올가미로 악용되었다.

민주화바람을 타고 대학의 자율성이 높아지면서 재임용제는 악법이라는 이름으로 매도되고 자율이라는 이름으로 정년보장 교원의 숫자를 대폭 늘리자는 움직임이 최근 교수사회에 일고 있다. 올 3월 1일부터 적용될 새 교수 임용제도에 따르면 교수는 자동으로 정년제 교원이 되지만 부교수의 정년보장은 대학장의 자율적 결정에 맡기게 되어 있다. 그런데 최근 23개 국·공립대학이 정년보장 교원수를 정원의 70%에서 90%로까지 확대하자는 결정을 내렸고 22개 대학이 부교수까지를 모두 정년보장제로 결정했다고 한다.

미국식 교수 정년보장제를 테뉴어(Tenure)라고 부른다. 테뉴어 교수라면 교수로서의 최고 명예인 동시에 피나는 그만큼 연구노력의 결과로 얻어진다. 테뉴어가 되기까진 학과의 투표와 대학 안팎의 저명교수로 구성된 심사위원회의 심사를 거치고 두 차례의 공청회를 통과한 다음 총장의 결정에 따르는 등 여간 어렵지 않은 과정을 거친다. 하버드대 문리대의 경우 이렇게 얻어진 테뉴어 교수가 전체의 58%뿐이다. 서울대 출신의 젊은 박사가 서울대에 채용되면 바로 조교수가 된다. 조교수 4년에 형식적 논문심사를 마치면 부교수가 되면서 적어도 범죄행위를 저지르지 않는 한 65세까지 정년은 행복하게 보장된다. 이런 테뉴어 교수가 1천93명으로 이미 전체의 82.4%를 차지한다.

연구의 성과나 학문적 경쟁력을 공정하게 심사, 평가하는 아무런 장치도 없이, 연구 성과에 따른 교수 간의 승급차이도 없이, 한번 전임이 되면 똑같이 교수라는 직위·신분·급여를 보장받는다면 이 얼마나 불공평한 일인가. 안정된 직장이 연구열을 높인다는 주장도 가능하고 또 정년과 관계없이 불철주야 연구를 아끼지 않는 교수가 우리 주변에 많이 있음도 알고 있다. 그러나 제도적 측면에서 본다면 앞의 도제식 교수양성과 선발방식에 덧붙여 90% 이상의 무조건 정년보장이라는 장치는 연구의 경쟁력을 약화시킬 뿐만 아니라 실력 있는 신진학자 연구인들의 교수채용기회를 원천적으로 박탈하는 고지선점의 횡포라고도 볼 수 있다. 무능한 교수를 몰아내자는 쪽이 아니라 유능한 교수가 빛을 보는 장치를 마련하라는 주장이다.

'한번 해병대면 영원한 해병대'라는 말이 있다. 그렇다 해서 교수도 한번 교수가 되면 영원한 교수가 되는 안이한 학문풍토가 우리 대학에서 사라지지 않는 한, 대학의 발전과 대학교육의 장래는 전근대적 틀에서 조금도 벗어날 수 없을 것이다. 정년보장 교수를 늘리기에 앞서 대학의 연구풍토를 개선하는 여러 방안을 대학 스스로 먼저 내놓아야 할 것이다.

(1992-02-19)

왜 박정희 향수인가

4개월에 걸친 페루 인질극을 마무리 짓는 후지모리 대통령을 보면서 나는 '박정희'를 생각했다. 마치 박정희가 지금 막 페루에서 환생(還生)해 방탄복을 입고 워키토키를 든 채 게릴라 소탕작전을 진두 지휘하는 게 아닌가 하는 착각마저 들었다. 그 후지모리가 보기 좋았고 그래서 다시 박정희를 생각한다.

왜 후지모리고, 왜 박정희인가. 유능한 지도자의 위기탈출 방식을 보기 때문이다. 지난해 말 노동법 날치기 파동에서 시작해 김영삼 대통령의 죽 쑤기 연두기자 회견 그리고 한보사태로 이어지는 장장 4개월의 국정부재 위기 속에 살면서 정말 국가지도자가 이래도 되나 하는 통분을 규치 못하기 때문이다. 4백 명 인질이 아니라 4천만 국민이 한보의 인질이 돼 옴치고 뛰지도 못하는 총제적 위기를 4개월째 겪고 있다. 이 난국이 언제 끝날지 모를 깊은 수렁에 빠져 있건만 대통령도, 어느 정치지도자도 명쾌한 답을 내놓지 못하고 있다. 이러니 후지모리식 위기해결 방식에 쾌재를 부르고 박정희 대통령이 살았다면 이 난국을 어떻게 풀 것인가 하는 향수에 빠져드는게 아닐까.

우리 같은 50대에게 박정희는 미워할 수 없는 과거의 군레고 내세울 수 없는 지난 청춘의 멍에다. 대학에 입학하자마자 5·16이 일어났고 6·3 데모를 끝으로 대학을 마친 세대다. 낮이면 잘살아보자는 구호에 맞춰 일했고 밤이면 모여 그의 독재와 정권연장을 욕하는 게 우리 젊음의 하루 일과였다. 당시 젊은이들은 그의 독재가 끝나면 밝은 민주사회가 도래하리라 믿었다. 그러나 다음 정권은 더 무지막지한 독재였다. 보통사람을 내세우는 대통령을 뽑으면 그래도 과도적 문민정부가 되리라 보았다. 그러나 결과는 너무나 형편없는 부패 대통령이었다. 반독재 투쟁으로 일관한 정치가를 뽑으면 정말 뭔가 달라지리라 믿었다. 그러나 결과는 역대 어떤 정권보다 심각한 파국을 재임 1년이나 남겨놓고 맞았다.

그래서 박정희를 그리워하는 사람이 늘고 있다고 본다. 2명의 전직 대통령을 감옥에 가두고 현직 대통령이 고개를 들지 못하는 위기난국에서 비명에 간 박정희 통치시대를 기리는 기막힌 역사적 아이러니에 우리는 빠져 있다. 지금 「중앙일보」는 「김정렴 정치회고록」을 연재 중이다. 9년간 비서실장으로 박 대통령을 모신 김정렴(金正濂) 씨 회고록은 대통령의 덕목과 자질, 그리고 정치철학이 무엇이어야 하나를 타산지석으로 깨우치고 있다.

왜 박정희인가. 청렴과 부패의 차이다. 20년 가까운 통치에서 그는 결코 개인적 치부를 위해 부패하지 않았다. 지금 그에게 남아 있는 것은 육군소장 때 구입한 신당동의 집 한 채뿐이다. 그러나 이후의 대통령은 어떠했는가. '박 통'은 친인척을 감싸지 않았다. 융자나 국회의원 출마마저 대통령 친인척이라는 이유 때문에 마음대로 하지 못하는 '불이익'을 받아야 했다.

지금 대통령 아들이 세상 사람들을 욕되게 하고 있고 5, 6공 모두 친인척 비리에 휩싸였다. '박 통'에겐 일관된 정치철학이 있었고 이를 현실화하는 데 몸과 마음을 바쳤다. 고속도로를 놓기 위해 수백 번의 현장검증과 독려, 전문가 이상의 연구를 거듭하는 노력을 보였다. 수출입국 농업발전 공업화 자주국방을 위해 철저한 현장지도와 피나는 노력을 아끼지 않았다. 그러나 지금의 고속철도는 어떤가. 기초부터 부실이고 언제 완공될지 누구도 알지 못한다.

왜 박정희는 안 되는가. 독재와 정권연장 탓이다. 3선 개헌에 유신헌법까지 만들어 정권을 연장했고 정적(政敵)과 비판자에 대해 철저히 탄압했다. 이 비판과 지탄이 그의 큰 업적에도 불구하고 지울 수 없는 상처로 남아 있다. 그런데도 박정희 추모열기가 높아지는 것은 그의 상처보다 그의 업적을 기리는 탓이다. 그 후 정치가들이 박정희의 장점은 모두 외면하고 그의 단점인 독재와 정권 장악에만 혈안이 되었으니 오늘의 파국이 왔고 내일의 위기도 예측할 길이 없다고 믿기 때문이다.

과거는 언제나 현재의 시작이다. 박정희 향수는 지난 것이 아름답다는 단순한 복고풍이어선 안 된다. 개발독재에 대한 미련도 이젠 금물이다. 박정희의 영광과 상처에서 우리 정치가들이 무엇을 배워야 하고 무엇을 버려야 할지 우회적으로 가르치는 발전적 극복의 대상이 박정희 향수의 실체가 돼야 한다. 깜짝 쇼나 반짝 인기에 편승할 것이 아니라 투철한 '철학과 꾸준한 실천노력만이 역사적 보상을 받는다는 구체적 증거가 박정희 향수'라고 본다. 이 의미를 제대로 읽고 꿰뚫어보는 게 지금 정치지도자들이 해야 할 당면과제가 아니겠는가.

(1997-05-02)

'용의 눈물' 용龍의 함정

지난 일요일 방영된 TV 사극「용의 눈물」을 보면서 역사의 대중화라는 긍정적 측면과 그것이 주는 또 다른 해독성을 나는 동시에 느꼈다. 역사란 결국 수많은 인물들이 살아간 삶의 흔적이다. 그래서 인물 연구가 역사 연구의 중요한 위치를 차지한다. 한 왕조의 터전을 마련했던 개혁 정치가를 집중 조명해 개혁 정치인의 한 전형을 보여주었다는 점에서「용의 눈물」은 역사의 대중화 작업에 큰 기여를 했다. 그러나 기여만큼 폐해도 크다.

「용의 눈물」은 강한 왕권의 대표자로서 이방원(李芳遠)과 신권(臣權)의 우두머리로서 정도전(鄭道傳)을 대결시켜 숱한 음모와 권모술수 끝에 왕권이 승리하는 장면을 부각시켰다. 시청자들은 이 드라마를 보면서 대통령제와 내각제를 생각했고 한보사태 속의 대통령과 아들을 연상하며 대선주자들의 권모술수와 용들의 전쟁에 관심을 가진다고 한다. 심지어 자신이 속한 직장의 권력구조와 그 틈새에서 출세를 위해 물불을 가리지 않는 처세의 미학을 연상하면서 드라마에 빠져든다는 것이다. 그래서 남성 시청자가 47%에 이르는 최고 인기 드라마임을 자랑하고 있다.

과연 이래도 좋은가. 요즘 역사의 대중화 바람을 타고 등장한 조선역사의 접근 방식에 왕권과 신권의 대립이 유행처럼 번지고 있다. 정조의 죽음을 소설화한 이인화의 『영원한 제국』은 정조의 죽음을 왕권과 신권 간 대립 갈등 속에서 발생한 독살이라고 결론짓는다. 물론 픽션인만큼 학문적 책임을 물을 수는 없다. 「용의 눈물」도 같은 구도에서 역사를 보고 있다. 이것이 맞는 시각인가.

사회학자면서 역사학자였던 고(故) 이상백(李相佰) 선생은 「정도전론」이라는 값진 논문을 이미 47년에 발표했다. 이방원이 정도전을 죽이는 명분이 처음부터 잘못되었음을 그는 지적하고 있다. 정도전이 세자를 끼고 돌며 왕자들을 죽이려 한다는 박포(朴苞), 이무(李茂)의 밀고 자체가 신빙성이 없다 했다. 기병 10기, 보졸 9명, 노복 몇 명이라는 빈약한 군사로 이방원이 삼군을 장악한 정도전과 맞대결할 수 없었다고 본다. 그런데도 드라마에선 수백의 군대가 남은(南誾)의 첩집에서 술을 마시는 정도전을 급습해 주살하는 장면이 나온다. 조정 내에서도 이방원은 인기가 없었다. 음모 정치가 이방원은 고려 구신(舊臣)들과 결탁해 세력을 키우면서 수십 사병을 모아 정도전을 죽이고는 그의 쿠데타를 합리화하기 위해 정도전 음모설을 유포했다고 보고 있다.

왕권과 신권의 대립이 아니라 개국 터전을 닦은 개혁 정치인을 탐욕적인 왕자가 쿠데타를 일으켜 죽이고 자신의 아버지 위업을 가로챈 혐의를 치밀한 자료 분석을 통해 입증하고 있다. 어찌 보면 12·12 사태를 연상시키는 쿠데타다. 뭇 정치인들이 본받을 귀감이 결코 될 수 없는 그릇된 정치사건이라고 본다. 그런데도 언론은 덩달아 '왜소한 한국 정치판을 통타(痛打)하는 카타르시스'라고 부채질하고 이 후보는 정도전형인가, 저 경선자는 이방원형인가를 저울질하는 작태를 보이고 있다. 잘못된 일본식 역사 영웅 만들기의 재판(再版)처럼 보인다.

드라마는 드라마일 뿐이라고 할 수 있다. 그러나 역사를 내세운 우리의 사극(史劇)이 알게 모르게 대중에 끼치는 영향은 너무 크다. 여인네들의 암투로 시종일관되는 드라마를 보면서 조선의 역사는 안방 여인네들의 통치사로 알게끔 두루 뇌리에 심어주었다. 여기에 이젠 남성들마저 용이라는 시대착오적 대권에 사로잡혀 권모술수만이 정치의 핵심인 양 빠져들고 있다. 그래서는 대통령 선서는 내가 뽑는 게 아니고 권력자 간의 야합과 결탁 그리고 권모술수가 만들어내는 남의 일이라는 생각이 들까 걱정스럽다.

정치를 권모술수의 총화라고 보는 의식이 넓고 깊게 확산된다면 우리 정치문화는 조금도 달라질 수 없다. 이방원이 집권하자 정도전은 역적이고 태종은 성군이 된다. 절차의 잘못은 사라지고 오로지 승자의 영광만이 남는다. 내가 대통령을 뽑는 게 아니고 김심(金心)이 누구 손을 들고 민주계가 어디로 붙느냐에 따라 권력 게임은 끝난다고 보게 된다. 우리 의식은 아직도 왕조정치 의식에서 벗어나지 못하는데 말로는 민주정치를 되뇌며, 오늘 저녁도 '용의 함정'에 빠져드는 게 우리의 정치 수준이 아닌가를 생각해본다.

(1997-05-30)

역사법정을 세우자

80년대 초 타이완에 머무를 때다. 장징궈 총통이 사망하자 대부분의 사람들이 후계 대권은 그의 동생인 장웨이궈 장군에게 돌아간다고 봤다. 그러나 현실은 그렇게 되지 않았다. 국민당 연대체제로 가다 지금의 리덩후이(李登輝) 총통으로 넘어갔다.

왜 그랬을까. 그 수수께끼가 몇 달 전에 풀렸다. 장웨이궈는 그의 자서전 『천산독행(千山獨行)』에서 "나는 장제스의 친아들이 아니다"는 충격적인 고백을 했다. 공산당과 국민당을 오갔던 다이치타오와 일본인 간호사 사이에서 태어난 사생아였고 가정불화를 걱정한 아버지가 자신을 장씨 집안에 입양했다는 것이다. 국민당 원로들은 이 사실을 알고 있었을 것이고 일본인 간호사의 사생아를 총통으로 추대할 수는 결코 없었을 것이다.

한때 미국학자 브루스 커밍스의 『한국전쟁의 기원』이 널리 읽히면서 6·25는 남북 공동책임에 따른 동시다발적 전쟁이었다는 게 당시 운동권 학생들의 상식이 되었다. 당해 놓고도 당한 사연을 밝힐 똑떨어진 문건이 없었다. 이 저자가 최근 새 책을 냈다. 『한국의 양지(Korea's Place in the Sun-a Modern History)』라는 새 저서에서 커밍스는 전쟁책임을 이번엔 김일성 쪽에 더 비중을 두고 있다. 나는 그 이유가 몇 해 전 발굴된 여러 자료 및 젊은 연구자들의 연구 성과와 무관치 않다고 본다.

고려대 박명림(朴明林) 교수는 미국문서보관소에서 북한노획문서 중 「김일성명령서」와 「인민군명령서」를 찾아낸다. 전쟁준비를 위한 물자 준비에서부터 작전도까지 실려 있는 이 문건 하나만으로도 남침증거는 명백했다. 전쟁 전 북한 정치상황을 자세히 전하는 『스티코프의 비망록』도 2년 전 러시아 상트페테르부르크의 한 차고에서 발견됐다. 전쟁 직전까지 평양주재 소련대사를 지낸 스티코프가 남긴 6권 분량의 귀중한 메모첩이었다. 이런 기록들의 발견과 연구성과가 남침을 확인함으로써 전쟁기원 논쟁은 종식됐다.

개개인이 남긴 한 편의 일기나 비망록 그리고 관련자들의 수많은 증언괴 이를 뒷받침할 만한 자료 없이 개관적 역사평가란 불가능하다. 바른 역사를 쓰기 위해 기록이 있어야 하며 기록을 보존할 법적 제도적 장치는 그래서 필요하다. '미국정부와 국민의 경험이 구체적으로 표현돼 있는 연방정부의 기록 및 관련자료를 공개해 정부와 국민이 각종 활동을 계획하고 수행하는 데 안내하고 지원하기 위해' 1934년 루스벨트 대통령은 국립문서관(National Archives and Records Administration)을 세운다. 그의 치적 중 손꼽히는 업적이다. 그의 사후 대동령기념도서관이 서면서 역대 대통령의 공·사기록이 모두 대통령도서관에 보관된다. 연방정부의 모든 행정문서가 종합·분류·공개되고 12개의 지역문서관과 11개의 대통령도서관을 국립문서관이 관할한다.

국립문서관은 역사를 바로 세우는 역사법정이다. 우리 실정은 어떤가. 국가정책을 결정하는 역대정권의 국무회의 자료 하나 보관돼 있지 않다. 대통령의 공·사 기록이야말로 역사평가의 가장 중요한 자료지만 어느 것도 온전히 보관돼 있지 않다. 이승만 대통령의 수십만 건에 이르는 공·사 기록이 이화장에 보관돼오다 최근 연세대 한국학연구소로 이관됐다. 이후 대통령의 기록은 파기되거나 유족들의 사유물로 은닉되고 있다. 총무처 산하 정부기록보존소가 있다. 69년 설립 이후 빈약한 예산과 적은 인원으로 제대로 역할을 하지 못하고 있다. 3만 건에 이르는 옛 총독부 문서를 정리조차 못 하고 있고 귀중한 영상자료인 대한뉴스의 8천여 필름이 있지만 이를 상영할 영사기 한 대 없는 열악한 환경이다. 있는 자료도 제대로 관리 못 하고 외국에 흩어진 자료를 수집하기엔 돈과 인력이 턱없이 부족하다.

지난주 국가기록연구재단이 발족했다. 기록이 보존돼야 역사가 바로 선다는 점에서 뜻을 같이 한 사람들의 모임이다. 이를 계기로 우리는 세 가지 일을 서둘러야 한다. 국가기록보존법을 만들어야 하고 정부기록보존소를 독립청으로 발전시키면서 산하에 대통령도서관을 세워야 한다. 문민정부가 끝나가고 있다. 대통령이 앞장서 문서보관법을 추진하고 대통령 스스로 임기 중 모든 자료를 대통령도서관에 기증한다면 이야말로 역사법정에 길이 남을 업적이 될 수 있다.

(1997 - 07 - 11)

무엇을 위한 문민정책인가

초여름의 훈풍이 불어오는 성북동 언덕 위의 간송미술관에서 조선 남종화 특별전이 열리고 있다. 해마다 5월과 10월 두 차례에 걸쳐 어김없이 열리는 간송미술관의 기획전은 올해가 42회로 21년째를 맞았다. 간송 전형필 선생이 남긴 국보 보물급 20여 점을 비롯, 아직도 미정리 상태인 수십여만 점의 소장품을 정리, 분류해 해마다 두 차례씩 전시회를 열어오고 있다.

선대가 사재를 털어 필생의 사업으로 수집했던 고미술품을 분류·정리·연구해서 전시하는 사업이 아들 전영우 관장의 몫이 되었다. 대학교수인 그가 민족미술연구소를 운영하고 한 해 두 차례의 기획전을 열면서 작품을 손질·표구하고, 해설서를 만들어 미술 동호인들에게 일일이 우송한다. 누가 시켜서, 누가 도와주어서가 아니라 선대의 유업이기에, 민족미술의 보전과 연구를 위한 평생의 업이기에 스스로 즐겨 택한 길이다.

간송미술관이 있기에 우리는 쉽사리 민족미술의 정화를 접할 수 있고, 개인의 소장품을 연구하고 공람시키는 갸륵한 후대가 있기에 민족

미술은 산일(散逸)되지 않고 온전히 계승될 수 있는 것이다. 그래서 간송미술관은 '작은 국립박물관'이라고 말할 수 있다. 내가 살고 있는 동네에 토탈 현대미술관이 최근 개관해 심문섭 조각전을 열고 있다. 문화공간이라고는 전무한 산 동네에 경사가 났다고 동네사람들은 기뻐했다. 개관식이 있던 날 주민 모두가 기쁜 마음으로 참가해 축하했다. 한 동네에 사는 첼로 연주자는 솔선해 개막 연주를 맡았고 음악평론가의 음악감상법 강의에 이어 조각가의 작품 설명회가 있었다. 이를테면 주민들의 문화강좌가 열린 셈이고 앞으로도 이런 행사를 정기적으로 열 계획이라고 한다. 일요일이면 동네사람들은 아이들의 손을 잡고 전시장을 돌아보고 앞마당에서 서로의 안부를 물으며 커피 한 잔을 마시는 삶의 여유를 누린다. 건축가 문신규 씨 부부가 도시 마을 속의 문화공간을 만들어보자는 일념에서 새로운 형태의 미술관 문을 연 것이다.

우리는 여기서 이 시대에 필요한 두 개의 전형적인 미술관의 모습을 볼 수 있다. 하나는 개인이 사유화하거나 은닉할 수 있는 비장의 미술품을 미술관을 통해 공람시키고 공유화한다는 의미에서 미술관의 필요성을 절실히 느낀다. 또 하나는 도시화·산업화에 따른 삭막한 도시생활에 문화공간을 세움으로써 삶의 질을 윤택하게 하자는 의미에서의 미술관이 요청된다. 아무도 찾지 않는 외딴 곳에 유아독존 격으로 세워진 국립현대미술관이 아니라 생활과 함께 숨쉬는 문화공간의 확대가 이 시대에 필요한 문화정책인 것이다.

우리 주변 어디를 둘러봐도 늘어나는 것은 술집이고 비디오가게·전자오락실 등이다. 줄어드는 것은 책방이고 도서관이고 미술관이다. 심지어 책방을 걷어치우고 성황 중인 노래방으로 개조 중인 서점이 늘고 있다는 보도가 잇따른다. 문화의 기반시설이 무너지고 있는 이 개탄스런 사회풍토에 건전한 문화공간을 정책적으로 늘려야 한다는 게 지금 우리에게 절실한 문화정책인 것이다. 바로 이러한 취지와 목적의 일환으로 문화부가 추진한 것이 '박물관 미술관진흥법'이고 99년까지 1천 개의 미술관을 확보하자는 운동을 벌이게 된 동기라고 본다.

그러나 미술공간을 확대하고 예술문화를 진흥하자는 정부의 의도가 자칫 진흥이 아닌 억압으로 작용할 우려가 있다는 비판이 미술계에서 일고 있음은 웬일인가. 6월 1일부터 시행할 박물관 미술관 진흥법을 비판하는 입장에선 첫째, 법령들이 권위주의적이고 제한적이어서 진흥보다는 억압하고 한정하는 요인이 너무 많다는 지적이다. 정부가 행정 편의적으로 통제하고 조정하며 경우에 따라서는 장관이 개관을 명할 수 있는 악용될 장치는 두고 있으면서도 박물관 미술관을 지원하고 육성하는 장치는 없다는 점이다. 이를테면, 독자적으로 어렵사리 민족미술을 보전하고 연구해온 미술관에 대해선 단 한 푼의 지원이나 후원 한 번 없다가 까다롭고 번잡한 시행령조항을 어겼을 경우에는 관할 관청이 휴·폐관을 명하는 악용의 소지로 작용할 수 있다.

둘째, 미술관진흥이라는 모법(母法)의 취지와 시행령 간에 상호모순이 많다는 것이다. 예컨대 주거지역 속의 문화공간 활성화는 적극 권장되어야 함에도 불구하고 현행의 도시건축법상에는 주거전용지역에서의 미술관 설립을 금지하고 있다. 모법의 취지에 맞춰 시행령의 보완이 뒤따라야 한다. 물론 법이란 선의의 사람을 대상으로 하지 않고 악의의 인물들이 악용하고 오용할 소지를 없애기 위해 최악의 상태를 전제로 한 장치라고 볼 수 있다. 그러나 기왕 문화예술의 진흥을 위한 법령이라면 지원과 육성을 위한 정부의 근본 취지가 법으로 살아나야 할 것이다. 벌주기 위한 법적 조치가 아니라 지원과 진흥을 위한 문화예술법이다.

감각적이고 쾌락적인 오락문화의 홍수 속에서 사라져버리는 문화의 기반시설을 하나라도 더 육성하고 지원함으로써 건실한 문화공간을 확대하는 쪽으로 기능해야 하는 것이 오늘의 문화정책일 것이다. 박물관 미술관 진흥법도 같은 맥락에서 입법취지에 걸맞게 중지를 모아 세련되고 걸맞게 다듬어지는 계기가 다시 한 번 이뤄지기를 촉구하고 싶다.

(1992 - 05 - 27)

경제전문가들 사표 써라

북한이 남침을 시작한 1950년 6월 26일 국회가 소집됐다. 조소앙(趙素昻) 의원이 "어떻게 적의 남침을 이렇게 몰랐느냐"고 따지자 채병덕(蔡秉德) 총참모장은 "사태가 별것 아니다. 사흘 안으로 평양을 함락시키겠다"고 호언장담했다. 27일 밤, 몇 시간 뒤면 서울이 점령당하는 위기일발의 순간에 대전으로 피난 간 대통령은 전화로 녹음한 담화문을 통해 "유엔에서 우리를 도와 싸우기로 작정하고 공중으로 군기와 군물을 날라 와 우리를 돕고 있으니 국민은 좀 고생되더라도 굳게 참고 있으면 적을 물리칠 수 있을 것이니 안심하라"는 태평스런 방송을 내보내고 있었다. 이 때문에 수많은 서울사람들은 적치하(赤治下)의 고생길을 헤맸고 수백만 젊은이들의 꽃다운 목숨이 전장에서 사라졌다.

지금 사정이 물론 당시와는 다르다. 그러나 진행되는 순서가 너무나 흡사하다. 불과 20여 일 전이다. 미국 블룸버그 뉴스의 빌 오스틴 기자가 "한국의 은행들은 확실히 위기상황"이라고 타전했다. 10월 말 외환보유고가 3백5억 달러라지만 실제 외환보유고는 1백50달러 수준이고 곧 IMF의 구제 금융에 의존할 수밖에 없다는 보도를 했다. 곧이어 미국과 홍콩의 중요 신문들이 한국경제의 위기를 보도하기 시작했다. 이때만 해도 재정경제원이나 한국은행의 고위 당국자들은 무슨 말이냐고 펄쩍 뛰었다. 문제의 기사를 쓴 기자에게 항의하고 외국 언론이 한국경제 때리기에 나섰다고 흥분하면서 법적 대응을 하겠다고 별렀다. 그 보름 뒤 우리 경제는 두 손을 들었다.

전선이 무너지고 적군이 전면전을 시작했다는 정보조차 사전에 알지 못한 게 6·25 당시 우리의 한심한 군사전문가들이었다. 그러면서도 한번 진군하면 평양에서 점심 먹고 신의주에서 저녁 먹는다고 큰소리 쳤다. 국경 없는 전쟁이 경제 전쟁이라고 했다. 이 전쟁에서 전선의 어디가 터지는지도 모른 채 우리 경제는 '펀더멘털(fundamental)이 튼튼하다'느니, 거시경제 지표가 어떻고 저떻고 하면서 마치 6·25 당시의 총참모장처럼 우리의 경제전문가들은 그동안 휜소리만 쳐왔다.

하루아침에 부도국가로 주저앉은 우리의 추락도 통탄스런 일이지만 나라꼴을 이렇게 만들어놓고도 책임질 줄 모르는 이 후안무치한 경제관료 경제전문가들의 태평스런 풍토가 더 개탄스럽다. 6·25 당시 군대란 얼기설기 엮은 창군 2년째 걸음마 단계의 조직이었다. 그러나 지금은 건국 50년을 맞는 문민정부 시대다. 이른바 엘리트 관료란 다 모여 있다는 곳이 재경원이고 그 밑에 숱한 경제연구단체가 있어 밤낮으로 무슨 세미나에 국제회의 한답시고 으스대며 돌아다닌 게 그들이다. 여기에 이름깨나 있는 경제학 교수들이 줄지어 정부 관련 프로젝트를 따 연구하고 보고서를 내는 게 지금까지 해온 그들 일이다.

도대체 이들은 무얼 했는가. 어째서 경제전선이 무너지고 외국의 구제를 받아야 하며 그 돈을 국민의 혈세로 갚아야 하고 수백만 명이 목숨인 직장을 잃어야 히는 국난 위기가 오는지 어느 경제관료, 어떤 전문가 집단이 이를 미리 경고했고 이에 대한 대처방안을 제시했던가. 고통과 위기가 지금부터 시작인데도 구제금융만 받으면 당장 일어설 듯이 나발 부는 게 이들이고 세 대선 후보 모두 자신이 집권만 하면 위기는 잠재울 듯 큰소리치고 있다. 개발독재 시절이라면 대통령이 이 모든 책임을 져야 할 것이다. 그러나 지금은 경제전문가들 스스로 외쳐댔던 자율경제에 정부규제 해체의 시기다. 위기상황을 미리 알고 성고하고 대처방안을 제시해야 하는 게 바로 이들 전문가집단이 해야 할 일이다.

그들은 말할 것이다. 대통령이 무능하고 경제 관료가 경직돼 있어 우리 소리를 듣지 않았다고. 대통령 귀가 어둡다면 귀를 잡아당겨서라도 전선이 무너지는 소리를 생생히 듣도록 일깨워주는 게 관료와 전문가 집단이 해야 할 최소한의 애국심일 것이다. 사흘 후면 평양을 점령한다는 식의 장밋빛 청사진만 늘어놓았으니 오늘의 국난을 맞은 것이다. 정치지도자만 중요한 게 아니다. 대통령을 보좌하는 전문 관료들, 연구기관, 교수, 언론인 등 이른바 먹물 먹은 전문가 집단 모두가 제자리에서 제 일을 충분히 할 수 있는 전문성과 정직성 그리고 책임질 줄 아는 직업윤리를 발휘할 수 있어야 오늘의 국난을 이겨낼 수 있다.

(1997-11-28)

우리 마음속의 두 중국

두 해 전 양쯔강 상류에서 하류까지 철선을 타고 사흘간의 복더위를 지낸 적이 있었다. 중국에서도 가장 덥다는 충칭에서 우한까지를 8월의 뜨거운 태양열을 받아 화끈거리는 배 안에서 보냈던 고통은 오랜 추억으로 남는다. 삼협의 기암절벽을 보고 사흘 내내 흐르고 흘러도 마냥 흘러만 가는 양쯔강의 길고도 넓은 자연을 망연히 바라보며 주눅들수밖에 없었던 기억도 함께 되살아난다. 사흘간의 길고도 지루한 여행속에서 중국의 광활한 국토에 기죽었던 우리가 무한에 상륙해서 초라하고 볼품없는 시가와 후줄근한 모습의 중국인들을 보면서부터는 아연 새로운 활기로 차올랐다. 큰 것에 대한 사대적 경탄과 기죽음, 나보다 잘살지 못하고 있다는 데 대한 우쭐함과 경멸함이 반작용을 일으켰던 기억은 중국을 여행한 사람들에게서는 공통적 체험으로 남아 있을 것이다.

　이제 80여 년 만에 중국과 다시 정식 수교하게 되면서 새삼스레 우리에게 있어 중국은 어떤 모습으로 다가와 있는가를 재확인해 볼 필요를 느끼게 된다. 솔직한 표현을 빌린다면 우리는 오늘의 중국에 대해지나친 열등감과 과장된 우월감이 교차하고 있음을 시인할 수밖에 없다. 중국의 조잡한 상품들을 보면서, 아직도 우리 60년대의 생활 모습을 간직하고 있는 그들의 생활상을 보면서, 증권시장 앞마당에서 경찰의 곤봉을 맞아가면서 한 장의 주식을 사기 위해 난리를 치는 그들을보면서 우리는 자본주의의 우월성을 느끼고 조국 근대화의 화려한 오늘에 자긍심을 갖는다. 과연 우리가 보고 느끼는 오늘의 중국은 그처럼내려보는 대상인가. 주눅 들어 있는 우리의 중국관이 그들의 표피적 삶을 보면서 반작용으로 나타나는 과장된 우월감은 아닌지. 과거 우월한사대의 나라로서의 중국과 못사는 사회주의 국가에 대한 모멸로서의현재 중국이 우리 마음속에 공존하고 있다.

　우리들의 마음속에는 또 다른 두 개의 중국이 있다. 무차별 인해전술로 6·25 전쟁 상황을 역전시켰던 '무찌르자 오랑캐'의 적대감과 『삼국

지』와『수호지』에서 오늘의 소림사권법 영화에 이르기까지의 문화적 연대감이 또 서로 반작용을 일으키면서 또 다른 갈등을 일으킨다. 피로 얼룩졌던 현대사의 양국관계는 씻은 듯이 없던 일로 하고 문화적 연대감만 앞세우기도 낭패스러운 두 개의 중국을 우리는 마음속에 지니고 있다. 수교당일 중국 외교부의 대변인이 6·25 전쟁에 대한 사과가 있었느냐는 기자의 질문에 '사실무근'이라고 답변하는 것을 들으면서, 또 '조중관계'엔 아무런 변화가 없다는 답변을 들으면서 아직도 적과 동지의 갈등이 우리 마음속에 공존하고 있음을 확인하게 된다.

중국 최대의 개방도시 광저우의 우체국 건물에는 지금도 '학습 뇌봉 (學習 雷鋒)'이라는 깃발이 나부끼고 있고 그 건물 앞에서 달러를 인민폐로 바꾸라고 졸라대는 새까만 얼굴의 아줌마들이 줄지어 서 있다. 중공군 통신 병사였던 뇌봉의 헌신적이고 혁명적인 자세를 본받자는 문혁 당시 공산주의식 학습이 아직도 유효하면서, 자본주의적 돈벌이에 혈안이 되어 있는 두 개의 중국을 보면서 우리는 또 다른 두 개의 중국을 절감하게 된다.

그뿐인가. 실제로 우리는 두 개의 중국에서 하나의 중국을 선택한 것이 이번 한중수교가 아닌가. 국민당 정부를 법통으로 인정하고 장제스 정부를 신주처럼 모셔왔던 우리가 어느 날 작은 중국 타이완을 헌신짝처럼 버리고 큰 중국을 선택한 것이다. 타이완도 중국이고 그들 모두가 같은 중국인이라면 그렇게 서운하게 그들을 보내고 새로운 중국인과 좋은 미래를 약속할 수 있을까. 서운한 작은 중국 타이완과 새로운 친구 큰 중국과의 마찰이 여전히 우리의 마음속에는 갈등으로 남아 있게 된다. 단순히 무역이 늘어날 것이고 무진장의 자원이 중국에 묻혀 있으며 12억 명의 상품 소비자가 있다는 단순 경제 논리로, 또는 화려한 조어대의 국빈 대우와 유수한 중국지도자의 만남이 주는 황홀함에 도취되어 중국을 맞이한다면 새로운 이웃과의 관계는 결코 평탄하리라 기대할 수 없다.

우리 마음속에 마찰을 일으키는 두 개의 중국을, 갈등과 반목으로 교묘히 반작용을 일으키고 있는 두 개의 중국을 우리가 어떻게 통제하고 하나로 조화시키느냐에 따라 양국관계는 원만한 선린으로 존속할 수 있을 것이다. 두 가지 상반되는 중국관이 원만한 조화를 이루지 못하고 우쭐대는 자만감이나 성급한 한건주의로 안이하게 대처할 때, 상호주의에 입각한 새 이웃으로서의 중국은 기대하기 어렵다.

중국 또한 우리 마음속의 두 중국이 엄존하고 있는 사실을 직시하고 외교문서상의 '하나의 중국'만을 강요할 것이 아니라 이에 상응하는 자세를 구체적으로 보여주어야 할 것이다. 동북아시아의 새로운 동반자로서 중국을 맞으며 우리 마음속에 도사리고 있는 두 개의 중국을 서울과 베이징당국이 하나로 일치시키는 데 공동으로 노력할 때에야 비로소 우리의 평등한 새 이웃으로 중국은 새로운 자리를 잡게 될 것이다.

(1992-08-25)

『토지土地』의 문화현상

원주(原州) 단구동 박경리(朴景利) 여사 집 앞마당에서 펼쳐진『토지(土地)』완간 기념 잔치를 보면서 정말 우리도 살 만큼 되었다는 자족감을 느낄 수 있었다. 남의 경사를 축하할 만큼 마음의 여유가 생겼고 남이 이룩한 장한 일을 보면 서너 시간씩 자동차로 달려가 아낌없는 찬사를 보낼 수 있는 넉넉함도 생겼음을 실감케 하는 자리였다. 기념 잔치에 모인 사람들을 보면 이 사회가 더욱 다양해졌고 심화되었다는 느낌도 든다. 보통 출판기념회라면 몇몇 문인들끼리의 만남으로 끝났을 텐데 이번 잔치는 문학 밖의 사람들이 더 많았다. 가정주부에서 대학생까지 참여해 우리 문화의 폭과 깊이가 더욱 넓어지고 깊어질 수 있다는 가능성을 확인하는 계기가 되기도 했다.

최근 문화예술에 대한 욕구와 수요가 크게 늘어나고 있음을 어려모로 확인한다.「앤디 워홀전」이 한 달 넘게 관객들의 사랑을 받고 있고, 휴일의「진시황전(秦始皇展)」을 보려면 줄을 서 기다리는 성의가 있어야 한다. 휴일이면 고속도로를 메우던 자가 운전자들이 이젠 가볼 만한 곳을 다 가본 탓인지, 길이 막혀 못 갈 바에야 전시장, 음악회나 가보자는 방향전환 탓인지, 의식(衣食)이 족하고 여유가 생기면 문화적 욕구가 늘어나는 당연한 이치 탓인지, 지금 우리 사회에서의 문화적 수요와 갈망은 크게 늘어나고 있다.『토지』1부가 발간된 지 20년이 넘는다.

어째서『토지』는 이처럼 긴 세월 독자의 애정과 관심을 끌 수 있었고 그 작품의 완간을 기념하는 날 이처럼 많은 사람들이 모여 문화 이벤트를 벌이는 하나의 문화현상이 되고 있는가. 원주 가는 차 안에서 동승했던 박범신·김성동·김사인 등 세 명의 문인은 이구동성으로 답했다. 한 작품에 25년이라는 세월을 바쳐 일생일업(一生一業) 종사하는 게 쉬운 일이 아니라는 것이다. 왜 성철(性徹) 스님이 그토록 존경받는가. 한눈팔지 않고 8년 면벽(面壁) 참선하며『불경』을 연구했기 때문이라고 했다. 그렇다. 구도자적(求道者的) 치열한 작가정신이 독자를 감동시키는 문화현상을 몰고 온다는 사실을『토지』를 읽으면 알게 된다.

작가 박경리의 얼마 안 되는 시(詩) 중에「사마천」이라는 게 있다.

"그대는 사랑의 기억도 없을 것이다/긴 낮 긴 밤을/멀미같이 시간을 앓았을 것이다/천형 때문에 홀로 앉아/글을 썼던 사람/육체를 거세당하고 인생을 거세당하고/엉덩이 하나 놓을 자리 의지하며/그대는 진실을 기록하려 했는가".

작가는 이 시 속에서 사마천(司馬遷)과 비슷한 인생의 한(恨)을 품으며 투철한 역사가적 자세로 소설『토지』를 쓰고 있다는 강한 의지를 보인다.

중국 역사가 사마천은 정치적 사건에 연루돼 궁형(宮刑)을 받은 뒤 울분과 통한의 삶을 살면서『사기(史記)』라는 불후의 역사서를 남긴다. 작가 박경리가 사마천에게 보이는 동병상련(同病相憐)의 한은 무엇인가. 그녀는 6·25로 남편을 잃고 홀어머니를 모시며 어렵게 외동딸을 키운다. 이 딸이 시인 김지하와 결혼하면서 군사정권의 핍박을 받게 되고 3대 청상(靑孀)이 살아가는 고달픈 나날을 겪는다. 옥바라지하며 어렵게 살아가는 한은 사마천의 궁형과 다를 바 없었을 것이다.

전쟁과 군사정권 아래서 겪는 작가 개인의 참담한 삶을 개인의 불평과 불만으로 끝내지 않고 시대의 한과 서러움으로 승화시켰다는 데 작가의 위대함이 있다. 작가 자신의 찢기고 고단한 삶을 그나마 지키려 했던 이유가, 3백여 등장인물을 동원해 우리 현대사의 고달픈 삶과 그 극복의 생명력 넘치는 의지를 시공(時空)을 뛰어넘어 오늘 우리의 삶으로 환치시키는 역사가적 사명의식에 있었을 것이다. 이제 그 집념의 노력이 효과를 거두었기 때문에『토지』와 박경리에 대한 애정과 관심은 그치지 않는다고 본다.

오늘 우리 사회에 문화예술에 대한 강한 욕구가 일어나고 있지만 경박하고 뿌리 없는 문화, 폭력과 섹스가 난무하는 소모적 낭비 문화가

판을 치고 있을 뿐이다. 때로는 편향된 이데올로기와 주의 주장에 얽혀 문화현상이 왜곡되기도 하고 때로는 후기산업화시대의 인스턴트 문화가 앞서가는 문화처럼 과장되기도 한다. 지금 새롭게 일어나는 문화예술에 대한 욕구를 바로 수용하고 바로 접근하기 위해서도 박경리 같은 투철한 작가정신, 넉넉함과 관용을 지닌 『토지』 같은 예술작품을 둘러싼 일련의 뜨거운 문화 열기는 지속적으로 확산돼야 한다.

(1994-10-10)

피서지의 음악캠프

지난주 짧은 휴가를 용평에서 보냈다. 이른 아침 새벽 산책을 끝내고 호텔로 들어섰을 때 어디선가 악기 소리가 요란했다. 소리를 찾아가보니 넓은 강당 무대 위에 70여 명의 젊은이들이 지휘자의 구호에 맞춰 연주회 연습을 하고 있었다. 반바지에 러닝셔츠를 입고 맨발에 샌들을 신은 채였지만 이미 젊은이들의 이마에는 구슬땀이 맺혀 있었다. 무대 위 현수막에는 '제1회 한국예술종합학교 지역연주회 및 여름캠프'라고 적혀 있었다. 여름방학이면 뿔뿔이 흩어져 놀러 갈 때인데 이들은 이곳까지 와서 저렇게 열심히 교수의 지도를 받고 있구나 하는 감동이 울려왔다.

그날 저녁 같은 장소에서 예술학교 성악과 교수인 임웅균(任雄均) 독창회가 있었다. 무더운 저녁이었지만 그는 정장 차림으로 무려 12곡의 가곡을 열창했다. 선생님의 노래가 끝나면 학생이 나와 마치 옛날의 학예회처럼 열심히 노래를 불렀다. 학생의 노래가 끝날 때마다 임 교수는 강평(講評)을 하고 제자에게 박수를 요청했다. 3백여 청중이 강당을 빼곡히 메운 채 더위를 잊고 이들 사제간의 열창에 환호했다. 얼핏 보면 초라할 이 작은 연주회에서 왜 쉽게 감동하고 환호했는가. 피서지에서 우연히 만나는 음악캠프가 감동을 줄 수도 있지만 우리의 젊은 음악인들이 이처럼 열심히 제 일을 하고 있다는 사실, 화려한 무대인들 더위를 핑계 대고 마다할 국제적 테너 가수가 오로지 자신의 학생들을 위해 피서지의 간이무대에서 열창할 수 있다는 사실이 더욱 감동적이다.

한국예술종합학교 음악원—. 설립된 지 2년이 채 안 된 병아리 학교다. 명문대학 예체능학과 입시부정이 쏟아지면서 새로운 형태의 예술학교가 필요하다는 여론에 힘입어 설립됐다. 음악원, 연극원, 영상원이 개설됐고 무용원, 미술원이 개원될 예정이다. 실기 위주 컨서버터리 형태의 예술학교다. 문화체육부가 운영 주체인 이 학교가 이만큼 성숙했고 문화층 또한 두터워졌다는 사실이 놀랍다. 그러나 더욱 중요한 사실은 여기서 멈춰서는 안 된다는 점이다. 기왕에 세운 학교고 저토록 열심인 교수고 학생이라면 이들에 대한 지원을 보다 조직적으로, 보다 강하게 해 저들의 저력을 개발할 수 있게 힘을 보태줘야 한다.

누구나 쉽게 문화산업이라고 말한다. 문화산업이란 개인의 재능과 피나는 노력, 여기에 강한 후원자의 지원이 있어야만 발전 가능하다. 이젠 세계적 예술가면서 우리의 문화상품들인 정명훈 남매들 그리고 조수미·홍혜경·장영주 등을 위해 국가와 기업 그리고 우리 자신들이 무엇을 해주었는가. 탐스런 과일이 열린 다음 격찬할 일이 아니다. 좋은 결실을 하게끔 거름을 주고 알뜰히 보살피는 배려와 지원이 먼저 있어야 그 과일을 따먹을 자격이 있다.

조수미의 이탈리아 유학시절, 그의 친구인 체칠리아 바르톨리가 세계적 지휘자 카라얀을 만나기로 되어 있으니 함께 가자고 했다. 카라얀 앞에서 친구는 조수미의 노래를 들어보라고 권했다. '신이 내린 소리'라는 카라얀의 격찬은 이런 우연한 기회로 이뤄졌다고 한다. 자신의 피나는 노력이 있었다 해도 하늘이 준 우연한 기회가 없었다면 조수미의 등장은 늦어졌을 것이다. 메트로폴리탄의 프리마돈나가 된 홍혜경이 그의 배역을 감기를 핑계 삼아 신영옥에게 넘겨주는 계기를 만들어주지 않았다면 또 한 명의 대가수는 탄생하지 못했을 것이다. 정명훈 남매들의 어머니 이원숙 여사의 집요하고도 억척스런 후원이 없었다면 오늘의 그들이 가능했을까. 이제 세계화 시대의 문화산업 육성을 위해서는 개인의 우연이나 한 가족의 후원에만 의존할 때가 아니다. 부와 기업 그리고 우리 모두가 이들을 지원하고 밀어주는 역할을 해야 한다. 문화산업이기 때문만이 아니다.

예악(禮樂)이란 인간의 마음을 순화시키며 공동체의 화합과 질서를 이루는 기본이고 촉매다. 동양의 이름 높은 군주들이 왜 예악을 숭상했고 발전시켰는가. 예악이 곧 한 나라의 질서와 화합을 이루는 요체라고 봤기 때문이다. 이 사회에 난무하는 무질서와 파괴, 걷잡을 수 없는 혼란을 막기 위해서도 음악하는 마음, 예술하는 학교와 집단에 대한 과감한 지원 및 투자가 정부와 기업에서 함께 일어나야 한다.

(1995-08-09)

어떤 삶을 살 것인가

어린 왕자는 별나라 여행에 나섰다. 첫 번째 별에서 어린 왕자는 명령과 지시만 내리는 왕을 만난다. 왕은 하품하는 것도 지시하고, 늙은 쥐한 마리의 생명에 사형을 내리거나 사면을 하기도 한다. 어린 왕자는 황혼을 보기 위해 왕에게 해가 지게 해달라고 청한다. "흠 흠, 오늘 저녁 7시 40분쯤이면 가능하다"고 왕은 위엄 있게 말한다. 어린 왕자는 하품을 한 뒤 "어른들은 이상해" 하며 그 별을 떠났다.

두 번째 별에서 그는 칭찬만을 좋아하는 허영심 강한 사람을 만나고, 그다음 별에서 술 마시는 게 부끄러워 이를 잊기 위해 술을 마신다는 술꾼을 만난 다음, 하늘에 있는 5억 몇십 개의 별 숫자를 매일매일 수첩에 세어 은행에 맡기는 부지런한 상인을 만난다. 남에게 군림만 하는 권위적 인간, 칭찬만을 바라며 허위의식에 사로잡힌 위선적 인물, 술꾼의 향락적 허무주의, 모든 것을 소유하겠다는 물질 만능주의… 생텍쥐페리가 동화 형식으로 쓴 『어린 왕자』 속의 일그러진 어른들의 모습 속에서 오늘 우리의 자화상을 본다.

광복 50주년을 맞아 통계청이 작성한 「통계로 본 세계와 한국」이라는 보고서를 보면 우리의 국력은 세계 12위이지만 생활수준은 32위로 나와 있다. 경제 지표는 높아졌지만 삶의 질은 아직도 후진성을 벗어나지 못했다는 단적인 증거다. 독재와 혁명, 쿠데타와 민중봉기라는 악순환의 연속이 우리의 정치 상황이었고 지시와 명령으로 일관되는 권위주의 정치풍토는 지금도 뿌리 깊다. 잘살아보자는 깃발만 보며 달려온 30년 동안 1만 달러 소득이라는 경제건설을 이룩했지만 그 때문에 잃어버린 것, 빠진 것, 모자라는 것이 너무 많다. 너무 빨리 달려오다보니 모든 게 대충대충 겉치레여서 다리가 주저앉고 백화점이 무너지는 참담한 참사가 거듭된다. 먹고살 만해지니 향락과 소비는 급증하고 변태적 심야영업에 성폭행. 살부(殺父)의 패륜이 난무하는 도덕불감증 세상이 되고 간암 사망률과 여자교통 사망률이 세계 1위라는 부끄러운 기록을 남긴다. 남보다 앞서야 칭찬을 받는 세태가 되면서 출세지향주의가 이 사회의 룰이고 모범이 되어 심지어 '성공한 쿠데타'까지 면책권을 갖는 규범 없는 사회가 되어버렸다.

지난 50년을 이렇게 살아왔다면 앞으로의 50년은 어떻게 살 것인가. 지금과는 다른 삶의 양식이 요구되고 새로운 문명 패러다임이 예상되는 대전환의 시대에서 어떤 삶을 살아야 할 것인가. 국내외 2백여 철학자들이 모여 지난주 '인간다운 삶과 철학의 역할'을 토론했다. 이제 철학이 관념의 논리가 아니라 현실속의 구체적 삶의 향방을 제시하는 학문이 돼야 할 만큼 이 사회는 철학 부재(不在)의 혼돈 속에 있다. 예상할 수 없는 새로운 문명 패러다임이 전개되고 새로운 산업 환경과 국제변화 속에서 구체적 삶의 방식을 제시하기란 철학자들에게도 난제(難題)일 뿐이다.

그러나 세상이 어떻게 바뀌어도 변치 않을 인류의 영원한 숙제가 있다. 사람과 사람의 관계다. 사랑과 미움, 애정과 원한, 나와 남, 내 것과 남의 것이 갈등과 혼란 속에서 한 치도 벗어나지 못한 채 일상의 노예가 되는 게 우리의 삶이 아니었던가. 몇 푼의 달러를 더 번다고 삶의 질이 높아질 수 없다. 지금껏 살아온 삶의 목표와 가치를 수정하지 않고서는 삶의 질은 향상될 수 없다.

어린 왕자는 일곱 번째 별인 지구에서 지혜로운 여우를 만난다. 쓸쓸해진 어린 왕자는 여우와 친구가 되기를 청한다. "난 너하고 놀 수 없어. 길이 들지 않았거든." 여우는 거절한다. "길이 든다(Apprivoiser)는 뜻이 뭐니?" "관계를 맺는다는 뜻이야." 어떻게 관계를 맺는가. 한 송이 장미꽃을 피우기 위해 아침이면 물을 주고 햇볕이 들면 고깔을 씌우고 바람이 불면 막아주듯 상대에게 정성을 쏟는 일이 관계의 시작이다. 이렇게 길이 들면 들려오는 발자국 소리만 듣고서도 여우는 어린 왕자를 알아채고, 바람에 일렁이는 황금빛 밀밭을 보고서도 어린 왕자의 금발을 생각하며 가슴이 뛴다.

서로가 서로를 아끼는 관계, 애정과 정성을 쏟으며 맺어지는 인간관계, 이것이 이 사회에 필요한 삶의 질을 높이는 관계의 시작이 아닐까. 가을이 오고 있다. 나의 삶, 나의 인간관계를 한번쯤 되돌아볼 때다.

(1995-08-23)

경주 살리기

고속철도의 강점은 직진과 강속에 있다. 빨리 달리려면 똑바로 가야 한다. 왜 그 엄청난 돈을 들여 고속철도를 놓는가. 산업동맥인 경부 간 도로가 자동차로 적체가 되니 사람은 고속철도로 빼고 물류 유통을 원활히 하자는 의도였다. 그러나 고속 철도 예정노선을 보면 서울 – 대구 구간까지는 비교적 직선으로 왔다가 갑자기 우회전하면서 경주를 거쳐 부산으로 가게 돼 있다. 바로 가면 삼각형의 한 변만 거치는데 경주로 우회하니 두 변을 거쳐 종착역에 이른다. 시간이 배로 더 들고 공사비 또한 두 배로 늘 것이다. 그런데 이상하게도 고속철도 속성을 가장 잘 살려 직진을 주장해야 할 건설교통부가 경주 통과 우회선을 주장하고 있다. 이미 정해놓은 것이니 고치면 돈이 더 들고 공기(工期)도 늦어진다는 주장이다. 삼각형의 한 변은 두 변의 합보다 짧다는 초보적 기하학을 무시하고 경주 도심 통과를 우기고 있으니 어느 쪽이 돈이 더 들고 어느 편이 더 공기가 늘어나는지 알 수가 없다.

고속철도가 도심을 통과할 때 일어나는 역사 문화적 파괴는 새삼 재론할 필요조차 없다. 이미 경주 발전(?)을 위해 허가한 경마장 부지에 착공을 하자마자 고분군 7개소, 토기요지군 2개소, 기와 산포지 1개소가 쏟아져 나오지 않았던가. 만지면 만질수록 파괴되고 파면 팔수록 사라지는 게 고도(古都) 경주라는 곳이다. 왜 역사 고고학자들이 멱살까지 잡혀가면서 고속철도의 경주 통과를 반대하고 경마장 건설을 부당하다고 보는가. 이건 지역 이기주의도 아니고 학문 우월주의도 아니다. 경주를 위해, 역사를 위해, 민족을 위해 그 부당성을 따지고 반대하는 것이다.

지금 격론 중인 경주 문제는 개발과 보존이라는 등가적(等價的) 2분 논리가 아니다. 역사와 유적을 말살할 것이냐, 말 것이냐를 따지는 정·부당의 문제다. 상식적으로도 따질 문제가 아닌 것을 놓고 건교부와 문화체육부가 맞서고 있고 개발과 보존이라는 그럴듯한 시각으로 문제를 좁혀놓고 있다. 지난 1천 년 역사를 담은 도시를 역세권 발전과 경마장 건설이라는 극히 작은 이익으로 맞바꿔치기하자는 소리일 뿐이다. 이를 위해 국가 간선이 우회해야 하고 역사적 유물유적이 파손돼야 하는지 그 경중은 비교해 설명할 가치조차 없다.

진짜 어미와 가짜 어미가 아이를 앞에 두고 서로 제 아이라고 주장했을 때 현명한 재판관은 두 아이를 칼로 베어 나누라고 했다. 진짜 어미는 아이를 죽이기 두려워 제 아이가 아니라고 양보하지 않았던가. 경주를 앞에 두고 개발과 보존을 주장하는 두 편 중 어느 쪽이 진짜 경주인이고 진짜 한국인인가. 경주문제는 개발과 보존을 두루뭉수리로 타협할 소지가 없다. 아이를 자르면 죽듯 개발도 하고 보존도 하는 절충식 타협방식은 경주를 죽일 뿐이다.

문체부가 내놓은 진천역 절충안도 도심 통과는 면하고 있지만 유적의 보고인 남산자락을 통과하게 돼 있다. 건교부의 지하화 방안은 매몰

유적을 소리 없이 결딴내고 지상의 역세권은 여전히 살아남기 때문에 이 또한 경주 죽이기다. 고속철도가 살고 신라 천년의 유적이 살면서 경주시민이 살아나는 길은 쉬운 곳에 있다. 방법은 대구에서 부산으로 직진하는 길이다. 경비와 공기가 거의 반으로 줄어든다. 서울 – 부산 간 전장 4백30km에 10조 원이 든다면 km당 건설경비가 2백50억 원 정도. 경주구간 62km가 반으로 줄어들면 7천5백억 원이 절감된다는 산술 계산이 나온다. 이 돈을 경주를 위해 투자하자는 것이다. 전문성 없는 초보적 계산이지만 이런 관점과 개념으로 경주를 살려보자는 발상의 전환이 필요하다.

독재자 무솔리니가 두고두고 칭찬받는 딱 한 가지 일이 로마를 파괴하지 않기 위해 로마 근교에 신도시를 세운 일이다. 경주 유적지를 벗어난 곳에 경주시민을 수용할 신도시를 건설하면 유적 때문에 받는 주민들의 불이익도 보상된다. 이렇게 되면 고속철도, 역사적 유물 유적, 경주시민 모두가 살아난다.

막 한 달 전 민족정기를 살리고 문화유적을 복원한다며 구 총독부 건물 철거작업을 국민적 이벤트로 치른 문민정부다. 일제가 고도 경주의 맥을 끊기 위해 철도를 관통케 했던 그 자리에 고속철도까지 통과시켜 민족의 장래를 망치지 않으려면 고속철도는 경주를 무시하고 대구에서 바로 부산으로 직행하는 노선을 새롭게 계획해야 한다.

(1995-09-20)

혹세무민惑世誣民

안방극장의 단골 주인공이라면 광해조의 인목대비, 숙종조의 장희빈,

고종조의 명성황후 민비를 꼽을 수 있다. 조선조 최대의 여걸이라 할 세 여인은 치열한 권력 다툼의 배후 조종자로서 비운의 처참한 일생을 마감한 공통점 때문에 시청자들의 눈물과 동정 그리고 비난을 한 몸에 받는다. 세 여인에겐 또 다른 공통점이 있다. 세 여인 모두 지극히 무당을 좋아해 결국 무당 때문에 인생을 망친다는 사실이다. 인목대비가 폐모(廢母)의 비운을 맞는 결정적 계기는 '수란개'라는 단골무당을 동원해 광해군을 저주했기 때문이다. 너무나 잘 알려진 장희빈의 종말도 그녀의 전속 무당 '태자방'이 인현왕후를 저주한 탓이다. 무당을 총애해 전속 무당에게 진령군 칭호를 내리고 국사(國師)급으로 우대해 국사당까지 설치했던 민비는 한판 굿으로 1년 치 궁중 살림을 거덜냈다는 기록이 나올 정도였다. 그러나 그녀의 전속 무당은 민비 시해의 어떤 조짐도 예견하지 못한 채 비운의 참살을 겪게 했다.

왜 지금 무당 푸념인가. 바야흐로 정보고속도로가 놓이고 최첨단과학기술이 하루가 다르게 세상을 바꾸는 시절인데도 우리 사회의 깊숙한 곳에서는 아직도 혹세무민의 무당들이 사실상 존경받거나 영향력을 발휘하고 있다는 놀라운 사실을 우리가 지나치고 있기 때문이다. 얼마 전 MBC TV에선 요즘 세간에 나도는 『격암유록(擊庵遺錄)』이라는 예언서의 실상을 파헤치는 보도를 했다. 임진왜란을 예언했고 5·16까지 알아맞혔다는 『격암유록』이란 실은 작자나 근거가 미상이거나 조작돼 한국판 노스트라다무스의 예언서처럼 행세하고 있다는 것이다. 지금이 바로 음력 윤8월이다. 이달 한 달 동안 어떤 결혼도 하지 않고 이사도 하지 않는다는 속설이 나돌더니 그토록 예약이 힘들던 예식장과 이삿짐센터가 일손을 놓고 있다.

북한의 김일성 주석이 사망한 날을 예언했다는 예언가·지관·무당이 속출하더니 이젠 책까지 내 기자들과 인터뷰하고 예언의 내용마저 방송과 신문이 소상히 전달하고 있다. 무당이 쓴 『신이 선택한 여자』라는 책에선 "빠르면 올 연말, 늦으면 내년 음력 5월 내각제가 이뤄지며 초대 총리는 오랜 정치활동 내내 부침(浮沈)을 계속해온 천운을 타고난 인물이 된다"고 예언하고 있다. 그 천운의 인물이 누군지는 독자라면 대개 알 만하게 돼 있다. 올해 음력 10월 중 육지에서 또 한 번 대형사고가 나 수많은 인명을 빼앗아가고 북한의 김정일은 권력투쟁과 건강 때문에 내년 중 유럽으로 망명한다고 전한다.

믿거나 말거나 이런 정치 예언가란 미국에도, 프랑스에도 있으니 한 번 듣고 흘려버리면 되지 않느냐 하겠지만 우리 사회현실이 어디 그런가. 믿거나 말거나가 아니라 모두 귀를 모으고 숨죽여 경청하고 있다. 김일성 사망일까지 정확하게 맞힌 전력(前歷)이 있다니 더욱 설득력 있게 전파된다. 이를 신문과 방송이 부채질해 보도하니 믿어도 좋다는 쪽으로 기울지 않는가. 세상의 모든 이치가 이들 예언가의 말대로 이미 작정돼 있다면 누가 힘들게 일하고 노력할 것인가. 불가능한 일도 노력하고 협력해 가능한 일로 만드는 게 인간의 일이고, 정치의 세계며, 인류의 장래가 아닌가.

이미 차기 대권은 누구에게 점지됐다거나, 내각제 개헌을 날짜까지 박아 기정사실로 유포하는 게 과연 하늘의 뜻이고 국민의 선택일 수 있겠는가. 혹세무민이 별게 아니다. 특정인과 특정 제도까지 거론하며 이를 하늘의 뜻이고 계시라고 주장해 세상을 어지럽히고 국민을 현혹시키는 게 바로 혹세무민이다. 어디 무당뿐인가. 교언영색으로 변신과 거짓을 거듭하며 정권을 잡겠다는 정치가의 언행도 무당과 다를 바 없이 국민을 현혹시키고 세상을 어지럽히는 혹세무민이다.

이들 무당과 교언영색의 정치가들을 화제로 삼는 언론의 행위도 혹세무민이다. 과학과 합리의 시대에 거짓과 비과학적인 헛된 예언으로 이 사회를 불합리하게 이끌려는 세력이 있는 한 우리의 장래는 암담하다.

혹세무민하는 무당과 정치인, 여기에 동조하는 언론이 과학과 합리의 시대를 역행하는 이 시대의 이단(異端)이라는 경계심이 널리 확산돼야 한다.

(1995-10-04)

서울과 경기는 하나다

경기도에서 일한 지 2년 반이 됐다. 왜 '경기(京畿)'라고 했을까. 임금이 사는 궁(宮)을 중심으로 3리에 성(城)이 있고 7리에 곽(廓)이 있어 성곽 안 10리(약 4km)를 경(京)이라 했다. 곽 바깥 100리를 교(郊), 교에서 100리를 전(甸)이라 했다. 원래 중국에선 경에서 500리 안쪽을 기(畿)라 했지만 우리 경우 200리를 경계로 왕의 직할지라 해서 경기라 했다. 고려 현종 때 도입했다니 천 년 역사가 된다. 한나라의 도읍지가 되려면 적어도 반경 200리는 돼야 한다. 천 년 전에도 그러했다면 지금이야 말할 게 없다. 그런데 우리의 수도 서울은 어떠한가. 우선 서울시가 쪼잔하기 짝이 없다.

일제가 도읍지 한양을 축소·왜소화하기 위해 반경 10리 이내 땅을 경성(京城)이라 명명한 이래 서울은 사대문 밖을 벗어나지 못하고 있다. 문화재가 즐비한 좁은 땅에 비비적대며 옹색하게 신 청사를 올리고 있다. 여기에 서울 밖은 수도권이라 해서 온갖 규제를 담은 수도권정비계획법을 만들어 움치고 뛸 수도 없게 했다. 인구가 넘치고 집값이 치솟으면 한강 넘어 강남으로 오고 이것도 모자라 분당 판교를 거쳐 이젠 동탄까지 내려왔다. 물이 차고 넘쳐야 착수하는 오버플로(overflow)형 개발로 일관해 왔으니 도시는 난개발이고 무계획적일 수밖에 없다.

서울의 인구밀도는 km²당 1만 7천여 명으로 경제협력개발기구(OECD) 국가 중 최고다. 2위 멕시코의 두 배이며 뉴욕의 8배, 도쿄의 3배다. 아무리 디자인으로 분칠을 해본들 삶의 질이 나아질 수 없다. 여기에 포퓰리즘을 동원해 정부가 수도 이전을 획책했고 그것도 안 되니 수도 분할에다 세종시까지 등장한 것이다. 세종시의 대안도 중요하지만 그보다 더 급한 것은 수도 서울과 수도권 경기도를 어떻게 할 것인가 하는 보다 근본적인 문제부터 풀어야 한다.

서울과 경기를 따로 놓고 보면 지금과 같은 시행착오는 거듭될 뿐이다. 둘이 아닌 하나라고 볼 때 문제는 쉽게 풀린다. 반경 200리의 경기를 놓고 도시 설계를 크게 한다. 묶을 것은 묶고 풀 것은 확 푼다. 주거지역과 업무지역, 첨단과학지역과 대학 단지 등을 새로 계획하고 지하 40m의 대심도 지하철도(GTX)를 X자형으로 거미줄처럼 연결한다. 이게 메가 시티고 대수도. 도쿄는 서울의 3.6배고 베이징은 서울의 27배다. 워낙 큰 나라 수도라지만 서울·인천·경기도를 다 합쳐도 3분의 2 수준이 될까 말까다. 크다고 다 좋은 것은 아니지만 글로벌 경제시대 수도라면 200리 반경은 최소 유지해야 안 되겠나.

조선조 말 고종은 갑오개혁을 단행해 전국 8도를 23부(府)·337군(郡) 체제로 개편한다. 현 서울시와 경기 북부지역을 합쳐 한성부(漢城府)로 했다. 현재의 경북 지역을 대구부와 안동부로, 경남을 진주부와 동래부로, 호남을 전주부·나주부·남양부로 나누는 형식이었다. 요즘식으로 치면 광역시와 도를 합쳐 하나의 행정단위로 하는 방식이니 충분히 참

구할 만하다. 이미 행정개편을 앞두고 몇몇 국회의원이 나름대로 개편안을 제시한 바 있다. 일부에선 도를 없애고 60여 개의 광역시로 하자는 안도 있고 강소국형 연방제안도 나온 바 있다. 여기에 한때는 정부가 무슨 이유에서인지 도시 간 합병을 출싹거려 유도하더니 지금은 쑥들어가버렸다.

원칙도 방향도 없는 일회성 개편으로 나라를 흔들어선 안 된다. 먼저 글로벌시대에 맞는 수도란 게 어떤 것이냐에 대한 국민적 대합의를 일궈내야 한다. 이와 연동해 각 정당은 국토 개조에 맞먹는 행정개편의 큰 틀을 짜 다음 대선에 선거공약으로 내놓아야 한다. 일본은 4년 전 총리직속 지방제도조사회에서 「도주제의 올바른 자세에 관한 답신」이라는 보고서를 총리에 제출했다. 현재 1도(都, 도쿄), 1도(道, 홋카이도), 2부(府, 교토와 오사카) 그리고 43현(縣) 등 47개의 지자체를 10개 안팎의 도(道) 또는 주(州)로 통합해 재설계하자는 내용을 담고 있다. 현보다 큰 단위의 지자체로 가면서 지방분권을 더 강화하자는 데는 자민당과 민주당이 견해를 같이하고 있다.

세종시 하나만 끝내면 그만이라는 안이한 생각에서 벗어나 국가경쟁력과 통일 이후를 함께 생각하는 대수도론과 행정개편론을 국민 앞에 제시해 심판을 받는 절차를 거쳐야 한다. 그래야 서울이 살고 경기도가 살며 대한민국이 세계를 향해 비상할 수 있을 것이다.

(2010-01-13)

역사문맹이 늘고 있다

"옛사람이 말하기를 '국가멸 사불가멸(國可滅 史不可滅)'이라 하니 무릇 나라(國)는 형체요, 역사(史)는 정신이다." 일제침략으로 나라를 잃고 중국 상하이로 망명한 역사학자 백암(白巖) 박은식(朴殷植)이 피를 토하듯 쓴 역작 『한국통사(韓國痛史)』 「머리글」에 나오는 명문이다. 지난해 서울대 특차모집에서 국사학과를 지망한 19명의 응시생들에게 이 문장을 읽고 뜻을 말하라고 했다. 대부분 학생이 '滅(멸)' 자를 읽지 못했다. 글자를 모르니 뜻을 알 리가 없다. 서울대 특차 응시자라면 전국의 수재라 할 만하다. 게다가 한국사 전공을 선택한 학생이라면 이 정도는 이해해야 한다는 게 출제교수의 기대였다. 기대는 무참히 깨졌다. '나라는 망할 수 있어도 역사는 결코 망하지 않는다'는 역사의식이 전혀 없는 역사문맹교육이 현재 진행 중이다.

한자 하나 모른다고 역사문맹으로 확대 해석할 수 있느냐 하겠지만 학교현장의 역사교육은 '국사 없애기'로 일관하고 있다. 현행 중학교에선 국사가 사회과로 통합돼 있으면서 교과서만 독립돼 있다. 독립교과목이 아니니 성적표에도 국사점수가 없다. 주 2시간에 2년간 건성으로 배울 뿐이다. 고교에선 명색 필수지만 수업시간은 주당 2시간, 수능시험에 국사문제가 별로 나오지 않으니 천덕꾸러기로 전락했다.

그나마 지난 문민정부 때 7차 교육과정개정안을 만들면서 '공통사회'라는 과목을 신설해 지리·정치·경제·세계사, 그리고 국사를 뒤섞어 함께 가르치게 했다. 2000년부터 아예 국사과목이 없어질 운명에 처했다. 역사학회의 항의와 반발도 있었다. 그러나 세계화시대에 웬 국수주의적 과목이기주의냐고 일축해버렸다. 지난해부터는 사법고시 필수과목이었던 한국사 시험을 폐지했다. 공직자의 국가관 확립이라는 필요성이 어째서 갑자기 용도 폐기된 것인지 아무런 설명이 없다. 지금은 어느 대학에서도 국사를 교양과목으로 가르치지 않는다.

권위주의 시절 한국사 연구는 운동권 학생들의 전유물이었다. 한국사 연구가 지하화하면서 반체제 이데올로기의 도구라는 이유로 국사는 설 자리를 잃었고 또 한편으로는 군사정권의 친체제 도구 과목이라 해서 국민윤리 교련과 함께 대학교양과목에서 사라졌다. 그 결과 전국 4년제 대학 국사담당 교수인력은 모두 합쳐야 2백80명 정도다. 중국문학 3백85명, 철학 4백33명, 독일문학 3백53명에도 훨씬 못 미친다. 서울대에 규장각도서관이 있다. 국보적 역사자료가 산적해 있다. 이 규장각에 단 한 명의 국사전공 교수도 없다. 일본 도쿄대 사료편찬소에는 70여 명의 일본사 교수가 소속돼 있다. 지금 서울대에는 현대사를 배우겠다는 학생들이 모여들고 있지만 지도할 전공교수는 단 한 명뿐이다. 역사교육 부재에 역사문맹이 늘어날 수밖에 없다.

　지난해 가을 주한 일본대사관 직원이 한명희(韓明熙) 국립국악원장에게 전화를 했다. 새로 부임할 오구라 가즈오(小倉和夫) 대사가 국악과 판소리 연구에 관심이 많으니 이를 가르칠 선생님을 추천해달라는 부탁이었다. 부임 이튿날 오구라 대사는 오늘 저녁부터 가르침을 받겠다는 전갈을 해왔다. 나는 이 이야기를 전해 들으면서 한 외교관의 투철한 직업적 자세에 감복하고 나 자신 국악에 대해 무얼 알고 있는가 하는 자괴(自愧)와 깊은 반성을 했다.

　국악이나 국사는 민족의 혼과 정신을 담고 있는 똑같은 국학이다. 국사가 경시됐다면 국악은 천시 대상이었다. 국악인들의 피나는 해외활동으로 외국에서 국악이 각광받으면서 제 나라 음악이 역수입된 꼴이다. 운동권 학생들의 동아리 모임이 없었다면 국악 대중화는 불가능했을 것이다. 이제서야 한국예술종합학교에 전통음악원이 개설되고 문화관광부가 국악 FM 방송국을 추진하겠다고 한다. 늦었지만 지금이라도 체계적인 국악교육의 활성화를 기대한다.

나를 제대로 알기 위해 우리의 역사를 배우고 나라의 소리를 듣는다. 세계화도 중요하고 서구적 가치관도 배워야 한다. 그만큼 우리 역사와 음악을 배워야 제대로 된 세계화가 될 수 있다. 음악교과서에서 국악의 기본마저 가르치지 않고, 제 나라 역사를 '공통사회'라는 과목으로 가르치는 세계화 교육이라면 나라와 정신을 함께 잃는 국사공멸(國史共滅)의 화를 면할 길 없다.

(1998-04-24)

또 하나의 군사문화

80년 5·18 광주항쟁의 흉흉한 소문이 끝 모르게 전해지던 7월 초 어느 날, 조각가 최종태(崔鍾泰)는 스승 김종영(金鍾瑛) 댁을 찾는다. "삼선동 선생 댁 마당에 들어서니 마루에 온 가족이 다 모여 앉아 있었다. 초상집 같았다. 당시 군사당국이 데모하는 꼴이 보기 싫어 (조각품을) 헐어 치웠구나 하는 느낌이 번뜩 스쳤다. 그 길로 제자는 묻고 물어 삼청공원 쪽으로 달려간다. 삼엄한 경계를 선 '국보위' 정문을 지나 비탈길 쓰레기 하치장에 이르러 거적에 덮여 있는 스승의 조각품을 발견한다. 도인(道人)처럼 한 시대를 살다 간 스승을 기려 펴낸 최 교수의 『회상. 나의 스승 김종영』에 나오는 당시 회고담이다.

사연인즉 이렇다. 80년 신군부는 탑골공원에 설치된 김종영의 '3·1 독립기념탑' 조각물을 헐어버렸다. 박정희 최고회의 의장시절 3·1 정신을 고양하기 위해 국민모금으로 세운 최초의 조형물이고, 조각가 김종영이 혼신의 힘을 기울여 제작한 조각품이다. 만세를 부르며 시위하는 군중의 모습이 보기 싫다고 군부가 철거해 쓰레기더미에 처박아버린 것이다. 건강했던 스승은 이 사건이 있은 다음부터 병을 얻어 세상을 뜨게 된다. 폭압의 시대였지만 미술계가 들고 일어나 원상복구를 외치고 숱한 진정서, 탄원서를 냈지만 아무런 답이 없었다. 91년 서대문형무소를 헌 자리에 독립공원을 조성하면서야 '만세군상'은 가까스로 복원된다. 실로 12년 만에 제자는 스승의 영전에 "선생님, 보셨지요. 이제 세워졌습니다"고 통곡하며 자랑할 수 있었다.

군부 독재시절 '보기 싫은 시위조각물'이라는 이유 하나로 한 예술가의 영혼과 육신은 이렇게 허물어졌다. 그로부터 30년 가까운 세월이 흘렀다. 서울 강남 테헤란로에 초현대식 포스코 건물이 자리 잡고 있다. 그 앞에 설치된 프랑크 스텔라의 대형 조각품 '아마벨'이 지금 철거될 운명에 처했다. 30년 전 군사문화의 망령이 되살아난 듯 철거 이유 또한 옛날 상황과 별로 다르지 않는다. 왜 보기 싫은 고철더미를 비싼값으로 사들였느냐는 것이다. 현대미술관에 무료로 이전하겠다는 논의가 진행 중이다. 현 경영진이 전 경영진의 예산낭비로 손꼽은 대표적 사례이기 때문에, '아마벨'은 죽은 국제철강협회 사무총장의 딸 이름으로 특정인의 죽음을 애도하는 작품을 세워둘 필요가 없다는 예술외적 이유로 예술 자체를 허무는 시도가 진행 중이다.

겉은 초현대식 건물이지만 속은 아직도 군사문화의 틀을 벗어나지 못하고 있다. 프랑크 스텔라는 '철의 마술사'다. 미니멀 전위미술에서 출발해 입체적 회화와 건축적 작업으로 변신을 거듭하면서 쇠를 주제로 한 독특한 작품세계를 확립한 금세기 최고의 거장이다. 세계적 철강 기업인 포철로선 최상의 작가선택을 한 것이다. 스텔라는 2회에 걸쳐 서울을 방문해 포철 건물과 테헤란로의 풍경을 감안해 작품 '아마벨'

을 완성했다. 사방 9m에 무게 30t짜리 스텔라의 기념비적 초대형 조형물이다. 일반인이 보기엔 난해하고 구겨진 비행기 잔해처럼 흉물스럽기도 하다. 난해하고 흉물스러우면 철거해야 하나.

파리의 명물 에펠탑이 1889년에 세워졌을 때 쓸모없는 철제 괴물이라고 일부 시민들이 반대해 해체위기에 몰린 적도 있었다. 로댕의 명작 발자크 조각상도 눈동자를 뻥 뚫어 흉물스럽다고 외면당한 적이 있었다. 앞서가는 예술을 일반인의 잣대로 허물고 욕할 수는 없다. 세계적 전위예술가 백남준이 알몸으로 피아노를 연주하고 고철 TV 수상기로 작품활동을 할 때 그를 비웃고 매도했던 일반인들은 이제서야 자신의 무지를 반성할 것이다.

내가 모르고 나와 다르다고 남을 욕하고 매도할 수 없다. 난해하고 흉물스럽더라도 너그럽게 봐주고 포용할 줄 알아야 문화가 숨쉬고 예술의 키가 자란다. 관용이 없는 사회, 너그러움의 문화마저 없다. 현 정권이 전 정권을 부정하고 현 경영진이 전 경영진의 기념 조각품마저 까부수고 철거해야 직성이 풀린다면 또 하나의 군사문화일 뿐이다. 문화입국을 역설하고 세계화를 주창하는 시대에도 여전히 예술외적 이유를 들어 예술작품을 짓밟고 허무는 과오를 되풀이해선 안 된다.

서대문 로터리 독립공원에 옮겨진 「만세군상」을 보노라면 두 팔 치켜든 군상들이 탑골공원을 향해 치닫고 싶어하는 열망을 읽는다. 설치미술은 설치장소가 중요하다. 독립문이 독립문 자리에, 남대문이 남대문 자리에 있어야 제격이듯 「만세군상」을 탑골공원 제자리로 이전하고 '아마벨'을 있는 그대로 두는 문화의 너그러움을 실천할 때가 됐다.

(1999-08-13)

제2부 우리에게 내일이 있는가

정조의 화성 vs 노무현의 세종시

왕조 시대의 군주와 민주 시대의 대통령을 단순 비교하기란 어려운 일이다. 그럼에도 불구하고 나는 정조 이산과 노무현 전 대통령 간에 상당한 유사점과 극명한 차이점을 동시에 보고 있다. 우선 정치 지도자로서 처했던 상황이 매우 흡사했다. 주류 세력에 휩싸여 비주류의 간난과 신고를 뼈저리게 체험했고 이를 극복하기 위해 개혁과 변신을 거듭하면서 수도 이전 또는 신도시 건설을 계획했던 게 두 사람의 공통점이다.

정조 나이 11세 때, 아버지 사도세자가 노론 벽파와의 갈등 속에서 뒤주에 갇혀 8일 만에 죽는 비참한 사건이 일어난다. 주류 세력이 아버지에게 가한 이 끔찍한 비극이 아들의 마음속 깊은 곳에 통한으로 자리 잡는다. 왕이 되자 아버지 묘소를 수원 남쪽 화산으로 옮기고 13차례 묘소를 찾는 원행(園幸)을 한다. 규장각을 신설해 계급과 신분을 뛰어넘는 인재 등용을 하고 신주류 세력을 꾸준히 확보해나가면서 친위부대인 장용영(壯勇營)을 신설해 왕권을 강화했다. 마침내 정조 18년(1794) 수원을 화성으로 고치고 묘소를 지킨다는 명분으로 신도시 건설에 착수해 2년 7개월 만에 5.7km에 이르는 아름답고 견고한 성곽을 쌓고 수십 채 행궁을 건설한다.

노무현 정부의 등장은 주류 아닌 비주류, 보수 아닌 진보, 우파 아닌 좌파의 집권이라는 점에서 다른 어떤 정권과도 차별화된다. 노 정권은 집권 초기부터 주류 보수 우파에 대한 공격으로 출발한다. "친일 군부 세력이 3대를 떵떵거리며 산다" "유신잔재는 박물관으로 가야 한다"에서 '신5적'이라는 유행어까지 등장했다. 정권이 의도했든 아니했든 노

정권 5년간 이 5대 세력은 개혁 대상이었다.

강남은 보수세력의 결집처고 전국 땅값의 진앙지다. 종부세 폭탄이 이곳에 떨어졌다. 정권이 아무리 바뀌어도 권좌엔 언제나 서울대 출신이 자리 잡는다. 정권 내내 서울대 폐지론이 등장했다. '꼴통보수 언론'인 조·중·동은 혁파의 대상이었고 말도 안 되는 신문법으로 이들에 재갈을 물렸다. 취임 초 젊은 검사들과 대통령이 아슬아슬한 대화까지 나누면서 집권 기간 내내 검찰과 법원은 개혁 대상에 올랐다. 삼성을 위시한 대기업들은 정경유착의 의심에 찬 감시 눈초리에서 벗어나지 못한 채 주눅이 들었다. 수도 이전으로 "재미 좀 봤다"고 노 전 대통령 스스로 말한 적 있지만 천도론이 이런 잔재미에서 시작된 게 아닐 것이다. 서울 중심 구세력을 확 갈아엎고 새 수도의 새 세력으로 나라를 이끌어 보자는 거대한 틀 속에서 천도론이 나왔다고 본다. 이 계획이 위헌으로 결정 나자 변형 수도 분할이 오늘의 세종시 원안이 된 것이다.

다시 정조로 가자. 정조는 아버지를 극악하게 죽인 노론 벽파에 대해 그 어떤 보복도 하지 않았다. 벽파의 좌장인 심환지가 병이 났다. 정조는 친서를 내려 따뜻하게 위로한다. 남인 중심의 새 주류세력을 만들어 갔지만 구세력을 물리치지 않고 포용했다. 정조는 한양 천도 이후 최대 신도시인 화성을 건설하면서 왕의 친위부대인 장용영 외영(外營)을 세워 5천 명 군사를 주둔시켜 수도 방어를 책임지게 했지만 그 어떤 행정부서도 옮기지 않았다.

정조의 꿈은 화성을 자급자족하는 낙원도시를 만드는 것이었다. 왕의 사재인 내탕금 86만 냥을 털어 노임까지 지불하면서 성곽을 쌓았고 화성 주변에 만석거, 축만제 등 대규모 저수지를 파고 수리시설과 농장을 세워 당대 최고의 농업도시로 성장케 했다. 전국 각지의 상인과 장인들에게 세금 감면 혜택을 주고 화성으로 유치했다. 수원 북수동의 원 명은 보시동(普施洞)이다. 전국의 8대 부자를 이곳에 모아 서민 소상인을 상대로 자본을 대여케 하고 상공업을 진흥케 했다. 크게 베푼 곳이라 해서 보시동이 됐다.

정조 13년 구읍 당시 수원부 가호는 244호, 인구는 677명이었으나 신도시 축성 이후엔 1만 5천 호에 인구는 5만 5천여 명이라는 비약적 성장을 한다. 만약 정조가 자족형 아닌 정치군사도시로 화성을 만들었다면 인구 100만 명이 넘는 대도시 수원이 지금껏 잔존했을까. 정조의 사망과 동시에 정치 도시 화성은 사라졌을 것이다. 주류 세력 척결을 위해 비주류가 파놓은 함정에 주류 정당이 빠져 허우적대며 자중지란을 일으키고 있다. 거대 주류 정당이 두 패로 갈라져 비주류의 주류 압박 작전에 제대로 놀아나고 있다. 100년 200년을 생각해야 할 국가 백년대계 앞에 이 무슨 연인 간, 모자(母子)간 신의 타령으로 세월을 허송하고 있는가. 자족 도시 화성에 올라보면 수도 분할 세종시에 대한 답은 저절로 나온다.

(2010-02-05)

참을 수 없는 문화의 가벼움

정치가 문화를 아주 가볍게 취급한 대표적 사례가 구총독부 건물인 국립박물관의 철거였다고 나는 단언한다. 김영삼 대통령은 취임 일성으로 문민정부의 법통(法統)은 상하이임정에 있다고 했다. 곧이어 중국에 산재한 애국열사 시신의 고국 봉환을 서둘렀다. 여기까진 훌륭했다. 뒤이어 민족정기를 드높이기 위해 구 총독부 건물의 폭파론이 제기됐다.

오욕(汚辱)의 역사를 청산하고 민족정기를 바로 세울 것이냐, 아니면 자손대대로 압제와 오욕의 상징물을 그대로 둔 채 기죽어 살 것이냐는 단순논리로 몰아갔다. 철거를 거부하면 매국노고 찬성하면 애국자가 되는 인기몰이 포퓰리즘 정치의 희생물이 국립박물관 철거였다고 본다.

합리적인 정부였다면 박물관 이전 또는 신축 계획을 먼저 세웠을 것이다. 새 건물이 마련되기까지는 현 건물을 쓰고 이전 완료 시점에서 구 총독부 건물을 해체할 것인지, 타 지역으로 옮겨 축소 조성할 것인지를 공론에 부쳤을 것이다. 그러나 개혁이라는 바람몰이식 정치논리와 정치인들의 치적(治績)주의에 쫓겨 총독부 건물, 아니 국립박물관은 사라졌다.

지금 박물관은 급조된 임시건물에서 장래를 기약할 수 없는 엉거주춤한 자세로 경복궁 한 모퉁이에 더부살이하듯 비켜서 있다. 성급한 정치논리가 문화를 짓뭉갠 좋은 선례로 기록될 것이다. "경주는 하루가 다르게 유현(幽玄)한 분위기를 상실해가고 있다. 무자비한 도로확장, 유적을 무참히 훼손하며 들어서는 고층아파트 무리들, 시민정신을 타락시킬 경마장 건설계획… 나는 지난 주일 선도산 정상에서 경주분지를 굽어보며 고도(古都)의 비참해져가는 몰골을 보았다. 분노와 아픔에 가슴이 미어지는 듯했다. 강우방(姜友邦) 경주박물관장이 파괴되는 고도의 문화현장에서 '우리가 경주를 가질 자격이 있는가'라는 절망적인 분노를 쏟아내고 있다.

정치상황과 경제논리가 합쳐져 문화유산을 파괴·황폐화시키는 현장이 바로 경주다. TK 세력이 왕성하던 시절 경부고속철도가 경주를 통과하는 노선을 결정했다. 외국인 관광객을 유치해 경주와 인근 지역경제발전을 꾀한다는 경제논리를 명분으로 내세웠다. 대구-부산 직진을 마다하고 삼각형의 두 변을 거치는 경주 우회로를 돌면서 수천억 원의 건설비용을 낭비하고 신라 고도의 문화재를 마구잡이로 파헤치자는 괴상한 논리였다. 돌 하나, 흙 한 줌 속에서도 우리의 문화유산이 살아 숨 쉬는 땅에 개발과 건설이라는 경제논리만을 내세운 야만이 계속 자행되고 있지 않는가.

최근 들어 새 정부의 기획예산위원회가 또 기발한 문화파괴정책을 내놓고 있다. 정부의 문화부문 사업 중 사업성이 취약한 지방의 국립박물관, 중앙극장, 도서관, 정보화사업, 자연사박물관, 현대미술관, 국어대사전 편찬사업 등을 민간에 위탁 운영토록 한다는 계획이다. 국난의 경제위기상황에서 한 푼의 돈이라도 아끼고 채산성을 높이자는 의도 자체는 높이 살 만하다. 그렇다고 돈 생기지 않는 정부의 문화사업부터 정리해고를 한다? 기가 막히는 소리다.

나 자신 시장경제 논리의 신봉자다. 공급자 아닌 수요자 입장에서, 경쟁을 통해 상품의 질을 높이고 철저한 경영 마인드로 고객봉사를 하는 기업정신이라야 오늘의 난국을 극복할 수 있다고 생각한다. 그러나 이를 적용할 곳이 있고 피해야 할 곳이 있다. 예를 들자. 경주박물관의 한 해 예산이 48억 원, 이 중 입장료 수입은 고작 2억 원이다. 46억 원이 적자다. 이 적자를 메우기 위해 민간에 위탁하자는 발상이다. 경영의 귀재인들 누가 이를 떠맡아 성공할 수 있겠는가. 민간이 손댈 수 없는 국가 기반시설의 설치 운영은 정부가 해야 할 중요 책무다.

도서관, 미술관, 박물관, 이 모두가 한 나라의 문화 인프라다. 국가 기반시설이다. 이를 포기한다는 것은 정부의 존재 자체를 포기하는 것과 다를 바 없다. 시장경제 논리대로라면 숱한 돈을 뿌리면서 시장, 구청장을 굳이 뽑을 필요가 없다. 유능한 기업체가 서울시를, 경주시를 맡아 운영하면 지금보다 훨씬 잘 운영할 것 같다. 왜 경찰을 두는가. 에스원 같은 우수한 방범업체에 맡기면 더 효율적이고 경제적일 것을. 청와대 비서실이 왜 필요한가. 대기업 기획조정실이 맡으면 더 능률적일 것을. 경제성과 시장논리를 따지기 전에 생각하고 지킬 것이 따로 있는 것이다.

야만과 문명의 차이가 따로 있지 않다. 문화를 경시하면 야만이 성하는 법이다. 참을 수 없이 가벼운 문화 경시풍조가 세상을 너무 어지럽히고 있다.

(1998-06-05)

내 마음속 밀레니엄버그

지난해 4월 스웨덴 스톡홀름대학에서 유럽한국학회 학술대회가 열렸다. 유럽 전역의 한국 연구자들 모임이다. 이 자리에서 조선왕조실록 CD롬 시연회가 있었다. 서울시스템의 개발책임자 김현(金炫) 상무가 4장의 CD를 차례로 작동시켰다. 검색어 '코끼리'를 클릭한다. 순식간에 일본 막부의 한 장군이 조선 국왕에게 코끼리를 진상했다는 기록이 나온다. 곧이어 그 코끼리에 무엇을 먹여야 할지, 어떻게 보살펴야 할지, 누가 책임을 져야 할지를 고민하는 기록이 나온다. 좌중은 아연 경악하기 시작했다. 조선조 대동법(大同法) 연구자 제임스 루이스(옥스퍼드대 동양학연구소) 교수가 대동법 관련기록을 보자고 했다. 곧장 조선조 대동법에 관한 모든 기록들이 화면에 뜬다. 루이스 교수가 3년 걸려 찾아낸 기록이 단 3분 만에 그것도 한글로 번역돼 나온다. "야! 이건 혁명이야!" 탄성이 회의장을 가득 메운다.

　태조에서 철종에 이르는 조선왕조 25대 4백72년의 역사기록을 담은 『조선왕조실록』은 1천8백93권 8백88책 분량이다. 국역본도 4백13권에 이르는 방대한 자료다. 기사 수 36만 3천1백61건, 사용문자 1억 9천8백만 자다. 이를 모두 데이터베이스화하고 7천4백만 개의 검색어를 설정해 4장의 디스켓으로 압축한 것이 '국역 『조선왕조실록』 CD롬'이다. 서울시스템의 이웅근(李雄根) 박사가 사재 50억 원을 투자해 2년여 고생 끝에 개발한 것이다. 이 박사는 공공도서관이나 대학도서관 중심으로 적어도 1천 질만 구입하면 투자액은 건질 수 있다고 판단했다. 그래서 정가를 5백만 원으로 정했다. 그러나 3년이 흐른 지금껏 그 절반도 소화하지 못한 상태에서 전자상가 주변에서는 복제본이 수십만 원에 거래된다는 소문이 들리고 있다.

　컴퓨터로 글을 쓰는 사람이라면 누구나 소프트웨어 '아래아 한글'의 우수성을 안다. 글은 소리 나는 대로 쓸 수 있는 게 장점이다. '부장님 전합니다'라고 적을 때 다른 워드프로세서는 이를 옮기지 못한다. 펩시콜라를 '펩시콜라'로 표기하려면 글을 써야만 가능하다. 기존 워드프로세서는 2천3백50자밖에 사용하지 못하는 완성형이지만 아래아 한글은 자체 한글처리기능을 갖춰 조합이 가능하고 윈도 환경에서도 고어(古語) 및 한자 1만 8백80자와 다양한 외국어를 모두 사용할 수 있다. 가로 세로쓰기가 가능해 문서작성에 특별한 장점을 지닌다. 이 글이 사라질 운명에 처했다. 글 개발로 청소년들의 우상이 됐던 이찬진의 한글과컴퓨터사가 미국 마이크로 소프트사의 공동투자로 사실상 합병됐다. 글 개발도 중단됐다. 시장점유율 80%를 차지하면서도 복제품 성행으로 10% 정도의 정품밖에 팔리지 않아 한국 최초의 성공한 벤처기업이 무너진 것이다.

아래아 한글과 CD롬 왕조실록은 우리 문화의 자존심을 정보화와 세계화의 흐름에 맞춰 선보인 대표적 벤처상품이다. 세계인을 향한 한국인의 세계화 전략무기이면서 우리의 독창적 문화 로컬리티를 글로벌 스탠더드로 승화시킨 문화 발신의 첨단도구라고 볼 수 있다. 대통령의 해외순방 때 우리말과 역사의 정수를 외국인에게 선보일 수 있는 가장 값진 선물이기도 하다. 이 값진 개발품이 분별없는 복제품 성행으로 좌절과 실의에 빠져 있다.

두 벤처기업의 좌절과 실망은 과연 우리가 벤처기업을 육성할 최소한의 토양이나 자질을 갖추고 있나 하는 의문과 직결된다. 어느 나라나 해커가 있고 무단복사 암시장이 있게 마련이다. 그러나 정부의 엄중 단속과 사용자의 도덕심으로 복제품이 30%를 넘지 않는 게 상례다. 그러나 우리 현실은 90%의 불법 복제품이 판을 치고 이것이 당연시된다. 정부가 단속할 생각도 대책도 없다. 이런 환경 속에서 벤처기업 육성으로 나라를 살릴 수 있는가. 1백억 원 남짓으로 한글의 자존심이 무너진다면 금반지를 빼 금을 모으듯 국민적 캠페인을 벌여야 한다. 이민화(李珉和) 벤처기업협회장의 제안처럼 지금까지 공짜로 써 온 사용자라면 1만 원씩의 모금운동을 벌여 넘어지는 벤처기업을 살려야 한다. 생각 있는 정부라면 1백50만 대의 공공기관 PC에 글 정본을 구입해 장착하자는 논의를 했을 것이다. 전국 공공도서관과 대학도서관이 두 벌씩 실록 CD롬을 설치한다면 역사의 대중화에 기여하고 벤처기업에 힘을 실어줄 수 있다.

우리는 너무 자존심이 없다. 부끄러움을 모른 채 살고 있다. 최소한의 애국심마저 없다. 내 마음속 밀레니엄 버그를 해결하지 못하면서 새

천 년의 역사를 맞을 자격이 있는가.

(1998-06-19)

서흔남徐欣男을 아시나요?

남한산성 지수당 옆 연못가에 크지 않은 묘비가 서 있다. '가의대부동지중추부사서공시묘(嘉義大夫同知中樞府事徐公之墓)'라 적혀 있다. 원래 광주시 병풍산에 있던 비석을 이 자리로 옮겨 온 것이다. 조선조 정이품에 해당하는 동지중추부사 서흔남의 묘비다. 서흔남(徐欣男). 그는 원래 성도 이름도 없이 남한산성에서 대장장이와 허드렛일로 살아가는 천민이었다. 이름 없는 한 민초가 정승 반열에 오르는 이 기막힌 인생역전이 김훈의 소설 『남한산성』에 자세히 재연된다. 임금 인조는 청군에 쫓겨 남한산성에 갇힌다. 어떻게 하면 성 밖으로 격서(檄書)를 내보내 성안에 갇힌 군주의 고초를 만방에 고하고 삼남의 군사를 동원해 청군을 물리칠 수 있을까.

"임금이 혼잣말처럼 중얼거렸다.

- 격서가 문장이 좋더구나. (병조판서) 이성구가 울음 섞인 목소리로 대답했다.

- 전하, 들어온 자는 상해서 다시 내보낼 수 없고, 내보낸 자 중에는 돌아오지 않는 자가 허다하니, 품계 없는 천한 군병에게 어찌 유지를 맡기오리까.

- 품계 높은 사대부는 길을 몰라 갈 수 없고, 품계 없는 군병은 못 믿어서 못 보내면 까마귀 편에 보내려느냐.

－전하, 신들을 죽여주소서.

－경들을 죽이면 혼백이 날아가서 격서를 전하겠느냐.”

사대부 정치인들은 화친이냐 결사항전이냐로 줄기차게 입싸움만 벌이지만, 임금의 모병 격문을 전달할 연락병 하나 없는 답답한 현실에서 임금은 얼마나 좌절했을까. 오죽 절망했으면 경들을 죽이면 혼백이 날아가 격서를 전할까 했을까. 결국 임금의 격서를 품에 안고 청군의 포위망을 뚫고 전국을 헤집고 다니며 군사동원 역할을 맡은 게 소설 속의 민초 날쇠다. 삼전도의 치욕을 거친 뒤 임금은 고마움의 표시로 날쇠에게 성과 이름, 그리고 중추부사의 벼슬을 내렸다. 이 사람이 서흔남이다. 남한산성의 날쇠, 서흔남 스토리에서 우리는 정치를 잘못하면 결국 죽는 것은 백성, 이름 없는 민초라는 사실을 다시금 확인한다. 그나마 날쇠는 임금이 알아서 성과 벼슬까지 주었고 역사에도 이름을 남겼지만, 힘없는 민초들은 나라를 개판으로 만든 정치인들을 향해 소리 한번 질러 보지 못하고 스러져간다.

『로마인 이야기』로 유명한 작가 시오노 나나미와 장시간 인터뷰를 한 적이 있었다. 그때 내가 물었다. 여성으로서, 지성인으로서 별로 내키지 않을 정치권력에 어째서 당신은 그토록 집착하는가. 시오노는 말했다.

“얼마 전 로마에서 한 전시회가 열렸다. 로마제국 멸망 시 외족이 쳐들어왔을 때 로마 서민들이 무엇을 숨겼는가를 보여주는 특이한 전시회였다. 전시품들은 고작 밥 짓는 냄비와 그릇 등 보잘것없는 가재도구였다. 정치인 상류층은 이미 보따리를 싸 도망친 지 오래지만 서민은 가재도구 챙기기에 바빴다. 국가가 제대로 기능하지 않으면 손해 보는 것은 서민이고 죽는 것은 백성이다. 정치란 그만큼 중요하다. 내가 역사서를 쓰는 중요 요인이다."

그래서 시오노 나나미는 지도자의 첫째 자질을 위기관리 능력으로 꼽고 이 일만 끝내면 언제나 그만둘 수 있다는 결단의 지도자가 필요하다고 본다.

우리 주변의 정치를 보자. 수십만의 청년 실업자 수는 줄어들지 않고 있고 나아질 것이라는 경제는 아직도 그 터널의 끝이 보이지 않는다. 이런 난국에 국회는, 여당은, 정치인은 무엇을 하고 있는가. 끊임없는 자기 주장과 지치지 않는 무작정 반대로 세월을 보내고 있다. 수도분할이라는 명백한 비효율·비능률을 제거하고 과학기술의 자족도시로 가면 되는 너무나 쉬운 길을 두고 교언영색으로 뒷다리를 잡고 있다. 이런 정치를 하고서도 지도자 반열에 오르는 우리의 정치 현실이 얼마나 절망적인가. 이미 결정된 사안이지만 당장의 인기를 생각지 않고 국가 백년대계를 생각해 수도분할 이것만은 안 된다고 밀어붙일 수 있는 결단의 지도자가 진정한 위기관리 능력이 있는 지도자다.

국가의 성장동력이 무엇인지 끊임없이 연구개발하고 어려운 시절에 대비할 줄 아는 유비무환(有備無患)의 정치인이 진정한 지도자다. 헛된 포퓰리즘에 현혹되지 않고 계파 보스의 입에 따라 자신의 주장이 결정되는 일이 없는 그런 정치 풍토라야 민주시대의 격조 높은 정치다. 이런 정치, 이런 지도자가 줄을 잇고 함께 뭉쳐야만 백성이, 서민이, 민초가 잘못된 정치의 볼모가 되어 속절없이 희생되는 일은 사라질 것이다. 아니 줄어들 것이다.

(2010-02-24)

"지도자 첫째 자질은 위기관리 능력"
―日 시바 료타로상 받은 시오노 나나미와의 대화

『로마인 이야기』 제7권 『악명높은 황제』가 출간된 후 시오노 나나미는 일본의 국민작가로 추앙받는 시바 료타로상 제2회 수상작가로 선정됐다. 시바의 고향인 오사카(大阪) 시가 마련한 문학상이다. 수상을 위해 그녀는 모처럼 로마에서 돌아와 오사카 리츠칼튼호텔에 묵고 있었다.

대담은 12일 낮 12시 호텔 5층의 중국식당에서 진행됐다. 통역은 시오노의 에세이 『남자들에게』를 번역한 데스카야마대 강사 이현진(李賢進) 씨가 맡았다.

일본인 작가가 쓴 로마 역사서가 어째서 일본뿐만 아니라 한국에서까지 지속적인 독자를 확보하면서 관심의 폭을 넓혀가고 있는가. 이런 의문을 품은 채 나는 그녀와의 대담 준비를 위한 '사무적인 독서'를 하면서 결론을 이렇게 정리했다. 시오노의 작품엔 그녀 특유의 강한 냄새가 짙게 배어 있다. 그냥 로마역사가 아니라 시오노가 보는 역사다. 그렇다고 막가는 역사가 아니다. 철저한 고증과 현장 조사를 마친 바탕 위에서 자신의 목소리와 냄새를 집어넣고 있다. 매력 있는 남자란 자기 냄새를 피우는 사람이라는 시오노의 말처럼 그녀 작품 속에는 시오노 냄새가 강하게 배어 있고 그 냄새를 맡기 위해 독자들은 다음 책을 기다리는 게 아닐까.

또 하나의 매력은 죽어 있는 역사가 그녀의 손길이 닿으면 생생하게 되살아난다는 데 있다. 역사책 갈피 속에 죽어 있는 카이사르가 아니라 21세기를 움직일 새로운 지도자의 모습으로 되살아나기 때문에 시오노의 역사 공예품을 감상하듯 『로마인 이야기』에 빨려드는 게 아닐까.

—시바 료타로상 수상을 축하한다. 시바의 『언덕 위의 구름』
과 시오노의 『로마인 이야기』를 읽으면 어떤 상관성을 찾는다.
시바가 과거 일본 역사를 통해 패전 후 일본인의 긍지를 살렸
다면 시오노는 로마를 통해 미래와 세계를 보는 눈을 가르친다
고 할 수 있는가?

"시바 선생과 비견된다면 영광이다. 시바 선생의 공적은 역사
와 과거란 죽은 것이 아니라 살아 있는 것임을 가르친 데 있다.
그러나 그는 일본인 작가다. 일본인에게 자긍심을 심어주는 역
사만 썼다. 제국의 역사든, 개인의 역사든 건강할 때도 있고 병
들었을 때도 있다. 그는 건강한 시기의 일본 역사만 썼다. 실패
의 시기인 쇼와(昭和) 시대의 역사를 그는 쓰지 않았다. 실패의
역사를 모르고서는 위기관리 능력이 없어진다. 나는 흥망성쇠
의 통사(通史)를 쓰고 있다. 그 점이 나와는 다르다."

—시오노의 역사는 정치의 역사다. 정치 지도자들의 역사고 권
모술수의 미로를 풀어가는 듯한 추리소설적 경향이 있다.

"시바 선생은 정치를 다루지 않았다. 나와 다른 두 번째 차이
다. 보통 정치란 권력자 한 사람의 소유물이라고 생각한다. 나
는 그렇게 생각지 않는다. 흔히 인텔리들은 정치를 비하하거
나 경시한다. 그래선 안 된다. 지식인은 많은 사람들 편에서 생
각하고 말해야 한다. 로마가 망할 때도 지식인들과 유력자들은
모두 금은보화를 싸들고 동로마로 도망을 갔지 않은가."

시오노의 매력은 여기에 있다. 과감하고 단호하게 자신의 주장을 편다. 시바가 '일본인 작가'라면 자신은 '세계인적 작가'라는 긍지를 굳이 숨기지 않는다. 그리고 그녀의 정치관이 우리 역사에도 부합한다는 동의를 하지 않을 수 없다. 6·25가 터졌을 때 보통사람들의 피난 보따리가 어떠했던가. 이불과 냄비꾸러미를 주렁주렁 달고 피난길에 올랐을 때 정치가와 유력자들은 어디에서 무얼 하고 있었던가. 지도자들의 무지와 방만이 경제파탄을 몰고 왔고 1백80만 보통사람들의 일자리와 쉴 곳을 빼앗아갔지만 지금 그들은 무얼 하고 있는가.

—정치가 삶의 현실과 직결된다는 점에서 한국인들의 정치적 관심은 매우 높다.

"정치적 관심이 높다고만 해서 문제가 해결되지 않는다. 그리스와 로마를 비교해보자. 두 쪽 모두 정치적 관심은 높았다. 그리스는 시민들이 참여하는 직접민주제였다. 로마는 원로원과 호민관을 통한 간접적 대의정치였다. 그러나 그리스는 민주파와 공화파가 갈려 망할 때까지 당쟁을 일삼았다. 문제는 정치관·문제해결방식에 있다. 로마는 자신들 간의 대결을 하지 않았다. 테제(正)와 안티테제(反) 속에서 진테제(合)를 만드는 지혜를 지니고 있었다. 아테네는 적을 용서하지 않는 원리주의자였지만 로마는 모두를 합치는 '관대함'(클레멘티아)을 중시했다. 클레멘티아는 영어의 관용(tolerance) 과는 다르다. 용서만 하는 게 아니라 적을 내 편으로 동화시켜버리는 것이다."

시오노가 로마사를 통해 발신하는 가장 강한 메시지가 바로 이 관용의 미덕이다. 요즘 우리 식으로 표현하면 화합의 능력이다. 시오노는 로마제국의 '관용의 출구'를 로마시민권이라고 말한다. 누구나 로마시민권을 얻을 수 있게끔 법은 열려 있었다. 어제의 아프리카 속주의 노예가 내일이면 로마시민이라고 떠들고 다닐 수 있을 만큼 개방적이었다. 속주 출신의 군인이 황제까지 올라가고 로마를 숱하게 괴롭혔던 갈리아인이 원로원에 들어간다. 적과 동지가 따로 없고 로마를 배반하지 않는 한 모두가 로마인이 될 수 있는 게 로마의 개방성과 관용성이다. 카이사르가 루비콘강을 건너 로마로 진군했을 때 그의 핵심 부장이 정적 폼페이우스 편으로 붙는다. 카이사르는 한 번도 이를 원망하지 않는다. 당대의 명변호사였고 원로원을 장악했던 철학자 키케로가 폼페이우스 편으로 달려가지만 끝내 그는 카이사르에게 동화된다. 글로벌시대에 시오노 나나미가 뜨는 이유는 여기에 있다. 남과 북이 대치하고 동과 서가 갈리고 보수와 혁신이 나뉘며 체제와 반체제가 서로를 용서하지 않는 우리 사회, 우리 정치가 로마에서 무얼 배워야 할까.

—카이사르의 말대로 사람들은 자신이 보고 싶은 것만 보고자 한다. IMF 체제의 경제난을 극복하기 위해 한국 독자들은 위기 시대를 극복할 지도자의 조건을 로마사를 통해 배우고 싶어할 것이다. 리더의 조건 하나만을 꼽는다면….
"'이 일만 끝내면 언제든지 그만둘 수 있다는 결단의 지도자'가 필요하다. 예를 들자. 4년 전 고베시에 지진이 일어났을 때 당시 무라야마 총리가 만약 '이것으로 끝낸다'는 각오만 했다면 희생자가 줄어들었을 것이다. 자위대를 구호사업에 투입해야 된다 안 된다로 논의만 했지 끝내 투입하지 않았다. 법에 얽매

이고 체면 때문에 할 일을 하지 못했다. 총리가 각오만 했다면
자위대도 움직였고 희생자도 줄어들었을 것이다."

시오노는 정치가의 자질 첫 번째를 위기관리 능력에 두고 있다. 고베
지진에서 보인 일본 지도자들의 무능력을 비판하는 것도 같은 맥락이
다. 여기에 오류가 있을 수 있다. 로마가 천년제국으로 장수하는 데는
인치(人治)보다는 법치(法治)가 우월했기 때문이라고 보는 게 일반적
관점이다. 로마법과 원로원이 있어 황제의 권한과 통치에 대한 견제와
비판이 가능했기 때문에 권력의 남용과 부패를 막을 수 있었다고 본다.
특히 인치 정치에 시달려온 우리로선 짚고 넘어갈 필요가 있다.

—인치와 법치는 공존하기 어렵지 않은가. 인치의 남용이 가져
오는 폐단을 무시하는가.
"법이란 평화로운 시기를 위한 장치다. 완전하지도 않다. 이를
보충하는 것이 지도자의 자질이다. 또 천재지변 같은 불가측
사태에선 법이 저절로 작동되지 않는다. 법률이 재해를 막을
수 있나. 예측불허의 위기상황에서 대담한 결정을 하고 신속하
게 처리하는 능력이 리더의 첫 번째 조건이다. 책임지고 물러
날 줄 아는 신념 있는 지도자가 진정한 리더다. 일본정치가들
은 군대를 만지면 큰일난다고 터부시한다. 고정관념에서 벗어
나지 못했기 때문이다. 어떤 사회집단이든 격리하면 응집력이
생기고 섞이지 못하면 고착화가 된다. 엘리트 집단도 마찬가지
다. 왜 카이사르가 루비콘 강을 건넜는가. 원로원이 경직돼 제
기능을 못 하고 있다고 판단했기 때문이다. 새 피를 넣는 수혈

제2부 우리에게 내일이 있는가

(輸血) 작업이 필요했다고 보았다."

원래 대담시간은 2시간 잡혀 있었다. 오후 2시부터 독자 사인회가 있어 더 이상 잡고 늘어질 수 없는 시간이 됐다.

— 대담을 시바 료타로에서 시작했다. 일본이나 한국이 부의 규모는 다르지만 상당히 높은 언덕에 올랐다. 한국은 지금 IMF라는 구름에 가려 있고 일본은 버블경제 이후 장기간 구름에 갇혀 갈 길을 찾지 못하고 있는 것 같다. 『언덕 위의 구름』에서 벗어나는 지혜를 로마에서 찾는다면….
"일본의 가장 큰 결점은 무엇이든 혼자서 처리할 수 있다는 오만이다. 로마를 봐라. 그리스인보다 못한 지력, 켈트인보다 못한 체력, 카르타고보다 못한 경제력, 에트루리아인보다 못한 기술력으로 천년제국을 이룩하지 않았는가. 무엇이든 다 잘할 수는 없다. 역할 분담을 통해 서로를 조화롭게 통합하는 능력이 중요하다. 장사는 장사꾼에게, 국방은 군인에게 맡겨야 한다. 일본인이 잘하는 것, 한국인이 잘하는 것, 서로의 장점을 살려가면서 아시아적 유대를 생각해야 한다."

아침, 숙소였던 나라(奈良)시의 호텔을 나설 때는 비가 제법 세차게 내렸지만 대담을 끝내고 돌아가는 전철 밖 창가엔 파란 하늘에 뭉게구름이 피고 있었다. 오늘의 화두가 무엇이었던가. 화합과 상생(相生)의 지혜인가.

(1999-02-22)

이 책을 마치면서

짧지 않은 삶을 살면서 많은 분들로부터 은혜와 도움을 받았다. 떠돌이 유랑자에게 손길을 건네 「중앙일보」에 정처를 마련해준 최종률 주필, 칼럼이라는 형식의 글을 처음으로 쓰게 해준 김동익 대표의 배려가 없었다면 오늘 이 글들은 태어나지 못했을 것이다. 두 분께 한 번도 전하지 못했던 깊은 감사의 마음을 이제야 전한다.

지난 글들을 모아 아무도 보지 않을 책을 펴낸다는 것은 늙은이들의 마지막 허영이고 부질없는 소모라고 생각해왔다. 그러면서도 마지막 허영에 끌려 글들을 쓰고 모아 살림출판사 심만수 사장에게 보냈다. 그 답이 '노'라고 예상하면서도 그와 내가 왕년의 「중앙일보」 출판국 한 식구였음에 기대를 걸었을 터였다. 그러나 답은 '예스', 일주일 만에 돌아왔다. 그는 4백 쪽에 이르는 잡다한 원고를 처음부터 끝까지 교정 보고 밑줄까지 쳐가며 완독을 했다.

좋다! 우리의 현대사라며 격려를 아끼지 않았다. 편집자 한 사람의 마음이라도 훔칠 수 있다면 족하다는 심정으로 이 책을 낸다.

책이 나오기까지 세심한 배려를 아끼지 않은 김광숙 상무와 서상미 주간에게 감사한다.

2019년 4월

권 영 빈

우리에게 내일이 있는가
나의 삶 나의 현대사

펴낸날	초판 1쇄 2019년 5월 15일
	초판 2쇄 2019년 6월 28일

지은이	**권영빈**
펴낸이	**심만수**
펴낸곳	**(주)살림출판사**
출판등록	**1989년 11월 1일 제9-210호**

주소	**경기도 파주시 광인사길 30**
전화	**031-955-1350** 팩스 **031-624-1356**
홈페이지	**http://www.sallimbooks.com**
이메일	**book@sallimbooks.com**

ISBN	978-89-522-4047-7 03070

※ 값은 뒤표지에 있습니다.
※ 잘못 만들어진 책은 구입하신 서점에서 바꾸어 드립니다.

이 도서의 국립중앙도서관 출판시도서목록(CIP)은 서지정보유통지원시스템 홈페이지
(http://seoji.nl.go.kr)와 국가자료공동목록시스템(http://www.nl.go.kr/kolisnet)에서
이용하실 수 있습니다.(CIP제어번호: CIP2019016679)

책임편집·교정교열 **서상미**